大学体育选项课教程

主编　孙晓春　等

北京体育大学出版社

策划编辑：吕常峰
责任编辑：姜艳艳
责任校对：宋志华
版式设计：高荣华

图书在版编目（CIP）数据

大学体育选项课教程 / 孙晓春等主编. -- 北京：北京体育大学出版社, 2012.8（2022.8 重印）
ISBN 978-7-5644-1087-2

Ⅰ. ①大… Ⅱ. ①孙… Ⅲ. ①体育-高等学校-教材 Ⅳ. ①G807.4

中国版本图书馆 CIP 数据核字(2012)第 179174 号

大学体育选项课教程 孙晓春 等 主编
DAXUE TIYU XUANXIANG JIAOCHENG

出版发行：北京体育大学出版社
地　　址：北京市海淀区农大南路 1 号院 2 号楼 2 层办公 B-212
邮　　编：100084
网　　址：http://cbs.bsu.edu.cn
发 行 部：010-62989320
邮 购 部：北京体育大学出版社读者服务部 010-62989432
印　　刷：北京昌联印刷有限公司
开　　本：787mm × 1092mm　1/16
成品尺寸：185mm × 260mm
印　　张：26.75
字　　数：695 千字
版　　次：2012 年 8 月第 1 版
印　　次：2022 年 8 月第 11 次印刷
定　　价：43.00 元

《大学体育选项课教程》编审委员会

主　编　孙晓春　刘小辉　樊少波

副主编　马书越　朱景宏　杨继华　姚　威　魏晓磊

编　委　刁　薇　王书雯　王晓红　艾德利　孙晓春
刘小辉　刘印民　李鸿鸽　辛　胜　陈彦志
陈　波　杨继华　郝　猛　赵微微　贾　震
贾小芾　贾清兰　奚明秋　郭卉娟　姜　杉
麻新远　谢艺田　韩志霞　程　良

主　审　孙宝柱　林建华

各章节编写人员

第一章　体育文化　王晓红
第二章　大学生体质健康的测量与评价　杨继华
第三章　科学锻炼身体的理论与方法　赵微微
第四章　运动中常见的生理反应与运动损伤　韩志霞
第五章　体育竞赛的组织与编排　姜　杉
第六章　体育欣赏　刘小辉
第七章　足球　郝　猛

第八章　篮球	谢艺田
第九章　排球	郭卉娟
第十章　乒乓球	陈　波
第十一章　羽毛球	刁　薇
第十二章　网球	程　良
第十三章　游泳	辛　胜
第十四章　健美操	李鸿鸽
第十五章　太极拳	王书雯
第十六章　跆拳道	奚明秋
第十七章　橄榄球	艾德利
第十八章　垒球	杨继华
第十九章　越野滑雪	陈彦志
第二十章　体育舞蹈	贾小芾
第二十一章　瑜伽	赵微微
第二十二章　导引养生	贾清兰
第二十三章　攀岩	刘印民
第二十四章　定向运动	刘印民
第二十五章　拓展训练	贾　震
第二十六章　越野行走	麻新远
第二十七章　围棋	孙晓春

统稿人员　孙晓春　刘小辉　赵微微

前　言

为了切实贯彻落实《中共中央国务院关于加强青少年体育增强青少年体质的意见》，积极开展全国亿万学生“阳光体育运动”，坚持“健康第一”的教育指导思想，全面提高青少年体质健康水平，我们根据教育部《全国普通高等学校体育课程教学指导纲要》《高等学校体育工作基本标准》《国家学生体质健康标准（2014 年修订）》的文件精神，针对全国部分高等学校实施体育选项课程的实际情况，结合学校开设体育选项课程 6 年的改革与实践，在上一版的基础上，组织学校工作在教学一线的教师、专家和学者，对本教材进行了编写修订。

本教程分为上编、中编和下编。上编为基础理论专题，包括体育文化、大学生体质健康的测量与评价、科学锻炼身体的理论与方法、运动中常见的生理反应与运动损伤、体育竞赛的组织与编排、体育欣赏，旨在让学生领悟体育真谛，了解体育文化，学会体育欣赏，并从科学健身的角度审视和指导体育锻炼，明其理、悟其道，真正落实“每天锻炼一小时，健康工作五十年，幸福生活一辈子”的倡议；中编为常规体育项目，包括足球、篮球、排球、乒乓球、羽毛球、网球、游泳、健美操、太极拳、跆拳道；下编为特色体育项目，包括橄榄球、垒球、越野滑雪、体育舞蹈、瑜伽、导引养生、攀岩、定向运动、拓展训练、越野行走、围棋，旨在让学生根据自己的兴趣、爱好和能力，选择基础班或提高班，进行分层次实践课学习；发展学生的身体素质，增强体质，提高健康水平；学会所选项目的运动技术、技能、学习方法和锻炼方法，熟练掌握一两项运动技术、技能，为未来的职业生涯和终身体育奠定坚实基础。

本教材共 27 章，结构体系尚属改革的尝试，本教材图文并茂、通俗易懂，教学内容力求少而精，讲究实效，学以致用，并配有“学习重点”“知识窗”“思考题”。

由于编写人员水平所限，本教材中若有不妥之处，恳请广大读者给予批评与指正，以便我们对本教材进行修订和完善。

孙晓春

目　录

上编　基础理论专题

中编　常规体育项目

下编　特色体育项目

上编　基础理论专题

第一章 体育文化

* 体育文化的含义
* 中国传统体育文化的内涵
* 奥林匹克文化鲜明的象征性标志
* 大众体育文化的民族性表现
* 校园体育文化的开放性表现

第一节 体育文化概述

一、体育文化的含义

文化是指人类所创造的物质财富与精神财富的总和及其创造过程。体育文化则是关于人类体育运动的物质、制度和精神文化的总和，大体包括体育认识、体育情感、体育价值、体育理想、体育道德、体育制度和体育物质条件等。一般情况下，文化包括心理、行为和物质三个方面（不同层面）的要素。体育文化也不外乎三个层面：体育文化的心理要素，也就是文化的精神、观念层面，有时称之为精神文化；体育文化的行为要素，也就是文化的行为方式、制度规范层面，有时称之为行为制度文化；体育文化的物质要素，也就是文化的物质实体层面，有时称之为物质文化，包括凝结体育文化特质的各种物质产品。一般而言，物质文化是最外表的层面，行为制度文化次之，精神文化是内核。

二、体育文化的表现形式

从体育活动主体、活动方式、活动目标的不同来分析，体育文化表现为学校体育文化、竞技体育文化和社会体育文化。学校体育文化是以培养学生的体育意识、体育精神和体育技能为主要形式，以增进学生身心健康和提高学生体育素养为主要目标的文化过程，它主要是作为文化教育的一部分而存在的；竞技体育文化是人类在追求生命价值的过程中不断验证自身极限的一种文化过程；社会体育文化是以大众参与为主要特征，以健身健美为主要目的的社会文化生活过程，它是社区文化最重要的内容之一。

从体育发展演进的历史进程来看，体育文化表现为古代体育文化、近代体育文化和现代体育文化三大类。古代体育文化的民族性、地域性、自发性和工具性较强，而其商业性和自觉性较弱。近代体育文化以学校体育文化的崛起为主要特征，其民族性、地域性弱化，商业性、工具性和自觉性都明显增强。现代体育文化具有鲜明的国际性、产业化和人性化的特点，内容更加全面，形式日益丰富，影响不断扩大，它已是现代人生活方式的重要组成部分。

从体育的空间分布来看，体育文化既可以表现为东方体育文化和西方体育文化两大类，也可以从中观的层次将中国体育文化表现为中东部体育文化和西部体育文化。体育文化还可以从较小的方面表现为企业体育文化、社区体育文化、军营体育文化、校园体育文化和村镇体育文化等。区域性文化的交融与发展已成为现代人生活和发展体育文化的主旋律。

体育文化从内在品质上表现为体育观念、体育思想、体育理论、体育科学、体育精神、体育艺术、体育道德、体育法规和体育风尚等方面。

从体育活动所依附的文化载体上看，体育文化表现为体育场馆文化、体育用品文化和体育影视文化等方面。体育场馆文化是由体育建筑艺术、体育竞赛的氛围和现场媒体宣传（包括广告艺术）等内容构成的综合文化。体育场馆文化建设是体育文化硬件建设与软件开发的最佳结合点；体育用品文化主要包括体育器材文化、体育服饰文化、体育证照文化和体育纪念品文化，这是现代体育文化繁荣的一个十分重要的方面，也是体育文化产业化最具前景的增长点；体育影视文化是现代影视文化非常重要的内容之一，它不仅指那些以反映体育题材为主要内容的影视作品，而且也包括体育现场直播、现场采访和现场评论。

第二节　中国传统体育文化

一、中国传统体育文化概述

中国传统体育文化是以儒家思想为哲学基础；以保健性、表演性为基本模式；以崇尚礼让、宽厚、平和为价值取向的体育活动。中国传统体育文化的整体观重视人体自身的统一性及与自然界的和谐，带有某种经验、直觉、模糊的性质；中国传统体育文化重视节奏、韵律、神韵、内涵、和谐美，重视朦胧、抽象、含蓄美；中国传统体育文化讲求娱乐性、表演性和礼仪性，注重个人修养，形成了以追求“健”与“寿”为目的的民族性格，融进了以有益身心、动静结合的导引养生、武技的发展，却削弱了体育运动中的竞争性；中国传统体育文化通过身体锻炼来以外达内，由表及里，由身体有形的活动来促成无形精神的升华，以实现理想人格的塑造。

市场经济的发展和对外开放政策的实施，中国的政治、经济、文化出现了勃兴。在新的环境下，中国传统体育文化势必要注入新的血液，因此竞争观念、自我价值的彰显也成了中国传统体育文化的追求；同时，西方一些专家、学者也开始致力于东方体育文化的研究，试图从其处世之道和养生方法中寻求发展。一些运动项目，如篮球、排球、足球、田径、体操和乒乓球等项目已深入民心，得到了中国大众的喜爱；而中国传统体育项目，如武术、太极拳、健身气功、秋千和

龙舟竞渡等项目，开始向西方移植，打破了西方体育一统天下的格局。中国传统养生思想为西方所接受，西方竞争观念为我们所认可。

二、中国传统体育文化的内涵

（一）和谐统一，顺应自然

人与自然和谐统一思想是传统哲学中一个重要的观点。这种思想深深地渗透到传统体育文化之中。和谐统一、顺应自然主要体现在中国传统体育运动中，自然的各种特性和现象平衡是通过不断的变化和运动保持的。中国传统体育是自然规律通过人的身体得以展现的一种自然表现形式，充分体现了人与自然的和谐统一。最能代表中国传统文化的体育项目是太极拳。太极拳的全部运行机制，都是按一物两体、和谐稳定的模式来进行的。太极拳所呈现的动静、开合、形神体用、虚实、刚柔构成了一个互补系统。因此，传统体育追求的不是人与自然的对立、挑战与对抗，而是强调两者的融合与顺遂，追求生理和心理在同一过程中得到颐养。

（二）礼仪为先，道德先行

“礼”是中国传统文化价值体系的中心范畴和文明进化的主旋律。孔子是中国礼文化的先驱，他提出了一整套的学说，例如，“不学礼，无以立”“非礼勿视、非礼勿听、非礼勿言、非礼勿动”。

中国传统体育作为传统文化的重要组成部分，受礼文化的约束，如唐代盛行的“十五柱戏”，柱子上就分别标有“仁、义、礼、智、信、温、良、恭、俭、让”等红字和“狠、慢、吝、贪、滥”等黑字，木球击中红字者为胜，击中黑字者为败。从这一小小的游戏中就充分体现了体育活动中的道德规范和价值观念。“礼和让”一直伴随着中国传统体育文化的交往活动。如果上下级交手，下级的让即是“礼”，上级若是技高一筹，也礼让三分。即便是在较为激烈的武术竞技中，也只能是“点到为止”。因此，在传统体育文化中难以看到震撼人心的对抗场面，通常只是在一定范围内进行技艺的切磋而已。

（三）修身养性，愉悦身心

传统体育注重修身养性，愉悦身心，而轻于定时定量的运动规程和模式，以及对人体极限的冲击。内外兼修、形神兼备、注重武德是武术文化的第一宗旨。在武术运动的练习中，无处不显示出自强进取、自我修养、人格完善的传统文化精神。

愉悦身心、宣泄情感是传统体育文化的表现形式之一，民间体育和女子体育尤甚。“将军自起舞长剑，壮士呼声动九垓。功成献凯见明主，丹青画像麒麟台。”以剑寄情，报效国家的雄心壮志和建功立业的决心一览无余。“香销宝鸭月如霜，欲罢去蒲故拙行。卷起局边佯数子，暗拾星眼掷儿郎。”一幅其乐融融的家庭体育娱乐的画面展现在眼前。“丽质盈盈，巧笑嬉嬉，争簇秋千架。”更是把宋代女子荡秋千时的心态勾画得活灵活现。

（四）心静神凝，延年益寿

传统文化把心理平衡、延年益寿和生活情趣构成一个互感的有机体。它认为如果一个人无欲无求，少思少虑，退避自守，在心理上就能清净，在生理上就能长寿。“静”作为传统体育文化中修身养性的第一要诀，“知止然后有定，定而后能静，静而后能安”。静是体力上、精神上的放松，静则气和、志正体直，如武术中内功的修炼和气功中的行气，都要求排除杂念，全神贯注，意守丹田。要做到视而不见，听而不闻；泰山崩于前而不动，猛虎啸于后而不惊。只有心静神凝，内气才能磅礴腾挪、上下鼓荡、击流不息，达到强身益智、延年益寿的养生效果。

知识窗

武术服饰之美

肥硕宽大之美。“天地有大美而不言”，武术服饰以肥硕宽大为美。特别是太极拳、形意拳和八卦掌等项目的服饰更是如此。这种“大美”和武术精湛的攻防动作结合在一起，自然会给人以气势磅礴、威风八面的感觉。

含蓄庄重之美。武术服饰大都把人包裹得比较严实，这种含蓄矜持，具有一种神秘、内敛的审美效果，而庄重威严具有肃穆稳重的审美效果，这两方面正好符合了武术的神秘性和注重内省的文化特征。

静定悬垂之美。武术服饰悬垂感的形成，除了服饰面料和款式之外，还要求练武者必须处于静态姿势（如定势、造型）之中。武术服饰的悬垂感是独一无二的，在静止中傲然富有生气，给人一种勃发的生命气息。

灵动飘逸之美。丝绸武术服饰的飘逸感是借助武术动作的魔力，也就是说，这种灵动飘逸的美感来自于武术服饰在运动中所产生的曲线、块面、光泽的逶迤变换及动静交替。

第三节　奥林匹克文化

一、奥林匹克文化概述

奥林匹克文化，包括奥林匹克运动的全部思想体系和活动内容，是奥林匹克运动在实践过程中所创造的物质财富与精神财富的总和。

回顾奥林匹克运动产生与发展的历程——古代奥林匹克运动会，其追求和平、友谊和神圣休战，坚持公平竞争的体育原则，组织比赛的竞技模式，对世界体育及现代奥林匹克运动的发展都产生了深刻的影响。公元前776年，大规模的体育竞技活动开展，并决定在奥林匹亚村每四年举行一次，到公元394年历时1170年。奥运会期间实行《神圣休战条约》，使奥林匹克运动会没有间断地举行了293届，创造了人类文明史上的奇迹。

法国教育家顾拜旦是公认的现代奥林匹克运动的创始人，他为现代奥林匹克运动的诞生和发展作出了卓越的贡献。在他的不懈努力下，1894年6月16日—24日，国际体育运动代表大会在巴黎举行，这次大会唤起了与会者对古代奥运会的向往，与会代表一致同意顾拜旦的主张，决定重新举办奥林匹克运动会，并通过了重新举办奥运会的决议。1896年4月6日—15日，第1届现代奥林匹克运动会如期在雅典举行。发展至今，已举办了31届，参加的国家和地区达到204个，比赛项目302项（28种运动）。现代奥林匹克运动会的影响力远远超出了体育范畴，在当代世界的政治、经济、哲学、文化、艺术和新闻媒介等诸多方面，产生了一系列不容忽视的影响。奥林

匹克运动不仅构成了现代社会所特有的体育文化景观，还以其特有的文化魅力促进人们的身心健康，更以其强烈的人文精神催人奋进，是人类社会友谊、团结的象征，为维护世界和平和人类社会的进步作出了巨大贡献。

二、奥林匹克运动文化的表现形式

（一）以奥林匹克主义为核心的思想文化内涵

奥林匹克运动之所以长盛不衰，其主要原因就是它在发展的过程中逐渐形成了以奥林匹克主义为核心的思想体系，它为奥林匹克运动注入灵魂，使其有了坚实的思想基础和明确的指导方针。奥林匹克文化的文化内涵集中表现为以奥林匹克主义为核心的思想体系，这一体系主要由奥林匹克主义、奥林匹克宗旨、奥林匹克精神、奥林匹克格言和奥林匹克名言组成。

奥林匹克主义是将身心和精神方面的品质结合起来，并使之得到提高的一种人生哲学。它将体育运动与文化和教育融为一体。

奥林匹克宗旨是通过没有任何歧视、具有奥林匹克精神——以友谊、团结和公平精神相互了解的体育运动来教育青年，从而为建立一个和平和美好的世界作出贡献。

奥林匹克精神就是相互了解、团结、友谊和公平竞争的精神。

“更快，更高，更强——更团结”是奥林匹克运动的格言，具有丰富的文化内涵，它充分表达了奥林匹克运动不断进取、永不满足的奋斗精神和不畏艰险、勇攀高峰的拼搏精神。

“参与比取胜更重要”是奥林匹克运动广为流传的名言。参与的可贵之处在于参与者有着高尚的品质、真诚的态度、奉献的精神和对理想的追求，其意义远远超出了名次和奖牌。

（二）独特与鲜明的象征性标志

奥林匹克运动是表示人类社会团结、进步和友谊的一个伟大的象征，具有崇高目标和丰富内涵的奥林匹克运动的思想体系，皆物化成一系列独特而鲜明的象征性标志，如“奥林匹克标志”“奥林匹克会旗”“奥林匹克圣火”“奥林匹克会歌”“奥林匹克奖牌”“奥林匹克吉祥物”等，这些标志有着丰富的文化含义，形象化地体现了奥林匹克思想的价值和文化内涵，用一些简明干练的艺术形象、符号表达了奥林匹克思想的基本点，将抽象的概念变为可见的、可听的、可触的物质文化，反映了人们对奥林匹克运动认识的深化，例如，奥林匹克标志——五环，其颜色为蓝、黄、黑、绿、红，五种颜色象征五大洲，其中蓝色代表欧洲，黄色标志着亚洲，黑色意指非洲，绿色喻作澳洲，红色象征美洲。奥林匹克会旗和五环的含义，代表着全世界的运动员在奥林匹克运动会上欢聚一堂，而且强调所有参赛运动员应以公正、坦诚的运动员精神在比赛场上相见，充分体现了奥林匹克主义的内容——“所有国家、所有民族”的“奥林匹克大家庭”主题。奥林匹克圣火象征着光明、团结和友谊，象征着和平和正义。吉祥物表示奥运会吉祥如意，表达主办国祝愿奥运会圆满成功、祝福选手们取得好成绩的良好愿望。

（三）奥林匹克仪式

奥林匹克仪式是奥林匹克文化中最具特色和魅力的组成部分，体现了人类渴望和平、追求创造美好和平世界的崇高理想，例如，在第 27 届奥运会开幕式上，澳大利亚女子 400 米世界冠军弗雷曼站在水中，在点燃奥运主火炬的刹那，第 27 届奥运会开幕式的和平主题也随着熊熊的火焰喷射出来。当火炬台沿着奥林匹克体育场逆流而上，这个和平的主题得到了升华。

（四）奥运会展示的人体美与拼搏精神

奥运会是奥林匹克运动的主旋律，是世界各国体育竞技的一次最高检阅，是世界各国人民和平、团结、进步和奋发向上精神的象征，同时也是盛大的文化庆典。奥运会向世人展示了一流的人体美，我们可以看到篮球运动员高大修长的身材，游泳运动员丰满匀称的体态，田径运动员健壮发达的身体，举重运动员隆起的肌肉，体操运动员小巧玲珑的身影……加之各国运动员精心设计的运动服的颜色搭配，更显示出无穷的魅力。

奥运比赛展示的竞技美，如中国跳水队堪称完美的压水花技术，美国篮球“梦之队”出神入化的技战术配合，巴西足球精巧细腻令人叹为观止的艺术足球，田径场上百米决赛刮起的“黑色旋风”，艺术体操如诗如画的韵律美，举重运动员“力拔山兮气盖世”的力量美等等，同样显示着奥运竞技文化的内涵。

运动员精湛的技术，拼搏进取的精神，最大限度地挖掘自身潜力，向自身体能生命的极限挑战，创造一种在努力中求得欢乐幸福、身心愉悦的形象，体现出更快、更高、更强、奋发向上的精神。人们在观赏奥运会竞技比赛、参与奥林匹克运动的过程中可以受到美的熏陶。

2016 年第 31 届奥运会，中国女子排球队奋力拼搏，再次登上奥运之巅，引发了国人强烈的情感共鸣，受到广泛赞扬。自 1981 年首次夺得世界杯冠军，35 年来，中国女排有辉煌也有低谷，但无论顺境还是逆境，女排精神从来不曾丢掉。弘扬女排精神——团结奋斗，顽强拼搏，为实现中国梦，追求中华民族复兴而努力。

女性何时进入奥运会

古代奥运会最大的遗憾，就是局限于男性选手之间的角逐。1896 年，首届现代奥运会在希腊雅典举行，但仍沿袭旧制拒绝女性选手参赛。经过女性选手们的强烈抗议，在四年后的第 2 届奥运会上第一次出现了女性的身影，而她们也用不屈的刚毅，在绿茵场上撒下片片柔情，奥运会从此为“巾帼”敞开了怀抱。

（五）内涵丰富的艺术节

奥林匹克运动力图从不同的角度和不同的层次，去挖掘、展示人类社会中一切美好的东西，以促进人健美的身体与健全的精神和谐发展。《奥林匹克宪章》规定奥委会必须制订文化活动计划，并至少须贯穿在奥运村开放期间，这种文化展示活动就是奥林匹克艺术节。它向人们展示了一个五彩缤纷的艺术天地，这里有气势磅礴的奥林匹克建筑，形象生动的绘画、雕塑等视觉艺术，有优美的声乐、器乐等听觉艺术，有文学、诗歌等想象艺术，有戏剧歌舞等综合艺术，充分展示了举办国和世界各种文化特色的文化活动，音乐、舞蹈、文学、绘画、雕刻、摄影、戏剧、建筑艺术和体育集邮等各种文化形式争奇斗艳，各类艺术珍品交相辉映。奥林匹克运动综合地反映了人类文明，并推动着人类文明的进步。

第四节　大众体育文化

一、大众体育文化概述

大众体育文化又称群众体育文化，是通过民间传统体育和现代体育，集娱乐和健身为一体的、多种多样的现代体育文化生活。

大众体育文化作为社会文明的有机整体，成为调节社会文化生活、善度闲暇时间的重要组成部分。大众体育文化反映的是生活在不同区域的人民的劳动生活，具有强烈的民族传统体育特点，又融入了现代体育的竞技性；大众体育文化，不仅是广大民众强身健体的有效手段，还是喜庆节日的文化娱乐内容；大众体育文化以其自身的特点和社会的需要传播着体育文化。

二、大众体育文化的表现形式

（一）民族性

一般情况下，大众体育能够植根于民众之中的往往是民族体育，而大众体育文化也是一部民族兴衰与发展的文化史。因为不论哪个民族的文化都是人类发展中的一部分，都展现着同地域和民族的不同辉煌，所以民族传统体育文化都以不同的方式走向世界，也以不同的方式推动着历史的文明和社会的发展。

大众体育文化的民族性，恰恰带有浓厚的民族文化色彩，比如，武术、赛马、中国式摔跤、秋千、蹴鞠、马球、捶丸、龙舟和舞狮等项目，其民族体育文化主要表现在以下几个方面。

⑴ 适合本区域民族的身心特点、环境气候和资源的利用。

⑵ 在喜庆的节日中，为丰富文化生活，大多开展的内容是以娱乐为主的竞赛活动。

⑶ 振奋民族精神，促进对外交流，弘扬民族精神和传统文化。中国民间传统的体育活动，在新疆、内蒙古、西藏、云南和贵州等各少数民族地区尤为盛行。

（二）传统性

我国传统的武术和养生术，一直以中国“功夫”传承着中华民族的传统文化。古代经典小说《西游记》中的孙悟空、《水浒传》和《三国演义》中的众多英雄豪杰，以及为他们修建的庙宇和墓碑等，通过各种不同的形式，塑造着栩栩如生的人物形象，弘扬着传统文化。在现代影视作品中，以反映中国古代传奇英雄和武林高手为题材的作品受到各年龄段、各层面，乃至全世界的欢迎；为古代英雄建造的寺庙，成为旅游观光的重要景点。

在现代人的体育文化生活中，我们把长期开展体育活动的单位、院校称为体育传统单位和学校，并据此制定了一系列法规进行评比和确认。如长期以来，我国实行的“社会体育评比制度”“群众体育工作评比制度”“争创体育先进制度”“田径之乡评比制度”等，为推动我国大众体育文化的开展起到了保障作用。

（三）时尚性

大众体育文化的时尚性不仅仅是某一运动项目的传入和兴起，而且往往伴随着一种意识、思想和文化的传播。近几十年先后流行于全国的健身气功、呼啦圈、迪斯科、台球、保龄球、网球、冰雪运动和健身操等，既是对民间传统文化的挖掘和对它们功能的重新认识，又是社会的变迁与新文化的导入。大众体育文化的时尚性主要表现在以下四个方面。

(1) 人们的好奇心，促使着人们去体验和感受新兴体育。

(2) 在紧张的学习、工作和生活之余，可以让人们的身心得到调整和放松。

(3) 通过娱乐的形式，掌握一项技能，使自己的生活更充实，更有意义。

(4) 体育文化的时尚性，尤其是以它的文化性，被一部分人所接受。虽然只有少部分人直接参与到运动中来，对大多数人而言，开始只能是街头巷尾谈论的话题，但是，随着时间的推移，人们对新兴体育的认识会与日俱增。

（四）实效性

大众体育之所以能形成文化，源于人类的生产、生活实践，人们通过身体的活动，向大家传递了一种思想、一种意识，是在娱乐中达到锻炼身体的文化活动。大众体育文化的实效性主要表现在以下几个方面。

(1) 鲜明的特点。大众体育文化，以其鲜明的特点，反映出民族性、地域性、娱乐性和健身性。

(2) 传播快。当某一新颖的大众体育文化现象出现时，即使不借助媒介，也会在短时间内家喻户晓，例如，20 世纪 80 年代在中国先后兴起的甩手疗法和呼啦圈现象。

(3) 适宜性强。适宜不同的群体，不同的年龄段的人群，可以说有很多大众体育项目是老少皆宜的，如迪斯科、网球和游泳等。

全民健身国家战略、健康中国战略

全民健身国家战略、健康中国战略是以全体十几亿人民为中心，旨在促进全国城乡各地人民，人人参与，人人健身，人人快乐，人人健康，人人幸福。只有参与才能得到锻炼，只有健身才能得到快乐，只有健康才能得到幸福。

基本目标：针对人民群众多元化的健身需求，统筹全民健身公共服务体系建设，努力提高全民健康水平。

实　质：构建全民健康和全民健身型社会。

核心内容：实现党的十八届五中全会建议提出的“18 字方针”——发展体育事业，推广全民健身，增强人民体质。

第五节 校园体育文化

一、校园体育文化的含义

校园体育文化是指在学校这一特定的范围里，人们在历史实践过程中所创造的体育精神财富和物质财富的总和。它有广义和狭义之分，广义的校园体育文化指学校的师生员工在体育教学、健身运动、运动竞赛和体育设施建设等活动中形成和拥有的所有的物质和精神财富。狭义的校园体育文化指学校师生员工的体育观念和体育意识。校园体育文化和校园德育、智育、美育文化等一起构成体育文化群，它又与竞技运动文化、群众体育文化一起组成了广义的体育文化群。根据校园体育文化要素的不同，可将其分为三大类，即意识文化、行为文化和物质文化。这三类文化均有助于人们的心理调节，满足师生员工对精神文化生活的需要。

校园体育文化包括体育教学、健身锻炼、运动竞赛、体育表演、道德行为、制度和规范等。通过多种多样的体育手段和方法，可以锻炼学生的意志品质，催人奋发进取，培养集体观念，加强组织纪律，协调人际关系，缓解不良情绪，使人愉悦，身心得以和谐、健康。同时，可以拓宽学生的知识和思维视野，最终达到培养创造精神，丰富课余文化和促进德、智、体全面发展的目的。

二、校园体育文化的表现形式

（一）创新性

体育运动的一个重要特征就是“鼓励和不断创新”，正是这种精神体现了体育运动的文化特质。开展校园体育活动是实现学校体育目标的重要途径，是培养学生“终身体育”和“健康第一”思想的重要环节。《全国普通高等学校体育课程教学指导纲要》指出，“为实现体育课程目标，应使课堂教学与课外、校外的体育活动有机结合，学校与社会紧密联系。要把有目的、有计划、有组织的课外体育锻炼、校外活动和运动训练等纳入体育课程，形成课内外、校内外有机联系的课程结构”。

目前，各学校开展的体育俱乐部和体育协会，是课余锻炼的有效组织形式，为学生提供活动时间、场地、器材及辅导教师。学生在体育俱乐部和体育协会活动中，选择自己的锻炼项目，不仅能充分调动学生的积极性和兴趣，促进技术、技能的掌握，养成自觉锻炼的习惯；而且能提高学生的组织活动能力与社会实践能力，逐步实现学校体育向终身体育的过渡。

学校体育俱乐部不仅是大众体育的组织形式，而且在高水平竞技的层面上，其功能与作用已超过了体育教学的本身，使校园文化更富有创新意识，加速了学校体育文化的整体发展。

（二）开放性

在校园体育文化中，学生已经从以往的封闭式校园走向社会，参加各种体育活动，观看和参加世界大学生体育比赛和国内高水平比赛、全国大学生田径锦标赛，以及省内高校校际间的各项体育比赛。通过学校之间与社会之间频繁而广泛的以体育为内容的交流和接触，增进学生对社会的了解，开阔其眼界。同时，校园体育文化还应该根据素质教育的要求，组织学生开展户外活动，如滑冰、滑雪、旅游、远足和野外生存等，培养学生自我生存的本领，磨炼意志品质，提高自己在不同环境中的适应能力和社会交往能力，吸取社会文化中的有益成分，弥补校园文化的不足。这种开放性特征本身就蕴含着一种教育功能，并且起到完善学生身心健康的新形象的作用。

（三）层次性

校园体育文化既具有表面丰实的内容，又具有深层的结构和丰富的底蕴，这种深层的东西在一定程度上难于言说，但往往能使生活在这个体育文化氛围中不同的人都能受到其影响；另一方面，校园体育文化本身具有不同的层次，雅俗共赏，能够适应不同层次大学生的要求。

高等学校具有体育场地、器材设施相对齐全，师资力量雄厚，图书资料丰富的优势，这对完成高校体育教学任务，开展好校园体育文化，推动全民健身运动和校园精神文明建设提供了物质保障。加之广大师生的知识水平，这就决定了高校校园体育文化的高层次特征。

体育竞赛作为校园文化的重要内容，是在全面发展身体，最大限度地挖掘和发挥人的体力、心理和智力等方面潜力的基础上提高运动技术水平。通常以课外体育竞赛为龙头，多种体育锻炼形式并存，每年各学校要举行 8～10 个全校性球类、田径、健美操和武术等项目比赛，同时开展小型多样的活动，以院、系、专业、小班为单位的趣味运动会，及各种友谊对抗赛，进行多方位的体育交流，使学生在热烈的校园体育文化中，增强团队精神，提高竞争的意识。另外，还鼓励学生积极参加课外体育锻炼，如课间操、各种球类、健美和田径运动等。在不同的季节里学生可选择适合自己的运动方式，如春天郊游，夏天游泳，秋天登高，冬天滑冰、滑雪等。

大学校园内蓬勃兴起的体育文化节、体育知识竞赛、体育征文、体育科技知识讲座、球迷协会和体育摄影等，都为体育活动锦上添花，增添了无穷的魅力。

（四）聚散性

体育文化对一个学校的发展具有“内聚和外散”的互动功能。丰富多彩的校园体育文化，对广大师生员工有着巨大的吸引力，各种体育活动的开展和参与，不仅使人们彼此之间的感情得到沟通，而且也是学生素质教育中最理想的课程。

通过体育竞赛以及各种方式的活动，培养学生公平竞争、尊重裁判、尊重对方和遵守规则的良好体育道德风尚。在比赛中，场上运动员顾全大局，积极配合；场下的观众呐喊助威，群情激昂，场上场下升腾着强烈的集体荣誉感，就会形成一种无形而又巨大的内聚力，这对加强校园的精神文明建设起到了积极的作用。参加一些全国、全省性的高校和地方组织的体育比赛和交流，运动员的竞技水平和道德风貌等都会向社会传播，这对于树立学校的形象，反映学校的精神风貌，扩大学校在社会上的声誉，都会产生积极而深远的影响。

走下网络、走出宿舍、走向操场

共青团中央、教育部、国家体育总局和全国学联共同决定，从2014年开始，在全国高校范围内全面启动和广泛开展大学生以“走下网络、走出宿舍、走向操场”为主题的群众性课外体育锻炼活动。

开展主题团日活动。邀请学生、教师和校友中坚持体育锻炼的典型榜样，走进学生中间，开展主题团日活动，面对面交流、分享体会，营造积极参与体育锻炼的浓厚氛围，加强对身体健康素质的重视，大力倡导“每天锻炼一小时，健康工作五十年，幸福生活一辈子”的理念。

广泛发动基层开展活动。注重以宿舍、班级、实验室和学生生活园区等为参与主体，注重引导学生主动参与活动、自主设计活动，积极倡导宿舍运动会、趣味运动会等形式，鼓励创建兴趣爱好类的体育社团、体育俱乐部和兴趣小组等，把更多学生吸引到健康向上的体育锻炼活动中来。

利用新媒体开展活动。号召和组织学生设计开发推动同学积极参加体育锻炼的手机APP应用程序并从中选优进行推广；通过社交平台等形式和渠道，开展“我的身体我做主”“我的运动风采”等照片展示评选活动，号召学生随手按下快门，分享体育锻炼中的美好瞬间和快乐时刻，在校园内营造青春健康的生活风尚。

【思考题】

1. 如何理解中国传统体育文化中“礼仪为先，道德先行”的内涵?
2. 奥林匹克运动的象征性标志是什么?
3. 举例说明大众体育文化的民族性与传统性表现。
4. 如何更好地发挥校园体育文化的创新性?

【参考文献】

1. 郑厚成. 现代体育与健康文化导论 [M]. 北京：高等教育出版社，2006.
2. 卢元镇. 体育社会学 [M]. 北京：高等教育出版社，2010.
3. 胡鞍钢，方旭东. 全民健身国家战略：内涵与发展思路[J]. 体育科学，2016（3）.

第二章　大学生体质健康的测量与评价

* 熟练掌握体质与健康的基本内涵及二者的关系
* 了解体质与健康的影响因素
* 解析大学生体质健康发展的特点与基本现状
* 学习《国家学生体质健康标准（2014 年修订）》成绩的测量与评定
* 掌握学生体质健康评价的常用方法

第一节　体质与健康概述

一、体质的基本内涵

体质是指人体的质量。它是在遗传性和获得性的基础上表现出来的人体形态结构、生理功能和心理素质的综合的、相对稳定的特征。在人的整体生命活动过程中，体质发展状况呈现明显的个体差异性和发展过程的阶段性。遗传因素是影响体质发展水平的内因，而后天的生活因素，如营养条件、生活环境以及身体锻炼等因素对体质的发展起到积极的作用。所以，体质发展状况具备一定的先天遗传性，同时又受后天客观环境因素的影响，具备积极的获得性。

人的身体形态结构、生理机能、身体素质、运动能力（简称体能）、心理发育（发展），以及有机体的适应能力是寓于人体相互依存、相互影响、相互制约，构成体质不可分割的五个重要方面。身体的形态结构是体质的物质基础，生理机能、身体素质、运动能力和心理条件是体质的主、客观表现，对内外环境的适应能力是它们的综合反映。一定的身体形态结构，必然表现为人体内一定的生理功能。而身体素质和运动能力的发挥是机体各器官系统的机能能力在人体运动过程中的客观反映。在发展身体素质和运动能力的过程中必然会引起有机体相对应的一系列形态结构、生理功能的变化，在伴随着形态结构、生理功能的变化以及身体素质的提高和运动能力的加强的过程中又会产生一定的心理过程和个性心理特征的反映，从而促进了人心理因素的发展。

理想的体质是指良好的人体质量，在遗传的基础上，经过后天努力塑造所能达到的身体形态、结构、生理功能、心理素质和对外环境适应的整体良好状态。体质不仅具备其生物性的存在，同时现代社会人从社会需求方面提出了对体质的社会性的要求，体质的社会性反映在不同社会人对体质的不同需求。

二、健康的基本内涵

关于健康的概念，随着时代、环境和条件的不同，对健康的认识也不尽相同。长期以来，人们把健康理解为“无病、无残、无伤”。当代随着社会的发展和科学的进步，人类对健康的认识也在不断发展，许多学者对健康的认识提出了不同的解释。随着人们对健康的认识不断更新和发展，健康概念的内涵和外延也在不断发展和深化。

1948 年，世界卫生组织（WHO）在其宪章中对健康的定义为：“健康不仅仅是没有疾病和病症，而是一种躯体、心理和社会功能均处于良好的状态（Health is a state of complete physical, mental, and social well-being and not merely the absence of disease or infirmity.）。”

1989 年世界卫生组织对健康的定义为：“健康是指身体上、心理（精神）上和社会适应等方面完美的状态，而不仅仅是没有疾病和不虚弱。”它强调了“全面健康”的三个重要组成因素：无生理疾病，无心理疾病，具有社会的适应能力。由此可见，真正的健康不再仅仅是身体健康，还应包括心理健康与社会适应。对健康的理解应为体质良好，体能全面，心理健康，适应能力强。20 世纪 90 年代，世界卫生组织公布了新的四位一体的健康定义：一个人只有躯体、心理、社会适应和道德四个方面都健康，才算完全健康。世界卫生组织指出：“健康是基本人权，是世界范围内一项重要的社会性目标。”

健康具有多维性和复杂性的特点，从生物学角度看健康主要是检查器官功能和各项指标是否正常；从心理角度观察健康主要是看有无自我控制能力，能否在外界影响下保持内心的平衡状态；从社会学角度衡量健康主要涉及个体的社会适应性、良好的工作和生活习惯、和谐的人际关系和应付各种突发事件的能力。

健康的关键因素

世界卫生组织 1988 年公布：每个人的健康 60%取决于自己，15%取决于遗传，10%取决于社会因素，8%取决于医疗条件，7%取决于生活环境和地理环境。据此，前苏联医学博士兹马诺夫斯基提出了人的健康公式。

$$人的健康=\frac{情绪良好(稳定)+运动(锻炼)+饮食合理}{惰性+烟酒}$$

三、体质与健康的相互关系

从体质和健康的定义可以看出，二者虽有许多交叉的地方，却是从不同侧面、不同范畴来看待人体发展的两个相互关联的概念的。

体质与健康的关系可以从三个方面进行描述，体质是健康的物质基础，健康是体质的外在表现；体质是一种特质，健康是一种状态；体质是人体维持良好健康状态的能力。同样健康的人，体质有可能千差万别，前者是相对稳定但不易改变的，后者的状态是相对不稳定但易改变的。

体质的上位概念是健康，健康的基础在于体质，健康的范畴大于体质的范畴。从体质的范畴来看，更趋于生物学的观点，更侧重于人体的形态发育、生理机能、心理发展、身体素质和运动能力，以及对内外环境的适应和对疾病的抵抗能力。从健康的范畴来看，更趋于社会学和生物学的结合，除了包括体质的范畴以外，更加强调对环境（包括自然环境和社会环境）的适应、心理卫生、对疾病的预防、卫生保健以及现代生活方式对人体健康的影响等。

总之，身体上的健康不仅仅是没有疾病和机体器官功能正常，除此之外还应具有良好的体质，体质是一种满足生活、工作任务及娱乐需要的能力，并且是机体预防疾病、增进健康、提高生活质量的根本保证。

第二节　体质与健康发展的影响因素

人的体质状况主要受到先天的（尤其是遗传因素）和后天各种因素（环境、机体的生物学和心理学因素、生活方式和卫生及医疗服务等）的相互交叉、相互渗透的影响。人类的健康主要受到生物学因素和非生物学因素两大类的影响。生物学因素是指细菌、寄生虫等病原微生物或基因遗传因素，非生物学因素是指心理、社会、环境和文化因素及人类自身的行为方式和生活方式。

一、遗传因素

遗传学认为遗传是人的体质发展变化的先天条件，染色体在胚胎发展的过程中摄取亲代环境中的物质，形成与亲代相似的多种特征，既包括身体形态的特征的影响，也包括对性格、智力等方面的影响。亲代携带的许多隐性或显性疾病因子，也会遗传聋哑、色盲等生理缺陷。虽然现代科学医疗技术可以纠正或缓解某些临床症状，或防止发病，但尚无有效的根治方法。遗传性疾病不仅影响个人的终生，也是很严重的社会问题，造成家庭、伦理、道德、法制和医疗康复等方面的难题。

二、环境因素

“环境”指的是围绕人们的客观事物的总和，包括致病性微生物、细菌、病毒、真菌、原虫以及物理、化学、社会、经济、文化教育和就业等因素，主要通过自然环境和社会环境两个方面施加影响。

（一）自然环境

自然界中的日光、空气、水，以及五谷杂粮、蔬菜、动物（禽、兽、鱼、鸟等）和有机物、无机物等，都给予人必需的各种各样的营养，以维持生命的正常活动，是生物体赖以生存的必要条件。大自然给予人类生存的自然环境，同时又是人类生存的审美对象。优美的环境可以使人精神振奋，生机勃勃，呼吸畅通，内分泌协调，对人的生理、心理活动都起着重要的作用。保持自然环境与人类的和谐，对维护、促进健康有着十分重要的意义，若破坏了人与自然的和谐，将会影响人类社会的正常发展。

（二）社会环境

社会是人类生活的大集体，它包括社会组织结构和社会意识结构，是人类社会所特有的。它包括社会制度、法律、经济、文化、教育、人口、民族和职业等方面，社会制度确定了与健康相关的政策、法律、法规，并保证了它的有效实施。

社会组织结构主要指家庭、生产合作体、医疗保健设施，以及其他社会集团。社会意识结构主要指政治观念、道德水准、风俗习惯、文化生活以及政策法规等。良好的生活环境给人的生存、生活和享受带来无限的生机。良好的社会制度，优越的物质生活条件和道德水准，科学的文化氛围和健全的医疗保健设施等都为人的体质增强创造了必要的条件。

三、机体的生物学因素

生物因素包括遗传、生长发育和衰老等。构成人这一有机体的主要元素有碳、氢、氮和氧等，这些元素以特定的方式构成了分子、细胞、组织、器官和系统，最后构成了复杂的人体。一方面，机体在不断地与外界环境进行多种多样的物理性、化学性和信息性的物质交换过程，以达到维持身体内外的生理平衡；另一方面，机体自身也在完成一系列的生命现象，包括新陈代谢、生长发育发展过程、防御疾病侵袭、免疫功能反应、修复愈合和再生代偿等生理过程，并严格按照亲代遗传模式进行世代繁殖。新生婴儿缺陷的发生率提高与遗传因素有关。遗传还与高血压、糖尿病和肿瘤等疾病的发生有关。

四、行为和生活方式因素

生活方式是指人们长期受一定文化、民族、经济、社会、风俗和规范，特别是受家庭影响而形成的一系列的生活习惯、生活制度和生活意识。

生活方式因素又称健康行为因素，而几乎所有影响体质健康因素的作用都与不当行为有关。包括吸烟、酗酒、饮食习惯、风俗、运动、精神紧张、劳动与交通行为、体育锻炼和精神状态等。随着现代科学技术的发展，人们的健康意识不断提高，必然会抛弃某些陈旧的生活方式，建立符合现代社会意识的新型文明生活方式。生活方式和不良行为会导致慢性非传染性疾病及性病、艾滋病的患病人数迅速增加。近年来，恶性肿瘤、脑血管病和心血管病已成为我国死亡原因的主要方面，且呈现病患年轻化的趋势。

五、卫生保健设施因素

卫生保健设施因素也称作卫生及医疗服务因素，主要指社会卫生医疗设施和保障制度的完善状况。决定体质健康的因素尽管十分复杂，但公共医疗保健服务是极为重要的因素，而社会公共医疗卫生设施的利用和保障制度作用的发挥是国民体质健康的根本保证。卫生医疗服务是指社会具有良好的医疗服务和卫生保健系统，有必要的药物供应，有健全的疫苗供应与冷链系统。卫生保健设施是保证人类健康极其重要的因素。1978 年，世界卫生组织在《阿拉木图宣言》中宣布，初级卫生保健是全世界在可预见的将来达到令人满意的健康水平的关键。

综上所述，在影响体质健康的五个因素中，环境因素起首要作用，其次为行为与生活方式、卫生服务，遗传因素虽影响较小，但一旦出现遗传病，则不可逆转。诸多后天影响因素主要是通过营养（平衡膳食）、卫生（包括心理卫生）和运动（包括被动运动）来实现的。人的体质健康并非受到单一因素的影响，而是受到各种因素相互作用的影响，彼此之间又是相互依存的关系。人们必须以健康教育为指导，积极树立健康意识，自觉遵守社会公德，养成良好的行为和生活方式，这样才能促进自身或群体健康状况的不断改善和提高。

第三节　大学生体质健康发展的特点及其状况

一、大学生身体发育（发展）的特点

目前，我国在校大学生的年龄一般都介于 18 ~ 22 岁，是过渡到成年的发育（发展）阶段。从人体生长发育（发展）的过程上看，无论是身体形态结构、机能能力以及运动素质的发展，仍处于缓慢增长过程并逐渐进入到成熟阶段（成人）。大学生身体发育（发展）时期即青春发育期的后期，具有相对稳定的特质。

（一）形态结构发育特点

身体形态发育趋于稳定，基础体型已明显确立，但仍存在相对的可塑性，男女间存在着明显的性别差异。

身高仍有缓慢增长的趋势，男生身高的增长速度比较缓慢，女生趋于稳定，男生的增长要大于女生。男生的身高明显超过女生，躯干较短，下肢较长，形成上体较宽、骨盆较窄、下肢细长，具有明显倒三角形的男性体型主要特征。女生身材高度相对于男生较矮，上体窄细，骨盆较宽，下肢相对较短的体型特征。女生皮下脂肪较厚（相当于男子的 2.73 倍）。身体围度进一步增长，同样，男生的增长幅度大于女生，体重也有进一步发展。

（二）身体机能发育特点

1. 神经系统

中枢神经系统——大脑皮质神经的兴奋与抑制过程更加趋于平衡，神经反应过程的灵活性较高，神经细胞的工作能力进一步加强，承受强度进一步加大。随着神经系统结构的发育成熟，机能能力也逐步完善。神经细胞物质代谢旺盛，两个信号系统的关系更加协调和完善，抽象思维和分析综合能力显著提高。

2. 运动系统

大学期间是骨骼发育比较重要的一个时期。运动系统又称为骨骼肌肉（skeletal muscle）系统。是一个由量向质的转化过程的重要阶段。由于骨骼在身体发育过程中起着决定性作用，四肢骨骼的生长是决定身体高度的关键，尤其是下肢骨骼更为重要。骨骼的发育一般在 25 岁左右完成，肌肉要到 30 岁左右才能发育完成。随着年龄的增长，骨质成分逐渐发生变化，无机盐增多，逐步进入骨化过程。骨密质增多，骨骼变得粗硬，可承受较大的压力。由于性激素的作用，肌肉纤维增粗，向横径发展。肌肉的横断面明显增大，肌肉的重量和肌肉的力量不断增加。

3. 呼吸系统

大学生的呼吸系统功能是一个逐渐增强的过程。呼吸肌的工作能力增强，呼吸频率逐步减慢，呼吸深度加大。这是由于胸腔增大，肺容积增大，肺活量增大所致。随着呼吸深度与肺活量的增

大，使最大吸氧量和运动负氧债能力逐渐增强（表 2–3–1）。肺活量 / 体重指数差异非常明显，女生约比男生低 20%。

表 2–3–1　18~22 岁青年男女最大吸氧量和最大氧债值

指　标	男　生	女　生	女 / 男 × 100
最大吸氧量	2254	1834	81.4
每千克体重最大吸氧量	43.9	39.3	89.5
每平方米体表面积最大吸氧量	1451	1289	88.8
氧债值	4494	2684	59.7
每千克体重氧债最大值	87.4	57.6	65.9
每平方米体表面积氧债最大值	2892	1888	65.9

4. 心血管系统

大学时期是心血管系统发展的重要阶段之一。伴随着身体发育，心脏的心肌纤维质量发生变化。心肌收缩逐步增强，每搏输出量增多，心率减缓，心脏功能的工作效率提高。一般人的心率为 70 ~ 75 次 / 分，平均生理变化范围在 60 ~ 100 次 / 分。女生的心脏体积、每分钟心输出量及每搏输出量均小于男生（表 2–3–2），常以增加心率来弥补，安静时心率稍快于男生；由于女生的心肌收缩力较男生弱，血压一般稍低于男生；运动时血压的增高也不如男生明显，而且恢复期延长。

表 2–3–2　18~22 岁青年男女心脏形态与机能比较

指　标	男　子	女　子
心脏重量（克）	366	250
心脏绝对体积（立方厘米）	800	580
每分钟输出量（升 / 平方米体表面积）	2.38	2.34
每搏输出量（毫升 / 平方米体表面积）	37.80	35.50

二、我国学生体质健康发展水平的基本状况

关注学生体质健康状况，切实提高学生体质健康水平是关系到国家民族素质的大事，是贯彻科学发展观，推进和谐社会建设的重要任务之一，是体现现代社会文明、健康、科学的重要标志。

（一）我国学生体质健康工作的落实及开展

党中央、国务院对学生体质健康给予了高度重视，2007 年 5 月专门下发了《中共中央国务院关于加强青少年体育增强青少年体质的意见》，并提出具体改善措施。教育部与体育、卫生等相关部门密切配合，从“健康第一”理念树立、政策制度建设、工作机制建立、办学行为规范、教育教学改革、教学环境与条件改善、一小时体育锻炼时间落实、“阳光体育运动”推进等方面开展了大量卓有成效的工作。

自 1985 年以来，教育部、国家体育总局、卫生部、国家民族事务委员会、科学技术部和财政

部每隔5年共同组织一次全国多民族大规模的学生体质与健康调研，至今已组织了6次。通过调研，可以及时了解学生健康状况，发现学生体质健康存在的问题，据此制定进行干预和促进学生体质健康的政策与措施，积极促进学校全面贯彻落实党的教育方针，提高全民族的体质健康水平。

（二）我国学生体质健康水平的现状

2010年，教育部、国家体育总局、卫生部、国家民族事务委员会、科学技术部和财政部共同组织的第6次全国多民族大规模的学生体质与健康调研，涉及31个省（自治区、直辖市），27个民族，995所学校。

调研统计人数为348495人，其中汉族7～22岁的大、中、小学生共262878人，回族、藏族、蒙古族、朝鲜族、壮族、维吾尔族、瑶族、土家族、黎族、彝族、羌族、布依族、侗族、水族、苗族、傣族、哈尼族、傈僳族、佤族、纳西族、白族、东乡族、土族、撒拉族、柯尔克孜族和哈萨克族等26个少数民族学生共85617人。检测项目包括身体形态、生理机能、身体素质和健康状况等4个方面的24项指标。调研结果如下。

1．学生体质与健康状况总体有所改善

(1) 形态发育水平继续提高。

调研结果显示，我国城乡学生的身高、体重和胸围等生长发育水平继续呈现增长趋势，例如，与2005年相比，城市男生、城市女生、乡村男生和乡村女生，7～18岁年龄组身高分别平均增长了1.01厘米、0.79厘米、1.55厘米、1.12厘米，体重分别平均增长了1.35千克、0.80千克、2.02千克、1.15千克，胸围分别平均增长了0.71厘米、0.59厘米、1.26厘米、0.94厘米；19～22岁年龄组身高分别平均增长了0.84厘米、0.55厘米、1.34厘米、0.64厘米，体重分别平均增长了1.52千克、0.27千克、2.07千克、0.34千克，胸围分别平均增长了0.63厘米、0.29厘米、0.97厘米、0.43厘米。

(2) 肺活量水平出现上升拐点。

调研结果显示，反映人体生理机能水平的重要指标——肺活量，在连续20年下降的情况下，出现上升拐点。例如，与2005年相比，城市男生、城市女生、乡村男生和乡村女生，7～18岁年龄组分别平均提高89毫升、84毫升、94毫升、81毫升；19～22岁年龄组分别平均提高137毫升、102毫升、185毫升、123毫升。

(3) 营养状况继续改善。

调研结果显示，学生的营养状况继续得到改善，低体重及营养不良检出率进一步下降，且基本没有重中度营养不良。例如，城市男生、城市女生、乡村男生和乡村女生，7～22岁年龄组轻度营养不良检出率分别为2.87%、5.81%、2.69%、5.45%，比2005年分别降低了0.02、0.21、0.27、0.27个百分点；低体重检出率分别为17.32%、25.94%、20.03%、27.08%，比2005年分别降低了1.40、0.78、2.80、1.35个百分点。另外，乡村学生低血红蛋白检出率也继续下降，例如，7岁年龄组乡村男生、乡村女生低血红蛋白检出率分别为16.85%、20.50%，比2005年分别下降了3.19、3.86个百分点；12岁年龄组分别为10.64%、13.82%，比2005年分别下降了1.97、0.10个百分点。

(4) 乡村小学生蛔虫感染率持续降低。

调研结果显示，与2005年相比，我国乡村小学生蛔虫感染率继续下降。例如乡村男生、乡村女生7岁年龄组的粪蛔虫卵检出率分别为3.66%、3.14%，比2005年分别下降了4.48、5.24个百分点；9岁年龄组分别为2.71%、2.42%，比2005年分别下降了3.86、4.87个百分点。

(5) 中小学生身体素质下滑趋势开始得到遏制。

调研结果显示，7~18 岁中小学生爆发力、柔韧性、力量和耐力等身体素质指标持续下滑趋势开始得到遏制，与 2005 年相比，有了不同程度的提高。

① 爆发力素质（立定跳远）出现好转。

调研结果显示，与 2005 年相比，反映下肢爆发力的立定跳远成绩有所提高，7~18 岁城市男生、城市女生、乡村男生分别平均增长了 1.12 厘米、1.03 厘米、0.76 厘米。乡村女生立定跳远成绩与 2005 年基本持平。

② 柔韧素质（坐位体前屈）出现好转。

调研结果显示，与 2005 年相比，反映身体柔韧度的坐位体前屈成绩有所提高，7~18 岁城市女生、乡村男生、乡村女生分别平均增长了 0.49 厘米、0.04 厘米、0.53 厘米。城市男生坐位体前屈成绩与 2005 年基本持平。

③ 耐力素质显现止“跌”。

代表耐力素质的测试指标视不同年龄—性别组而有所不同。7~12 岁男女学生测试 50 米 × 8 往返跑，13~22 岁男生测试 1000 米跑、女生测试 800 米跑。

本次调研结果显示，中小学生的耐力素质指标持续下滑趋势已经得到遏制。

与 2005 年相比，7~12 岁小学城乡男生 50 米 × 8 往返跑成绩基本持平；城市女生、乡村女生 50 米 × 8 往返跑成绩分别平均提高 0.05 秒、0.20 秒。

与 2005 年相比，13~15 岁初中城市男生、城市女生耐力跑成绩分别平均提高 3.03 秒、3.58 秒；乡村男女生耐力跑成绩与 2005 年基本持平。

与 2005 年相比，16~18 岁高中城市男生、城市女生、乡村男生、乡村女生耐力跑成绩分别平均提高了 0.48 秒、0.46 秒、0.34 秒、0.91 秒。

④ 力量素质（握力）继续提高。

调研结果显示，与 2005 年相比，7~18 岁城市男生、城市女生、乡村男生、乡村女生的握力分别平均提高了 0.43 千克、0.42 千克、0.36 千克、0.16 千克。

2. 学生体质与健康存在的主要问题

(1) 大学生身体素质继续呈现缓慢下降，但下降幅度明显减小。

调研结果显示，19~22 岁年龄组除坐位体前屈指标外，爆发力、力量和耐力等身体素质水平进一步下降，但与前一个五年相比（2000—2005 年），下降幅度明显减小。

与 2005 年相比，19~22 岁城市男生、乡村男生立定跳远成绩分别平均下降了 1.29 厘米、0.23 厘米，引体向上成绩分别平均下降了 1.44 次、1.45 次，1000 米跑成绩分别平均下降了 3.37 秒、3.09 秒；城市女生、乡村女生立定跳远成绩分别平均下降了 2.72 厘米、0.92 厘米，仰卧起坐成绩分别平均下降 3.02 次 / 分、2.48 次 / 分，800 米跑成绩分别平均下降了 3.17 秒、1.87 秒。另外，城市男生、城市女生握力分别平均下降了 0.18 千克、0.35 千克；城市男生、城市女生、乡村女生 50 米跑成绩分别平均下降了 0.06 秒、0.10 秒、0.05 秒。

(2) 视力不良检出率继续上升，并出现低龄化倾向。

调研结果显示，各学段学生视力不良率仍然居高不下。7~12 岁小学生为 40.89%（其中城市为 48.81%，农村为 32.98%），比 2005 年增加了 9.22 个百分点；13~15 岁初中生为 67.33%（其中城市为 75.94%，农村为 58.74%），比 2005 年增加了 9.26 个百分点；16~18 岁高中生为 79.20%（其中城市为 83.84%，农村为 74.59%），比 2005 年增加了 3.18 个百分点；19~22 岁大学生为 84.72%（其中城市为 84.14%，农村为 85.30%），比 2005 年增加了 2.04 个百分点。

值得注意的是，低年龄组视力不良检出率增长明显，如7岁城市男生、城市女生、乡村男生、乡村女生视力不良检出率分别为32.17%、36.43%、24.12%、26.95%，比2005年分别增加了8.71、8.76、10.56、10.32个百分点。

(3) 肥胖检出率继续增加。

调研结果显示，学生肥胖和超重检出率继续增加。7～22岁城市男生、城市女生、乡村男生、乡村女生肥胖检出率分别为13.33%、5.64%、7.83%、3.78%，比2005年分别增加了1.94、0.63、2.76、1.15个百分点；超重检出率分别为14.81%、9.92%、10.79%、8.03%，比2005年分别增加了1.56、1.20、2.59、3.42个百分点。

(4) 龋齿患病率出现反弹。

调研结果显示，与2005年相比，多数年龄组学生乳牙龋齿患病率、恒牙龋齿患病率出现反弹，如城市男生、城市女生、乡村男生、乡村女生7岁年龄组乳牙龋齿患病率分别为55.84%、57.48%、62.10%、62.55%，比2005年分别上升了8.04、8.78、3.70、3.95个百分点；12岁年龄组恒牙龋齿患病率分别为19.80%、18.64%、18.64%、23.85%，比2005年分别上升了8.90、3.94、6.64、8.05个百分点。

“每天锻炼一小时，健康生活五十年，幸福生活一辈子”的由来

在2007年第7届全国大学生运动会开幕式上，时任教育部长周济代表教育部向全国的广大青少年学生提出“每天锻炼一小时，健康工作50年，幸福生活一辈子”的口号。前两句是清华大学20世纪50年代的口号的精髓，当时对全国人民产生了深刻的影响。

第四节 《国家学生体质健康标准（2014年修订）》简介*

一、国家学生体质健康标准的内涵

《国家学生体质健康标准》（以下简称《标准》）作为《国家体育锻炼标准》的有机组成部分，是《国家体育锻炼标准》在学校的具体实施，《标准》的内涵是测量学生体质健康状况和锻炼效果的评价标准，是国家对不同年龄段学生体质健康方面的基本要求，是促进学生体质健康发展，激励学生积极进行身体锻炼的教育手段，是学生体质健康的个体评价标准。健康的概念包括身体健康、心理健康和社会适应。《标准》涵盖的是与学校体育密切相关的学生身体健康范畴。为了界定它的内涵，又避免与三维的健康概念混淆，故将“体质”作为“健康”的定语以示其内涵。《国家学生体质健康标准》名称的外延涉及它的功能如下。

1. 教育和激励功能

《标准》是促进学生体质健康发展、激励学生积极进行身体锻炼的教育手段。所选用的指标可

* 节选自教育部印发的《国家学生体质健康标准（2014年修订）》。

以反映与身体健康关系密切的身体成分、心血管系统功能、肌肉的力量和耐力以及关节和肌肉的柔韧性等要素的基本状况。《标准》的实施将使学生和社会能够对影响身体健康的主要因素有一个更加明确的认识和理解，引导人们去积极追求身体的健康状态，实现学校体育的目标。《标准》实施办法还规定，对达到合格以上等级的学生颁发证章，以激励学生对体育锻炼的内在积极性。

2. 反馈功能

《标准》是学生体质健康的个体评价标准，并规定了各学校应将每年测试的数据按时上报至国家学生体质健康标准数据管理系统，该系统具有按各种要求进行统计、分析和检索的功能，并定期向社会公告。该系统为学生及其家长提供了在线查询和在线评估服务，向学生提供了个性化的身体健康诊断，使学生能够在准确地了解自己体质健康状况的基础上进行锻炼；该系统还可为各级政府机关、教育行政部门、学校提供详实的统计和数据分析，使之了解学生的体质健康状况，及时采取科学的干预措施。

3. 引导和锻炼功能

新的《标准》增加了一些简便易行、锻炼效果较好的项目，并提高了部分锻炼项目指标的权重，对引导学生进行体育锻炼具有较强的实效性；同时通过国家所设学生体质健康标准数据管理系统，学生还可以查询到针对性较强的运动处方，用于自身因地制宜地进行科学的体育锻炼，提高身体健康水平。

二、实施《国家学生体质健康标准（2014 年修订）》的意义

青少年学生的健康成长历来受到党和国家的高度重视，2010 年全国学生体质与健康调研结果表明，随着我国社会稳定，经济快速发展，人民生活水平稳步提高，我国学生身体状况总体是好的，形态发育水平继续提高，营养状况继续改善，低血红蛋白等常见病检出率继续下降，握力水平有所提高；但仍存在一些不容忽视的问题，特别是耐力、速度、爆发力和力量素质水平呈进一步下降趋势，学生超重、肥胖检出率继续上升，视力不良检出率仍然居高不下等问题令人担忧，必须引起高度重视。实施《标准》是促进青少年积极参加体育锻炼、增强体质、健康成长的重要举措。

《标准》的实施将对促进和激励学生积极参加体育活动，养成体育锻炼的习惯，不断增强体质起到重要的作用。锻炼中不断增强学生体质、促进学生健康发展。加强对学生进行《标准》的宣传和教育，使学生逐渐认识到增强个人的体质不仅是为祖国和人民服务的前提，也是健康、文明生活的基础，把国家对学生体质健康的要求转化成为学生的主观能动性，不断激发学生锻炼身体的积极性和自觉性，促进学生不断增强体质、健康发展。切实提高广大学生的体质健康水平，为全面建设社会主义小康社会和构建社会主义和谐社会作出应有的贡献。

此外，体质健康调研不仅掌握了全国大学生体质健康的现状，同时也掌握了 20 多年来我国大学生体质健康的发展变化趋势，获得了动态分析的宝贵资料，对制定我国“十三五”期间的学校体育卫生工作发展规划发挥了重要作用。同时，对我国工农业、国防和其他行业提供了大量有实用价值的数据资料，也为实现国民优生、优育、优教的基本国策和国民素质的提高提供了重要科学依据。

三、大学生体质健康的测量与评分表

（一）评价指标与权重

大学各年级测试项目由身体形态、身体机能、身体素质和运动能力等四个方面的测试评价指

标组成；分值及权重系数详见表 2–4–1。

表 2–4–1 评价指标与权重

测试对象	单项指标	权重（%）
大学各年级	体重指数（BMI）	15
	肺活量	15
	50 米跑	20
	坐位体前屈	10
	立定跳远	10
	引体向上（男）/1 分钟仰卧起坐（女）	10
	1000 米跑（男）/800 米跑（女）	20

注：体重指数（BMI）= 体重（千克）/ 身高 ^{2}（米 ^{2}）

（二）评分表

评分表详见表 2–4–2 至表 2–4–8。

表2–4–2 体重指标（BMI）单项评分表

等级	单项得分	大学男生	大学女生
正常	100	17.9 ~ 23.9	17.2 ~ 23.9
低体重	80	≤17.8	≤17.1
超重		24.0 ~ 27.9	24.0~27.9
肥胖	60	≥28.0	≥28.0

表2–4–3 大学男生各测试项目评分表 （大一、大二适用）

等级	单项得分	肺活量 / 毫升	50 米跑 / 秒	坐位体前屈 / 厘米	立定跳远 / 厘米	引体向上 / 次	耐力跑 1000 米 /（分 : 秒）
优秀	100	5040	6.7	24.9	273	19	3 : 17
	95	4920	6.8	23.1	268	18	3 : 22
	90	4800	6.9	21.3	263	17	3 : 27
良好	85	4550	7.0	19.5	256	16	3 : 34
	80	4300	7.1	17.7	248	15	3 : 42
及格	78	4180	7.3	16.3	244		3 : 47
	76	4060	7.5	14.9	240	14	3 : 52
	74	3940	7.7	13.5	236		3 : 57
	72	3820	7.9	12.1	232	13	4 : 02
	70	3700	8.1	10.7	228		4 : 07
	68	3580	8.3	9.3	224	12	4 : 12
	66	3460	8.5	7.9	220		4 : 17
	64	3340	8.7	6.5	216	11	4 : 22
	62	3220	8.9	5.1	212		4 : 27
	60	3100	9.1	3.7	208	10	4 : 32

续　表

等级	单项得分	肺活量 / 毫升	50 米跑 / 秒	坐位体前屈 / 厘米	立定跳远 / 厘米	引体向上 / 次	耐力跑 1000 米 / (分 : 秒)
不及格	50	2940	9.3	2.7	203	9	4 : 52
	40	2780	9.5	1.7	198	8	5 : 12
	30	2620	9.7	0.7	193	7	5 : 32
	20	2460	9.9	–0.3	188	6	5 : 52
	10	2300	10.1	–1.3	183	5	6 : 12

表2-4-4　大学男生各测试项目评分表　　（大三、大四适用）

等级	单项得分	肺活量 / 毫升	50 米跑 / 秒	坐位体前屈 / 厘米	立定跳远 / 厘米	引体向上 / 次	耐力跑 1000 米 / (分 : 秒)
优秀	100	5140	6.6	25.1	275	20	3 : 15
	95	5020	6.7	23.3	270	19	3 : 20
	90	4900	6.8	21.5	265	18	3 : 25
良好	85	4650	6.9	19.9	258	17	3 : 32
	80	4400	7.0	18.2	250	16	3 : 40
及格	78	4280	7.2	16.8	246		3 : 45
	76	4160	7.4	15.4	242	15	3 : 50
	74	4040	7.6	14.0	238		3 : 55
	72	3920	7.8	12.6	234	14	4 : 00
	70	3800	8.0	11.2	230		4 : 05
	68	3680	8.2	9.8	226	13	4 : 10
	66	3560	8.4	8.4	222		4 : 15
	64	3440	8.6	7.0	218	12	4 : 20
	62	3320	8.8	5.6	214		4 : 25
	60	3200	9.0	4.2	210	11	4 : 30
不及格	50	3030	9.2	3.2	205	10	4 : 50
	40	2860	9.4	2.2	200	9	5 : 10
	30	2690	9.6	1.2	195	8	5 : 30
	20	2520	9.8	0.2	190	7	5 : 50
	10	2350	10.0	–0.8	185	6	6 : 10

表2-4-5　大学女生各测试项目评分表　　(大一、大二适用)

等　级	单项得分	肺活量/毫升	50米跑/秒	坐位体前屈/厘米	立定跳远/厘米	1分钟仰卧起坐/次	耐力跑800米/(分:秒)
优　秀	100	3400	7.5	25.8	207	56	3:18
	95	3350	7.6	24.0	201	54	3:24
	90	3300	7.7	22.2	195	52	3:30
良　好	85	3150	8.0	20.6	188	49	3:37
	80	3000	8.3	19.0	181	46	3:44
及　格	78	2900	8.5	17.7	178	44	3:49
	76	2800	8.7	16.4	175	42	3:54
	74	2700	8.9	15.1	172	40	3:59
	72	2600	9.1	13.8	169	38	4:04
	70	2500	9.3	12.5	166	36	4:09
	68	2400	9.5	11.2	163	34	4′14
	66	2300	9.7	9.9	160	32	4:19
	64	2200	9.9	8.6	157	30	4:24
	62	2100	10.1	7.3	154	28	4:29
	60	2000	10.3	6.0	151	26	4:34
不及格	50	1960	10.5	5.2	146	24	4:44
	40	1920	10.7	4.4	141	22	4:54
	30	1880	10.9	3.6	136	20	5:04
	20	1840	11.1	2.8	131	18	5:14
	10	1800	11.3	2.0	126	16	5:24

表2-4-6 大学女生各测试项目评分表 （大三、大四适用）

等级	单项得分	肺活量 / 毫升	50 米跑 / 秒	坐位体前屈 / 厘米	立定跳远 / 厘米	1 分钟仰卧起坐/ 次	耐力跑 800 米 / （分 : 秒）
优 秀	100	3450	7.4	26.3	208	57	3 : 16
	95	3400	7.5	24.4	202	55	3 : 22
	90	3350	7.6	22.4	196	53	3 : 28
良 好	85	3200	7.9	21.0	189	50	3 : 35
	80	3050	8.2	19.5	182	47	3 : 42
及 格	78	2950	8.4	18.2	179	45	3 : 47
	76	2850	8.6	16.9	176	43	3 : 52
	74	2750	8.8	15.6	173	41	3 : 57
	72	2650	9.0	14.3	170	39	4 : 02
	70	2550	9.2	13.0	167	37	4 : 07
	68	2450	9.4	11.7	164	35	4 : 12
	66	2350	9.6	10.4	161	33	4 : 17
	64	2250	9.8	9.1	158	31	4 : 22
	62	2150	10.0	7.8	155	29	4 : 27
	60	2050	10.2	6.5	152	27	4 : 32
不及格	50	2010	10.4	5.7	147	25	4 : 42
	40	1970	10.6	4.9	142	23	4 : 52
	30	1930	10.8	4.1	137	21	5 : 02
	20	1890	11.0	3.3	132	19	5 : 12
	10	1850	11.2	2.5	127	17	5 : 22

表2-4-7 大学生加分指标测试项目评分表一 （单位：次）

加分	引体向上（男）		1 分钟仰卧起坐（女）	
	大一、大二	大三、大四	大一、大二	大三、大四
10	10	10	13	13
9	9	9	12	12
8	8	8	11	11
7	7	7	10	10
6	6	6	9	9
5	5	5	8	8
4	4	4	7	7
3	3	3	6	6
2	2	2	4	4
1	1	1	2	2

注：引体向上（男）、1 分钟仰卧起坐（女）均为高优指标，学生成绩超过单项评分 100 分后，以超过的次数所对应的分数进行加分

表 2-4-8 大学生加分指标测试项目评分表二 （单位：分·秒）

加分	1000 米跑（男）		800 米跑（女）	
	大一、大二	大三、大四	大一、大二	大三、大四
10	–35	–35	–50	–50
9	–32	–32	–45	–45
8	–29	–29	–40	–40
7	–26	–26	–35	–35
6	–23	–23	–30	–30
5	–20	–20	–25	–25
4	–16	–16	–20	–20
3	–12	–12	–15	–15
2	–8	–8	–10	–10
1	–4	–4	–5	–5

注：1000 米跑（男）、800 米跑（女）均为低优指标，学生成绩低于单项评分 100 分后，以减少的秒数所对应的分数进行加分

四、测试方法

（一）身高

受试者赤足，以立正姿势站在身高计的底板上（上肢自然下垂，两脚脚跟并拢，脚尖分开约 60°）。脚跟、骶骨部及两肩胛区与立柱相接触，躯干自然挺直，头部正直，耳屏上缘与眼眶下缘成水平位。测试人员站在受试者右侧，使水平压板轻轻沿立柱下滑，轻压于受试者头顶。测试人员读数时，两眼应与压板水平面等高；记录员复诵后进行记录。以厘米为单位记录测试成绩，保留 1 位小数。测试误差不得超过 0.5 厘米。（图 2-4-1）

图 2-4-1

（二）体重

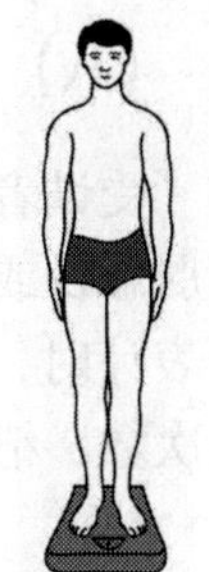

图 2–4–2

测试时，体重秤应放在平坦地面上。受试者赤足，男性受试者身着短裤；女性受试者身着短裤、短袖衫，站在秤台中央。读数以千克为单位，保留 1 位小数。记录员复诵后进行记录。测试误差不超过 0.1 千克。（图 2–4–2）

（三）肺活量

测试人员告知受试者不必紧张，以中等速度和力度尽全力吹气效果最好。令受试者手持吹气口嘴，面对肺活量计站立试吹 1 次或 2 次，首先看仪表有无反应，还要试口嘴或鼻处是否漏气，调整口嘴和用鼻夹（或自己捏鼻孔）；学会深吸气（避免耸肩提气，应该像闻花似的慢吸气）。测试时，受试者进行一两次较平日深一些的呼吸动作后，更深地吸一口气，屏住气向口嘴处慢慢呼出至不能再呼为止，防止此时从口嘴处吸气，测试中不得中途二次吸气。吹气完毕后，液晶屏上最终显示的数字即肺活量值。每位受试者测 3 次，每次间隔 15 秒，记录 3 次数值，选取最大值作为测试结果。以毫升为单位记录测试成绩，不计小数。

（四）50 米跑

受试者至少两人一组进行测试，站立式起跑。受试者听到跑的口令后开始起跑。发令员在发出口令的同时要摆动发令旗。计时员视旗动开表计时，在受试者躯干部位到达终点线的垂直面时停表。以秒为单位记录测试成绩，精确到小数点后 1 位，小数点后第二位数按非 0 进 1 原则进位，如 10.11 秒读成 10.2 秒并记录。

（五）坐位体前屈

受试者两腿伸直，两脚平蹬测试纵板坐在平地上，两脚分开 10 ~ 15 厘米，上体前屈，两臂伸直前，用两手中指指尖逐渐向前推动游标，直到不能前推为止。测试计的脚蹬纵板内沿平面为 0 点，向内为负值，向前为正值。以厘米为单位记录测试成绩，保留 1 位小数。测试两次，取最好成绩。（图 2–4–3）

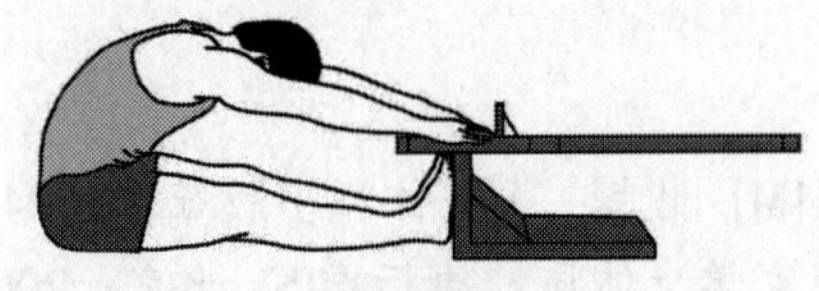

图 2–4–3

（六）立定跳远

受试者两脚自然分开站在起跳线后，脚尖不得踩线（最好用线绳做起跳线）。两脚原地同时起跳，不得有垫步或连跳动作。丈量起跳线后缘至最近着地点后垂直距离。每人试跳 3 次，记录其中成绩最好一次。以米为单位，保留 2 位小数。

（七）引体向上（男）

受试者跳起两手正握杠，两手与肩同宽，成直臂悬垂。静止后，两臂同时用力向上引体（身体不能有附加动作），上拉到下颌超过横杠上缘为完成 1 次。记录引体次数。

（八）1 分钟仰卧起坐（女）

受试者仰卧于垫上，两腿稍分开，屈膝约成 90°，两手手指交叉抱于脑后。受试者坐起时，两肘触及或超过两膝为完成 1 次。仰卧时，两肩胛必须触垫。测试人员发出“开始”口令的同时开表计时，记录 1 分钟内完成次数。1 分钟到时，受试者虽已坐起，但肘关节未达到两膝者不计该次数，精确到个位。（图 2–4–4）

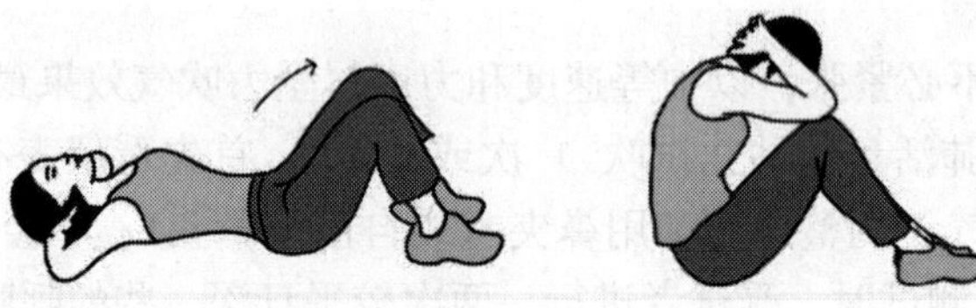

图 2–4–4

（九）1000 米跑（男）/800 米跑（女）

受试者至少两人一组进行测试，站立式起跑。受试者听到“跑”的口令后开始起跑。发令员在发出口令的同时摆动发令旗，计时员看到旗动开表计时，当受试者的躯干部位到达终点线垂直面时停表。以分、秒为单位记录测试成绩，不计小数。

【思考题】

1. 影响体质与健康的主要因素有哪些？
2. 环境因素是如何影响体质健康的？
3. 结合生活实际，如何理解行为与生活方式对体质与健康的影响？
4. 根据测得数据对自己及其他同学进行体质健康评价。
5. 针对大学生体质健康的基本现状，怎样提高自身的体质健康水平？

【参考文献】

1. 周西宽. 体育基本理论教程[M]. 北京：人民体育出版社，2004.
2. 教育部，国家体育总局. 国家学生体质健康标准[S]. 北京：2007.
3. 中国学生体质与健康研究组. 2005 年中国学生体质与健康调研报告[M]. 北京：高等教育出版社，2008.
4. 2010 年全国学生体质与健康调研结果[DB/OL]. http://www.gov.cn. 2011.

第三章 科学锻炼身体的理论与方法

* 体育锻炼的理论基础
* 体育锻炼的原则
* 体育锻炼的内容
* 运动处方

体育锻炼作为一种健康、积极的生活方式在增进人民体质、提高人体健康水平中发挥着不可替代的作用。研究证实，科学的运动健身可以促进人体生长发育；缓解心理压力，保持心情舒畅；降低心血管病、糖尿病等慢性病的发生几率；延缓衰老，延年益寿。

科学地进行体育锻炼，不但能保证大学生身体全面健康地发展，而且有助于其顺利完成国家和学校规定的各项任务。当代大学生应该掌握体育锻炼的基本理论，了解科学锻炼身体的方法，努力提高基本身体素质，养成终身参加体育锻炼的习惯。

第一节 体育锻炼的理论基础

一、生命的新陈代谢原理

新陈代谢是生命活动最基本的特征。新陈代谢一旦停止，生命也就结束了。新陈代谢是指生命物质与周围环境物质交换和自我更新的过程。这一过程十分复杂，它实际上是由两个相反而又相互依存、相互统一的过程组成，那就是同化作用和异化作用。同化作用是生物体把从体外摄取的营养物质转化成身体的组成部分的化学过程。这个过程需要消耗能量。而异化作用则是把细胞里的大分子分解成小分子，把有机物分解成无机物的过程，同时释放出能量，供给同化作用和其他生命活动的需要。这个过程，同化作用是合成，异化作用是分解，两者相互依存、相互诱导，不停地进行，从而不停地更新着有机体。从能量代谢的角度来看，同化意味着“收入”，异化意味着“支出”。异化作用是同化作用的动力，同化作用是异化作用的源泉。当同化作用盛于异化作用时，有机体就得到增强，当异化作用盛于同化作用时，有机体就会被削弱。

参加体育锻炼可以增强体质，是由于身体活动能引起能量物质的消耗。活动得越激烈，能量消耗得越大，从而出现代谢得不平衡，随之而来的便是引起同化作用的加强，加速恢复过程，使构成机体结构与功能最小、最基本单位的细胞内部得到更多的物质补充，以合成新的物质，进而使人体获得更加旺盛的活力。人体通过锻炼，不断加强能量代谢，提高新陈代谢的水平，使身体发生一系列适应性变化，于是体质便得以增强。

二、运动的超量恢复原理

超量恢复是人体在运动后出现能量物质代谢适应的一种机能状态。它是指运动中消耗的能源物质在运动后的一段时间内，恢复到原来水平，甚至超过原来水平的现象（图 3–1–1）。生理学的研究发现，人体在活动的过程中，机体承受一定的负荷量，从而引起体内物质能量比较强烈的消耗，促使异化作用的加强。运动后，身体处于恢复阶段，能量物质消耗后却能刺激和导致蛋白质的更新，以此来恢复机体的工作能力。这种恢复不是简单地抵偿能量的消耗，而是进行超量代偿，使机体的机能水平的恢复和工作能力的表现在一段时间内超过原有的水平。在经过一段时间的锻炼后，应增加负荷量，使机体得到新的刺激，不断打破机体机能旧的平衡，获得超量恢复，从而在新的基础上建立起新的平衡，人的健康水平、工作能力或运动成绩就会得到提高。

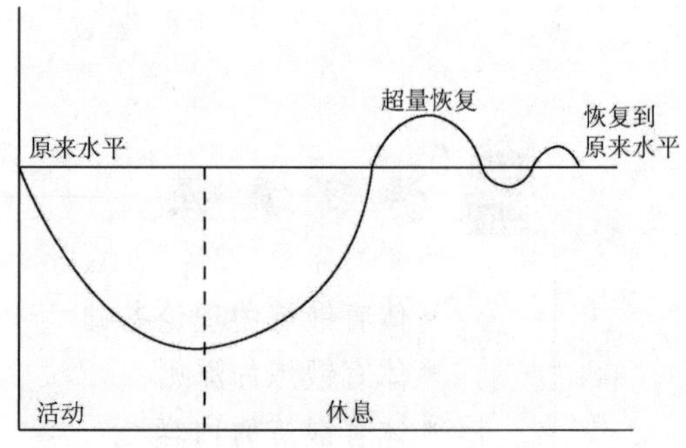

图 3–1–1

三、运动负荷的价值阈理论

运动负荷价值阈是指按一定的心率区间去确定运动负荷的计量标准。健身运动要针对个人的不同特点安排运动负荷。

通过电脑控制仪、心电图记录仪器和基础体力测定器等装置采集数据，统计得出：心搏量极限区间低值与高值之间，即为运动负荷的有效范围。体育锻炼在这个区间波动，并达到锻炼时间的 2/3 左右，可取得理想的锻炼效果。

从有利于增强体质出发，一般人的体育锻炼，应以有氧代谢为主，中等强度为宜。通常把一般人的健身效果的最佳区间保持在 120 ~ 140 次 / 分的心率区间，而每次保持在 120 ~ 140 次 / 分的心率区间，占一次锻炼总时间的 2/3 左右为最佳。（图 3–1–2）

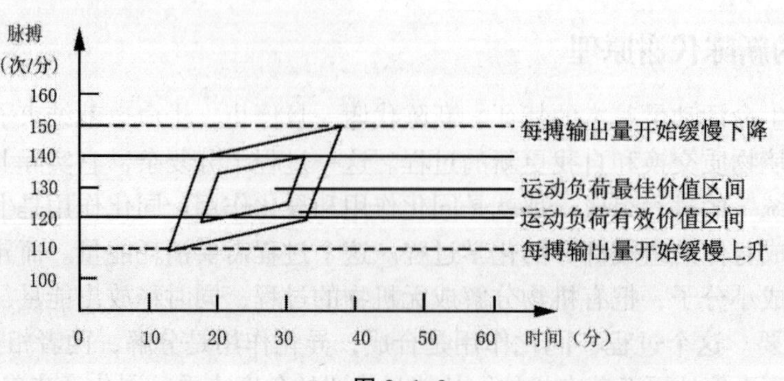

图 3–1–2

四、人体的适应性原理

适应是一切生物的基本特征，也是生物生存的基本条件。任何生物如果不能适应就不能生存。但当环境（自然的、社会的）发生变化时，生物有机体能产生一种变异来适应它，这就是适应。生物通过遗传保持特征，通过变异获得发展和进化。有机体在不断适应的过程中，一些常用的器官会发达起来，一些不常用的器官则会逐渐退化。生物机体这些形态、组织和机能方面的变化，能更好地适应环境的改变，这种“用进废退”的现象，正是生物进化的基本规律。

经常性的身体锻炼对增强体质的作用，正是遵循生物进化和发展规律的结果，即人体通过身体活动，使机体承受运动负荷并逐步达到适应，然后增加负荷量，使之在高一级水平上再适应。在这一过程中，有机体将不断提高适应能力和改善各器官、系统的机能和性状，于是体质得到增强，运动成绩得到提高。可是，身体锻炼一旦停止，身体机能亦将逐渐退化到一般水平或更差的状态。因此，我们要养成终身锻炼身体的习惯。

什么是运动饮料？

运动饮料是根据运动时身体功能下降和能量消耗的特点专门配置的饮料。其最大的特点就是快速补充水分、电解质、能量及部分维生素等。它的基本功效就是有针对性地补充运动时丢失的营养和消耗的能量，维持和提高运动能力，促进运动后疲劳的恢复，故又称为“功能饮料”。

运动饮料的功效主要取决于添加的各种营养素。一般的运动饮料主要添加糖、电解质和维生素。运动饮料是功能性饮料，不是什么人都可以喝，更不是什么时间都可以喝，如高血压、心脏病患者最好不要喝，不运动时最好不喝。

第二节　体育锻炼的原则

体育活动是现代生活方式中增强体质、预防慢性疾病的最积极手段之一，每个人必须养成良好的体育锻炼习惯。运动是良医，运动要科学。科学的体育锻炼要求体育锻炼者应当遵循运动健身的基本原则。

一、安全性原则

安全性原则是指在体育活动的过程中要确保体育锻炼者不出现或尽量避免运动伤害事故，这是运动健身的首要原则。不同年龄、不同性别和不同身体机能状况的人，在参与体育活动的全过程时，都应当遵循安全性原则。

不合理的运动对心脏有害，可引起心脏心室纤颤或心搏骤停，严重者会危及生命。不合理的运动也易引起关节损伤或骨折，影响锻炼者的健康。因此开始锻炼时，运动量要小一点，有一个逐步适应的过程。如果锻炼后感到疲劳、肌肉关节酸痛或睡眠不好，应降低运动量。每次锻炼前应做好热身运动，锻炼后应注意放松。

二、全面性原则

全面性原则是指运动锻炼中，要使身体各部分、各器官系统的技能水平都能得到提高。身体机能的全面发展既体现在改善心肺功能和免疫能力，又表现在提高有氧运动能力、肌肉力量和柔韧等身体素质。要取得全面发展效果，就应当选择全身主要肌群参与的运动项目，如跑步、游泳和球类运动等。

运动方式要多样化，体育锻炼时不仅要选择有氧运动方式，也要选择力量练习、柔韧性练习，在发展心血管、呼吸功能的同时，也要使肌肉力量、柔韧和反应能力得到提高。

要注意安排不同部位身体机能的协调发展。经常进行以下肢肌肉力量活动为主的跑步运动时，也要安排足够的上肢肌肉活动，如打篮球、羽毛球等。在进行以单侧活动为主的运动时，如打网球、乒乓球和羽毛球等，要注意加强对侧肢体的活动，以确保身体的全面发展。

三、超负荷原则

超负荷原则是指人体在体育锻炼中，运动负荷要不断增加。超量恢复是超负荷原则的理论基础。运动中，只有不断地超过以前的运动负荷，才能使身体机能和运动能力不断提高。

对于青少年人群和刚参加体育锻炼的人来讲，只有坚持超负荷原则，才能不断出现超量恢复，不断提高身体机能。如一个人刚参加体育锻炼时，每天用 10 分钟的时间步行 800 米，当锻炼一段时间后，身体适应了这一运动负荷，行走能力有了一定提高，行走的距离要不断增加，可以用 15 分钟步行 1200 米，用 20 分钟步行 1600 米。以后，可以进一步增加行走速度，用 20 分钟步行 2000 米的距离，依此类推，不断增加行走距离和行走速度，最后达到适合自己的运动负荷。

四、循序渐进原则

如果将超负荷原则理解为不断增加运动强度和运动量的话，那么，循序渐进原则就是科学地、逐步地增加运动强度和运动时间。循序渐进原则强调要根据自己对运动的适应程度，逐渐增加运动负荷，以便使身体机能稳步提高。

循序渐进原则就是要求体育锻炼者在运动后经过足够恢复时间，使身体对运动负荷完全适应，在超量恢复阶段增加运动负荷，取得最佳锻炼效果。如果超负荷原则控制得不好，没有掌握循序渐进原则，运动负荷增加过快，则会引起身体对运动的不适应，使疲劳不断积累，结果造成过度疲劳，不仅不能取得预期效果，而且可能会出现伤害事故。

五、专门性原则

专门性原则是指根据体育锻炼的目的，选择专门的练习内容，制订运动健身方案，安排体育活动。即想要提高什么，就专门练什么。

一些年轻女孩为了减少腹部周围的脂肪，每天坚持练习仰卧起坐，结果坚持运动几周或几个月，却没有明显效果。原因就在于没有遵循专门性原则，因为仰卧起坐虽然可以提高腹部肌肉力量，却不能有效地增加脂肪消耗。机体的脂肪消耗具有全身性特点，不可能专门减少某一部位的脂肪。减少脂肪最有效的运动方式是长时间的有氧运动，这类运动可以增加体内总体脂肪消耗，当全身脂肪消耗增加时，腹部周围的脂肪才会随着全身脂肪含量的下降而减少，使腰变细。因此，局部肌肉运动不能使局部脂肪组织减少，减低腹部周围脂肪的专项运动不是仰卧起坐，而是慢跑等全身性的有氧运动。

六、个性化原则

个性化原则是指根据每个人的遗传特征、机能特点和运动习惯等制订运动健身方案，要进行必要的医学检查和运动能力测试，以便了解每个人的具体情况，使运动健身方案更具个性特征。

同样年龄的人，身体机能不同，运动习惯不同，采用的运动健身方案也不同，例如，同样是60岁的人，一位安静时心率是60次/分，另一位是75次/分，在进行体育活动时，就不能采用同样的运动心率控制运动强度。

不同的人对相同运动健身方案的反应不同，取得运动健身效果也不同。因此，在执行运动健身的方案时，要充分考虑体育锻炼的个性特征，使体育活动更有针对性。

第三节　体育锻炼的内容

根据不同内容的运动特征，我们把众多体育运动项目归纳为有氧运动、力量练习、球类运动和中国传统健身方案等几大类。

一、有氧运动

有氧运动是指人体在氧气供应充足的条件下，全身主要肌肉群参与的节律性周期运动，如健步走、慢跑、骑功率自行车、登山爬楼梯和游泳等。

有氧运动结构简单、易学，不需要专门的运动器械，便于开展；进行有氧运动可以全面提高身体机能，是目前最受欢迎的运动健身方式。我国体育状况调查结果表明，在我国经常参加体育锻炼的人群中，有70%的人选择了有氧运动方式。这种节奏平稳的运动方式特别适合中老年人群。有氧运动的不足之处在于运动形式单调，主要是一些动作，不吸引人，长时间运动容易使人感到枯燥。有氧运动具有以下健身效果。

(1) 改善心血管功能。有氧运动可以提高心脏收缩力，使心脏每次搏出的血量增多，心率减慢，提高心脏的工作效率；增加心脏毛细血管数量，改善心脏血液供应。

(2) 提高呼吸功能。在有氧运动过程中，呼吸运动加强，提高了膈肌、肋间肌等呼吸肌力量，使肺活量和最大通气量明显增加，特别是提高了与有氧运动能力密切相关的最大摄氧量的水平。

(3) 控制与降低体重。有氧运动是大肌肉群参与的全身性运动，长时间运动时能量消耗得多，脂肪参与供能比例增加，降低体内脂肪含量，是最理想的控制或减轻体重的运动方式。

(4) 使身材健美。有氧运动可以减少腰部和臀部周围的脂肪组织，使身体曲线更加完美。

(5) 增强抗疾病能力。有氧运动可以对免疫功能产生良好的影响，增强抗疾病能力。

(6) 改善血脂。有氧运动可以降低血液中总胆固醇水平，使血液低密度脂蛋白水平下降，高密度脂蛋白水平提高，对降低甘油三酯也有积极的作用。

(7) 调节血压。快走等有氧运动可以提高外周血管壁的弹性，对降低高血压具有特殊的效果；可以通过缓解工作和生活中的压力，调节血压。

(8) 改善糖代谢。有氧运动可以增加胰岛素靶细胞对胰岛素的敏感性，提高人体调节糖代谢的能力，对糖尿病具有防治作用。

有氧运动可以全面提高人体机能，人们在进行体育锻炼时，应将有氧运动作为基本的运动健身方式。以提高心肺功能、减轻体重、调节血压和改善血脂为主要目的的体育锻炼者，可以首选有氧运动方式。对于中老年人群来说，有氧运动也是最安全的运动方式。

在进行有氧运动时，需要达到一定的运动强度，才能获得上述效果。以健步走为例，健身不同于散步，行走速度要快，中老年人进行健步走时，速度应达到 80～100 米／分，或相当于 100～120 步／分。

二、力量练习

力量练习是指人体克服阻力，提高肌肉力量的运动方式。肌肉力量是从事各种体育活动的基础。力量练习包括非器械力量练习和器械力量练习。非器械练习是指克服自身阻力的力量练习，包括俯卧撑、原地纵跳和仰卧起坐等。器械力量练习是指人体在各种力量练习器械上进行的力量练习。

力量练习对人体的良好影响可表现在以下方面。

(1) 增加肌肉体积。力量练习可以加强肌肉蛋白质代谢，使肌肉纤维增粗，肌肉体积增大。男性青少年通过力量练习可以使肌肉强壮，体现男子汉的阳刚之美。

(2) 提高肌肉力量。肌肉练习可以通过增加肌肉体积和神经系统动员肌纤维参与收缩的能力，提高肌肉力量和工作效率。

(3) 促进骨骼发育。力量练习时，肌肉收缩对骨骼产生适度的牵拉作用，可以促进骨骼的生长发育，使人体长高。

(4) 预防骨质疏松。力量练习可以改善骨代谢，有效地预防骨质疏松的发生。

(5) 提高平衡能力。力量练习通过提高肌肉力量，改善各肌肉群的协调作用，提高人体的平衡能力。

三、球类运动

球类运动包括具有直接身体接触的球类运动和非直接身体接触的球类运动。前者包括篮球、足球和橄榄球等，后者包括排球、乒乓球、羽毛球、网球、门球和柔力球等。

球类运动的趣味性强，特别是通过比赛和对抗能提高参与者的运动兴趣。青少年喜欢篮球、足球等对抗性球类运动，而门球和柔力球则更适合中老年人群。球类运动的动作技术相对比较复杂，需要一定的身体素质作为基础，刚参加体育锻炼或身体素质较弱的人，学习和掌握运动技术具有一定的难度。

球类运动一般都是由大肌肉群参与的全身性运动，除可以提高心肺功能外，还具有以下健身效果。

(1) 提高肌肉力量。各种球类运动都有明显的发力动作，而且在运动或比赛时，运动技术的充分发挥也有助于肌肉力量的提高，长时间运动，可以提高四肢和躯干肌肉力量。

(2) 提高反应能力。在对抗性球类运动中，球的运行速度，要求运动者对球场上的瞬息万变迅速做出反应，可以明显提高人体反应能力。其中乒乓球、羽毛球、篮球和足球等提高反应能力的效果明显。

(3) 调节心理状态。在球类运动中，运动技术的完美发挥、与队友的协调配合、与对手的斗智斗勇，都增加了运动的娱乐性，可以缓解日常工作与生活中的压力，调节人体的心理状态。

球类运动对抗性强，特别是有身体接触的篮球、足球运动，容易出现运动损伤。体育锻炼者运动前要做好充分的准备活动，运动时要注意自身机能变化和自我感觉，及时调整运动强度，量

力而行。

以提高心肺功能、肌肉力量、反应速度为主要健身目的的人，可以选择球类运动方式。对慢跑、快走等单调性运动不感兴趣的人，也可以选择球类运动。

四、中国传统运动健身方式

中国传统运动健身方式主要包括武术和健身气功两大类，具体活动形式包括太极拳、太极剑、木兰拳、木兰剑、武术套路、五禽戏、八段锦、易筋经和六字诀等。中国传统运动健身内容博大精深，5000多年前有通过导引术提高人体健康水平的记载，具有悠久的历史，被视为最早的运动健身方式。

中国传统运动健身方式除有提高心血管、免疫系统功能外，在以下四个方面健身特点突出。

(1) 提高呼吸功能。中国传统运动健身方式十分强调呼吸运动，控制呼吸频率，加大呼吸深度，呼吸运动与动作节奏相互配合，特别是运用以膈肌收缩为主的腹式呼吸，加大呼吸幅度，有效提高肺通气和肺换气能力。

(2) 提高平衡能力。太极拳等运动看似运动绵缓，但强调全身肌肉参与收缩，长期坚持可以使全身肌肉力量协调发展，提高人体平衡能力。

(3) 提高柔韧性。中国传统运动方式动作舒展，在提高肌肉力量的同时，关节周围肌肉组织和韧带弹性会也增加，关节活动幅度增大，柔韧性明显提高。

(4) 调节心理状态。武术和健身气功等健身方式可以对神经系统产生双向调节作用，使人精力旺盛，保持良好的心理状态。

以提高身体平衡能力、柔韧性、协调性和改善心肺功能、调节心理状态为主要健身目的的人，特别是中老年人，可以选择中国传统运动健身方式。

中国居民膳食指南八大准则

2022年4月，中国营养学会发布《中国居民膳食指南（2022)》。《中国居民膳食指南（2022)》对一般人群膳食指南提出了以下8大准则。

(1) 食物多样，合理搭配；

(2) 吃动平衡，健康体重；

(3) 多吃蔬果、奶类、全谷、大豆；

(4) 适量吃鱼、禽、蛋、瘦肉；

(5) 少盐少油，控糖限酒；

(6) 规律进餐，足量饮水；

(7) 会烹会选，会看标签；

(8) 公筷分餐，杜绝浪费。

第四节 运动处方

一、运动处方的概念及种类

（一）运动处方的概念

我国康复医学专家刘纪清给运动处方下的定义是对从事体育锻炼者或病人，根据医学检查资料（包括运动试验及体力测试），按其健康、体力及心血管功能状况，结合生活环境条件和运动爱好等个体特点，用处方的形式规定适当的运动种类、时间及频率，并提出运动中的注意事项，以便有计划地经常性锻炼，达到健身或预防疾病的目的，即为运动处方。

（二）运动处方的种类

运动处方的种类很多，根据应用的对象和锻炼的目的，一般可有如下种类。

(1) 竞技性运动处方：用于提高运动员身体素质和运动技术水平的训练方案。

(2) 预防性（保健型）运动处方：适合一般健康人，包括中老年在内的人群，用以增强体质，预防疾病和提高健康水平。

(3) 治疗性运动处方：用于慢性病患者及病人创伤康复期锻炼，能提高疗效，加速疾病康复。

二、运动处方的制订

（一）了解个人资料

制订运动处方前要全面了解锻炼者的个人情况，包括锻炼者的年龄、性别、体力情况、生活习惯、运动习惯和经历、健康情况及有无慢性病史，同时还应了解运动条件、锻炼目的、场地和设备条件等。

（二）医学检查和体力检查

1. 医学检查

这是对锻炼者健康程度的判断，是制订运动处方的重要依据之一。一般采用直接的医学检查，包括身高、体重、脉搏、血压和心电图等。用这些数据和结果对锻炼者的健康程度加以判断。

2. 体力检查

这是对锻炼者身体素质的检测，包括力量、速度、耐力、灵敏、柔韧和平衡等。

（三）制订运动处方的内容

1. 运动目的

根据医学检查和体力检查的结果，结合锻炼者的实际情况，确定锻炼的目的，锻炼的目的可以有预防疾病、强身健体、健美减肥、休闲消遣、调节心理状态和提高身体素质等。

2. 运动项目

运动项目的选择取决于体育锻炼的目的性，我们可以根据不同的目的选择不同的运动项目。

(1) 增加身体活动量和强身健体。以增加身体活动量和健身强体为主要健身目的的体育锻炼者，可以选择自己喜欢的，而且能够长期坚持的运动方式，如有氧运动、球类运动和中国传统健身运动等。

(2) 降低和控制体重。如果参加运动健身的主要目的是降低和控制体重，则应选择长时间有氧运动，强度不必过大，但要保证足够的运动时间。长时间、中小强度运动可以增加体内脂肪的消耗，减少脂肪含量。长时间健身走和慢跑是理想的减肥运动方式。在进行有氧运动的同时，辅以控制饮食，减肥效果更好。

(3) 提高心肺功能。全身性运动可以提高人体的心血管、呼吸功能，其中有氧运动、球类对改善心肺功能效果明显。

(4) 调节心理状态。太极拳、健身气功和各种娱乐性球类运动可以调节人体的心理状态，缓解心理压力，改善睡眠。

(5) 提高肌肉力量。力量练习效果与负荷大小和重复次数有关。在进行力量练习时，常用最大重复负荷（RM）表示负荷的大小。最大重复负荷是指在肌肉力量练习时，采用某种负荷所能重复的最多力量练习次数。如一个人在做哑铃负重臂屈伸时，其最大负荷为20公斤，且只能重复一次，那么，20公斤就是他的负重臂屈伸的1次最大重复负荷（或1RM）。如果他能以15公斤的负荷重复负重臂屈伸6次，那么，15公斤就是他负重臂屈伸的6次最大重复负荷（6RM）。

采用不同的最大负荷重复次数，对提高肌肉力量的效果不同。研究发现，采用3～5次最大重复负荷（3～5RM）可以提高最大肌肉力量。采用6～10次最大重复负荷（6～10RM），可以提高肌肉力量，采用11～20次最大重复负荷（11～20RM），可以增加肌肉体积，采用20次以上重复负荷(20RM以上)，可以发展肌肉耐力。

3. 运动强度

运动强度与心率大体成正比关系，运动强度越大，心脏和身体对运动刺激反应就越明显，心率也就越大。一般采用最大心率百分数和运动中实际心率数控制运动强度。

最大心率是指人体运动过程中所能达到的最快心跳频率，用“次/分”表示。人体的最大心率与年龄有关，随着年龄的增长，最大心率逐渐减慢，采用下列公式可以间接推算最大心率。

最大运动心率（次/分）=220（常数）－年龄（岁）

以有氧运动方式为例，一般采用60%～70%最大心率范围进行中等强度有氧运动。对于具有一定运动习惯、身体机能较好的人，也可以采用70%～80%最大心率进行大强度有氧运动，而对于初次参加体育锻炼或身体机能较差的人，可采用50%～60%最大心率进行中小强度有氧运动。

例如：一个20岁的青年人，运动能力测试表明其身体状况较好，在进行有氧运动时，推荐他采用60%～70%最大心率范围进行中等强度有氧运动。具体计算方式如下。

最大运动心率=220（常数）－年龄（岁）=220－20=200次/分

运动心率控制范围：200×（60%～70%）=120～140次/分

再如：一个没有运动习惯的40岁男子，运动能力测试表明其身体状况较好，在进行有氧运动时，推荐他采用50%～60%最大心率范围进行有氧运动；当进行一段时间（一般为6～8周），身体适应后，采用60%～70%最大心率范围进行中等强度有氧运动。具体计算方式如下：

最大运动心率=220（常数）－年龄（岁）=220－40=180次/分

开始阶段的运动心率控制范围：200×（50%～60%）=90～108次/分

适应阶段的运动心率控制范围：200×（60%～70%）=108～126次/分

在体育锻炼中，运动心率监测的方法是测定运动中或运动结束后即刻 10 秒的颈动脉或桡动脉脉搏，乘以 6，即为运动心率，例如，在慢跑后的即刻，测定脉搏次数为 20 次 /10 秒，乘以 6，等于 120，表示慢跑中运动心率为 120 次 / 分。

4. 运动时间

运动时间是指每次体育活动的持续时间。运动时间和运动强度决定了一次体育活动的总运动量。体育锻炼只有达到一定的总运动量，才能取得明显的健身效果。

按照健身运动的要求，规定运动时间不能少于 5 分钟，而体育锻炼的有效时间最好不要超过 1 小时。对于经常参加体育锻炼的人，我们推荐每天有效运动时间为 30 ~ 60 分钟。进行中等强度有氧运动的时间应该在 30 分钟以上，进行大强度有氧运动的时间为 20 ~ 25 分钟，在几分钟的激烈运动后，可以穿插一段缓和运动，然后互相交换。

5. 运动频率

运动频率是指每周参加体育活动的次数。从运动生理学角度分析，每周只进行 1 天的体育活动，健身效果不能持续积累，增强体质的作用不大；每周进行 2 天的体育活动可以提高身体机能或保持已获得的运动效果；每周进行 3 天或 3 天以上的体育活动，即隔一天锻炼一次，运动健身效果明显。

研究发现进行一段时间的体育活动后，由于某种原因终止了体育锻炼，那么，已有的健身效果会逐渐消失，这种消失的速度大约相当于获得效果的 1/3。因此，体育锻炼要持之以恒。

6. 注意事项

(1) 指出禁忌参加的运动项目。

(2) 介绍锻炼时自我观察和自我监督的指标。

(3) 告诉锻炼者，如出现异常情况，停止运动的标准。

(4) 如锻炼后出现疲劳，睡眠不好，肌肉酸痛，应减少运动量和运动强度。遇生病应停止锻炼。

(5) 运动前后做好准备活动和整理活动。

（四）运动处方的格式

运动处方可以根据不同的需要制订不同的格式（表 3–4–1、表 3–4–2），通过医学检查和体力检查，确定运动处方的 6 个内容，我们在体育锻炼过程中，要根据主客观的实际情况，对运动处方做些微调，使之更加合理，而且还要定期检测运动效果，对运动处方做适当的调整和修改，以便进一步提高运动效果。

表 3–4–1 运动处方卡

姓 名	性 别	年 龄	职 业

健康状况 ______________________

体力检查 ______________________

锻炼目的 ______________________

运动项目 ______________________

运动强度：心率控制范围 __________ 次 / 分 ~ __________ 次 / 分

每次运动持续的时间 ______________________ 分

运动频率：每周（日）______________________ 次

注意事项：______________________

医师签字

年　　月　　日

表 3-4-2　个人周锻炼计划

	早　操	课外体育活动	备　注
星期一			
星期二			
星期三			
星期四			
星期五			
星期六			
星期日			

高效率的减肥运动模式

先进行 15 分钟有氧运动热身，然后是 30 分钟中低重量抗阻练习，让肌肉有力量而不是粗壮，最后如果体能允许，再进行 20 分钟以上的有氧运动，结束时做好拉伸等放松运动。为什么要抗阻练习之后再安排有氧运动呢？因为 30 分钟的抗阻练习之后，机体供能进入了以脂肪供能为主的阶段，这时候将充分发挥有氧运动的作用，达到减脂的目的。

【思考题】

1. 体育锻炼的理论基础是什么？
2. 体育锻炼的原则有哪些？
3. 结合自身情况制订一份运动处方。

【参考文献】

1. （英）托尼尼克尔森.超体能健身.[M]. 长春：吉林科学技术出版社，2015.
2. 李铂，李帅星.实用体能训练方法 [M]. 北京：化学工业出版社，2016.

第四章 运动中常见的生理反应与运动损伤

* 运动中常见生理反应、形成原因及其预防
* 运动损伤的产生原因、处置及其急救

第一节 运动中常见的生理反应、形成原因及其预防

人体的任何运动都是在中枢神经系统的支配下，在各器官系统的协调配合下，以骨骼为杠杆、以关节为枢纽、以肌肉收缩为动力所进行的各种位移运动。在运动过程中，人体生理活动过程的有序性常会受到暂时性的破坏，从而出现某些生理反应，这些生理反应就叫作“运动生理反应”。常见的运动生理反应有以下几种。

一、“极点”和“第二次呼吸”

（一）何为“极点”和“第二次呼吸”

在进行剧烈运动时，特别是在长跑时，由于有机体各器官系统的协调作用被破坏而发生的肌肉酸痛、胸部发闷、呼吸困难、动作不协调、跑速减慢、想停止运动，甚至有恶心症状，这些自我感觉的现象在运动生理学上称之为“极点”。

“极点”出现后，要有战胜困难的决心，顽强地跑下去，同时减慢跑动速度，注意加深呼吸，机体内脏各器官系统会逐渐适应，则极点现象中出现的生理反应将逐步缓解与消失，动作变得协调有力，呼吸均匀自如，一切不良感觉消失并恢复正常，这种现象在运动生理学上称之为“第二次呼吸”。

(二) 原　因

产生极点的主要原因是人体各器官系统都有生理惰性，而内脏器官惰性大于运动器官，从事剧烈运动时，运动器官很快达到最高机能水平，而内脏器官则一时跟不上运动器官的需要，造成机体缺氧和酸性代谢产物的堆积。在这些代谢产物刺激下，引起呼吸、循环系统活动失调和大脑皮层动力定型的暂时紊乱，从而产生"极点"现象。"极点"出现后，如果坚持继续运动，内脏器官惰性逐渐被克服，改善了氧的供应，再加上"极点"出现后运动速度减慢，乳酸堆积减少，使运动器官和内脏器官的机能关系基本协调，生理过程出现新的平衡，因此出现了"第二次呼吸"。

(三) 处置与预防

"极点"和"第二次呼吸"是剧烈运动（特别是长跑）中常见的生理现象，无需疑惑和恐惧。极点现象出现的早晚和表现程度与准备活动、呼吸方式及心理状态有关。只要我们坚持经常锻炼，剧烈运动前做好充分的准备活动，运动中适当增加呼吸深度，稳定情绪，"极点"现象是可以延缓和减轻的，甚至可以不出现"极点"现象。

二、肌肉酸痛

参加体育锻炼的人，特别是刚刚开始参加体育锻炼的人，在运动之后往往感到肌肉有酸痛的感觉，这种酸痛在运动医学上叫"运动性肌肉酸痛"。

(一) 原　因

在剧烈运动中，肌肉的张力和弹性急剧增加，可引起肌肉结构成分的物理性损伤（主要是局部肌纤维及结缔组织的细微损伤以及部分肌纤维的痉挛），从而产生酸痛；另外，在运动中由于新陈代谢增加，代谢废物对组织的毒性增加，从而产生酸痛；肌肉运动时乳酸堆积也可导致肌肉酸痛。

(二) 处置与预防

1. 处　置

(1) 静力牵拉法。可对酸痛部位进行静力性牵拉练习，即将肌肉先慢慢拉长，然后在拉长位置保持2~3秒的静止状态。注意牵拉时不可以用力过猛，以免牵拉时再使肌纤维损伤。

(2) 热水浴或按摩。运动后进行热水浴或按摩，有利于促进血液循环，加速代谢产物的排出和损伤组织的修复及痉挛的缓解。

(3) 口服维生素C。维生素C有促进结缔组织中胶原合成的作用，有助于加速受损伤结缔组织的修复，从而减轻和缓解酸痛。

(4) 针灸和电疗对缓解酸痛也有良好的效果。

2. 预　防

(1) 锻炼时做好准备活动和整理活动。准备活动充分和整理活动合理有助于防止或减轻肌肉酸痛。

(2) 锻炼时要合理安排运动量，运动量要从小到大、循序渐进。

(3) 根据不同体质、不同健康状况合理地安排运动量。

(4) 尽量避免长时间集中练习身体某一部位，以免局部肌肉负担过重。

三、运动中腹痛

(一) 原 因

(1) 准备活动不充分，内脏器官不适应运动中的急剧变化而引起腹痛。

(2) 饭后过早运动或过饱过饥运动。饭后过早运动或吃得过饱，胃肠内因食物充盈，剧烈运动时受到机械性振动发生胃痉挛，导致胃痛。

(3) 运动前饮用产生气体的饮料或食用难以消化的食物，如饮料、汽水、豆类和脂肪类食物。

(4) 呼吸不合理。

(二) 处置与预防

1. 处 置

没有器质性病变的，一般可减慢跑速、降低运动强度、加深呼吸、按压痛部或弯腰跑一段距离，疼痛可减缓或消失。如果无效可停止运动。口服：颠茄片、阿托品、十滴水或揉按内关、足三里穴位。

2. 预 防

运动前要做好充分的准备活动；饭后不能马上运动，大强度运动一般在饭后 2 个小时，中强度运动在饭后 1 个小时，轻度运动在饭后半小时；注意呼吸节奏，一般是 2~3 步一呼，2~3 步一吸，天冷时用舌上挑，同时用鼻呼吸，防止冷空气进入体内；运动前要控制饮食与饮水。

四、肌肉痉挛

肌肉痉挛俗称抽筋，是肌肉不自主地强制性收缩，变得僵硬。运动中最容易发生肌肉痉挛的肌肉是小腿腓肠肌，其次是屈拇肌和屈趾肌。

(一) 原 因

(1) 肌肉受到寒冷刺激，容易发生肌肉痉挛。常在游泳和冬季户外锻炼中发生。

(2) 准备活动不充分，或肌肉收缩过猛或收缩与放松不协调，也容易发生肌肉痉挛。

(3) 大量排汗使体内盐代谢失调，也容易出现肌肉痉挛。

(二) 处置与预防

1. 处 置

对痉挛部分肌肉做牵拉即可缓解。例如，小腿腓肠肌痉挛时可以仰卧、伸直膝、用腹部顶住脚，用适度的力量将患足缓慢地背伸，同时揉搓患处。

2. 预 防

运动前做好准备活动，对容易发生痉挛的部位，事先应做适当的按摩；冬季注意保暖；夏季注意补盐、水和维生素 B 等，游泳时先用冷水淋湿全身，提高适应性，若发生腓肠肌痉挛时，切勿惊慌，可采用仰泳姿势，一手划水，用患处对侧的手握住患足趾、用力将患肢的踝关节背伸，若无效或两侧腓肠肌同时痉挛时应立即呼救。

五、运动性低血糖

正常人在早晨空腹时血糖浓度一般在 80 ~ 120 毫克 /100 毫升之间，当血糖低于 55 毫克 /100 毫升时出现的一系列症状称为低血糖症。出现低血糖时，轻者面色苍白、头晕、出冷汗、手足发凉、血压下降和脉率 180 次 / 分左右；重者神志不清或烦躁，甚至发生低血糖性休克。在体育运动中，多发生在长跑、超长跑、长距离滑冰、滑雪和自行车等项目中，多出现于剧烈耐力性运动中或运动结束不久。

（一）原　因

⑴ 长时间剧烈运动使血糖大量消耗。

⑵ 空腹进行长时间的剧烈运动。

⑶ 机体糖代谢紊乱。

（二）处置与预防

1. 处　置

有可疑症状时，休息观察，喝果汁 120 ~ 180 毫升或吃糖 10 ~ 30 克；昏迷者注射或点滴高渗葡萄糖溶液，平卧休息并注意保暖。

2. 预　防

训练水平差、患病或空腹者不宜进行长时间的剧烈运动；长跑途中补充糖水；赛前补糖，长跑前 1.5 ~ 2 小时每千克体重补糖 1 克。

六、运动性昏厥

在运动中，由于脑部突然血液供给不足而发生的一时性知觉丧失的现象，叫“运动性昏厥”。运动性昏厥常表现为全身无力、头昏耳鸣、眼前发黑、面色苍白、失去知觉、昏倒、手足发凉、脉搏慢而弱、血压下降和呼吸减慢等症状。

（一）原　因

剧烈运动或长时间运动，使大量血液积聚在下肢，回心血量减少所致，也和剧烈运动后引起的低血糖有关。

（二）处置与预防

1. 处　置

轻度休克者，应由同伴搀扶慢慢走一段时间，帮助进行深呼吸，即可消除症状。重度休克者，应立即使患者平卧，足略高于头部，并进行由小腿向大腿、心脏方向推磨或拍击。同时用手指点压人中、合谷等穴位。如有呕吐，应将患者头偏向一侧，如停止呼吸，应立即进行人工呼吸。

2. 预　防

要经常参加体育锻炼，以增强体质；不要带病参加剧烈运动；不要在空腹的情况下参加剧烈运动；久蹲后不要突然起立；疾跑后不要立即停下来。

七、运动性中暑

中暑是在气温高、湿度大的环境中，从事重体力劳动或运动，发生以体温调节障碍，水、电解质平衡失调，心血管和中枢神经系统功能紊乱为主要表现的一种症候群。病情与个体健康状况和适应能力有关。中暑早期可有头晕、头痛、呕吐现象，逐步发展为体温升高，皮肤灼热干燥，严重者可出现精神失常、虚脱、抽搐、心律失常和血压下降，甚至会出现昏迷，危及生命。

（一）原　因

长时间在高温、烈日暴晒中进行体育锻炼易发生中暑，尤其是在温度高、通风不良、头部缺乏保护、被烈日直接照射的情况下最容易发病。运动强度过大、时间过长、睡眠不足和过度疲劳等均为常见的诱因。

（二）处置与预防

1. 处　置

首先将患者扶到阴凉通风处休息，同时采取降温消暑手段，如解开衣领，额部冷敷进行头部

长走健身的注意事项

(1) 选一双合脚的软底运动鞋。若是专门的跑鞋更好，这样可缓冲脚底的压力，以防止不太运动的关节受到伤害。

(2) 穿一套舒适的运动装。这样能让自己的心情和身体放松，从繁忙的工作生活中走出来。

(3) 准备一壶清茶水。可适当加些糖、盐，因为清茶能生津止渴，糖、盐可防止流汗过多而引起体内电解质平衡失调。

(4) 选择一条合适的运动路线。可以是公园小径、学校操场和住所附近，甚至上下班的途经小路。在运动中人体耗氧量会增加，若空气不好，甚至有废气等污染物，反而会使运动效果适得其反。所以，长走路线应该是人流量少、通风、空气好，离汽车越远越好。

(5) 长走时间要恰当。长走锻炼的时间最好选择在每天太阳升起以后，下午3点也是最佳的锻炼时间。长走运动不能等同于平常的走路、散步或逛街，每周锻炼至少3次并且每次不能少于30分钟。

(6) 走路太随意达不到健身目的。长走前一定要做一些准备活动，如轻轻压一压肌肉和韧带，做一些下蹲运动等，让自己的心脏和肌肉进入到运动状态。健步走时步幅应略大，挺胸、收腹，目视前方，上半身略向前倾，双臂自然在身体两侧摆动，注意力集中，呼吸自然均匀，长走开始后不能随意停下，直到锻炼结束。

(7) 长走健身运动要循序渐进，运动强度应由小到大，运动时间由短到长。运动后别忘了做一些放松运动。同样是走路，如果要“走”出健康来，在锻炼时要保证一定的频率、强度和持续时间。如果不了解自己的运动能力，开始时应尽量选择较低的强度，若在训练后次日没有感到心慌、心悸、头痛、无力和心率加快等不适，可逐渐加大强度，否则，要减小强度。

降温，喝些清凉饮料并补充生理盐水或葡萄糖等。

2. 预　防

在高温炎热季节里锻炼时，应适当减少运动量和锻炼时间；避免在烈日下长时间锻炼；夏天在室外锻炼时，应戴白色凉帽，宽敞薄衣；在室内锻炼时，应保持良好通风并备有低糖含盐的饮料。

第二节　常见运动损伤的产生原因及处置方法

一、运动损伤产生的原因

（一）思想因素

运动损伤多发生于思想麻痹大意，盲目或冒失地进行体育锻炼，或者性情急躁、急于求成，忽视了循序渐进和量力而行的原则，或者在练习中因畏难、恐惧、害羞而犹豫不决和过分紧张、精神不集中之时。精神不集中主要表现在：女子由于害羞出现外伤，男子因急于表现而出现外伤。

（二）准备活动不足

准备活动的作用：促进代谢活动旺盛，提高机体呼吸及循环功能；有利于氧气的运输，提高氧气的利用率；加速血液循环，使肌肉、肌腱供血充分；提高体温，使肌肉、韧带的伸展性、弹性增强，预防肌肉撕裂及肌腱断裂；增大关节的活动性；使身体内部各功能器官进入运动适应状态，有效预防创伤发生；充分发挥机体运动功能，提高运动效果和运动成绩。

不做准备活动或准备活动不充分，在神经系统和其他各器官系统的功能活动没有充分调动起来的情况下，就投入紧张的正式运动。由于肌肉的力量、弹性和伸展性较差，身体缺乏必要的协调性，容易出现运动损伤，如前软翻容易造成踝关节扭伤、腰部扭伤等。

（三）技术上的错误

技术动作的错误，违反了人体结构功能的特点及运动时的力学原理而造成损伤，这是初次参加体育运动的人或学习新动作时发生损伤的主要原因。例如，做前滚翻时，因头部不正引起颈部扭伤；做排球传接球时，因手型不正确而引起手指扭挫等。

（四）运动量过大

人在体力不佳或体力消耗过大时，由于神经系统的疲劳，注意力下降，人的体力和控制能力下降也容易引起运动损伤。例如，在疲劳的情况下做跳高练习，运动中难以控制运动姿势，易造成损伤。

（五）组织方法不当

在教学或锻炼中，不遵守循序渐进、系统性和个别区别对待以及比赛的年龄分组的原则；在组织方法方面，如学生过多，教师又缺乏正确的示范和耐心细致的指导，缺乏保护和自我保护，在非投掷区练习投掷或任意穿越投掷区，以及比赛日程安排不当，比赛场地和时间任意变动等都可成为受伤的原因。

（六）人体功能状况不良

在睡眠或休息不好，患病受伤或伤病初愈阶段，以及疲劳时肌肉力量、动作的准确性和身体的协调性显著下降，警惕性和注意力减退，反应较迟钝时参加剧烈运动或练习较难的动作，就可能发生损伤。

（七）场地、器械等原因

运动场地、器械维护不良或年久失修，器械安装不牢固或放置位置不妥当；缺乏必要的防护用具（如护腕、护踝和护腰），运动时服装和鞋袜不符合运动卫生要求等，都可造成损伤。因此，运动前要检查场地是否平整，器械是否牢固。

二、常见运动损伤的处置

（一）一般处置方法

(1) 一般先冷敷，加压包扎并抬高患肢。这种方法应在伤后立即使用，有制动、止血、止痛及防止或减轻肿胀的作用。冷敷一般使用冰袋、自来水或氯乙烷，冷敷之后，用适当厚度的棉花或海绵置于伤部，立即用绷带稍加压力进行包扎。

(2) 24 小时后打开包扎，可进行热疗、按摩，如理疗、外敷活血化瘀中草药和贴活血膏等，也可用几种方法进行综合治疗。

(3) 待损伤组织已基本修复，肿胀和压痛已基本消失，锻炼时感到酸胀、无力，要进行功能性恢复治疗，主要是改善伤部的血液循环，促进组织的新陈代谢，合理安排局部的负担。

（二）开放性软组织损伤的处置

常见的开放性软组织损伤有擦伤、撕裂伤、切伤和刺伤，局部皮肤或黏膜破裂，伤口与外界相通，常见组织液渗出或血液自创口流出。紧急处置的要点是及时止血和处置伤口，预防感染。

1. 擦　伤

这种创伤是由于皮肤受到摩擦所致，是皮肤表面层（表皮）受伤。它是损伤中最常见的一种，但处置不好则容易引起感染，妨碍运动，特别是当这种擦伤发生在膝关节等活动部位的时候。

处置方法：

(1) 小面积擦伤，用红药水涂抹伤口即可。

(2) 大面积擦伤，先用生理盐水等清洗创伤面，然后涂抹红药水，再用消毒纱布覆盖，最后用纱布包扎。

(3) 伤口避免接触水。

(4) 内服维生素 B_2、维生素 C，以促进创面的修复。

2. 撕裂伤

这种创伤是指皮（包括皮下组织）有不同程度的规则或不规则的裂口，例如，篮球运动员争球时，头部互撞所发生的眉际撕裂伤；足球运动员争球时，因动作粗野引起的下肢撕裂伤；田径运动员练习跑台阶时，不小心所致的胫骨前脊部撕裂伤等。这种创伤的裂口较深，最容易引起局

部化脓、感染，严重的可导致破伤风。

处置方法：

(1) 轻度撕裂伤，用红药水涂抹伤口即可。有条件的应尽早注射破伤风针剂。

(2) 裂口较大时，则需立刻止血并送进医院施行早期缝合术以及注射破伤风抗毒血清。

(3) 内服抗生素，局部绝对休息。

(4) 不需缝合的撕裂伤，在清洗伤口后涂敷止血粉，用消毒纱布加压包扎，局部保持干燥，2天后复查。无感染者可同上处置，如果有感染则用过氧化氢洗干净创面，改涂黄连素软膏。

（三）闭合性软组织损伤的处置

急性闭合性软组织损伤是运动损伤中较常见的一类损伤，如挫伤、拉伤和扭伤等都属于这类损伤。在急性闭合性软组织损伤发生后，首先要检查有无合并伤，若有，则应先处置合并伤，然后再处置软组织损伤。在确定没有严重的合并伤后，在急性闭合性软组织损伤后应进行冷敷，加压包扎，制动和抬高患肢，24小时后解除包扎，并进行局部热敷、理疗和按摩等，以改善血液循环，促进局部代谢，加速损伤的修复。当损伤基本恢复后，开始进行肌肉、韧带的伸展性练习以及加强局部力量练习，以恢复局部受伤部位的肌肉力量及肌肉、韧带的柔韧性。

1. 挫　伤

挫伤主要是由于外力直接撞击身体的某个部位而造成的损伤。例如，大腿外的肌肉受到对方膝盖的撞击，摔倒后身体的某个部位受到地面的撞击等。

轻度挫伤多有皮内、皮下及皮下组织的局限性出血，表现为皮肤青紫、皮下瘀斑或轻度局限性肿胀。重度挫伤除局部有明显肿胀疼痛、功能受到限制外，还会引起临近关节的肿胀。肌肉挫伤若处置不当，可引起骨化性肌炎等。若撞到腹部，则应注意是否存在其他组织器官的损伤；撞击后发现头晕、脸色苍白、心慌气短、出虚汗、四肢发冷、烦躁不安以及脉搏弱而快等情况，则说明内脏器官合并损伤。

处置方法：

(1) 轻度挫伤可根据不同情况在24小时内冷敷或加压包扎，抬高患肢或外敷中药。

(2) 24小时后可以按摩或理疗。进入恢复期可进行一些功能性锻炼。

(3) 引起并发症的挫伤应先抗休克，并及时送往医院治疗。

2. 扭　伤

扭伤是指在外力作用下使关节发生超长范围的活动而引起关节囊和韧带的损伤。轻度扭伤主要是局部疼痛、肿胀。若伴有滑膜损伤，则整个关节肿痛，牵引受伤韧带疼痛加重等，这些都是关节扭伤的现象。

处置方法：

(1) 轻度扭伤应冷敷和加压包扎，24小时后热敷或按摩治疗。

(2) 若韧带完全断裂，则应尽快送医院治疗。

3. 拉　伤

拉伤主要指肌肉过度收缩或过度拉长引起的损伤。轻度拉伤主要是局部肿胀、疼痛和瘀血，还可以摸到肌纤维、痉挛的硬结。严重的肌肉拉伤使肌纤维和毛细血管断裂，表现为局部肿胀明显，皮下瘀血严重，肌肉的功能出现障碍，断裂处可摸到凹陷或一端异常膨大。

处置方法：

(1) 轻度拉伤应冷敷，局部加压包扎，抬高患肢，24小时后可理疗或按摩。

(2) 如肌肉部分完全断裂，加压包扎后应立即送往医院进行缝合手术。

(四) 脱 臼

在健身锻炼中，因受外力作用，使关节失去正常的连接关系，关节脱位，又称脱臼。脱臼可分为完全性脱位和错位两种，严重时，不仅发生脱位，而且伴有骨折。因此在处理时，要迅速地诊断，正确地处置。脱位时的一般症状是局部疼痛，压痛明显，受伤关节畸形，关节或肌体失去正常功能。开放性脱位则有明显的创口和脱位之骨的外露（多见于指间关节）。

处置方法：

(1) 首先固定伤位，避免移动，不要随意复位。

(2) 若出现休克，应马上使伤者苏醒。

(3) 立即送往医院治疗，越快越好。

(五) 骨 折

骨折就是在外力作用下，引起局部软组织损伤，并使骨组织的连续性和完整性遭到破坏。骨折时，局部剧烈疼痛、肿胀、畸形、功能丧失，患者面色苍白、脉快而弱，常有休克发生，甚至会危及生命。

处置方法：

(1) 骨折发生后，患部剧烈疼痛，很容易发生休克，应迅速使伤者复苏，如刺激人中、合谷穴等。

(2) 若是开放性骨折，不应将刺出皮肤的断骨送回，以免感染。应对伤口迅速止血，消毒包扎。

(3) 应用合理动作对伤员进行搬运，尽可能地不让伤处发生移动，不要随意复位，以免伤情加重。

(4) 速送医院进行复位与治疗。

(六) 脑震荡

脑震荡在体育运动中是一种常见的运动损伤。体育运动中不慎将头与硬物相碰或受打击或头部与地面相碰等，均可引起脑震荡。脑震荡是大脑神经细胞和神经纤维受到强烈的外力震荡所致的意识和机能暂时性障碍。脑震荡是脑损伤中最轻且较多见的一种急性闭合性损伤，常发生在冰雪运动中。

轻度脑震荡经处置后可恢复正常，严重的会出现神志恍惚、意识丧失、呼吸表浅、脉搏稍缓、瞳孔稍大、肌肉松弛、神经反射消失或减弱。一般情况下，轻微脑震荡时间较短，几秒钟即过；严重者可延续几分钟到半小时。脑震荡发生后，昏迷时间越长，伤势越重，在意识清醒后，一般受伤者有记忆遗忘，伴有不同程度的头痛、头晕、恶心和呕吐等症状。

处置方法：

(1) 首先要让伤员安静、平卧，不要随便移动位置，勿摇动、牵扯，用衣服或其他软物填塞头部两侧。

(2) 对头部冷敷，对身体进行保暖。

(3) 对昏迷者应进行复苏抢救。

(4) 若昏迷时间超过 4 分钟，两侧瞳孔大小不一，口、鼻、耳出血，眼球变为青紫色，清醒后再度昏迷或发生剧烈头痛、呕吐者，应立即送医院抢救。

(5) 轻伤者在清醒后要注意休息，不要过早地参加体育运动，防止留下头痛、头晕等后遗症。

运动小常识

1. 站立弯腰够脚尖

伤害：这种锻炼方法会使整个身体重力都集中在背部，对背部造成很大压力，使椎间盘超负荷承压。

纠正：可以采用坐姿，俯身够脚趾，相对来说更安全。

2. 弓步压腿步子太小

伤害：这会对弯曲的膝盖和腱肌造成较大的压力，时间长了甚至会导致关节炎。

纠正：弓步压腿的正确方法是大步迈开，前脚跟与后膝之间的距离应有60厘米左右。

3. 仰卧起坐做太多

伤害：许多人猛做仰卧起坐来减少腹部赘肉，实际上这种锻炼效果并不明显，做得太多反而容易损害背部肌肉。

纠正：仰卧起坐不要过量，并且一定要屈膝。

4. 俯卧撑双臂离得太远

伤害：这样做不但锻炼效果不好，还会造成肩部承压损伤。

纠正：俯卧撑的正确动作是要让手腕处于肩部正下方。

5. 举哑铃时脖子向前探

伤害：这其实是一种负重锻炼时不自觉的行为，但总是这样就会损伤颈部肌肉。

纠正：一个巧妙的解决办法是，锻炼时眼睛有意识地盯住前方一个地方看，并刻意地去收紧下巴，这样就能避免脖子前探了。

6. 上举哑铃背部后仰

伤害：后仰时会导致肋骨前突，增大背部压力，也有可能损伤肩部。

纠正：上举哑铃时可略微屈膝，以避免背部不自觉地后仰。

第三节 运动损伤的急救

运动损伤的急救，主要是对突发性的严重损伤进行的初步的、临时性的紧急处理。轻微损伤只需做些针对性的处理即可，但对待特殊性的或严重性的运动损伤，则要在现场马上进行一些急救处理，以保护受伤者的生命安全，防止伤情加重，减轻疼痛，预防并发症，为进一步治疗创造条件、赢取时间。急救的初步处理要做到简单、细致、迅速、正确。

一、止 血

很多运动损伤都有出血现象，止血在急救中非常多见。如果急性出血量超过人体总血量的20%，可能危及生命。因此在外伤急救中，及时有效地止血是运动损伤急救处理的一个重要步骤。

（一）出血的分类

⑴ 按出血部位可分为外出血、内出血和皮下出血三种，一般多为混合出血。

外出血：身体外表有伤口，血液从伤口流到身体外面。这种出血容易发现，在运动损伤中比较常见。

内出血：身体表面没有伤口，血液由破裂的血管流向组织、体腔和管腔。这种出血在运动损伤中也有，如闭合性损伤中的皮下瘀血、半月板损伤、肘和膝关节腔内积血和腹部挫伤肝脾破裂时的腹腔内出血等。体腔、管腔等内出血不易被发现，容易发展成为大出血，故危险性很大。

⑵ 按破裂血管和种类可分为动脉出血、静脉出血和毛细血管出血。

动脉出血：血色鲜红，血液成喷射状流出，出血速度快，出血量多，危险性大。

静脉出血：血色暗红，血液像流水样不断地流出，危险性小于动脉出血。

毛细血管出血：血色红，血流从伤口慢慢渗出，常能自行凝固，基本没有危险。

（二）止血方法

根据不同的出血方式采用不同的止血方法，如高抬伤肢、指压、加压包扎、止血带和冷敷方法。

⑴ 外出血的急救方法一般有三种，即止血带法、压迫法及充填法。

① 止血带法：缚止血带时，首先应将患肢抬高，然后再上止血带。缚后，肢端呈白蜡色，如果呈紫色则为不当。缚上的止血带，上肢应每半小时、下肢应每一小时分别放松一次，以免肢体坏死。

② 压迫法：它是临床中常用的止血法，是在出血点直接加压，压迫时用手指或用包扎皆可。但大血管的出血，在急救时则要指压创伤附近的动脉来止血。有时尚需压迫远距离创伤的动脉以求止血。

③ 充填法：用盐水纱布垫充填伤口压迫止血，运动损伤中很少用。

⑵ 内出血时，多有严重休克，常配合检查血色素、白细胞及血容积的方法诊断，一旦发生严重休克，常常需要及时输血或进行手术。

⑶ 皮下出血时，主要采用冷敷法。

二、休　克

（一）产生原因与症状

休克是一种急性循环功能不全综合征。休克的病因虽有许多种，但其发病原理是有效的血循环量不足，引起全身组织和脏器的血流灌注不良，导致组织缺血缺氧和脏器功能障碍。表现征象是病人短时间出现意识模糊，全身软弱无力，面色苍白，出冷汗，四肢发冷，尿量减少，反应迟钝，心率增快，脉搏细弱，血压下降，进而出现昏迷，甚至死亡。这时，必须马上采取措施，使伤者尽快苏醒。

（二）处置方法

⑴ 一般应让休克者平卧，下肢抬高，保持体温正常，使呼吸畅通。

⑵ 掐人中等穴位，使其尽可能苏醒。

(3) 在一般处理后，应立即送医院进行抢救。

三、溺　水

溺水也叫淹溺，发生原因常常是游泳时间过长，体内二氧化碳丧失过多而引起手足抽搐，或水温过低发生痉挛而失去游泳能力。从淹溺到窒息的时间很短，一般为4～7分钟。因此，做好现场的积极抢救对挽救生命极为重要。

(一) 溺水的原因及症状

(1) 原因：淹溺致死的主要原因是人体在水中时，呼吸道被水堵塞，或由于水的刺激发生喉痉挛，声门关闭而导致窒息，从而使脑组织和心肌缺氧，最后死于心力衰竭。

(2) 症状：淹溺开始时在水中挣扎，呼吸道进入少量的水引起反射性呼吸暂停。一般神志清醒、心跳加速、血压升高，持续时间为0.5～1分钟，继而水进入两肺引起呛咳、胃内进入大量的水后发生反射性呕吐，呕吐物随水进入气管造成呼吸阻塞而发生窒息。这时溺水者神志不清醒，呼吸表浅，血压下降，持续0.5～1分钟而进入昏迷期。随呼吸停止，瞳孔散大，各种反射消失，大小便失禁，但心跳仍能持续1～2分钟，有时有微弱呼吸。此时如果得不到及时抢救，1～2分钟后则进入死亡状态。

(二) 溺水的急救方法

1. 自我救护

由于疲劳、手足抽搐或水性不熟、忽然呛水等原因而溺水时，溺水者首先应自救。

(1) 保持冷静、深吸气换一种泳姿。由于疲劳、浪大、手足抽搐等原因溺水时，不要慌张，保持冷静，深吸气换一种泳姿。疲劳时换一种省力的泳姿；浪大时换一种换气少的泳姿；身体某部位痉挛时采用其他部分打水多的泳姿，例如，蛙泳过程中，忽然腿部痉挛，游泳者应沉住气，深吸气以增大浮力，改成仰泳，用双臂打水靠向岸边或最近的急救点。

(2) 屏住呼吸奋力游向水面并以吸气同时呼救。切忌在水中拼命吸气或呼气的同时呼救，配合救援者，切勿抓住救援者不放。

会游泳的溺水者只要保持冷静完全可以自救。不论用何种泳姿，游一段后利用水的浮力到水面吸口气，同时看一看目的地，再游一段。这样完全可以游到岸上，因此溺水并不可怕。

2. 他人救护

向救援者投救生圈；用绳子营救、用竹竿营救和救生者游泳下水营救，从溺水者身后迅速靠近，从侧面抬起溺水者腋窝或下颌，若溺水者纠缠，必须迅速设法解脱，必要时可以把溺水者打晕然后再救援。

3. 岸上救护

溺水抢救要迅速进行，不要因忙着送医院而耽误抢救时机，可以打电话联系救护车抢救。

(1) 将溺水者从水面救出后，立即清除口、鼻、气管中的沙泥、杂草以及其他阻塞物，以保证呼吸道畅通。

(2) 控水：抢救者单腿半跪位将溺水者腹部置于急救者膝上，或将其抱起头朝后或用肩扛淹溺者，腹部仰起使肺、胃积水流出。时间不宜过长，以免耽误抢救时间。

(3) 呼吸与心跳已停时，立即进行人工呼吸。心脏按摩、人工呼吸，心脏按压必须协调一致，每呼气一次，做4～5次心脏按压。

四、心跳、呼吸的恢复方法

（一）人工呼吸

1. 方　法

人工呼吸的方法很多，其中以口对口吹气法效果较好，而且还可同时进行胸外心脏按压。施行时使伤员仰卧，头部尽量后仰，把口打开并盖上一块纱布。急救者一手捏住伤者鼻孔，以免漏气。然后深吸一口气，对准伤者的口部吹入。吹完后，松开捏鼻孔的手，让气体从伤者的肺部排出。如此反复进行，成人每分钟吹16～18次。

2. 注意事项

施行人工呼吸前，应将伤员裤带、领口和胸部衣服松开，适当地清除其口腔内的呕吐物或杂物；吹气的压力和气量开始时宜稍大些，10～20次后，可逐渐减少，维持在胸部轻度升起即可；进行中应不怕脏，不怕累，一经开始就要连续进行，不能间断，吹气与挤压频率之比为1∶4。

（二）闭胸心脏按压

1. 方　法

对心跳骤然停止的伤员必须尽快地开始抢救，一般只要伤者突然昏迷，颈动脉或股动脉摸不到搏动，即可诊断为心搏骤停。这时，往往伴有瞳孔散大、呼吸停止、心前区听不到心跳和面如死灰等典型症状。此时，应马上开始进行胸外心脏按压，以恢复伤者的血液循环。

操作时，使伤者仰卧，急救者以一手掌根部按住伤员胸骨下半段，另一手压在该手的手背上，肘关节伸直，借助体重和肩膀部肌肉的力量适度用力，有节奏地带有冲击性地向上压迫心脏。每次压后随即很快将手放松，让胸骨恢复原位。成人每分钟按压60～80次。

“RICE”原则

发生了急性闭合性软组织损伤，应立即停止运动，如果伤势不严重，可以依照“RICE”原则进行处理。

R : Rest（休息）。运动员受伤后应停止受伤部位的运动，好好休息。休息可以避免伤势加重，减少由于继续运动所引起的疼痛、出血或肿胀。

I : Ice（冰敷）。将冰敷袋置于受伤部位，受伤后48小时内，每隔2～3小时冰敷20～30分钟。冰敷时皮肤的感觉有四个阶段：冷—疼痛—灼热—麻木，当变成麻木时就可以移开冰敷袋。冰敷可以使局部血管收缩，能有效地减少出血和水肿，同时，还有局部麻醉和止痛的作用。

C : Compression（压迫）。加压包扎可使受伤区域的肿胀减小，可以用弹性绷带包扎于受伤部位，如足、踝、膝和大腿等部位来减少内部出血。

E : Elevation（抬高）。抬高伤部加上冰敷和压迫，可减少血液循环至伤部，避免肿胀。伤处应高于心脏部位，且尽可能在伤后24小时内一直抬高伤部。当怀疑有骨折时，应先固定在夹板后再抬高。

2. 注意事项

手掌根部压迫部位必须在胸骨下段，压迫方向应垂直对准脊柱，不能偏斜，用力不可过猛，以免发生肋骨骨折。在抢救时，应迅速请专业医生到场。

【思考题】

1. 耐力跑中容易出现运动中腹痛，请你分析一下产生的原因，找出如何处置及预防的方法。
2. 简要说明肌肉痉挛产生的原因及如何处置和预防。
3. 试述运动损伤产生的原因。
4. 简述溺水的急救方法。

【参考文献】

1. 陈黎，张昕.大学体育健康教程[M]. 陕西：西安电子科技大学出版社，2015.

第五章　体育竞赛的组织与编排

* 了解体育竞赛的意义和种类
* 掌握运动竞赛的组织与编排

第一节　运动竞赛的意义与种类

一、运动竞赛的意义

运动竞赛是指以运动项目、游戏活动或身体练习活动为内容，利用课外时间组织学生进行各种体育竞赛活动的组织形式。体育竞赛是体育课外活动的重要组成部分，也是学校体育教育的重要形式之一。它有力地推动了学校群众性体育活动的广泛开展，促进学校体育的普及与提高，是实现学校体育目标、贯彻“健康第一”思想的基本途径之一。

参与运动竞赛时，要求参加者在比赛中尽可能地发挥出最大的机能潜力，在人体各种能力的极限水平甚至超极限水平上进行激烈的角逐。在运动竞赛的过程中，其结果往往很难预料，在人们的心理上常常会引起种种悬念。而其最终结果，取决于参与者的技术、战术、身体素质、心理素质等各种因素的激烈较量。

通过运动竞赛，能吸引和鼓舞更多的人参加体育锻炼，提高学生的运动技能，增强体质，丰富学生的课余文化生活。通过有组织有计划地开展各项运动竞赛，可有力地促进运动技术水平的提高，有利于增进团结和友谊，培养勇敢顽强、奋力拼搏、集体主义和爱国主义等优良品质和精神。

学校体育教学和训练的效果如何，有什么进步和不足，通过体育竞赛可以反映出来，从而促进教学和训练质量的不断改进和提高，有利于更快地发现和培养优秀的运动人才，提高全民身体素质。

通过运动竞赛，可以陶冶人们的道德情操，对进行社会主义精神文明建设和提高全民族素养有着重要的意义。在现代生活中，体育竞赛还可以加强国内各族人民之间的团结，促进世界各国人民之间的了解和友谊，推动国际交往。

在现代生活中，体育已成为人们生活的重要组成部分。各种形式的运动竞赛受到了人们的普遍欢迎，我们必须充分认识运动竞赛的规律，发挥运动竞赛在推动体育运动中的杠杆作用，促进体育事业向广度和深度迅速持久地发展，为实现体育的任务、目的，认真办好各种体育竞赛活动。

二、运动竞赛的种类

（一）综合性竞赛

综合性竞赛一般称为运动会或综合性运动会。它往往包含若干个运动大项的比赛，其目的是全面检查各项运动普及和提高的情况，广泛总结和交流经验，从而推动体育运动的发展。这种竞赛由于比赛项目众多、规模较大、组织工作较复杂，通常都是每四年举办一届，如奥运会、亚运会、全运会和全国大学生运动会等。

1. 现代奥林匹克运动会

(1) 夏季奥运会。

自1896年第1届夏季奥运会开始到目前为止，按四年一届计算，已经举办32届了。但是因为第一次世界大战和第二次世界大战，分别被迫停办了第6届（德国柏林，1916年）、第12届（日本东京，1940年）和第13届（英国伦敦，1944年）这3届奥运会，实际上只举办了27届。

目前的夏季奥运会共有近30个运动项目的比赛，竞赛时间包括开幕式在内不得超过16天。根据国际奥委会的规定，得到国际奥委会承认的各国或地区的单项体育组织及其所管辖的运动项目，得到认可才能列入奥运会的比赛。同时还规定，列入奥运会比赛的男子项目，至少要在三大洲40个国家和地区广泛开展；女子项目至少要在两大洲25个国家和地区广泛开展。

(2) 冬季奥运会。

1992年以前，在举行夏季奥运会的同一年，也举行了冬季奥运会（注：从1994年第17届冬季奥运会开始比夏季奥运会提前两年举行）。它始于1908年的第4届奥运会，当时的比赛项目只有花样滑冰和冰球，后因一些国家和地区奥委会的反对，冬奥会中断近20年。经当时的国际奥委会主席顾拜旦多方面的工作和努力，终于在1925年举行的国际奥委会会议上，正式决定举办冬季奥运会，每四年举办一届，并决定把1924年在法国夏蒙尼举行的奥林匹克国际体育周的冰上运动会作为第1届，到目前为止已实际举办了22届冬季奥运会。

冬季奥运会的比赛项目有冰球、冰上舞蹈、现代冬季两项（滑雪和射击）、滑雪（高山滑雪、越野滑雪、跳台滑雪和自由式滑雪）、滑冰（速度滑冰、花样滑冰和短道速滑）和雪橇（有舵雪橇和无舵雪橇）等。赛期包括开幕式在内不得超过12天。根据国际奥委会规定，列入冬奥会的男、女比赛项目，至少要在两大洲20个国家和地区广泛开展。

2. 亚洲运动会

亚洲运动会又称亚运会，是亚洲奥林匹克理事会（简称“亚奥理事会”，第19届亚运会前称为亚洲运动会联合会）主办的亚洲各国和地区最大的综合性运动会。它的前身是两个综合性运动会：一个是远东运动会，参赛国有中国、日本和菲律宾；另一个为西亚运动会，参赛国有印度、阿富汗、泰国、巴基斯坦和斯里兰卡。1948年第14届奥运会（英国伦敦）期间，印度奥委会主席辛格和印度业余田径联合会主席桑迪根据亚洲一些国家和地区奥委会委员的建议，提出成立亚洲运动会联合会，并举办亚运会的设想，这一设想得到了亚洲各国和地区奥委会的支持。

1949 年 2 月，在印度新德里召开的亚运会代表会议上正式宣布成立亚洲运动联合会。辛格当选为第一任主席，秘书长兼司库为桑迪。会上通过了亚洲运动联合会的基本宗旨："定期举办亚洲运动会，促进亚洲运动水平的提高，引导亚洲各国家和地区广泛开展体育活动。促进会员与组织之间的友善、和睦的关系和坦诚地互相了解。"批准了亚运会格言——"永远向前"及亚运会联合会会旗（光芒四射的太阳，太阳下面有代表会员数的金黄色的环）。亚运会每四年举办一届，与奥运会相间举行，到目前为止，已经在亚洲各国举办了 17 届。

亚运会的比赛项目与奥运会基本相同，但没有像奥运会那样有严格的规定。除田径、游泳、足球、篮球和排球等几个大项必须列入亚运会比赛项目外，东道国还可根据本国的具体情况，适当增减比赛项目，但项目的增减必须得到亚运会联合会的批准方可实施。

3. 世界大学生运动会

1957 年，为庆祝法国大学生联合会成立 50 周年，在巴黎举办了国际性的大学生运动会和文化联欢节。在此期间，30 个国家和地区商讨，一致决定定期举办世界大学生运动会，原则上每两年举办一届，同时决定 1959 年在意大利都灵市正式举行第 1 届世界大学生运动会。参赛运动员的资格是 17~28 岁的在校大学生。同时规定参赛者不仅有国际大学生体育联合会会员国家和地区的大学生，而且非会员国家和地区的大学生也可以报名参加。世界大学生运动会的比赛项目有田径、体操、游泳、跳水、水球、网球、击剑、足球、篮球和排球等，东道国还有权增加几项比赛。因此，世界大学生运动会的规模仅次于夏季奥运会，享有"小奥运会"的美称。

近几届世界大学生运动会由于参赛选手的档次水平下降明显，已使其降格为世界青年的体育节。在冬季还举办世界冬季大学生运动会。在世界大学生运动会期间，同时举办国际大学生体育论文报告会等活动。

4. 中华人民共和国运动会

中华人民共和国运动会，又称"全运会"。它是我国规模最大、运动水平最高的综合性大型运动会。自 1959 年在北京举行的第 1 届全运会至目前为止，已成功举办了 12 届，基本上每四年举办 1 届。隆重、热烈、精彩的全国运动会，不仅引起了我国人民的极大关注，而且在国际上也产生了巨大的影响。

5. 全国大学生运动会

全国大学生运动会（又称"大运会"）是由教育部、国家体育总局、共青团中央、全国体联和大学生体协联合会共同主办的，第 1 届大运会于 1982 年在北京举行，至今共举办了 10 届。比赛项目有田径、篮球、排球、武术、健美操和艺术体操等。近两届大运会，不少国手和奥运会选手也取得了大运会的参赛资格，使田径、球类和游泳等项目的水平上了一个新台阶。

大运会期间，国家有关部委还举办科研报告会以及各种表彰活动。可以说，大运会已经成为全国高校体育工作的综合"检阅台"，为推动高校体育工作的深化改革和全面提高发挥着积极的作用。

（二）单项竞赛

1. 常采用的单项竞赛形式

(1) 测验赛。

测验赛是为了达到一定的标准，或了解运动员提高成绩的情况而组织的比赛。这类比赛一般不计名次，但应记录测验的成绩。

(2) 联赛。

这种比赛规定，每年定期举办一种列入计划的规模较大的比赛。

(3) 对抗赛。

它是指由两个以上实力相近的单位举办的竞赛，可以是双边、多边、定期或不定期的，目的是交流经验，切磋技艺，取长补短，共同提高。

(4) 邀请赛和友谊赛。

各单位之间，为增进友谊和团结，互帮互助，共同提高某一运动项目的水平而举办的比赛均可称为邀请赛，此种比赛均非正式比赛，各种访问比赛一般都属于友谊赛，其宗旨和邀请赛相同。

(5) 选拔赛。

为发现和挑选运动员，组织和补充代表队，准备参加高一级别的运动竞赛而进行的比赛，通常称为选拔赛。如学校为了充实某一运动队，组织有关同学进行比赛，从中发现和选拔人才。

(6) 表演赛。

为了宣传体育活动、扩大影响、参加庆祝、慰问纪念等活动而举行的比赛。此项比赛着重技术、战术的发挥，一般不计名次。对准备开展的项目示范性介绍或参加重大比赛后的汇报表演均属于此类。

各类学校除可以组织上述比较正规的比赛外，主要以开展一些规则简单、形式灵活、对场地器材要求不高、容易组织和便于经常举行的各种非正规比赛，以吸引更多的人参加经常性的练习活动和锻炼，提高身体素质。

2. 国际、国内大型单项体育竞赛简介

(1) 足球。

① 世界杯足球赛。

世界杯足球赛是国际足坛规模最大、水平最高的足球比赛，比赛期间，全球数以百万计的观众，通过现场及媒体的转播，彻夜观战，对其充满了极大的热情。

早在1904年国际足联成立之时，就决定当年举办第1届世界杯足球赛，后因种种原因，经过24年漫长岁月，终于在1930年的乌拉圭举办了第1届世界杯足球赛，以后每四年举办一届。2002年的第17届世界杯足球赛，第一次在亚洲由韩国、日本两个国家共同举办。自1970年巴西队第三次夺得冠军，永远拥有奖杯“雷米特杯”后，现在的奖杯由意大利人加扎尼亚重新设计，造型为两个大力士高举一个地球，象征着体育比赛的威力和规模。这个用5千克纯金制成的新奖杯，被定为“国际足联世界杯”。该奖杯不再为某个国家永远拥有，冠军队只能将该奖杯保存到下届世界杯举行之前。根据国际足联的规定，从第16届世界杯起，参赛队首次由24个改为32个。各洲和地区参赛的分配和名额由国际足联规定。

② 欧洲足球锦标赛。

欧洲足球锦标赛又称欧洲杯足球赛。欧洲作为世界足球运动最为普及、水平最高的地区之一，故此项比赛堪称世界级的比赛。

第1届欧洲杯足球赛于1960年举行，以后每四年举办一届，到目前为止已举办了15届。由欧洲各国国家队参赛，先抽签分组预赛。2016年第15届法国欧洲杯由24支球队参加决赛阶段的比赛。

③ 欧洲足球三大杯赛。

欧洲除了四年举办一届的欧洲杯外，每年还举行欧洲三大杯赛，即欧洲冠军杯赛、欧洲优胜者杯赛和欧洲联盟杯赛。三大杯赛分别起始于1956年、1961年和1972年。50多年来，三大杯赛创造了世界足坛一段璀璨的历史。

由于三大杯赛是由欧洲各国的足球俱乐部队参赛，世界各地外籍球员都可登场献技，因而三大杯赛汇聚了世界足坛的各个流派、各种风格的优秀球队。三大杯赛的不少经典之战，完全可与世界杯、欧洲杯和美洲杯赛上的杰作并列，为世界足坛之瑰宝，为世界足球运动的发展作出了不可磨灭的贡献。

④ 中国甲 A 足球联赛和中超联赛。

中国足球是我国率先进行职业化试点的项目，甲 A 联赛正是职业化以后的主要赛事。从 1994 年开始，每年举行，由 12 支国内最优秀的俱乐部球队参加，采用主客场循环赛制，赛季结束排出全部名次，排名最后的两队降级参加下一年度甲 B 联赛。近几年参赛队已经升为 15 个。2003 年，甲 A 足球联赛年赛事结束后完成使命，新的中超联赛于 2004 年闪亮登场。

(2) 田径。

① 世界杯田径比赛。

1977 年开始举行的世界杯田径比赛，是洲际性的团体比赛。除各大洲组织混合比赛代表队外，世界田径强国如前苏联、美国、前民主德国（女）、英国（男）都曾单独组织队伍参赛。由于参赛单位和人数不多，各队水平差距较大，故比赛整体水平不高。

② 世界田径锦标赛。

1978 年，国际田联决定，1983 年起举行世界田径锦标赛，每四年举办一届。规定在奥运会前一年举行（1991 年起改为两年举办一届）。这是除奥运会田径比赛以外的世界最高水平的田径比赛。

③ 亚洲田径锦标赛。

它是亚洲田坛最高水平的比赛。1975 年举办了第 1 届，1985 年以后，中国一直保持着金牌总数和奖牌总数第一的优势。

(3) 篮球。

① 世界篮球锦标赛。

它是除奥运会篮球赛以外最高水平的世界性篮球比赛。世界男子篮球锦标赛从 1950 年开始，第 1 届世界女子篮球锦标赛则于 1953 年举行。一般每 3～4 年举办一届。按规定，上届奥运会的前三名和上届锦标赛时前三名加上各大洲的冠军队及东道国，一般不超过 16 支参赛队有资格参加世界篮球锦标赛。

② 美国职业篮球联赛。

美国职业篮球联赛是美国职业篮球协会主办的职业篮球赛。现有 30 支队伍，分成 6 个区先进行常规比赛，实行主客场制。经过常规比赛选出东区、西区各八支球队进入复赛。经七赛四胜制的淘汰赛，东、西区各选出两支最好的球队再进行最后的总决赛。再经过一轮七赛四胜制的主客场较量，最后产生年度总冠军。美国职业篮球联赛联赛经过 50 多年的发展，不仅成为当今世界公认的最高水平的篮球赛事，而且它已将这一运动竞赛发展为广受世界人们关注、喜爱并积极参与的社会体育文化活动。

③ 亚洲篮球锦标赛。

它是亚运会篮球比赛以外亚洲最高水平的篮球比赛。一般每两年举办一届，在亚洲各国轮流举行。男、女队分别在不同的时间、地点举行比赛。我国男、女篮球队在亚洲处于领先水平。

④ 中国篮球职业联赛。

中国男子篮球职业联赛（Chinese Basketball Association），简称中职篮（CBA），是由中国篮球协会所主办的跨年度主客场制篮球联赛，中国最高等级的篮球联赛，其中诞生了如姚明、王治郅、

易建联、朱芳雨等知名运动员。中国男子篮球职业联赛总冠军奖杯——“牟作云杯”，从2004年底开始为CBA联赛制作总冠军奖杯。中国篮球协会以中国篮球泰斗牟作云的名字为奖杯命名。

(4) 排球。

① 世界排球锦标赛。

它是奥运会排球比赛以外水平最高的排球比赛；是历史最长、参赛队数最多的高水平排球比赛。男子从1949年开始举办第1届比赛，女子举办第1届比赛是在1952年，以后每四年举办一届。

② 世界杯排球赛。

为进一步推动排球运动在全球的发展和提高，国际排联于1964年决定，将原有的欧、亚、美三大洲排球赛改为世界杯赛，每四年举办一届。男子的第1届杯赛于1965年举办，女子的第1届杯赛则于1973年举办。世界杯赛的参赛队为各大洲的冠军队，加上上一届奥运会、世界锦标赛和世界杯赛的冠军，以及本届比赛的东道国，因而世界杯赛是世界排坛的一流比赛。1981年，国际排联决定，凡获得世界杯排球赛的冠军队，可直接参加下届奥运会排球赛。中国女队曾获第3届（1981年）、第4届（1985年）和第12届（2015年）世界杯赛冠军。2016年第31届里约热内卢奥运会，中国女排时隔12年，再次登上了奥运冠军的领奖台。

③ 国内甲级排球联赛。

每年举办一次，分男、女甲A和甲B两大组，实行升降级。各队以俱乐部的形式参赛。1996年开始实行主客场制。

(5) 游泳。

① 世界游泳锦标赛。

第1届比赛是在1973年举行的，1975年、1978年、1982年分别举行了第2、第3、第4届比赛，以后基本上每四年举办一届。世界游泳锦标赛是国际泳坛规模最大、争夺最激烈、水平最高的比赛。

② 世界短池游泳锦标赛。

国际泳联为了推动世界游泳运动的发展，不断提高运动水平，于1993年在西班牙举行了第1届世界短池（即不在50米×25米的泳池中比赛）游泳锦标赛。

③ 亚洲游泳锦标赛。

开始于1980年，是亚洲最高水平的游泳锦标赛，基本上四年举办一届。

(6) 体操。

① 世界体操锦标赛。

第1届比赛于1903年举行。1979年以前基本上每四年举办一届，1980年后改为每两年举办一届。世锦赛是除奥运会体操赛以外最高水平的比赛。

② 世界杯体操比赛。

为了推动世界体操运动的发展和提高，国际体操联合会从20世纪70年代开始设立了此项比赛。按规定，不设团体，只设全能和单项，只有前一届世锦赛全能前18名和各单项前6名的队员才有资格参加此项赛事。因此，世界杯体操赛也是国际体坛高水平的比赛。

(7) 乒乓球。

世界乒乓球锦标赛：它是当今规模最大的乒乓球赛。国际乒乓球联合会成立于1926年，同年12月就在伦敦举办了一次国际比赛，后追认此次比赛为第1届世界乒乓球锦标赛，以后每两年举办一次。项目共设男子团体（斯韦思林杯）、女子团体（考比伦杯）、男子单打（圣·勃莱德杯）、女子单打（吉·盖斯特杯）、男子双打（伊朗杯）、女子双打（波普杯）和混合双打（赫比赛克杯）七个项目。

(8) 羽毛球。

① 世界男子团体锦标赛。

此项比赛始于 1948 年，以后每三年举办 1 届。由于此项赛事的冠军奖杯是国际羽联第一任第一副主席汤姆斯所赠，因此此项赛事又称汤姆斯杯赛。

② 世界女子团体锦标赛。

世界女子团体锦标赛，又称尤伯杯赛，此杯赛的冠军奖杯由全英羽毛球女子单打冠军尤伯夫人（英国）1956 年所赠。同年举行了第 1 届尤伯杯比赛，以后每三年举办一届。

③ 羽毛球世界锦标赛。

第 1 届于 1977 年举行，以后每三年举办一届。此项赛事只设单项比赛，有男、女单打，男、女双打和混合双打五个比赛项目。

④ 全英羽毛球锦标赛。

此项赛事由英国羽协举办，比赛安排在每年三月的最后一周在伦敦举行。从 1899 年起，除两次世界大战期间停办以外，每年如期举行。全英羽毛球锦标赛被称为世界羽坛最高水平的单项比赛。

(9) 网球 。

① 个人单项赛。

它是世界网坛最高水平的比赛。每年有四大赛事，即温布尔顿网球公开赛（6 月底—7 月初）、美国网球公开赛（8 月底—9 月初）、法国网球公开赛（5 月底—6 月初）和澳大利亚网球公开赛（1 月底—2 月初）。四大赛事都设有高额奖金。一名运动员获得以上四大赛事同一项目的冠军，就叫“大满贯”。四大赛事都设男女单打、男女双打和混合双打五项比赛。

② 团体赛。

国际网联承认的正式团体赛有男子团体赛和女子团体赛。男子团体赛，即国际网球锦标赛，又称戴维斯杯赛，此项奖杯是由美国运动员捐赠的纯银大奖杯，作为永久性的流动奖杯。此项赛事始于 1900 年，比赛设四场单打、一场双打，先胜三场者为胜队。女子团体赛，又叫联合杯赛，始于 1963 年，设两场单打和一场双打，先胜两场者为胜队。以上两项比赛每年举办一次，以国家为单位参加，虽不设奖金，但声誉很高。

第二节 运动竞赛的组织与编排

一、运动竞赛的组织

为了顺利完成竞赛的任务，不论是综合性运动会还是单项比赛，都应看成是一项系统工程。这项工程大致可分为以下三个阶段进行：赛前的策划组织、赛中的有力监控和赛后认真总结收尾。组织规模较大的竞赛活动，应成立相应的大会组织委员会或筹备委员会。

在各类学校中，组织校运会或单项比赛，应建立领导小组，在主管院（校）长的领导下，由有关部（室）如院（校）办公室、体育部（室）、教务处、学生处、团委、学生会、工会、总务处、医务处和保卫处等各方面领导或代表组成。根据工作需要分成若干小组，例如，宣传组、竞赛组、裁判组、场地器材组和后勤保障组等，各组的大致工作内容或任务如下。

（一）宣传组

搞好运动竞赛的宣传、教育工作，鼓励运动员赛出水平、赛出风格，宣传教育观众，争当“文明啦啦队”。

（二）竞赛组

制定大会法规性文件——竞赛规程。为使竞赛工作严密有序地进行，还应做好以下工作。

(1) 审查报名表。

(2) 做好抽签和编排工作，编印和下发秩序册。

(3) 安排好裁判员，保证裁判员的数量和质量。

(4) 及时研究、确定分工，解决竞赛中出现的有关问题。

(5) 如果确实需要，下发补充通知，解决规程中未尽事宜。

(6) 比赛前应认真全面检查场地器材，需要进行整改的应及早安排，要保证安全。

(7) 比赛期间要及时印发、公布成绩公报。

(8) 比赛结束后，认真负责地核对好比赛成绩，编印成绩册，技术资料分类归类，及时发送到有关部门（单位）。

（三）裁判组

裁判员应本着“认真、公正、准确、及时”的执法原则履行职责。作为裁判员，应表现出高尚的道德准则和业务水准。裁判员在工作中应遵守以下要求，认真履行好职责。

(1) 认真学好规程、规则，统一认识，统一裁判方法。对比赛中可能出现的问题加以研究并落实处理方案。组织必要的实习或考核。

(2) 裁判长要合理安排好裁判员，对抗性强或决定胜负的关键场次应重点关注。

(3) 裁判员在履行职责时应精力集中。既要严格执行规则，又要讲文明礼貌。

(4) 执法中不能弄虚作假。若发现反判、漏判和误判等应立即纠正。

(5) 比赛结束后，广泛、认真地听取各方意见，总结经验，改进工作。

在学校举行的各种竞赛，应积极大胆地在学生中挑选和培养裁判人才，给他们创造在实践中学习和锻炼的机会。凡符合条件者，向有关部门推荐，发给相应级别的裁判证书，充实裁判队伍，推动体育运动的发展。

（四）场地器材组

根据规则和规程的要求，认真合理地布置好竞赛场地和器材设备，认真负责地做好场地的修整、清理等工作。

（五）后勤保障组

后勤保障组应向运动员、教练员、裁判员及工作人员提供一个良好的比赛、工作条件。

二、运动竞赛的编排方法

采用怎样的比赛编排方法，需根据比赛任务、项目特点、参赛人（队）数、时间安排和场地设备等因素来统筹考虑和选择，下面介绍的是几种常用的比赛方法。

（一）淘汰法

淘汰法是在比赛进行过程中逐步淘汰成绩差的，最后决出优胜者的方法。

淘汰法有两种淘汰情况：一是按照一定的顺序让参赛者一人（组）进行比赛，表现出参与者的最佳成绩，通过及格赛、预赛、复赛和决赛等几个赛次，淘汰劣者，比出优胜名次，如田径、游泳项目比赛多采用这种方法；另一种情况往往被球类和其他对抗性比赛项目所采用，即一对一按预先排定的淘汰表进行比赛，胜者进入下一轮，直到最后一对决出优胜者。

为了使比赛尽可能公正，淘汰编排时应注意以下几点。

(1) 根据实际水平设立若干种子队。种子队分开排列，以便使强者不过早相遇，尽可能使他们在决赛时相遇。

(2) 排定种子队后，为使参赛者机遇、机会均等，其余位置均应抽签排定。

(3) 淘汰赛比赛场次的计算，可采用下列公式：

$$比赛场次 = 参赛队数 - 1$$

(4) 若参赛队数（人数）不是 2 的几次方时，则在第一轮应排出“轮空”。“轮空”位置要分散排列。

以下为 8 队参赛的淘汰制比赛轮次表。（表 5-2-1）

表 5-2-1　8 队参赛的淘汰制比赛轮次表

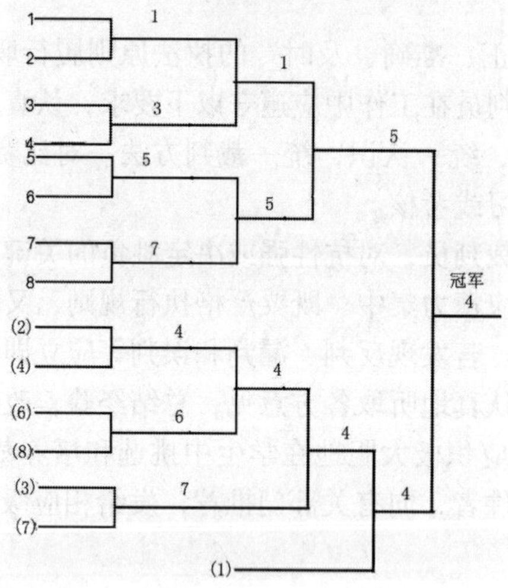

（二）轮换法

将参赛者分为若干小组，在规定的同一时间内，分别进行各个项目的比赛。赛完一项后，各组按预先排定的比赛顺序依次轮换再进行下一轮比赛。体操团体比赛的男子 6 个项目、女子 4 个项目均采用这种方法进行。

（三）循环法

循环法又称循环制，共包括单循环、双循环和分组循环三种方法。

单循环：所有参赛的人（队）在比赛中均能相遇一次，最后按参赛者在全部比赛的胜负场数、得分多少的高低来排定名次。这种方法一般适用于参赛人（队）不多，竞赛时间较长时。

双循环：所有参赛的人（队）在比赛中均相遇两次，按最后比赛中的胜负场次、得分多少排列名次。这种方法适用于参赛的人（队）较少，而竞赛期限较长时。

分组循环：把参赛的人（队）分成若干组，分别进行单循环。这种比赛方法适用于参赛人(队）数多而竞赛期短的情况。

循环赛的优点是不论参赛者的水平高低、技术优劣、实力强弱和胜负如何，都有机会与其他参赛者进行比赛，因此锻炼机会增多，有利于互相学习、共同提高，能比较准确地反映出参赛者的技术水平，产生的名次比较客观。

循环制的编排方法较多，比较复杂。现就 8 队和 7 队采用的单循环比赛的轮次表举例如下。(表 5-2-2、表 5-2-3)

表 5-2-2　8 队比赛轮次表

第一轮	第二轮	第三轮	第四轮	第五论	第六轮	第七轮
1—8	1—7	1—6	1—5	1—4	1—3	1—2
2—7	8—6	7—5	6—4	5—3	4—2	3—8
3—6	2—5	8—4	7—3	6—2	5—8	4—7
4—5	3—4	2—3	8—2	7—8	6—7	5—6

表 5-2-3　7 队比赛轮次表

第一轮	第二轮	第三轮	第四轮	第五轮	第六轮	第七轮
1—0	1—7	1—6	1—5	1—4	1—3	1—2
2—7	0—6	7—5	6—4	5—3	4—2	3—0
3—6	2—5	0—4	7—3	6—2	5—0	4—7
4—5	3—4	2—3	0—2	7—0	6—7	5—6

说明：碰到 0 号队轮空一次。

单循环比赛场次计算公式为：

$$X=\frac{N\times(N-1)}{2}$$（其中 N 为队数）

单循环比赛轮次的计算方法为：

参加比赛队数是奇数时，则比赛轮次等于队数

参加比赛队数是偶数时，则比赛的轮次为队数减 1

【思考题】

1. 运动竞赛有哪几种分类？请说出一种类别的运动会名称。
2. 请编排 7 个选手的单淘汰参赛表。
3. 请试排 9 个队参赛的单循环轮次表。

【参考文献】

1.《运动竞赛学》编写组，运动竞赛学[M]. 北京：北京体育大学出版社，1994.
2. 张孝平.体育竞赛组织编排[M]. 北京：北京体育大学出版社，2005.

第六章 体育欣赏

* 体育欣赏的内容与价值
* 如何观赏体育比赛
* 与体育运动相关因素的欣赏

体育运动是人类文明的重要组成部分，体育运动日益成为亿万人民积极投身的群体活动，体育运动的观看与欣赏作为一种高尚文明的精神生活，已为越来越多的人所喜爱，越来越多的观众在赛场和电视机前全神贯注地参与“更快、更高、更强、更美、更干净、更人性”的奥林匹克体育竞争。“外行看热闹，内行看门道”，喜欢观看体育运动只能算是刚入门，要想达到欣赏体育运动，你就得像欣赏一部电影大片一样，既要看懂故事情节，又要在此基础上感受导演精妙的艺术处理，演员高超的演技，美轮美奂的灯光舞美及动画效果。同样，在看懂了体育运动内容的基础上，要全身心地投入其中，要从不同的角度去欣赏体育运动，领略体育运动的独特魅力，体味体育运动的无限乐趣。

第一节 体育欣赏概述

体育欣赏是人们在观看和欣赏体育比赛、体育活动时，个人感官和认知水平在体育竞赛过程中对观赏客体内容、形式和艺术风格等方面所做的主体评判。并寄托于自己的情感之中，去感受力与美、技与艺、勇猛与智慧、意志与顽强的较量，从中得到美的享受。

一、体育欣赏的内容

（一）体育竞赛的欣赏

体育竞赛是各种体育项目比赛的总称，是体育运动的主要特点之一，体育竞赛是以争取胜利

为直接目的，以运动项目或某些身体活动为内容，按照一定规则进行的个人或集体的体力、技艺、心理和智力等多方面的综合较量。随着竞技体育的发展，用于体育竞赛的运动项目也日益增多，这些运动项目以其不同的竞赛规则、独有的竞技方式和表现风格，吸引着世界上数以千万的体育观众，由于体育竞赛结果的不确定性刺激着人们对竞赛胜负悬念的关注，竞赛过程双方比技艺、比体力、比智力的抗衡，使得竞赛紧张激烈，妙趣横生。

（二）体育影视的欣赏

体育影视文化作为影视文化和体育文化的结合，随着当代中国社会价值取向的变迁和社会规范的重新选择也在进行深入的思索和变革，以此为契机，体育影视作品应该在我国新时期体育文化的形成和发展过程中发挥独特作用，为体育文化生产力要素体系的构建搭起新的平台，进而促进体育系统和社会系统的和谐发展。通过电影、电视及网络来宣传、表现体育，满足人们了解和欣赏体育运动的高需求，这是当代社会科技发展的结果。广播电视、通信卫星和光纤网络等现代传媒的高度发达，为观赏体育运动提供了极为方便的途径。搜集视频资料，把瞬时比赛变成随时可供重复欣赏的内容，加深了人们对欣赏内容的深刻记忆，使体育运动的美在人们的记忆中得以永久的保留。

（三）体育表演的欣赏

体育表演是艺术，它是以体育为表演艺术的素材，由表演专业同时把体育的元素和艺术的元素融合在一起，成为一种体育的作品，专门表现体育文化现象，反映体育生活的艺术，它具备表演艺术的各种特点。体育表演艺术可分为健身性体育表演艺术、竞技性体育表演艺术和娱乐性体育表演艺术三类，每类又包括不同的体育表演项目。体育表演的目的是宣传体育运动或推广某项运动，为使所宣传的项目被人们所了解，也为了使该项目的技战术水平有所提高而举行的示范表演，主要是为满足人们对体育运动或某一运动项目的欣赏需求而举行的。体育表演虽然也具有强烈的竞技性，但欣赏者更关心的是运动员在竞赛中表现出的运动技艺，因此它更具观赏性。

（四）体育艺术的欣赏

体育，是力量的角逐，是智慧的较量，是健美的展示。它的精神意义和崇高境界正是现代社会所提倡和弘扬的；艺术，是情感的流淌，是和谐的体验。它特有的魅力值得人们欣赏，为人类提供了一个多姿多彩、令人心驰神往的世界。体育与艺术的结合会使体育欣赏更精彩；让艺术走进体育，艺术特有的感染力会使体育欣赏具有更神奇的魅力。体育艺术包括体育摄影、绘画、雕塑、小说、戏剧文学、体育器材和服饰等形式，以及体育场馆、建筑等，也是很好的体育欣赏对象，是很吸引人的艺术品。体育摄影、绘画、雕塑、小说和戏剧文学把体育运动的某个瞬间或一个场景活生生再现了出来；体育器材和服饰为体育运动增添了独有的魅力；体育场馆和建筑给人们以宏伟、挺拔、壮观的印象。澳大利亚悉尼海滨的歌剧院体育馆，北京的“鸟巢”“水立方”，英国的“伦敦碗”等都是别具艺术风格的体育建筑群，是很有价值的体育欣赏对象。

二、体育欣赏的价值

在技术进步的现在与未来，电脑系统终端坐的虽是感性的人，但发出的却是充满理性的消息，反因人人板着冷漠的面孔，使孤独和失落感缠绕着每个人。身体和心理的“亚健康”是如今最热门的话题。有关专家通过研究得出健康长寿的几大因素，其中最重要的是“情绪乐观”这一状态指标，而经常进行体育观赏和欣赏，能使人心情舒畅，保持着“情绪乐观”的状态，对紧张和疲劳的大脑神经有着很好的调节放松功能。经常观赏体育竞赛和表演，除了可以享受各种运动美感外，还可以使自己的心理状态与运动场上发生的一切同步律动，达到精神需求的满足，同时也会被那绚丽缤纷的文化氛围和环境所感染。无论你看到运动中的腾飞、旋转、减速、冲撞、造型和感受到音乐旋律，还是凭自己的经验、情感去预测比赛的胜负和结果，都将使你的情绪处于兴奋之中，甚至一些影像会永远留在你的记忆里，“回味无穷”乃至“永生难忘”。在体育欣赏活动时，人们可以暂且忘记生活的烦恼，尽情享受体育带来的快乐，可通过鼓掌、呐喊和唱歌等形式来尽情发泄释放自己在工作、生活和学习中产生的压力，从而在繁忙的工作之余高质量地享受生活。

通过观赏体育竞赛和表演，可以培养和陶冶道德情操，从中领悟人生真谛。良好的道德情操的形成，受内部和外部两个方面因素的影响，体育所创造的文化环境有着独特的价值观念和功能。道德意识、意志信念和高尚情操在体育竞赛的表演中有着实质的反映。例如，在激烈的竞赛中所表现出坚定不移的信念，顽强拼搏，胜不骄、败不馁的精神，运动员在比赛中遵守诺言、尊重对方、尊重裁判、尊重观众的友好表现，公平竞争、为国争光等优秀品质激励着每一位观看者和参与者，从而使他们成为生活的强者，社会上优秀的一员。不论人生处于顺境或逆境，只有知己知彼，勇往直前，不骄不躁，敢于面对困难，勇于战胜困难，战胜自我，超越对手，公平竞争，才能实现自身价值和领悟人生真谛。

奥林匹克运动的创始人提出了体育运动与文化艺术结合，已达到身心均衡发展的重要思想，并一直影响着体育文化的发展。2008 年北京奥运会的宣传、开幕式和闭幕式的大型文艺演出、纪念章、纪念币、邮票、画展、奥运火炬接力、电视转播和新闻报道等，这些文化形式已深深地渗透在人们的生活里，相互交融、完美结合。这些活动不仅丰富了人们的物质和精神生活，还起到了一个振奋民族精神和为国争光的作用。2008 年北京奥运会凝聚了中国每一位国民的力量和智慧，让观看奥运会的世界各地的人民看到了中国人民的团结，看到了中华民族的腾飞与强大。

第二节　如何进行体育欣赏

一、欣赏前的准备工作

有准备的观赏和没准备的观赏，其效果大不一样。在观赏前，你要了解你所观看体育运动竞赛或体育活动的性质和水平，是国际级、国家级还是省级、市级、县级或校级的比赛，或是一些宣传性质的体育活动，有没有著名的运动员来参加。你还要通过书籍、报纸等方式了解一些体育知识和比赛规则，这样观看才不会一无所知。比如，观看体育舞蹈，就要知道体育舞蹈按舞蹈风格和技术结构可分为现代舞和拉丁舞两大类，现代舞分华尔兹、探戈、狐步、快步和维也纳华尔兹；拉丁舞分桑巴、恰恰恰、伦巴、斗牛和牛仔舞。这两类的舞步风格截然不同，所用伴奏乐曲不同，舞者的穿着也不相同。如果我们了解了我们观看的是哪个舞种，这个舞种有什么特点，舞者要表现什么内涵，我们对观赏会更有信心和兴趣。了解体育知识可以提高欣赏水平。

另外，确认采用哪一种方式观看比赛，是通过媒体观看还是亲临比赛现场，不同的观看方式要准备相应的观看工具（小喇叭、鼓、哨子和花束等），以获得不一样的视听效果。

只要你在比赛前注意收集和积累比赛信息，即使你一点都不懂比赛，新闻媒介（报纸、广播和电视宣传等）也会把你引入比赛的竞争气氛中去，比赛还没开始，你就已经进入热心观众的境界了。

二、体育竞赛的欣赏

（一）身体美的欣赏

身体美的欣赏是体育竞赛欣赏中的重要方面。不同项目的运动员具有不同的身体形态，也就具有不同的身体美感。体操运动员身体灵巧，男运动员手臂和大腿的肌肉发达，刚劲有力，“V”字形的体形是健与力的象征，女运动员娇小、柔软、肌肉发达、曲线丰满；游泳运动员具有高大、匀称的体型，身体黄金分割比例最完美；艺术体操运动员有着纤细、修长的体型；篮球运动员高大、威猛、强壮的身体……运动员强健的身体带来一股活力，扑面而来的是生机勃勃，是热血沸腾，好像在我们的生命中注入了一股新鲜血液，生命又被赋予了另一种意义。这就是运动员健康、健美的形体所带给我们的不一样的感觉。

另外，我们在欣赏运动员的身体美时，不仅要看运动员的肌肉、线条、身高，还要把运动员的服装、发型、肤色结合起来看，这样会更有赏心悦目的感觉。观看比赛时，白皮肤的运动员给人以敏捷、轻盈的感觉，黑皮肤运动员给人以稳健、迅速的感觉，而黄皮肤的运动员给人以柔韧和灵活的感觉。不同的肤色再配上色彩艳丽的运动服，以及精心梳理的发型又会带给你另一种感受。在1984年第23届奥运会上，女子短跑选手格里菲斯·乔伊娜（现已逝世）在100米决赛中穿了一件连体紧身运动衣，上身是大红色，下面是一条裤腿红色，一条裤腿蓝色，她的十个手指甲都绘上的大红色图案，而且每只手有三个指甲长长的，弯弯的，配上她黝黑的肤色，烫的黑亮、弯弯曲曲的长发，耀眼的她飞奔在跑道上时，像一匹疾驰的红色骏马，在田径场上筑起一道亮丽的风景线，叫人过目不忘。随着科技的发展，许多运动品牌公司相继发展起来，为运动员们研发了绚丽多彩的各类运动服装。这些包含了许多科技元素的运动服装不仅有助于运动竞技水平的提高，而且还给体育比赛的欣赏带来了新的视觉冲击和艺术享受。

不同地域、不同种族的运动员的身体形态也有不同的美。在电视上看到了我国著名篮球运动员姚明在NBA的比赛中，具有我们中国人特征的身体虽不是很强壮，但却有着独特的灵气，而奥尼尔的身躯带给我们一种压迫、强悍的气息。

总之，运动员的身体内容是十分丰富的，肤色、发型、服装都是构成身体美的主要因素，所以我们在观看比赛时，要把这些都综合起来看，才会看到与众不同的、完整的身体美。

（二）运动美的欣赏

运动美一般包括动作美、技术美和战术美。

1. 动作美的欣赏

在运动过程中，人的形体或部位的造型所展现出来的美称动作美。在竞赛中，运动员的动作都是在动与静的交替中完成的，像跑时摆动的双臂，交替移动的双脚，上下起伏的重心体现了动感美，而静力性支撑，运动器械相对于人体的静止等则体现了静态美。

运动项目的不同，对于动作美的感受也各不相同。体操比赛中运动员在完成动作时，那紧绷的膝盖、脚尖，那轻松自如、干净利落的高、轻、飘的动作给人以惊险、刺激的美；篮球运动员每一次扣篮、盖帽、篮板球都给人以激昂、兴奋的美；花样滑冰运动员在冰面上连续的旋转、跳跃给人以赏心悦目的美；网球运动员每一次的挥拍、击球给人以潇洒的美；足球运动员的带球过人、射门给人以奔腾的美；跳水运动员在跳台和跳板上的翻腾、跳跃给人以心旷神怡的美。有太多的精彩比赛，有太多运动员精彩的动作带给我们美的享受。

运动员的动作美可分为刚性美和柔性美。刚性美又称为阳刚之美。运动员的刚毅、壮丽、雄健、豪放、急速和剧烈的运动之美，都视为阳刚美，如举重、冲浪、滑雪、跑的冲刺和投掷的出手等。这些动作如长风出谷、江河决口、骏马奔腾，似雷鸣、似闪电、似山崩、似海啸，给人以惊险、紧张、强力之感。

柔性美又称阴柔之美。运动员的柔和、幽雅、纤巧、缠绵、秀丽和平衡活动的美，都视为阴柔之美，如韵律体操、健美操、太极拳、艺术体操、花样滑冰和水中芭蕾等。这些动作如幽林曲涧、云烟缭绕，似朝霞、似和风、似轻烟、似云雾，带有节奏、轻盈、优雅之感。

在跳水运动中，当运动员从高台或跳板上腾空而起，急速旋转，如飞鱼入水。其动作的强力、高速、惊险乃属阳刚之美，而动作的舒展、潇洒、灵巧又属阴柔之美，刚柔结合，令人惊叹。

在运动员的动作中，阳刚与阴柔之美是相对而言的，并无绝对的界限，往往相互渗透，相互转化，交相辉映，相得益彰，使运动员的动作刚柔相济，刚中见柔，柔中见刚。

2. 技术美的欣赏

技术美的欣赏，要与动作美的欣赏联系在一起，因为技术是通过动作来表现出来的，要在动作美的基础上来欣赏技术美。许多人都很喜欢观看游泳比赛，常常对优秀运动员的泳技赞叹不已。看过美国运动员菲尔普斯的泳姿，就会了解他为什么会在北京奥运会上夺得八枚金牌。身材高大的他，长手长脚，奋力跃入池中，手臂的划水和双脚的蹬水配合得天衣无缝，身体在水中的一起一伏，非常好看。这其中我们可以看出他在泳技中所体现出的平衡性、协调性、节奏感和力度感。身体的平衡性好才会在水中保持直线前进，身体才不会发生偏离。手、脚还有头的协调配合才会使身体快速前进，无阻碍感，才会游得快。节奏在游泳比赛中显得尤为重要，要想在比赛中拿到好成绩，就要把握好节奏，节奏的变化都是有计划的。另外，运动员在水中的划水，脚的蹬水，水花的飞溅，无疑不是力与美的完美表现。

夏季奥运会与冬季奥运会

奥林匹克运动会当时指的是夏季奥运会，其历史可以追溯至2000多年前的古希腊。为了古代奥运会精神的传承，在古代奥运会停办了1000多年后，直到1896年具有现代意义的夏季奥运会在雅典举办了第1届。冬季奥运会作为奥林匹克运动会的重要组成部分，则开始于1924年，其历史到现在还不到100年。

这两个奥运赛事虽然都同样在世界范围内举办，但是就参与运动员数量、赛事项目数量和影响力来看，夏季奥运会要远超过冬季奥运会。就产生的金牌量来看，夏季奥运会每届都会产生400枚以上的金牌数，而冬季奥运会仅有100枚左右，从这一点上就可以看出，夏季奥运会规模的影响力巨大。

夏季奥运会遵循奥运会旧制，每过4年就要增加一个届次，不管有没有真实举办过。比如在两次世界大战中就有3届夏季奥运会未能举办，但这3届都计入了夏季奥运会举办的总届数里。而冬季奥运相反，它是根据实际举办的届数进行计算，没举办的就不计入总届数。

高、难、美、新的技术动作令人赏心悦目，给人以美的享受。运动员的精湛技术是经过长期艰苦训练和多次不断地总结形成的，有的人已经达到超乎想象或接近完美的程度。完美的技术所展现出的美不仅会给我们带来视觉上的享受，还有精神的震撼。

3. 战术美的欣赏

战术在运动竞赛的激烈对抗中，被称为发挥技术的先手，驾驭比赛的灵魂，是夺取胜利的法宝，也是反映运动员知识，技术和心理，智力因素的综合指标。战术美是在复杂多变的运动竞赛中，充分发挥运动员的素质和技术特点，在争取胜利中体现出来的一种美。不同的运动项目都有各自不同的战术，因此，我们在观赏比赛时要注意运动员是如何根据现场情况，正确地调配力量，扬己之长，克敌制胜。

在集体比赛中一般会看到比较多的战术变化，如在排球比赛中，比赛前，教练员要根据对手的实际情况来制订战术计划，如果遇到身体素质好、弹跳好的队就要加强拦网和防守，在良好、有效的拦网基础上再组织有效的进攻；对于身材高大，在网上有优势的队，不要一味强攻，在加强拦网质量后，用灵活多变的战术使她们捉摸不定；对于身材较小的队要加强网上优势。总之，要在有效的时间内安排最适合自己的战术，克敌制胜是取胜的关键。在比赛中，排球的战术应用也是众多球类运动中较多的，"快球""短平快""平拉开"是快速战术，"前飞""背飞"是空间差战术，"交叉""夹塞"属掩护战术，"后排起跳"属立体式进攻，在这组进攻的"交响乐"中，一传是策划，二传是指挥，由扣手将表演结束。在比赛中要看运动员如何用战术进行欺骗，用战术来抢占时间和空间的表演。

一场比赛的胜利要取决于战术的运用是否得当，在比赛中，由于情况的变化（主要是对方的干扰和破坏），常常会使原定的战术配合不能进行了，这时我们又能看到运动员机智果断的应变能力和全队上下高度默契的行动，另一种战术配合马上又组织起来了。欣赏时要按照战术特点结合运动员的条件来看。

在以个人为单位对阵的比赛中也需要运用战术，如乒乓球、羽毛球、网球、柔道、击剑、跳水、体操和自行车等，运动员们都要根据不同的对手采取不同的作战方案，这就是战术。又如，马拉松运动员在比赛中是采用领跑还是跟跑，变速跑还是匀速跑等都是在运用战术；举重运动员需要根据出场的先后、对手的成绩等情况来选择自己的试举重量。运动员们在比技术、比体能的同时也要斗智慧。体育比赛是一项需要智力，同时又能促进智力开发的活动。

观赏运动员们默契的战术配合，让我们想到当今社会的许多工作都需要人们像比赛场上的运动员那样，明确分工、密切合作才能完成，因此我们还应该通过观赏体育比赛来认识合作的意义以及学习怎样合作。

（三）风格美的欣赏

风格美，一般包括两个方面的内容，即思想风格美和技术风格美。

1. 思想风格美

思想风格美是指运动员在运动竞赛中所体现的思想品质、道德修养和行为作风等综合的社会意识美。

现代体育运动最显著特点是，运动员之间的运动水平越接近，竞争和对抗就越激烈。要夺取比赛的胜利，运动员必须克服各种困难，与对手进行顽强的竞争。在这个过程中，运动员所表现出来的主动、自制、勇敢、顽强等，都属于思想风格美的范畴。思想风格美在体育运动中的各种表现形式，绝大多数都具有崇高美的意味，所以在具体的欣赏活动中，不能用优美的标准去衡量它们，如赛跑运动员在终点冲刺时，其面部表情和身体姿势都与常人大不相同。运动员为了超越自我而做出的种种意志努力，也是一种美的表现。

在竞赛中，我们常常可以看到许多运动员，他们来自于不同的国家，在比赛场上激烈竞争，斗智斗勇地为观众献出精彩的比赛，赛场下他们却是朋友。相互欣赏，相互称赞，相互鼓励，显示出良好的思想素质。

事物是有正反两方面的，思想风格也是如此。良好思想风格背后也会有不好的现象出现。兴奋剂事件屡屡发生，足球比赛中也总是有背后铲人、踢人和打人的动作出现，还有一些不尊重观众、不尊重裁判、故意伤人等不文明行为，都应该被禁止。

2. 技术风格美

技术风格美是指运动员经过长时间的训练所形成的独特的风格。

不同项目有各自的不同的特点，不同的球队有各自的球风，不同的运动员有自己的技术风格。每一个乒乓球运动员都有各自不同的打法，有的用“直板快攻型”打法，有的用“弧圈结合快攻型”打法，有的用“削球结合快攻型”打法，有的用速度与旋转紧密结合而创新出一些新的打法，各自的技术都具有一定的风格，构成了独特的技术风格美。

（四）悲壮美的欣赏

在比赛中，胜利者都会大声地发出呐喊，流下喜悦的泪水，甚至做出一些超出寻常的动作，让心中的激动与自豪散发出来。但冠军只有一个，没有登上冠军宝座的运动员就会满脸悲伤、遗憾，甚至委屈地哭起来。此外，队员们难以置信的表情，教练员垂头丧气的样子，无不让人从心底涌起一种难过的感觉，从而对竞赛的“公平竞争”产生敬畏感，也从另一面欣赏到了体育竞赛的美。

（五）对体育运动执法者的欣赏

裁判员是在运动竞赛的过程中，依据竞赛规程和竞赛规则评定运动员（队）成绩、胜负和名次的人员。裁判员既是竞赛中的“执法人员”，又是竞赛进行的组织者和领导者。裁判员水平的高低直接影响运动员技术、战术的发挥，也直接影响比赛的效果。在赛场上，我们不仅可以观看到裁判员沉着、冷静、以理服人、秉公执法、刚正不阿的裁断，还可以看到他们精神抖擞、充满活力的身姿。

（六）对教练员的欣赏

教练员是“运筹帷幄于千里之外，决胜于瞬息之间”的关键人物。他们在竞赛中比运动员还要紧张，取得好成绩后比运动员还要激动，在失利时他们与运动员一样悲伤。运动员在比赛中的发挥与教练员的决断和指导息息相关。在赛场上，教练员的表现各异，有沉着冷静型的、有睿智型的、有激动型的、沉默型等不同类型的教练员。我们在观看比赛时可对教练员的表现细细观察，就会看到不同风格的教练员。

（七）对观众的欣赏

观众顾名思义就是观看节目或比赛、表演等的人。不同阶层、不同年龄的人群怀着各自的目的来到了同一个赛场观看比赛，观众和运动员就是在赛场这样一个相对封闭的系统中，共同处于一个相互依赖、相互促进的动态过程。热情的观众真诚、激情、富有感染力地为运动员的精彩表现加油鼓劲、大声喝彩，为参赛选手们营造了良好的赛场氛围，鼓励他们不断超越自我、创造奇迹。运动员们坚强的拼搏精神也感动和激励着现场观众，让大家感受到生命的尊严，感受到一种非比寻常的力量和震撼。从文化上说，观众观看体育比赛本身就是一种健康文明的生活方式，他们在观赛过程中所表现出来的行为，同时也能够表现一个国家和地区的文化特征。大学生应做一个具有良好的文化素养、审美修养和举止文明的体育观众。

第三节　体育运动相关元素的欣赏

一、体育场馆建筑的欣赏

现代大型体育运动场馆的整体造型设计反映出了国家特色、地域风土人情和设计者的奇妙构想。造型各异，千姿百态的体育场馆为各地的人们带来了无尽的想象和回忆。

“鸟巢”是2008年北京奥运会的主体育场，由2001年普利茨克奖获得者赫尔佐格、德梅隆与中国建筑师李兴刚等合作完成的巨型体育场设计，形态如同孕育生命的“巢”，它更像一个摇篮，寄托着人类对未来的希望。设计者们对这个国家体育场没有做任何多余的处理，只是坦率地把结构暴露在外，因而自然形成了建筑的外观。整个体育场结构的组件相互支撑，形成网格状的构架，外观看上去就仿若树枝织成的鸟巢，其灰色矿质般的钢网以透明的膜材料覆盖，其中包含着一个土红色的碗状体育场看台。在这里，中国传统文化中镂空的手法、陶瓷的纹路、红色的灿烂与热烈，与现代最先进的钢结构设计完美地相融在一起。

“水立方”，即国家游泳中心，是世界上最大的膜结构工程，除了地面之外，外表都采用了膜结构——ETFE材料，蓝色的表面出乎意料的柔软但又很充实。国家体育馆工程承包总经理谭晓春透露，这种材料的寿命为20多年，但实际会比这个长，人可以踩在上面行走，感觉特别棒。目前世界上只有三家企业能够完成这个膜结构。作为一个摹写水的建筑，“水立方”纷繁自由的结构形式，源自对规划体系巧妙而简单的变异，简洁纯净的体形谦虚地与宏伟的“鸟巢”主场对话，不同气质的对比使各自的灵性得到趣味盎然的共生。椰树、沙滩、人造海浪……将奥林匹克的竞技场升华为世人心目中永远的水上乐园。（图6-3-1）

图 6–3–1

伦敦奥运会和残奥会的田径比赛以及开闭幕式都在奥林匹克体育场举行。奥林匹克体育场是目前为止最有可持续性发展潜力的场馆。考虑到钢铁的资源有限，该场馆同其他体育馆相比，钢铁的使用量减少了 75%。体育场的另一大特色是低碳结构，主要使用了工业废弃物，碳的使用量减少了 40%。体育场顶部采用了剩余的废气管道进行建设，这足以证明 2012 年伦敦奥运会通过“减少浪费、重复使用和循环利用”的方法达到了可持续发展。体育场底部的设计中也减少使用了钢筋和混凝土。奥林匹克体育场位于奥林匹克公园南边一座“岛”上，三面环水，观众可通过五座桥梁前往体育场。体育场的设计灵活多变，可以符合多项赛事的不同要求。奥林匹克体育场在奥运会结束后可继续作为田径体育场，此外也可以举办文化和社区活动，从而成为奥运会永久的遗产。（图 6–3–2）

图 6–3–2

二、会徽的欣赏

“舞动的北京”是 2008 年北京奥运会的会徽，会徽分上、中、下三个部分，主体为上部大红底色的白色“京”字图形，约占整个会徽的 3/5。“京”字形状酷似汉字的“文”字，取意中国悠久的传统文化。整个“京”字图形为一个向前奔跑、迎接胜利的运动人形。“京”字图形下是黑色的英文“Beijing 2008”字样，其下是奥运五环标志。“舞动的北京”当之无愧地成为了奥林匹克运动视觉形象史上的一座艺术丰碑。

2016 年第 31 届奥运会会徽发布仪式于 2010 年 12 月 31 日上午当地巴西利亚时间 10 时，在著名的科帕卡巴纳海滩举行。这是奥运会第一次在南美大陆举行。三个连在一起的抽象人形手腿相连，组成了里约著名的面包山形象。融合充满激情的卡里奥克舞(carioca，一种类似桑巴的当地舞蹈)，并且呼应了巴西国旗的绿黄蓝三色。里约奥运会的会徽象征着团结、转变、激情及活力，在和谐动感中共同协力，体现了里约的特色和这座城市多样的文化，展示了的热情友好里约人。

三、体育艺术品的欣赏

《掷铁饼者》是公元前5世纪到公元前4世纪古希腊杰出的雕塑家米隆的代表作。大理石雕复制品，高约152厘米，罗马国立博物馆、梵蒂冈博物馆和特尔梅博物馆均有收藏，原作为青铜，米隆作于约公元前450年，现在已经遗失。《掷铁饼者》这件作品表现的是投掷铁饼的运动员。在运动过程中，作者米隆选择了一个转折性的瞬间：运动员为投掷而大幅摆动双臂、快速旋转身躯。他的身体运动已达到极限，在下一个瞬间他就要掷出铁饼。作者抓住的这个瞬间概括了掷铁饼这一动作的整个过程，显示了运动员最典型的姿态，最强烈地展示了运动员肌肉的健美和力量。这个掷铁饼人的双臂张开，仿佛一张拉满的弓，加强了观众对于铁饼就要被飞速掷出的联想；铁饼和运动员头部的两个圆形左右呼应，支撑身体的右腿如同轴心，使大幅弓起的身体保持平衡。这样的构思设计显示了米隆的艺术匠心。这是一个非常难处理的动作。作者能在构思和塑造上达到如此完美的程度，显示了他对于人体结构知识的极度熟悉和高超的雕塑技巧。同时我们也可以知道，作者所在的那个时代的艺术风格是一种追求健美、庄重、和谐，洋溢着青春活力的美。

残疾人奥运会

残疾人奥林匹克运动会，简称残奥会或残奥，是一项国际综合性赛事，参赛运动员为身心障碍者，包括移动障碍、截肢、失明和脑性麻痹。残奥会始办于1960年，是由国际奥委会和国际残疾人奥林匹克委员会主办的，每四年于夏季奥运会后举办一届，截至2021年已举办过第16届，全世界超过30000名残疾运动员角逐残奥赛场。冬季残奥会自1976年举行以来，截至2022已经举办了13届，参赛运动员人数众多。比赛项目有高山滑雪、越野滑雪、冰上雪橇球和轮椅体育舞蹈等4个大项，每个大项中又包括若干小项。

四、体育竞赛欣赏礼仪

现场欣赏时要遵守场所秩序准时入场，在入口处主动出示票证请工作人员检验，背包入场必须安检。若迟到了，则要在管理人员的指点下入场。进场后须按规定对号入座。如果比赛开场，应就地入座，比赛中不能随意走动，待中间休息时再寻找自己的座位。进入比赛场地后，应关闭随身携带的通信工具。比赛开始前奏国歌时要起立，高声合唱或保持肃静，不能随意谈笑或做其他事情。对于其他国家的国旗、国徽，也应当本着相互平等、相互尊重的原则，给予应有的尊重和礼遇。在观看的过程中，尽可能不要随意走动，以免影响他人的观看。不要嬉笑打闹或大声说话，不起哄，不吹口哨，不鼓倒掌，不喝倒彩，要为双方队员鼓掌。有些体育比赛，比如网球比赛，非常高雅，比赛进行中必须保持安静，除裁判员外，任何人都不能讲话、走动，只有在打完一个球后，观众才能鼓掌。另外，网球比赛中观众不可随意走动，要在一局结束，运动员休息时才能离开座位。在观看体育比赛时要讲究卫生，吃食物可以，但注意不要食用有较大咬嚼声的物品，果壳和果皮要用袋子装起来，待离场后倒到垃圾箱中，决不可撒得满场都是。比赛过程中照相时不能使用闪光灯，规定禁止照相的应当遵守。比赛结束时，要向双方运动员鼓掌致意，待比赛完全结束再有秩序地退场，不要跨越座椅急于离场，不要随便中途退场。衣着整洁，举止文明，室内观看比赛时不戴帽，不把衣物垫在座位上。爱护公共设施，不蹬踏座椅，不乱涂写刻画。还应注意，许多体育比赛，都有一套固定的观赛原则。观众应提前了解该赛事的相关知识，才不会盲目观赛。

如果是通过相关媒体进行欣赏，要注意保持安静，尤其是深夜观看赛事，要减少喧哗，以防干扰到周围人的休息。

【思考题】

1. 你最喜欢哪个项目的比赛？在观看这项比赛时，你是如何进行欣赏的？

2. 在对运动美进行欣赏时，除了从“刚”与“柔”的角度欣赏外，你还可以从哪些角度进行欣赏？

3. 在欣赏体育比赛时，如何做一名高水平的观众？

4. 谈一谈你听完体育欣赏课的心情和内心的感受。

中编　常规体育项目

第七章 足球

* 了解足球运动的起源、发展过程和健身价值
* 基本掌握足球主要的基本技术与战术方法，学会正确的练习方法
* 能够理解、掌握主要的竞赛规则，并能在参加足球运动中加以实践

第一节 足球运动概述

一、起 源

足球运动风靡世界，素有“世界第一运动”之称。据史料记载，古代足球起源于战国时期(公元前475—公元前221年)。《战国策·齐策》载：“临淄之民七万户……临淄甚富而实，其民无不吹竽、鼓瑟、击筑、弹琴、斗鸡、走犬、六搏、蹋鞠者。”蹋鞠即为蹴鞠。

现代足球运动起源于英国，1857年英国成立了第一个足球俱乐部。随着比赛的增多，1863年10月26日英国11个足球俱乐部的代表在伦敦召开会议，成立了世界上第一个足球运动组织——英格兰足球总会。同时也产生了世界上第一个统一的足球规则，这一天被世界公认为现代足球的诞生日，世界各国也公认现代足球起源于英国。

1840年后，现代足球运动中国由香港传入中国内地，首先在沿海城市的学校开展，又由沿海城市到内地，足球运动在我国逐渐开展起来。

二、发 展

随着足球运动在英国的开展，1872年11月30日英格兰和苏格兰之间进行了现代足球史上第一场国际比赛。1885年，英格兰又成立了第一个职业足球俱乐部。此后，在欧洲的意大利、德国、西班牙、葡萄牙、法国、奥地利和南美洲的巴西、阿根廷、乌拉圭、智利、秘鲁等一些国家都相继组建了职业足球俱乐部。足球职业化极大地促进了现代足球运动的发展。

20 世纪 70 年代后，在全球“足球热”的浪潮冲击下，掀起了世界足球职业化的热潮，世界各国纷纷推进足球职业化进程。20 世纪 90 年代初，亚洲的韩国、日本、中国、沙特阿拉伯和伊朗等国也随世界潮流而动，也使亚洲足球在世界足坛初露锋芒。

由于国际的比赛增多，1904 年 5 月 21 日成立了国际足球协会联合会，目前国际足联会员协会已经增加到 211 个，是会员协会最多的国际单项体育组织。

在我国，足球运动有着广泛的群众基础。中国足球协会于 1995 年在北京成立。1994 年，中国足球甲级联赛诞生，标志着中国足球正式进入职业化阶段。2004 年，中国男足获得亚洲杯亚军。女足于 1986 年首次参加亚洲杯就获得冠军，自此开创女足亚洲杯七连冠。中国女足迄今为止共晋级世界杯决赛圈 8 次，参加女足世界杯 7 次 1996 年，在美国亚特兰大奥运会上获得亚军。2022 年，中国女足在 2022 印度女足亚洲杯决赛中 3–2 击败韩国队，时隔 16 年再夺女足亚洲杯冠军。

三、健身价值

(1) 足球运动具有极高的健身价值，经常从事足球运动，可提高人的速度素质、耐力素质、力量素质、灵敏素质和弹跳力，能够面的发展体能、增进健康，尤其是可以增强心血管系统和呼吸循环系统等的功能，从而促进人体的健康发展。

(2) 经常参加足球运动可培养顽强拼搏的意志品质，促进竞争意识的形成。提高团结协作的集体观念，加强合作意识和团队精神，高度的责任感和集体荣誉感。激烈的对抗，频繁的攻守转换，变化莫测的局面，技战术的瞬间选择，对人的思维能力和创造力是极大的挑战和提高。

(3) 经常参加足球运动，可以帮助我们更好地融入社会，促进人与人之间的交流，实现良好的人际关系与社会角色转换。足球运动可以成为人们展示自我、增强信心、改善心理素质、实现人际交流的平台。

比赛用球的标准

圆球形，用皮革或其他适当的材料制成，圆周长不长于 70 厘米、不短于 68 厘米，在比赛开始时重量不多于 450 克、不少于 410 克，气压为 0.6～1.1 个海平面大气压（600～1100 克 / 平方厘米）。

第二节　足球基础班技战术及学练方法

一、基本技术

（一）踢　球

踢球是运动员用脚的某一部位把球击向预定目标的技术，在比赛中主要用于传球和射门。踢球的方法很多，主要有脚内侧踢球、脚背正面踢球、脚背内侧踢球、脚背外侧踢球、脚尖踢球和脚跟踢球等。每一种踢球方法的动作结构都由助跑、支撑脚站位、踢球腿的摆动、脚触球和踢球后的随前动作五个环节组成。

1. 脚内侧踢球

脚内侧踢球时脚触球的面积较大，踢出的球平稳、准确，是短距离传球和射门的常用脚法。

动作方法：直线助跑，支撑脚踏在球的侧方 15 厘米处，膝微屈，脚尖指向出球方向。支撑脚着地时，踢球腿以大腿带动小腿向前摆动，前摆时大腿外展，脚尖稍跷，脚底和地面平行，当膝关节接近球上方时小腿加速前摆，以脚内侧部位击球的后中部，击球时踝关节要绷紧，保持正确的脚型。击球后身体自然前送。（图 7–2–1）

图 7–2–1

2. 脚背正面踢球

脚背正面踢球时踢球腿摆动幅度大，便于发力，因而踢球力量大，准确性较强，适用于远距离传球和大力射门。

动作方法：踢定位球时，直线助跑，最后一步稍大，支撑脚踏在球的侧方 12 ~ 15 厘米处，脚尖正对出球方向，膝关节微屈，支撑脚前跨的同时，踢球腿顺势后摆，小腿后屈。支撑脚着地的同时，踢球腿大腿带动小腿向前摆动，当膝关节摆至接近球的正上方时，小腿做爆发式的摆动，脚背绷紧，脚趾扣紧，以脚背正面击球的后中部。击球后身体和踢球腿随球前移。（图 7–2–2）

3. 脚背内侧踢球

脚背内侧踢球的动作特点是踢球腿摆动幅度大，发力充分，脚触球面积大，出球平稳有力，且性能和路线富于变化，是中远距离传球和射门的重要方法。

动作方法：踢定位球时，斜线助跑，助跑方向和出球方向约成 45°。最后一步跨出稍大，支撑脚踏在球的侧后方 20 ~ 25 厘米，脚尖指向出球方向，膝关节微屈，支撑脚跨出时支撑腿同时后摆，支撑脚着地时踢球腿大腿带动小腿向前摆动，当大腿摆至与支撑腿接近同一平面时，小腿加

速摆动，此时脚尖外展，脚背绷直，以脚背内侧部位触击球。击球后踢球腿和身体随球向前。(图 7–2–3)

图 7–2–2

图 7–2–3

学练方法：

(1) 踢球的技术动作模仿练习，按照不同的踢球技术动作方式进行模仿踢球练习。

(2) 一个人脚底踩球，另一个人踢球。这个方法可体会脚触球的部位和踢球腿的摆动。

(3) 对墙踢球练习，这是体会完整的踢球动作的好方法，脚背内侧和正脚背踢球要先练习踢定位球过渡到地滚球，逐渐定位踢高球。

(4) 两人一组，定位踢地滚一传一接练习。

(5) 两人一组，（定位球）相互踢空中球。距离不可太远，踢球时要注意技术要领，不要只想用力。

(6) 两人行进间近距离传接球练习。要求动作规范准确。

(7) 多人游戏练习；可采用五、六、七打一或九、十打二。

(二) 接　球

接球是指运动员用身体的合理部位把运行中的球接下来，掌握在自己的控制范围内，以便更好地衔接下一个技术动作。接球部位有脚内侧、脚背正面、脚背外侧、脚底、大腿、腹部、胸部和头部等。

1. 脚内侧接球

脚内侧接球的技术特点，脚触球面积大，接球平稳，动作灵活多变，是比赛中重要的接球方法，可用来接地滚球、反弹球和空中球。

(1) 脚内侧接地滚球。

动作方法：支撑脚脚尖正对来球，膝关节微屈，接球腿提膝大腿外展，脚尖微跷，脚底与地面平行，以脚内侧正对来球。脚触球的瞬间，根据来球的力量、速度做缓冲或者切压的动作，将球接在脚下。(图 7–2–4)

(2) 脚内侧接反弹球。

动作方法：准确判断来球的落点，快速移动到位。支撑脚踏在球落点的侧前方，支撑腿膝关节微屈，身体向接球后球运行的方向偏移。接球腿屈膝提起，脚尖微跷，以脚内侧对着来球的方向并与地面形成一定的夹角，当球落地反弹的瞬间，用脚内侧轻轻推压球的上部。(图 7–2–5)

图 7–2–4　　图 7–2–5

2. 脚底接球

脚底接球动作简单，控球稳定可靠，适用于接迎面地滚球或反弹球。

脚底接反弹球动作方法：准确判断来球落点，快速前移迎球。支撑脚站在球落点侧后方，脚尖正对来球方向，球落地瞬间，接球腿屈膝提起，脚尖微跷与地面形成一定的夹角，球落地的瞬间，用前脚掌触球的后中上部，微伸膝，用脚掌将球接在体前。（图 7–2–6）

图 7–2–6

学练方法：

(1) 利用足球墙接地滚球练习.

(2) 练习者将球挑起并将球轻轻向上踢高，待球落下时用脚底和脚内侧接反弹球。

(3) 两个人面对面踢地滚球，一接一传。练习接地滚球。

(4) 两个人面对面站立，相距 10 米，一个人用手抛球，一个人练习用脚掌和脚内侧接反弹球。

(5) 两个人踢长传高球练习，接反弹球。

（三）运球及运球过人

运球是指运动员在跑动中为了将球控制在自己的身体范围之内，用脚部进行的推拨球动作。运用此方法突破防守队员时称为运球过人。常用的运球方法有脚背外侧运球和脚背内侧运球，

1. 脚背外侧运球

脚背外侧运球身体姿势与正常跑动相同，因而便于发挥速度，当遇到对方抢截时便于向外侧快速改变方向，两只脚快速地交替拨球改变方向是很好的运球过人的方法。

动作方法：直线运球时，自然跑动，步幅不宜过大，上体稍前倾，两臂自然摆动，运球腿提起，膝关节稍屈，髋关节前送，在运球脚落地前用脚背外侧推拨球的后中部。

2. 脚背内侧运球

脚背内侧运球由于身体稍侧转，不能采用正常的跑动姿势，因而不适用于快速跑动运球。但身体前倾有利于将对方与球隔开，适用于掩护性运球。

动作方法：直线运球时，支撑脚踏落于球的侧前方，身体侧转上体前倾，步幅宜小，运球腿

提起外展，膝微屈外转，脚尖外转，在运球脚落地前用脚背内侧推拨球，使球随身体前进。

学练方法：

(1) 在慢跑中用脚背外侧、脚背内侧踢球直线运球。

(2) 单脚脚背内侧和脚背外侧交替向斜前方拨球练习。

(3) 双脚脚背内侧或脚背外侧交替向斜前方拨球练习。

(4) 终点和起点相距 20 米，终点和起点间间隔 2 ~ 3 米设置 1 个标志杆，绕标志杆曲线运球。

(5) 绕“8”字运球。

（四）头顶球

头顶球是指运动员用前额将球击向预定目标的动作。运用头顶球技术，可以进行传球、抢断球和射门等。头顶球分为前额正面头顶球与前额侧面头顶球。

动作方法：原地顶球时，正对来球方向，两腿左右、前后开立均可。膝关节微屈，两臂自然张开，身体后仰，挺胸展腹，颈部收紧，两眼注视来球，蹬地收腹以腰为轴快速前摆，当球至身体的垂直部位时，用前额正面击球的后中部，触球瞬间颈部做爆发式振摆。顶球后上体随球前摆。（图 7–2–7）

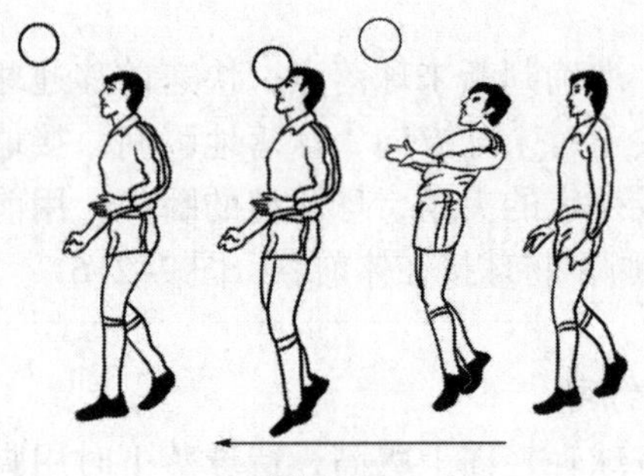

图 7–2–7

学练方法：

(1) 无球的模仿练习，按照动作要领练习原地顶球的技术动作。

(2) 双手持球于头前，颈部收紧，用前额正面触击球。体会正确的触球部位。

(3) 一人抛球，一人练习原地头顶球。

(4) 两人连续对顶练习。

（五）抢截球

抢截球是指运动员在规则允许的范围内用身体的合理部位，将对手控制的球夺下来或者破坏对方战术的技术。

正面跨步堵抢动作方法：两脚前后站立，两膝微屈，身体重心下降并置于两腿之间，当接近运球对手时，在对手推拨球、脚尚未落地时，或者拨球力量稍大时，抢球者后脚快速果断蹬地跨步向前，以脚内侧去堵截球，另一只脚快速跟上重心前移，这时抢球者抢球的力量大于对手才能将球抢下。如果两人抢球力量相等将球卡在了两脚之间，抢球者可迅速将抢球脚向上提拉，使球从对手脚面滚过，将球抢下并控制住。（图 7–2–8）

图 7–2–8

学练方法：

(1) 无球的动作模仿练习，练习快速蹬地跨步用脚内侧抢球动作。

(2) 一人踩球，一人做跨步抢球动作。

(3) 球放在两人中间，两人按口令同时跨步向前抢球，两人抢球的力量要适当。

(4) 一人运球，一人迎上抢球，运球人抢球动作要消极一些。

二、基本战术及学练方法

(一) 二人局部进攻战术配合

比赛中常用的二人进攻战术方法有传切配合二过一、踢墙式二过一、交叉掩护二过一和回传反切二过一。二过一战术配合是足球比赛中最常用、最有效、最简捷的进攻战术配合方法。

1. 传切配合二过一

传切配合二过一是两名进攻队员通过一传、一切配合，越过一名防守队员的方法，战术配合简捷适用。它包括直传斜插二过一和斜传直插二过一两种。

(1) 直传斜插二过一。(图 7–2–9)

(2) 斜传直插二过一。(图 7–2–10)

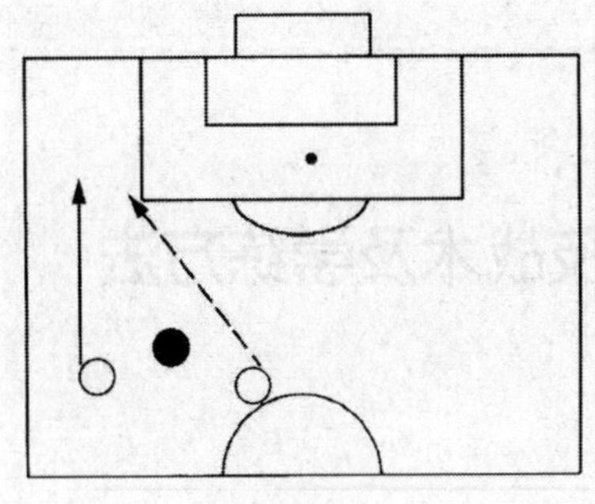
图 7–2–9

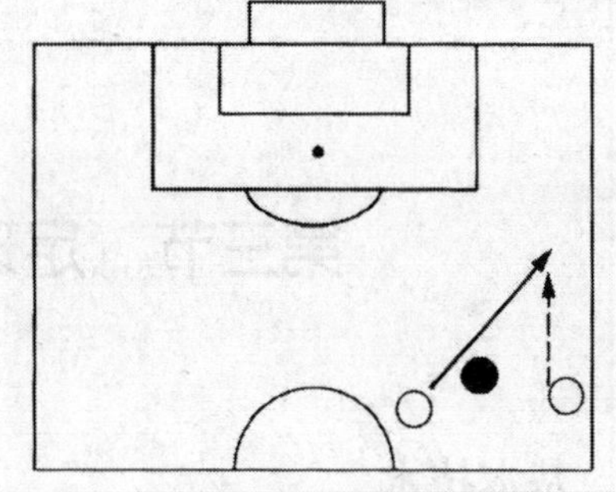
图 7–2–10

战术配合方法：在进行配合时，两名进攻队员要保持适当的距离，控球队员可采用运球和其他动作，诱使防守者上前堵截，插入的队员必须突然、快速地启动，但要避免越位。

2. 练习方法

(1) 设数个标志杆，连续做传切配合射门练习。

(2) 直传斜插、斜传直插二过一射门练习。

(3) 对一名防守队员做传切配合射门练习，防守队员可采用消极防守，两名进攻队员根据防守队员的实际站位情况，灵活运用直传斜插或斜传直插二过一战术配合。同时要掌握好传球与切入的时机，逐渐形成默契配合。

(二) 比赛阵型

比赛阵型是指在比赛中队员的位置排列，是本队攻守力量搭配和职责分工的形式。足球规则的变化、球队技术和队员身体素质诸因素的不断提高，促进了阵型的演变和发展。下面简单介绍“四四二”阵型。

“四四二”阵型的运用在位置排列具体和攻守打法上是有所不同的。前锋队员主要有双中锋和一中锋一边锋两种排列，四名前卫可基本上一字形横向排开，如图 7–2–11；也可以采用菱形站位排列，如图 7–2–12，一名进攻型前卫，一名防守型前卫，另外两名为边前卫。

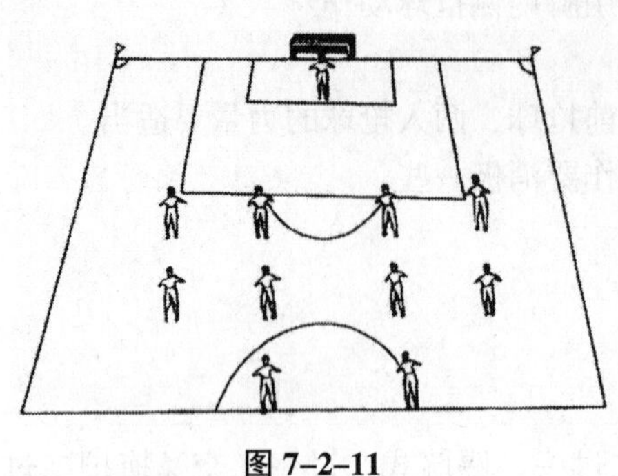

图 7–2–11

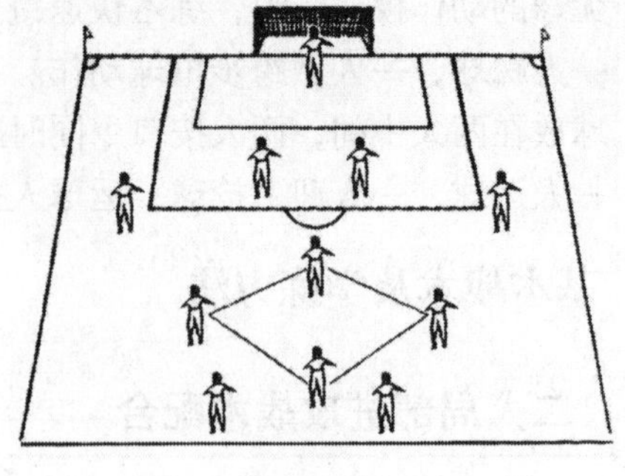

图 7–2–12

获得足球世界杯冠军的国家及次数

现今已举办的 21 届足球世界杯赛事中，共有 8 个国家曾赢得冠军。巴西队赢得 5 次、意大利和德国各赢得 4 次，乌拉圭、法国和阿根廷各赢得 2 次，英格兰和西班牙各赢得一次，最近一届冠军由德国于 2014 年在巴西世界杯上夺得。

第三节　足球提高班技战术及学练方法

一、基本技术

（一）脚背外侧踢球

脚背外侧踢球摆腿方向变化较多，脚踝灵活性较大，且助跑是正常跑动姿势，所以出球隐蔽、突然。比赛中可踢出各种距离的弧线球和非弧线球。

动作方法：助跑、支撑脚站位及踢球腿摆动均与脚背正面踢球的三个环节相同。只是在踢球腿由后向前摆动时要求膝关节和脚尖内转，脚背绷紧，脚趾内扣，用脚背外侧击球的后中部。击球后身体自然跟上，踢弧线球时，支撑脚踏在球的侧后方，踢球腿略呈弧形摆动，作用力方向与出球方向约成 45° ，击球点在球内侧后部，脚型同踢定位球要领。

学练方法：

(1) 无球的动作模仿练习，主要体会脚背外侧踢球，踢球腿前摆时膝和脚尖内转，脚背绷紧的动作。

(2) 对足球墙踢定位球练习，体会完整的踢球动作、脚触球的部位，力量不要太大，动作要协调放松。

(3) 两个人面对面距离 25 米左右，练习脚背外侧踢定位球。

(4) 跑上踢正前方、侧前方来的地滚球射门。

(二) 接　球

1. 脚内侧接空中球

动作方法：根据来球的速度和高度，准确选择接球点并快速移动到位，接球时，接球腿要屈膝抬起，脚尖稍上跷，脚要端平用脚内侧迎球，脚触球瞬间快速撤引缓冲，将球接在下一动作所需的位置。（图 7–3–1）

图 7–3–1

2. 胸部接球

胸部接球包括挺胸式接球和收胸式接球两种方法。

挺胸式接球动作方法：面对来球站立，两膝微屈，身体后仰，下颌微收，两臂自然张开，以维持身体平衡，接触球瞬间，两脚蹬地、伸膝用胸部托顶球的下部，使球向前上方弹起落于体前，并快速用脚控制住球。（图 7–3–2）

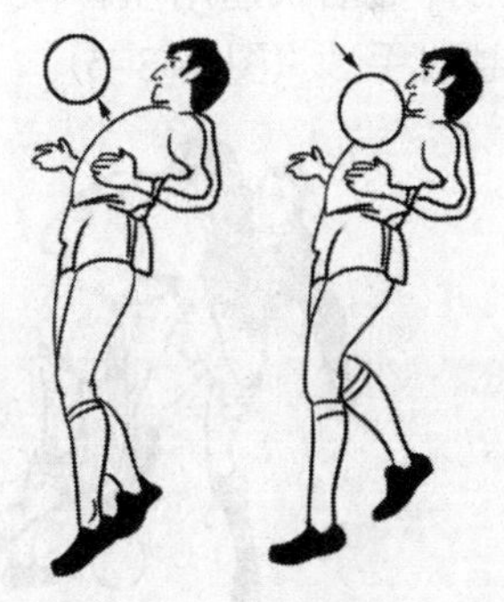

图 7–3–2

学练方法：

⑴ 自己将球向上抛起，待球落下时，练习胸部接球。

⑵ 用脚将球挑起向前上方轻轻踢高，快速地判断好球的落点，移动到位，用胸部将球接下。

⑶ 两人一组，相距 10 米，一人抛球一人练习胸部接球。

⑷ 两人踢长传球，练习胸部接球。

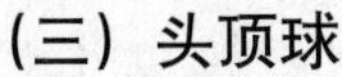

(三) 头顶球

前额侧面顶球动作快捷，变向突然，出球路线难以预测，是争顶传球和射门得分的有力武器。

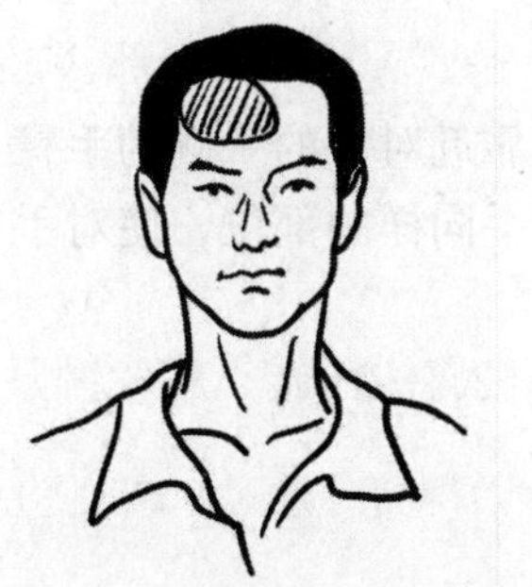

图 7–3–3

动作方法：身体侧对来球，两脚自然前后站立，击球一侧支撑腿在前，颈部收紧，身体以腰为轴向侧后微屈，重心落在后脚上，两臂自然张开，眼睛注视来球，顶击球时，后脚向击球方向蹬伸，身体向出球方向转动侧摆，用前额侧面将球击出。（图 7–3–3）

学练方法：

⑴ 无球的动作模仿练习，体会头顶球的准确动作要领，练习时动作要放松协调。

⑵ 双手将球举起，用前额侧面触击球，体会正确的触球部位。

⑶ 两人一组，相距 10 米，一人抛球，一人练习原地前额侧面顶球技术。

（四）运球过人

运球过人是通过控制球突破对方防线，从而创造传球和射门机会的重要方法和手段。运球过人从动作表现形式上可大致分为运用速度强行突破、假动作突破、变向突破、变速突破和人球分过突破等几类。下面介绍两种运用假动作使对手失掉重心而达到突破对手目的的方法。

1. 马修斯式

这是以英国队前著名前锋的名字命名的假动作。

用右脚背内侧把球向左侧推拨，做出要从对方右侧突破的假象，为了逼真，身体也要向左侧倾斜。当对手失去重心时，右脚快速移到球的左后方。用右脚背外侧迅速把球向右前侧推拨，并加速超越对手。（图 7–3–4）

图 7–3–4

2. 剪　式

剪式运球过人动作方法：把球拨至身体的右前方，假装用右脚背外侧拨球突破却从球上迈过，诱使对手失掉重心。然后快速用左脚背外侧向另一侧拨球突破，并加速超越对手。（图 7–3–5）

图 7–3–5

学练方法：

(1) 把球放在体前，以球作为固定目标，做运球过人技术动作的模仿练习，要协调放松，假动作要慢，真动作要快。

(2) 在慢速运球中，反复练习运球过人技术动作。

(3) 一人做消极防守，一人运球接近防守者，练习运球过人技术。

（五）抢截球

动作方法：当防守者与运球者并肩跑动追球时，防守者重心稍下降，靠近对手的一侧的手臂要紧贴身体，利用对方同侧脚离地的时机，用肘关节以上部位适当冲撞对手同样的部位，使对手身体失去平衡，乘机将球抢下。（图 7–3–6）

图 7–3–6

学练方法：

(1) 两人原地用肩以下肘以上部位，轻轻撞击，体会合理冲撞的部位。

(2) 两人在慢跑中，做合理冲撞动作练习，力量要适当。

(3) 一人运球，一人从侧面靠近，用合理冲撞技术动作，将球抢下。

（六）界外球

助跑掷界外球动作方法：两手持球于胸前，在助跑迈出最后一步时，上体后仰成背弓，同时将球上举至头后，掷球时的动作与原地掷界外球动作相同，将球掷出后，后脚可在地面上向前滑行，但不得离地。

学练方法：

两人对面站立，相距 15 米，相互练习助跑掷界外球。

二、基本战术

（一）二人局部进攻战术配合

踢墙式二过一是两名进攻队员通过两次传球越过一名防守队员的战术配合方法。

配合战术方法：控球队员要带球逼近防守队员，把防守队员吸引过来，距离约 2 ~ 3 米，最好传地滚球给接应队员，力量适度并准确，传球后快速插入，准备接应。当控球队员带球接近防守队员时，接应队员要突然摆脱接应持球同伴，接到传球时，要一次触球回传给同伴，力量要适度，传球到位，尽量传地滚球。(图 7–3–7)

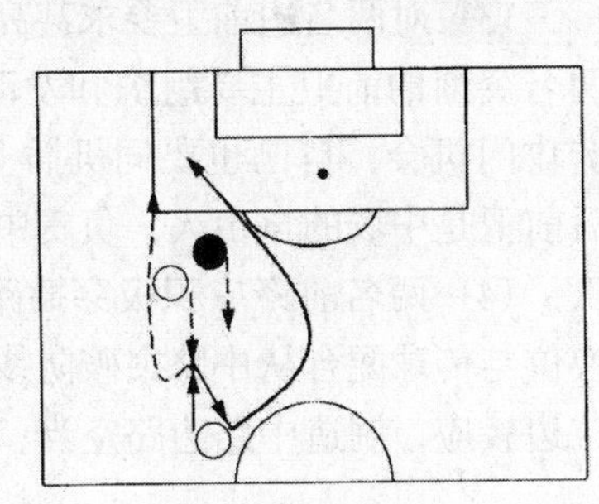

图 7–3–7

学练方法：

(1) 设置数个标志杆，两人跑动中传球接近标志杆，控球人运球接近标志杆，传给做墙的接应队员，快速插入。

(2) 由一人防守，两人传球，做踢墙式二过一战术练习。

(3) 带球至球门前，无人防守，一人固定接应做墙，做踢墙式二过一射门练习。

（二）比赛阵型

1."三五二"阵型与"五三二"阵型的产生

比赛中普遍采用的四名后卫防守协同两名前锋打法的战术是人力的浪费。因此，在20世纪80年代的欧洲足球锦标赛和第13届世界杯足球赛上，法国队、丹麦队等采用了"三五二"阵型（图7–3–8）和"五三二"（图 7–3–9）阵型。

图 7–3–8

图 7–3–9

进攻时，两名边前卫在中场以夺取中场优势和主动，并伺机插上发动边路进攻，这时阵型为"三五二"，防守时迅速撤至边后卫位置，防守对方边路进攻。这时就形成了"五三二"阵型。因此"三五二"阵型与"五三二"阵型是根据场上攻守的需要，由队员在场上变化位置布局而实现的。

2."三五二"阵型与"五三二"阵型的特点

(1) "三五二"阵型的主要特点是加强了中场力量，有利于夺取中场优势取得比赛的主动权。

(2) 三名后卫中左右两名后卫大胆紧逼对方两名前锋，自由中卫可保护补位，有效地控制门前危险区。

(3) 对两名边前卫要求甚高，集边锋、前卫、后卫于一体。两名突前的前卫主要组织和发动中前场的进攻，为两名前锋创造攻门机会，自己也要伺机插上创造射门得分的机会。一名拖后前卫是中场的自由人，负责中后场的防守。

(4) 两名前锋应积极穿插跑位，通过两人间的传切，交叉换位与传球配合从中路突破防线，射门得分。也应主动地回撤、拉边接应，制造中路边路空当，为同伴插上进攻创造机会。

> 知识窗
>
> **世界杯奖杯名称**
>
> 世界杯足球赛先后使用过雷米特杯和大力神杯作为冠军奖杯。

第四节　足球规则简介

足球竞赛规则是为进行足球比赛而制定的统一规范和准则。规则的精神实质是体现对等的原则，即保证公平竞争；保护双方运动员的健康；促进足球技战术的发展；提高比赛的观赏性。

一、比赛场地

球场必须是长方形。长 90 ~ 120 米，宽 45 ~ 90 米。国际比赛场地为长 100 ~ 110 米、宽 64 ~ 75 米。两条较长的边界线为边线，两条较短的边界线为球门线。比赛场地由一条连接两侧边线中点的中线划分为两个半场。中线的中心位置为中点。以中点为圆心画一个半径为 9.15 米（10 码）的圆圈。

二、越 位

处于越位位置并不意味着构成越位犯规。

队员处于越位位置，如果其：头、躯干或脚的任何部分处在对方半场（不包含中线），且头、躯干或脚的任何部分较球和对方倒数第二名队员更接近于对方球门线。

队员不处于越位位置，如果其：与对方倒数第二名队员齐平或与对方最后两名队员齐平。

三、犯规与不正当行为

（一）直接任意球

直接任意球可以直接射入对方球门得分。

(1) 如果裁判员认为，一名场上队员草率地、鲁莽地或使用过分力量对对方队员实施如下犯规，则判罚直接任意球：冲撞；跳向；踢或企图踢；推搡；打或企图打（包括用头顶撞）；用脚或其他部位抢截；绊或企图绊。

(2) 如果是有身体接触的犯规，则判罚直接任意球。

(3) 如果场上队员实施如下犯规时，判罚直接任意球：手球犯规（守门员在本方罚球区内除外）；拉扯对方队员；在身体接触的情况下阻碍对方队员移动；对在比赛名单上的人员或比赛官员实施咬人或吐口水；向球、对方队员或比赛官员扔掷物品，或用手中的物品触及球。

（二）间接任意球的判罚

如果一名场上队员犯有如下行为时，则判罚间接任意球：以危险方式进行比赛；在没有身体接触的情况下阻碍对方行进；以语言表示不满，使用攻击性、侮辱性或辱骂性的语言和 / 或行为，或其他口头的违规行为；在守门员发球过程中，阻止守门员从手中发球、踢或准备踢球；故意发起施诡计用头、胸、膝等部位将球传递给守门员以逃避规则相关条款处罚的行为（包括在踢任意球或球门球时），无论守门员是否用手触球；如果该行为由守门员发起，则处罚守门员；犯有规则中没有提及的，又需裁判员停止比赛予以警告或罚令出场的任何其他犯规。

如果守门员在本方罚球区内犯有如下行为时，则判罚间接任意球。

(1) 在发出球前，用手 / 臂部控制球超过 6 秒。

(2) 在发出球后、其他场上队员触球前，用手 / 臂部触球：

(3) 在下列情况之后用手 / 臂部触球，除非守门员已经清晰地将球踢出或试图踢出：① 同队队员故意将球踢给守门员；② 接同队队员直接掷来的界外球。

四、罚球点球

球必须放定在罚球点上。球门立柱、横梁和球网不能移动。必须清晰指定主罚的队员。守方守门员必须处在球门柱之间的球门线上，面向主罚队员，且不可触碰球门立柱、横梁或球网，直至球被踢出。

主罚队员和守门员以外的其他场上队员必须：距离罚球点至少 9.15 米（10 码）；在罚球点后；在比赛场地内；在罚球区外。

场上队员的位置符合规则规定后，裁判员示意执行罚球点球。主罚队员必须向前踢球。允许使用脚后跟踢球，只要球向前移动。

在球被踢出时，防守方守门员必须至少有一只脚的一部分接触着球门线，或者与球门线齐平。当球被踢且明显移动，即为比赛恢复。

主罚队员在其他队员触及球前不得再次触球。当球停止移动、离开比赛场地，或因发生任何违反规则的情况而裁判员停止比赛时，即为罚球完成。

【思考题】

1. 足球运动具有哪些健身价值？
2. 经常参加足球运动，可培养我们哪些在未来社会需要的优良品质？
3. 踢球的动作结构由哪几个环节构成？
4. 什么是比赛阵型？促进现代足球比赛阵型演变和发展的因素是什么？
5. 足球比赛规则的精神实质是什么？
6. 什么是直接任意球？什么是间接任意球？

【参考文献】

1. 陈远吉，宁平.足球入门技巧一月通[M]. 北京：北京理工大学出版社，2014.

第八章 篮 球

学习重点

* 了解篮球运动的起源、发展及健身价值
* 掌握篮球运动基本技术，了解并掌握攻守战术基础配合
* 了解篮球运动主要竞赛规则，并能在实践中运用

第一节 篮球运动概述

一、起 源

篮球运动是由美国马萨诸塞州斯普林菲尔德市（即春田市）春田学院干部训练学校体育教师詹姆士·奈·史密斯（J. N. Smith）于 1891 年发明的。当时他看到当地儿童在做摘桃投入桃筐的游戏，受此启发，发明了投篮游戏。这便是篮球运动的雏形。

二、发 展

篮球运动经过百余年的发展和完善，才形成了今天的现代篮球运动。1892 年，詹姆士·奈·史密斯制定了 13 条比赛规则。1908 年，美国成立了全国统一的篮球联合会。1932 年，在日内瓦成立了国际业余篮球联合会。1936 年，在第 11 届奥运会上，男子篮球被列入正式比赛项目。1976 年，第 21 届奥运会增设女子篮球项目。世界男篮锦标赛始于 1950 年，女篮锦标赛始于 1953 年，每四年举行一届。现代篮球运动是 1895 年传入我国天津的。1896 年，在天津举行了我国第一次篮球游戏表演，此后逐步由天津向全国传播和推广。100 多年来，篮球运动逐渐成为中国老百姓喜闻乐见的体育运动项目。

在竞技篮球方面，中国男子篮球队曾多次获得亚洲男子篮球锦标赛的冠军，并分别于 1996

年、2004 年、2008 年获得奥运会男子篮球赛第八名；中国女子篮球队曾获得第 24 届奥运会女子篮球赛亚军。近些年来，我国涌现出了姚明、王治郅、易建联等著名篮球运动员。2021 年 7 月 28 日，在东京奥运会女子三人篮球比赛中，中国队击败法国队，历史性夺得铜牌。

三、健身价值

(1) 篮球运动的技术动作是由跑、跳、投等基本动作组成的。长期从事篮球运动，能增进健康，促进力量、速度、耐力、灵敏性等多方面身体素质的全面发展，提高内脏器官的功能。

(2) 篮球运动对提高各感受器功能（尤其是视感受器），提高广泛分配和集中注意的能力，以及空间、时间和定向能力有良好效果。对提高中枢神经灵活性，以及协调、支配各器官的能力也有着一定的作用。

(3) 篮球运动竞赛富有趣味性，并具有较强的集体性，参与者不受年龄、性别限制。篮球运动有利于增进友谊，增强集体观念。

斯蒂芬·库里

斯蒂芬·库里（Stephen Curry），1988 年 3 月 14 日出生于美国俄亥俄州阿克伦（Akron, Ohio），美国职业篮球运动员，司职控球后卫，效力于 NBA 金州勇士队。斯蒂芬·库里于 2009 年通过选秀进入 NBA 后一直效力于勇士队，新秀赛季入选最佳新秀第一阵容；2014—2015 赛季带领勇士队获得 NBA 总冠军；两次当选常规赛 MVP，两次入选最佳阵容第一阵容，三次入选全明星赛西部首发阵容。库里作为联盟最恐怖的三分球射手，他的接球就投三分命中率为 48.8%，他是联盟新生代控卫的代表，是联盟中投篮能力最出色的控卫之一。2015—2016 赛季，斯蒂芬·库里合计命中了 402 记三分球，创造了 NBA 单赛季三分命中数新的纪录。

第二节　篮球基础班技战术及学练方法

一、基本技术

（一）脚步移动

1. 起　动

动作方法：从基本站立姿势开始，向前起动时用后脚蹬地、向侧起动时以异侧脚的前脚掌短促有力地蹬地，同时上体迅速前倾或侧转，向跑动方向移动重心，手臂协调地摆动，充分利用蹬地的反作用力，迅速向跑动方向迈出。

2. 跑

(1) 变向跑。

动作方法：从右向左变向时，最后一步用右脚前脚掌内侧用力蹬地，同时脚尖稍内扣，迅速屈膝，腰部随之左转，上体向左前倾，移重心，左脚向左前方跨出，然后加速前进。

(2) 侧身跑。

动作方法：在跑动时，头部和上体转向有球的一侧，脚尖指向跑动方向。跑动时，既要保持奔跑速度，又要保持身体平衡，双手自然放在腰侧，密切观察场上情况。

(二) 双手胸前传接球

1. 传 球

动作方法：双手持球于胸腹之间，两肘自然弯曲于体侧，身体成基本站立姿势，眼平视传球目标。传球时后脚蹬地发力，身体重心前移，两臂前伸，两手腕随之旋内，拇指用力下压，食指、中指用力拨球并将球传出。球出手后，两手略向外翻。(图 8–2–1)

图 8–2–1

2. 接 球

(1) 双手接中部位的球。(图 8–2–2)

动作方法：两眼注视来球，两臂迎球伸出，双手手指自然张开，两拇指呈“八”字形，其他手指向前上方伸出，两手呈一个半圆形。当手指触球时，双手将球握住，两臂顺势屈肘后退缓冲来球的力量，两手持球于胸腹之间，成基本站立姿势。

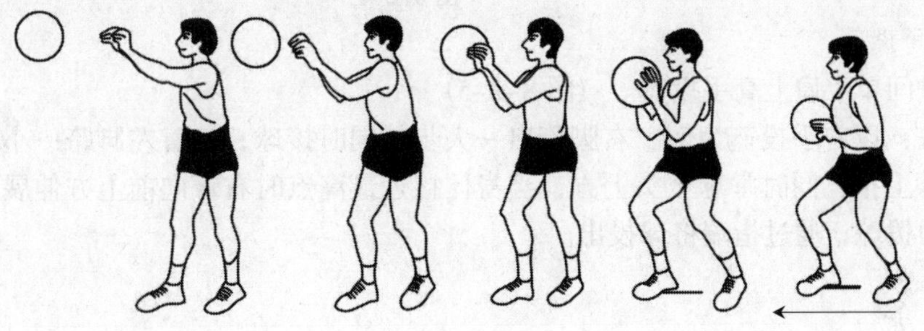

图 8–2–2

(2) 双手接低部位的反弹球。

动作方法：接球时要及时迎球跨步，上体前倾，眼睛注视来球方向，两臂迎球向前下方伸出，掌心斜对来球的反弹方向，五指放松自然张开。手指触球后，两手握球顺势将球引至胸腹之间，保持身体平衡，成基本站立姿势。

(三) 投 篮

1. 原地单手肩上投篮

动作方法：以右手投篮为例。右脚在前，左脚稍后，两膝微屈，重心落在两前脚掌上；右手五指自然分开，翻腕持球的后下部，左手扶在球的侧方，举球于同侧肩的前上方。投篮时，下肢蹬地发力，身体随之向前上方伸展，同时抬肘向投篮方向伸臂，手腕前屈，将球柔和地从食指、

中指指端投出。（图 8–2–3）

图 8–2–3

2. 原地双手胸前投篮

动作方法：双手持球于胸前，肘关节自然下垂，两脚左右或前后开立，两膝微屈，重心落在两脚之间，目视瞄准点；投篮时，两脚蹬地，上肢随着脚蹬地向前上方伸展，两手腕同时外翻，拇指下压，手腕前屈，食指、中指用力拨球，使球通过拇指、食指、中指指端投出。球出手后，两手自然向下向外翻，脚跟提起，身体随投篮手方向自然伸展。（图 8–2–4）

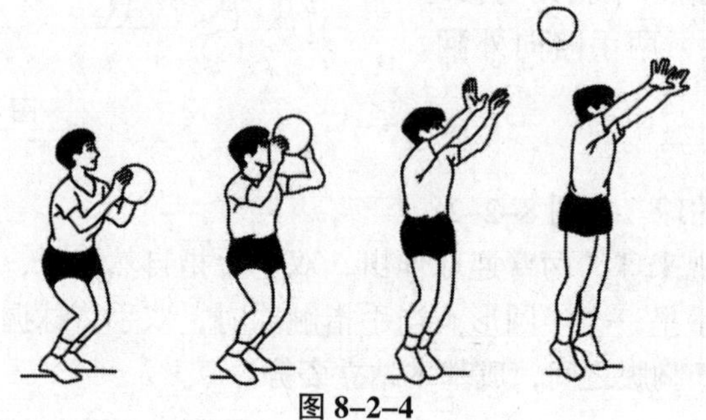

图 8–2–4

3. 行进间投篮

(1) 行进间单手肩上高手投篮。（图 8–2–5）

动作方法：以右手投篮为例。右脚跨出一大步的同时接球，接着左脚跨一小步并用力蹬地起跳，右腿屈膝上抬，同时举球至头上方，当身体接近最高点时右臂向前上方伸展，手腕前屈，食指和中指用力拨球，通过指端将球投出。

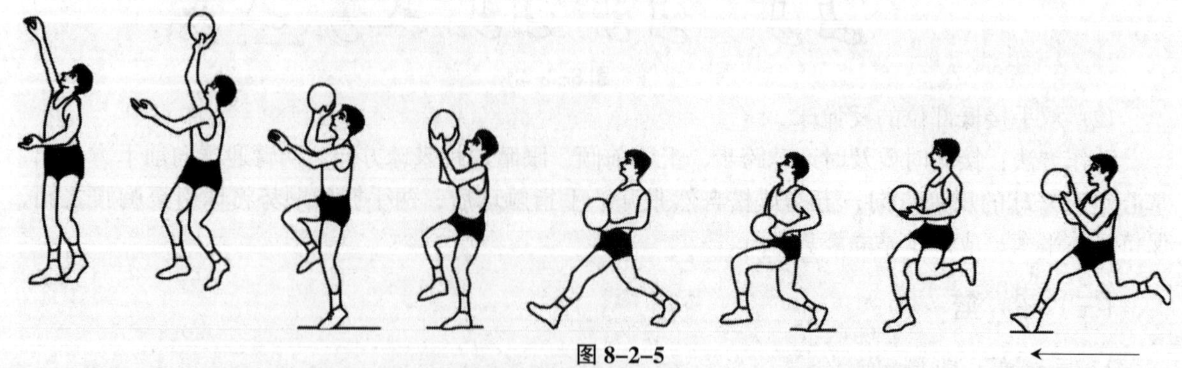

图 8–2–5

(2) 行进间单手肩上低手投篮。（图 8–2–6）

动作方法：以右手投篮为例。右脚跨出一大步的同时接球，接着左脚跨一小步并用力蹬地起跳，右腿屈膝上抬，身体重心前移，双手向前上方举球。当身体接近最高点时，左手离球，右手外旋，掌心向上托球，并充分向球篮上方伸展，接着屈腕，食指、中指用力拨球，通过指端将球投出。

图 8-2-6

(四) 运 球

1. 原地高运球

动作方法：运球时，两腿微屈，上体稍前倾，目平视，以肘关节为轴，前臂自然伸屈，用手腕、手指柔和而有力地按拍球的后上方。球的落点控制在运球手臂同侧脚的外侧前方，球的反弹高度在腰与胸之间。

2. 原地低运球

动作方法：两腿应迅速弯曲，重心下降，上体前倾，球的落点在体侧，用上体和腿保护球。同时，用手腕和手指短促地按拍球的后上方，使球控制在膝关节的高度，两腿用力后蹬，继续快速前进。行进间低运球拍球的部位在球的后上方或后侧方。

3. 运球急停急起

动作方法：在快速运球中突然急停时，采用两步急停，使重心降低，手按拍球的前上方，使球停止向前运行。运球急起时，两脚用力后蹬，上体急剧前倾，迅速起动，同时按拍球的后上方，人、球同步快速前进。

学练方法：

(1) 原地高、低运球，左右手交替进行原地体前左右手变向运球。运球者两腿左右开立，约与肩宽，右手运球按拍球的右上方，使球弹向左侧，左手按拍球的左上方使球弹向右侧，反复练习。

(2) 全场直线运球。学生分三组站立，做直线高、低运球练习。

(3) 弧线运球，沿罚球圈中圈做弧形运球到对面的底线，再沿边线直线运球返回。

(4) 运球急停急起。每人一球，根据老师信号练习急停急起或变速运球。

二、基本战术

(一) 传切配合

(1) 一传一切配合：指持球队员传球后，利用起动速度或假动作摆脱防守，向篮下切入接回传球投篮的配合。

(2) 空切配合：指无球队员掌握时机摆脱对手，切向防守空隙区域接球投篮或做其他进攻配合。

（二）突分配合

突分配合是指持球队员突破对手后，遇到对方补防或协防时，及时将球传给进攻位置最佳的同伴进行攻击的一种配合方法。

当对方采用人盯人防守或区域联防时运用突分配合，可扰乱对方的整体防守部署，压缩防区，给同伴创造最佳的外围投篮或篮下进攻机会。

学练方法：

⑴ 传切配合的方法如图 8–2–7 所示，⑤传给⑥，⑤向左侧做切入假动作，同时观察❻的移动情况，然后突然从右侧切入，侧身面向球接⑥的传球投篮。

⑵ 突分配合的方法如图 8–2–8 所示：⑦接④的传球后，沿底线突破，当遇到固定防守队员❹的阻截时，及时传球给④投篮，⑦抢篮板球并与④交换位置，依次进行练习。

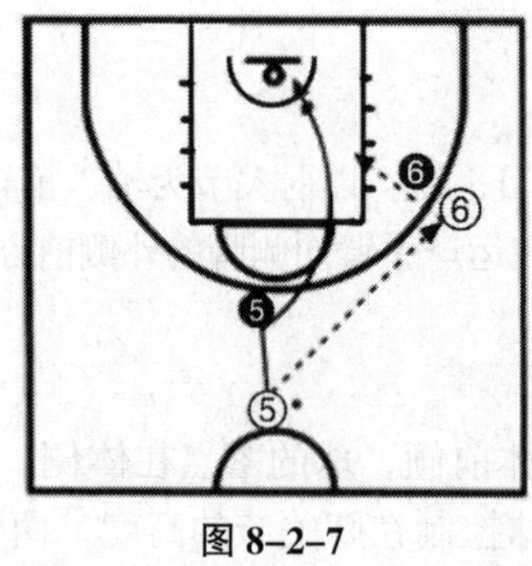

图 8–2–7

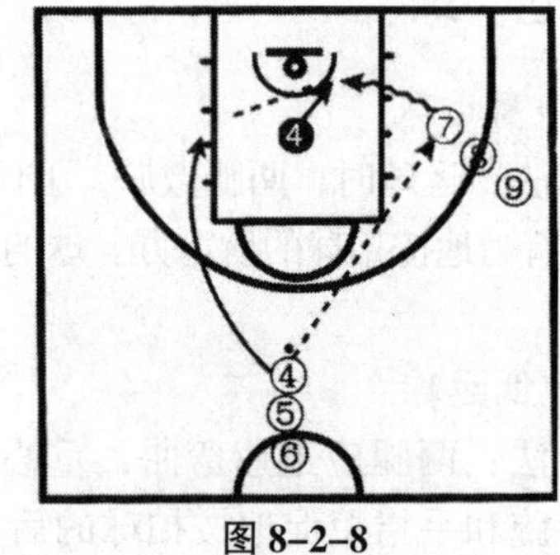

图 8–2–8

知识窗

科比·布莱恩特

科比·布莱特是美国职业篮球运动员，自 1996 年起效力于 NBA 洛杉矶湖人队，司职得分后卫。科比·布莱恩特是前 NBA 篮球运动员乔·布莱恩特的儿子。他是 NBA 最好的得分手之一，突破、投篮、罚球、三分球他都驾轻就熟，几乎没有进攻盲区，单场比赛 81 分的个人纪录就有力地证明了这一点。除了疯狂地得分外，科比的组织能力也很出众，经常担任球队进攻的第一发起人。另外，科比还是联盟中最好的防守人之一，贴身防守非常具有压迫性。2016 年 4 月 14 日，科比正式宣布退役。

姚明

姚明，前中国职业篮球运动员，局职中锋，现任亚洲篮球联合会主席，中国篮球协会主席，曾连续 6 个赛季（生涯共 8 次）入选 NBA 全明星阵容。2011 年 7 月，宣布退役。2016 年 4 月，姚明正式入选 2016 年奈·史斯斯篮球名人堂，成为首位获得此殊荣的中国人。

第三节　篮球提高班技战术及学练方法

一、基本技术

(一) 移　动

1. 急　停

⑴ 跨步急停。

动作方法：急停时先向前跨出一大步，用脚跟先着地并迅速过渡到全脚抵住地面，降低重心，身体稍后仰。第二步落地的同时，两膝弯曲并内扣，身体稍侧转，两脚尖自然转向前方，前脚掌内侧用力抵住地面，缓解向前的冲力，上体稍后仰，两臂屈肘自然张开，然后上体迅速自然前倾以控制身体平衡。

⑵ 跳步急停。

动作方法：跑动中用单脚或双脚起跳，使双脚稍有腾空。上体稍后仰，两脚平行或前后落地(略宽于肩)，形成进攻基本站立姿势。

2. 滑　步

动作方法：两脚平行站立，两膝较深弯曲，上体略前倾，两臂侧伸。向左侧滑步时，左脚向左迈出同时，右脚蹬地滑动，向左脚靠近，两脚保持一定距离，左脚继续跨出。向后滑步时，一只脚向后撤步着地的同时，前脚紧随着向后滑动，保持前后开立姿势。向前滑步时，前脚向前迈出一步。在着地的同时，后脚紧随着向前滑动，保持前后开立姿势。注意屈膝降低重心。

学练方法：

⑴ 保持基本站立姿势，慢跑两三步，接着做跨步急停和跳步急停。

⑵ 以稍快节奏跑 3 ~ 5 步后做跨步急停和跳步急停。

⑶ 快跑中听或看信号做跨步急停。

(二) 传　球

动作方法：以单手肩上传球为例，双手持球于胸前，两脚平行开立，右手传球时，左脚向传球方向跨出半步，右手靠左手拨送球的力量将球引至右肩上方，右肩关节伸展，大、小臂自然弯曲，手腕稍后屈，持球的后下方，左肩对着传球方向，重心落至右脚上。传球时，右脚蹬地发力同时转体带动上臂，以肘领先前臂，手腕前屈，食指、中指、无名指用力拨球将球传出。(图 8–3–1)

图 8–3–1

学练方法：

(1) 两人一组一球，面对面站立，相距 5～10 米做原地单手肩上传球练习。

(2) 两人一组一球，一人在端线做原地单手肩上传球，一人沿边线侧身跑动接球。

(三) 运 球

1. 体前变向换手运球

动作方法：以右手运球为例，运球队员从对手右侧突破时，先向防守者左侧做变向运球假动作。当对手向左侧移动堵截运球时，运球队员突然按拍球的右后上方，使球经自己体前右侧反弹至左侧前方，同时右脚向左前方跨出，上体向左转，右肩挡住对手，同时换左手按拍球的后上方，左脚跨出并用力蹬地加速，从对手的右侧突破。

2. 运球转身

动作方法：以右手运球为例，变向时，用左脚在前为轴，向左后转身的同时，右手将球拉至身体的后侧方，并按拍球落在身体的外侧方，然后换左手运球，加速前进。（图 8-3-2）

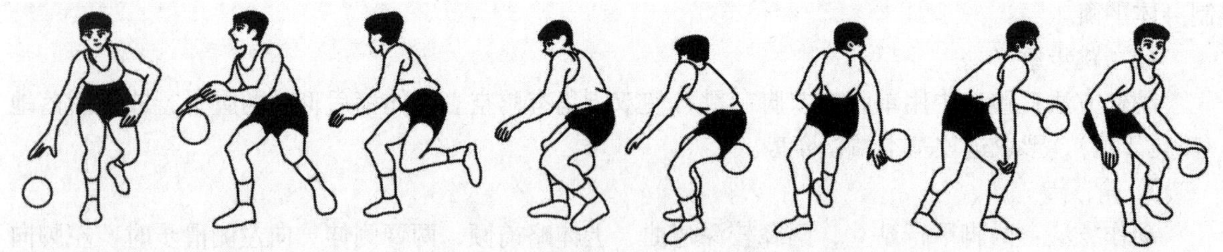

图 8-3-2

学练方法：

(1) 曲线运球，全场做曲线变向运球。

(2) 后转身运球按图示路线到障碍物前做后转身运球。

(四) 持球突破

1. 交叉步持球突破

动作方法：以右脚做中枢脚为例。突破时，左脚向前方跨出半步，做向左突破的假动作。当对手重心向右移动时，左脚前脚掌内侧迅速蹬地，向对手左侧跨出一大步，同时上体右转探肩，贴近对手；球移至右手，向左脚右斜前方推放球，右脚迅速蹬地跨步，加速超越对手。

2. 同侧步持球突破

动作方法：以左脚做中枢脚为例。突破时，左脚内侧蹬地，右脚迅速向对手左侧方跨出一大步，同时向右侧转体探肩，重心前移，球移至右手并推放球于右脚斜前方，左脚迅速跨步抢位，加速超越对手。

学练方法：

(1) 行进间自抛自接，接球后做交叉步、同侧步突破练习。

(2) 原地持球突破练习。学生每人一球，位于 45° 角处成一纵队。练习开始做原地交叉步和同侧步持球突破后运球上篮。投篮后抢篮板球运球至队尾，依次练习。

(五) 投 篮

动作方法：以右手原地跳起投篮为例，两手持球于胸前，两脚左右或前后开立，两膝微屈，重心落在两脚之间。起跳时，迅速屈膝，脚掌用力蹬地向上起跳，同时双手举球到右肩上方，右手持球，左手扶球的左侧方。当身体接近最高点时，左手离球，右臂向前上方伸展，手腕前屈，食指、中指拨球，通过指端将球投出。落地时屈膝缓冲。

学练方法：

同基础班学练方法。

二、基本战术

（一）掩护配合（以侧掩护为例）

侧掩护是指掩护队员站在同伴防守者的侧面进行配合掩护的方法。

（二）挤过配合

基本要求：不要过早暴露挤过配合意图，以防止对方反向切入，在两个进攻队员身体靠近以前，果断抢步贴近对手，快速侧身挤过。

防守掩护者的队员应站在能够兼顾防守两个进攻队员的位置上，及时提醒同伴注意对方的掩护意图，做好可能换防的准备。

（三）半场缩小人盯人防守

半场缩小人盯人防守的作用及运用时机：它是以加强内线防守、保护篮下为主要目的的防守战术。这种防守战术多用于对方篮下攻击力较强、外围攻击力较弱的球队。它的防区较小，有利于协防、控制内线进攻、抢篮板球和组织快攻反击。

（四）区域联防

现代联防战术的特点是，防守队员以防人为主，随着球的转移和进攻队员的穿插移动，不断地选择有利的防守位置，对有球区域以多防少、无球区域以少防多，在防守区域内，其主要任务是监视和限制进攻队员的活动，做到防人为主，人球兼顾。

当对方外围中、远距离投篮能力较差，内线队员攻击力较强时，运用区域联防能够发挥集体防守的优势，弥补本队个人防守技术不足的缺陷，限制对方的内线进攻，减少本方犯规，有利于组织抢后场篮板球发动快攻。当然，区域联防战术已扩大了防区，从单一的固定防守阵型向着综合多变的方向发展，并经常采用轮转换位、紧逼、夹击等手段，形成了“一攻一守”对位区域联防，使区域联防战术更具有针对性、攻击性、综合性的特点。

区域联防的站位阵形如图 8–3–3。

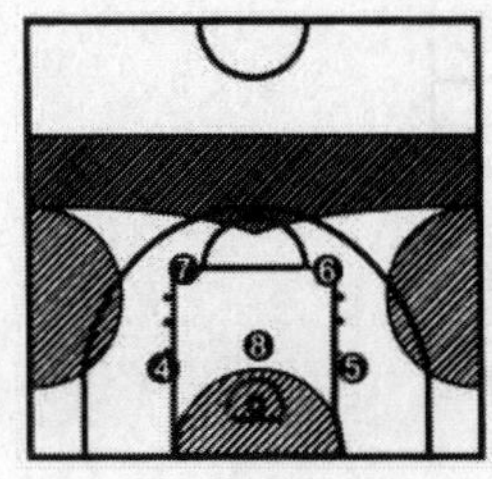

“2–1–2”阵形

“1–3–1”阵形

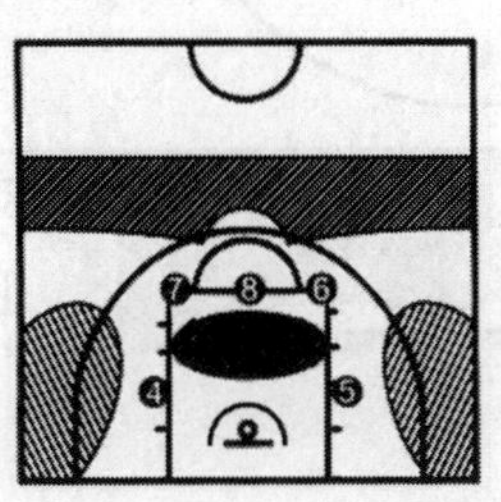

“3–2”阵形

“2–3”阵形

图 8–3–3

合理冲撞区

合理冲撞区是在篮下以球篮中心正下方的场地上的点为圆点，以 1.25 米为半径的半圆区域，目的是为了防止高大队员防守时固守篮下，对手突破上篮时，防守方中锋原地不动难免会被上篮的队员撞到。从国际规则来讲，防守队员只要没动，就判进攻方撞人。只要内线总有防守队员站在篮下，进攻队员就很难进行完整的上篮和扣篮。这一规则避免了高大队员防守时固守篮下，增强了进攻连续性，极大提高了篮球运动的观赏性。

第四节　篮球规则简介

一、篮球比赛

篮球比赛由 2 队参加，每队出场 5 名队员。每队的目标是在对方球篮得分，并阻止对方队得分。比赛由裁判员记录台人员和技术代表（如到场）管控。被某队进攻的球篮是对方的球篮，由某队防守的球篮是该队的本方的球篮。比赛时间结束时比赛得分较多的队将是比赛的胜者。

二、篮球比赛场地

篮球比赛场地见图 8–4–1。

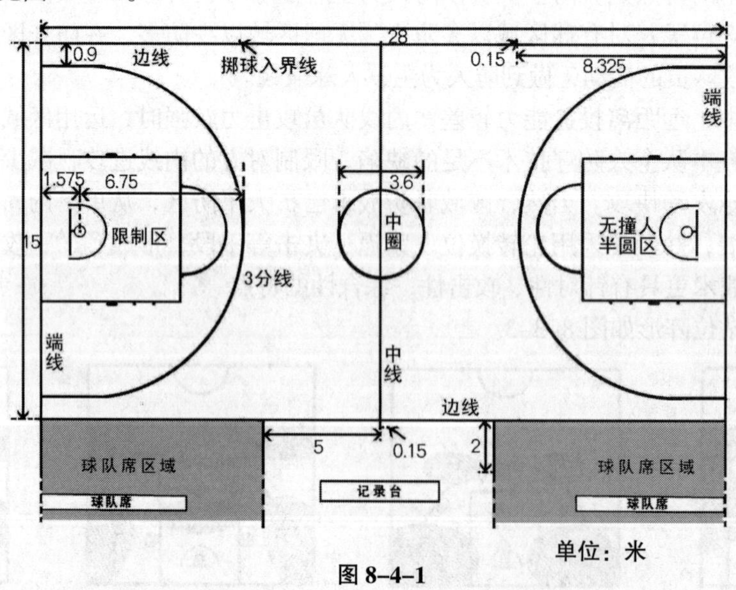

图 8–4–1

三、暂停规定

每队在上半时可准予 2 次暂停；下半时可准予暂停 3 次，第 4 节当比赛计时钟显示 2:00 分钟或更少时最多暂停 2 次。每一决胜期 1 次暂停。未用过的暂停不得遗留给下半时或决胜期。

四、替换规定

一次替换机会开始：

(1)（对于双方队）当球成死球，比赛计时钟停止，以及裁判员已结束了与记录台的联系时。

(2) 对于双方队）在最后一次罚球成功后，球成为死球时。

(3)（对于非得分队）在第 4 节或每一决胜期的比赛计时钟显示 2:00 分钟或更少，投篮得分时。一次替换机会结束于掷球入界的队员可处理球时，或第一次的罚 球可处理球时。

五、违 例

（一）球出界

在球出界，以及球触及了除队员以外的其他物体而出界之前，最 后触及球或被球触及的队员是使球出界的队员。

如果球出界是由于触及了界线上或界线外的队员或被他所触及，是该队员使球出界。在争球期间，如果队员移动到界外或他的后场，一次跳球情况 发生。

（二）带球走（走步）

对在场上接住活球的队员确立中枢脚：

(1) 一名队员接住球时，双脚站在地面上：一只脚抬起的瞬间，另一只脚成为中枢脚；开始运球时，在球离手前中枢脚不得离开地面；队员可以跳起中枢脚传球或投篮，但在球离手前，任意一只脚不得落回地面。

(2) 一名队员在移动中或在结束运球时拿球，他可以移动 2 步完成停步、传球或者投篮：如果接到球的队员开始运球，他应在第 2 步（脚接触地面）之前球离手；队员获得控制球之后，一只脚接触地面或双脚同时接触地面时，就视为是第 1 步。

（三）非法运球

队员第一次运球结束后，不得再次运球，除非投篮、传球或球被对方队员拍击而造成他对球失去了控制。违反此规定为非法运球，由对方队在最近的界线外掷球入界，继续比赛。

（四）球回后场

某队在他的前场控制活球，当一名双脚触及前场的该队队员正持球、接住球或在他的前场运球，或球在位于前场的该队队员之间传递。

（五）拳击球和脚踢球

队员不能带球跑，故意踢或用腿的任何部分阻挡球或用拳击球。

（六）时间通则

⑴ 3 秒违例：某队在前场控制活球并且比赛计时钟正在运行时，该队的队员不得在对方队的限制区内停留超过持续的 3 秒。

⑵ 5 秒违例：一名队员在场上正持着一个活球，一名对方队员在距离他不超过 1 米处，并采取积极的、合法防守的动作时，该持球队员是被严密防守的队员。一名被严密防守的队员必须在 5 秒内传球、投球或运球。

⑶ 8 秒违例：每当一名在后场的队员获得控制活球时，或在掷球入界中，球触及后场的任何队员或者被后场的任何队员合法触及，掷球入界队员所在队仍拥有在后场的球权。该队必须在 8 秒内使球进入该队的前场。

⑷ 24 秒违例：每当一名队员在场上获得控制活球时。在掷球入界中，球接触场上的任何队员或被场上的任何队员合法触及，并且掷球入界队员的球队仍然控制球时。该队必须在 24 秒内尝试投篮。

六、犯 规

（一）侵人犯规

侵人犯规是无论在活球或死球的情况下，攻守双方队员发生的非法身体接触的犯规。

（二）技术犯规

技术犯规包括队员技术犯规、教练员技术犯规、替补队员技术犯规和随队人员的技术犯规。

（三）双方犯规

双方犯规是两名互为对方的队员大约同时相互发生侵人犯规或违反体育运动精神犯规 / 取消比赛资格犯规的情况。应给每一犯规队员登记一次侵人犯规或违犯体育运动精神犯规 / 取消比赛资格犯规。

（四）违反体育运动精神的犯规

违反体育运动精神的犯规是一起队员身体接触的犯规，并且根据裁判员判定。

（五）取消比赛资格的犯规

队员、替补队员、主教练、助理教练、出局的队员和随队人员的任何恶劣的违反体育运动精神的行为是取消比赛资格的犯规。

（六）队员 5 次犯规

一名队员已发生了 5 次犯规时，裁判员应通知其本人，他必须立即离开比赛，并且必须在 30 秒内被替换。

（七）全队 4 次犯规

在一节中某队全队犯规已发生了 4 次时，该队处于全队犯规处罚状态。所有随后发生的对未做投篮动作的队员的侵人犯规应被判 2 次罚球，代替掷球入界。

【思考题】

1. 简述篮球运动的健身价值。
2. 简述原地单手肩上投篮的动作方法及要领。
3. 什么叫急停？分几种形式？
4. 跳起投球的动作要点是什么？
5. 体前变向换手的运球动作要点是什么？

【参考文献】

1. 中国篮球协会审定. 篮球规则（2014）[M]. 北京：北京体育大学出版社，2014.

第九章 排 球

* 排球运动的起源、发展与健身价值
* 掌握排球运动的基本技术，如正面传球、正面垫球、下手发球、正面扣球和单人拦网的动作要领和学练方法
* 提高阶段要学会背面和侧向传、垫球技术及上手发球等技术；灵活运用“边一二”战术，掌握“插上”战术在比赛中的运用
* 掌握排球运动的主要裁判规则

第一节 排球运动概述

一、起 源

排球运动始于1895年，在美国马萨诸塞州霍利约克城，一位名叫威廉·G·摩根的体育教师在辅导人们进行各种体育锻炼的实践中感到当时的篮球运动固然很好，但运动剧烈，不太适合年龄大的人，因此在经过一段时间的摸索之后，他创造了一种新游戏：在网球场上把球网架在1.98米的高度，用篮球内胆进行比赛，双方人数不限，但要相等，各据一方。将球胆在球网两边来回传托，使其在空中飞来飞去，这就是排球运动最早的雏形。由于篮球内胆太轻、不易控制，篮球、足球太重，易挫手，摩根找到当时美国较大的体育用品制造商，公司按摩根的设计，用软牛皮制作了外壳是皮制、内装橡胶皮胆，周长为63.5～68.5厘米，重量为255～340克的球，这是历史上第一批排球。最初的排球运动只是一种消遣，比赛人数的多少、球的大小、比分的多少都由比赛双方临时协商决定。这个游戏很快就在当地广泛地传播起来，最早被摩根和斯普林菲尔德市体育干事弗兰克·德博士及消防署林奇署长共同商定其名为“小网子”（Mitontte）。1896年第一次表演赛之后，改名为“Volleyball”，这个名称一直被沿用至今。

二、发　展

随着排球运动竞技性、对抗性的加强，引起了人们对比赛规则的重视。1921—1938 年间，规则进行了多次修改和完善，发球、传球、扣球和拦网已成为当时的四大基本技术。到了 20 世纪 30 年代末和 40 年代，排球战术得到进一步发展，为了对付集体拦网，扣、吊结合的打法，产生了与之相适应的拦网保护系统。这一阶段排球运动的特点是从娱乐游戏为主，逐渐向竞技排球过渡，国际比赛没有统一的竞赛规则、竞赛制度和竞赛组织。

1946 年 8 月 26 日，法国、捷克斯洛伐克、波兰三国排球界的代表在布拉格召开会议，倡议成立国际排球联合会。1947 年，国际排球联合会（简称国际排联，FIVB）成立，总部设在巴黎，选举法国人保尔·黎伯为第一任主席。

1905 年，排球运动传入中国。经过百余年几代排球工作者的努力，排球运动在中国逐步得到发展和普及，运动技术水平不断提高。中国女排先后多次获得世界冠军，对世界排球运动的发展起到了推动作用。

随着现代经济的发展，人们对物质文化消费的需求也在不断提高，健身娱乐逐渐成为人们消除疲劳的有效方法。1996 年，沙滩排球成为亚特兰大奥运会正式比赛项目。目前，软式排球和迷你排球（小排球）都组织过世界性的青少年比赛。娱乐排球的兴起标志着现代排球运动进入了竞技排球与娱乐排球共存的新时代。

排球运动的发展具有以下趋势。

(1) 技术全面，各有专长：技术全面和专长是相辅相成、相互促进的辩证关系，二者不可偏废，技术全面是专长的基础，是专长取胜的保证。

(2) 高打、快变相互促进：从排球运动的发展看，单纯依赖高度和力量，或是只靠快速和技巧，都不适应排球运动发展规律的要求，两种战术应取长补短，相互为用。

(3) 随着运动员身高、弹跳不断增长，扣拦矛盾更加突出：为争取网上的优势，在高度不断增长的基础上，都在提高各项技术运用能力和战术质量上下功夫。

(4) 高快多变的进攻战术：当前世界排球进攻战术正朝着高度加速度、强攻加快攻、力量加技巧、前沿加纵深的方向发展。

(5) 灵活多样的防守战术：防守是进攻的基础，是随着进攻的提高而提高的。随着进攻战术的提高，各队合理部署防守阵型。

三、健身价值

根据排球运动的特点，经常参加排球运动不仅能提高人们的力量、速度、灵活、耐力、弹跳、反应等身体素质和运动能力，还可以改善身体机能状况，能够培养机智、果断、沉着、冷静等心理素质。通过排球比赛和训练，可以培养团结协作的集体主义精神；可以锻炼胜不骄、败不馁、勇敢顽强、克服困难、坚持到底的意志品格。

1. 具有振奋民族精神的作用

20 世纪 80 年代，中国女排的“五连冠”产生了深远的影响，在中国人心目中，中国女排精神就是拼搏精神。

2. 培养勤奋助人、团结拼搏的优秀品质

排球比赛中特有的比赛规定，使参赛队员要随时相互协作，给下一次击球的人创造方便条件保持球不在本方场内落地，并顺利过网。因此，经常参加排球运动，可以培养人的良好体育道德

作风和团结协作的集体主义精神及顽强拼搏的优秀品质。

3. 锻炼良好的心理素质

经常参加排球运动的训练和比赛，会学到很多控制自己情绪和调节自身心理状态的手段和方法。例如，出现连续失误时，如何使自己尽快冷静下来且不灰心；比分落后时的沉着和不气馁；关键时刻，进攻坚决、果断的自信等，都是对自己形成良好的心理品质的培养和锻炼。

软式排球的起源

20世纪80年代，软式排球诞生于日本的山梨县，开始只是作为排球运动家庭成员和中老年健身、娱乐的体育活动项目，随后流传到日本其他地方。1988年8月，在神奈川县举办了第一届全日本软式排球培训班。1989年4月，日本正式出版了第一本《软式排球竞赛规则》，并在日本全国各都、道、府、县分别举行了家庭组软式排球比赛。

第二节　排球基础班技战术及学练方法

一、准备姿势及脚步移动

（一）准备姿势

两脚左右开立与肩同宽，一脚在前，两膝微屈，身体重心位于两脚之间，并稍靠近前脚，后脚跟稍提起，上体稍前倾，两臂放松，自然弯曲置于腹前。两眼注视球并兼顾场上各种情况，两脚随时准备移动。准备姿势可根据膝关节及髋关节的弯曲度分稍蹲、半蹲和低蹲三种。

（二）脚步移动

1. 起　动

在准备姿势的基础上，迅速抬腿收腹，使身体重心倾向移动方向，同时移动方向的（交叉步移动除外）异侧腿迅速蹬地，使整个身体迅速向来球方向起动。

2. 移动步法

(1) 并步与滑步：当来球距离身体一步左右时，可采用并步移动。近球一侧的脚向来球方向跨出一步，另一侧脚迅速有力地蹬地，并迅速跟上做好接球的准备姿势。当来球与身体的距离较远，用并步无法接近来球时，可采用连续并步即滑步。

(2) 交叉步：当来球在体侧3米左右时，可采用交叉步。如向右移动采用交叉步时，身体稍向右转，左脚从右脚前向右交叉迈出一大步，然后右脚再向右跨出一大步，同时身体转向来球方向，成接球前的准备姿势。

(3) 跑步：当来球较远时采用跑步移动。跑步移动时两臂要配合摆动，不宜过早做击球准备，边跑步边看球。

(4) 跨步：当来球较低，离身体2～3米左右时采用跨步，如向前移动时，则后脚用力蹬地，前脚向前跨出一大步，膝部弯曲，上体前倾，身体重心移至前腿。

3. 制 动

(1) 一步制动法：移动后跨出一大步，同时降低重心，全脚掌着地以抵抗身体继续移动的惯性，并利用腰腹力量控制上体，使身体重心停留在两脚所构成的支撑面以内。

(2) 两步制动法：两步制动时以倒数第二步做第一次制动，紧接着跨出最后一步，同时身体后倾，两膝弯曲，重心下降，用脚内侧蹬地，以抵抗移动的惯性，使身体处于有利于做下一个动作的状态。

学练方法：

(1) 学生模仿练习。

(2) 学生听教师口令练习。

(3) 学生面对面练习 。

二、基本技术及学练方法

(一) 正面双手垫球技术

正面双手垫球技术如图 9–2–1 所示。

1. 准备姿势

面对来球方向，做好一般准备姿势，上体稍前倾，两脚开立，两脚间的距离稍宽于肩，两臂微屈置于腹前，两肘稍内收，两眼注视来球。

2. 手 型

一种是叠指法：两手手指重叠，掌根紧靠，全掌互握，两拇指朝前。另一种是抱拳式：两手抱拳互握，两拇指平行朝前，手腕下压，两臂向外形成一个垫击的平面。无论采用哪种方法都要注意两手腕紧靠，两手自然放松，手腕下压，两臂外翻，前臂形成一个垫击平面。

3. 击球及垫击部位

动作方法：当球飞到腹前一臂距离时，两臂夹紧前伸，插入球下，以前臂腕关节以上 10 厘米左右处的右桡骨内侧平面，垫击球的后下部。接重球要撤臂缓冲；接球要主动抬臂击球，身体重心随击球的动作前移。

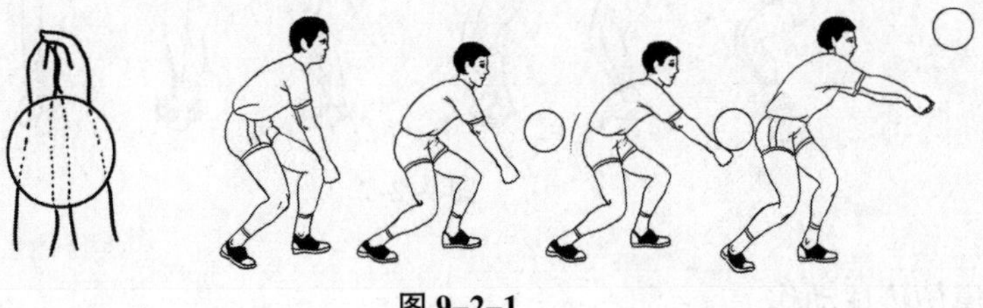

图 9–2–1

提示：

(1) 插：向来球下方插臂。

(2) 夹：掌根夹紧、手臂夹紧、手腕下压。

(3) 提：用下肢蹬地、提肩、顶肘、压腕的动作去迎击来球。

学练方法：

(1) 徒手练习：采用两种手型中的一种，模仿垫球动作。

(2) 两人一组击固定球练习：一人双手持球于小腹前，另一人用垫球动作击球。

(3) 两人一组相距 3 ~ 5 米，用垫球动作击同伴抛出的球。

(4) 两人一组相距 3 ~ 5 米，连续对垫。

(二) 正面传球技术

正面传球技术如图 9–2–2 所示。

1. 准备姿势

采用稍蹲姿势，上体稍挺起，仰头看球，两手自然抬起、屈肘，放松置于额前。

2. 迎球动作

当来球接近额前时，开始蹬地、伸膝、伸臂，手指微张从脸颊前向前上方迎出。全身各部位动作应协调一致。

3. 击球点

在额前上方约一球距离处。

4. 手　型

手触球时，十指应自然张开使两手呈半球状，手腕稍后仰，以拇指内侧、食指全部、中指的二、三指节触球的后下部，无名指知小指在球两侧辅助控制球的方向。两拇指相对，形成“一”字形。

5. 用力方法

在迎球动作的基础上，当手和球即将接触时，手腕和手指要有前屈迎球的动作，当手和球接触时，各大关节应继续伸展，最后用手指手腕的弹力将球击出。

提示：

(1) 三屈：屈肘、屈髋、屈膝。

(2) 二仰：仰头、仰腕。

(3) 一稳定：重心稳定。

图 9–2–2

学练方法：

(1) 徒手模仿传球动作。

(2) 两人一组，一人持球保持正确击球点和手型，向前上方做推送动作；另一人用单手压住球，给球一定的向下力量。

(3) 自抛球至额前上方，用正确的手型将球传至同伴位置。

(4) 传同伴抛来的球。

(5) 两人相距 3 ~ 5 米，互传。

(三) 正面下手发球

正面下手发球如图 9–2–3 所示。

1. 准备姿势

面对球网，两脚前后开立，左脚在前，两膝弯曲，上体前倾，左手持球置于腹前。

图 9–2–3

2. 抛　球

左手将球轻轻抛起至体前右侧，球离手约一球左右高度，同时右臂伸直，以肩为轴向后摆。

3. 击　球

右脚蹬地，身体重心随着右臂由后向前摆动并前移，在腹前以全手掌击球后下部。击球后，随击球动作重心前移，迅速进场比赛。

提示：

(1) 一低：将球垂直地抛在右肩的正前下方，抛球的高度和离手时的位置应稍低。

(2) 二直：摆臂击球时，手臂要伸直；手臂的摆动面与地面要近似垂直。

(3) 三跟进：身体重心随着摆动臂动作向前移动，右脚顺势跨步入场。

学练方法：

(1) 模仿练习：徒手模仿摆臂练习。

(2) 抛球练习：右手持球做抛球练习。

(3) 对墙发球练习：全身协调用力。

(4) 场地发球练习：要求发球过网并落在有效区内。

(四) 正面扣球技术

1. 准备姿势

扣球助跑前采用稍蹲姿势，两臂自然下垂，站在离网大约 3 米处，身体转向来球方向，观察来球，做好向各个方向助跑起跳的准备。

2. 助　跑

左脚先向前迈出一步，紧接着右脚再快速跨出一大步，左脚及时并上，踏在右脚之前，两脚尖稍向右转。两臂绕体侧向上引摆。

3. 起　跳

在助跑跨出最后一步（即第二步），左脚并上踏地制动的同时，两臂自后向前积极摆动，随着双脚离地向上起跳，两臂配合起跳有力地向上摆动。

4. 空中击球

起跳后，挺胸展腹，上体稍向右转，右臂向后上方抬起，身体呈反弓形。挥臂时，以迅速转体、收腹动作发力，依次带动肩、肘、腕各部位关节向前上方成鞭甩动作挥动。击球时，五指微张，以掌心为主，全掌包满球，在手臂伸直的最高点的前上方击球的后中部，同时主动用力屈腕屈指向前推压，使扣出的球呈上旋。

5. 落　地

落地时，以两脚前脚掌先着地，再迅速过渡到全脚掌着地，同时顺势屈膝、收腹，以缓冲下落的力量，立即做好下一个动作的准备。

学练方法：

(1) 原地双脚起跳练习。

(2) 一步助跑起跳练习。

(3) 两步助跑起跳练习。

(4) 挥臂甩腕练习。

(5) 击固定球练习。

(6) 对墙扣球练习。

(7) 在 4 号位和 2 号位扣直线球和斜线球。

(8) 结合二传上网扣球。

(9) 在对方拦网的情况下扣球。

自由人

“自由人”作为排球比赛新规则的产物，在比赛中发挥着巨大的作用。“自由人”在接发球和防守中有明显的优势，合理地选拔、培养“自由人”，并设计出行之有效的战术，是提高全队战斗力，发挥“自由人”优势的有效途径，也是赢得比赛胜利的保证。

自由人主要是为了加强球队的防守，他们要穿和本队其他球员不同颜色的球服。他们可以随时与后排球员替换，可以不跟裁判打招呼，但必须在球成为死球之后替换，不算在正规替补次数内，但只能替补后排位置的球员。

自由人是不能发球、扣球、拦网或试图拦网、在前场区做二传参与前场进攻的。

自由人的特点是防守好、反应快，自由人可以替换任意一名队员。你应该知道排球的规则是换人只能换同一位置的队员，这样有些重攻轻守的队员防守上有很大漏洞，而自由人的存在就使得这一问题得到很大弥补。因此自由人的进攻权限是受到限制的但对于一支球队来说起着至关重要的作用。

(五) 单人拦网技术

1. 准备姿势

两脚平行站立，面对球网，距网 30 ~ 40 厘米。两膝微屈，两臂在胸前自然屈肘。

2. 移　动

可采用并步、交叉步、跑步、向前方或斜前方移动，及时对正扣球队员。

3. 拦网部位的选择及起跳时机

拦网部位的选择应根据扣球队员的身体位置、挥臂扣球方向和球的位置来确定；起跳时机应根据扣球队员的特点，如挥臂击球动作大小、快慢、起跳速度等而定。拦网起跳时，两膝弯曲，用力蹬地，垂直起跳。

4. 空中动作

起跳时，两手从额前贴近并平行球网向网上沿的前上方伸出，两臂伸直，保持平行。拦网时，两手自然张开接近球。触球时两手要突然紧张，挺胸用力下压盖住球的前上方。

5. 落　地

身体自然下落，先以前脚掌着地，随之屈膝缓冲身体的力量，同时迅速做好下一动作的准备。

学练方法：

(1) 原地起跳做徒手拦网练习。

(2) 两人一组隔网起跳做拦网练习。

(3) 结合扣球做拦网练习。

(4) 在比赛过程中，提高拦网技术动作。

(六) 阵容配备

1. "四二" 配备

"四二" 配备 (图 9-2-4)，即场上两名二传手、四名攻手 (其中两名主攻手、两名副攻手)，安排在对称的位置上。每一轮次前排都有一名二传队员和两个进攻队员，便于组织前排二传传球的两点进攻和后排二传插上传球的三点进攻。但每一名进攻队员必须熟悉两名二传队员的传球特点，配合比较困难。

2. "五一配备"

"五一配备" (图 9-2-5)，即场上一名二传队员，五名进攻队员。为了弥补有时主要二传队员来不及传球所出现的被动局面，通常在二传队员的对角位置上，配备一名有进攻能力的接应二传队员。二传队员在前排时采用两点进攻，二传队员在后排时采用进攻和拦网的力量。"五一" 配备中，全队进攻队员只需适应一名二传队员传球的习惯、特点，容易建立默契的配合。但防守时，二传队员如果在后排，要插上传球，难度较大。

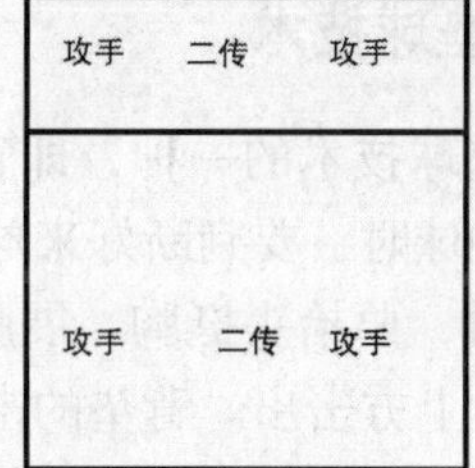

图 9-2-4

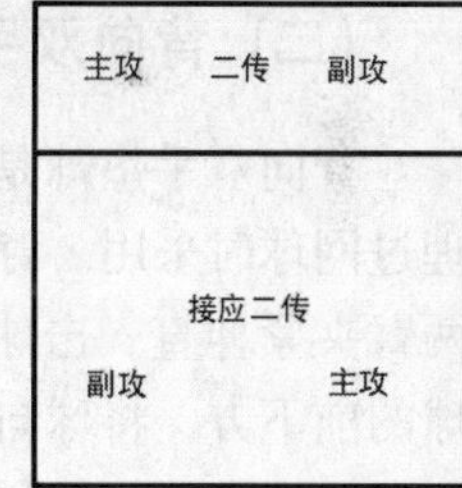

图 9-2-5

学练方法：

(1) 6 人一组场上站位。

(2) 教师隔网发球，学生 6 人一组体会场上阵容配备。

(3) 将教学内容融入到比赛中。

(七) "中一二" 进攻战术

这是一种由 3 号位队员做二传，将球传给 2、4 号位队员发起进攻的组织形式。其优点是一传队员向网中 3 号位垫球比较容易，因而有利于组成进攻，适合初学者采用；二传队员在网前接应一传时的移动距离近，向 2、4 号位传球的距离较短，容易传准。缺点是战术变化少，对方容易识破进攻意图。(图 9-2-6)

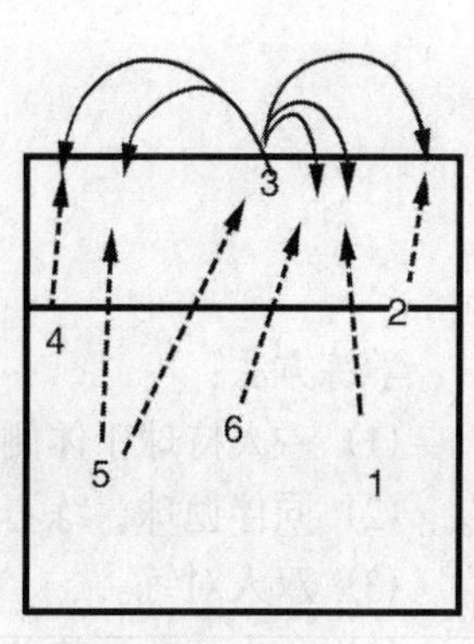

图 9-2-6

学练方法：

(1) 6 人一组场上摆位练习。

(2) 教师隔网发球，学生练习战术阵型。

(3) 教学比赛中进行阵型练习及运用。

第三节　排球提高班技战术及学练方法

一、基本技术及学练方法

（一）体侧双手垫球技术

左侧垫球时，先以右脚前脚掌内侧蹬地，左脚向左跨出一步，重心移至左脚，保持两膝弯曲，同时，两臂向左侧伸出，左臂高于右肩，右肩微向下倾斜。击球时，用右转体和收腹的动作，配合提肩抬臂，在身体左侧稍前的位置截住来球，用两前臂垫击球的后下部。右侧垫球时动作相反。(图 9–3–1)

图 9–3–1

（二）背向双手垫球技术

背向双手垫球是垫球技术的一种，即背向出球方向的垫球。常在接应同伴来球，或第 3 次处理过网球时采用。背垫球时，要判断好来球的方向，快速移动到球的落点处，背对垫出球的方向，两臂夹紧伸直。击球时，要抬头挺胸、展腹和上体后仰的动作带动两臂向后上方摆送，以前臂触球的前下方，将球向后上方击出。背垫的击球点一般应在肩前上方。（图 9–3–2）

图 9–3–2

学练方法：

(1) 一人持球于体侧，同伴垫球。

(2) 同伴抛球，练习者移动垫球。

(3) 双人对练。

(4) 三人三角形垫球。

(5) 网前背垫球练习。

(三) 背向传球技术

1. 准备姿势

上体比正面传球时稍后仰，双手自然抬起置于面前。

2. 迎球动作

抬上臂、挺胸、上体后屈。

3. 击球点

在头上方、比正面传球略偏后。

4. 手　型

与正面传球相同，但触球时手腕适当后仰，掌心向上，拇指托在球下，击球的下部。

5. 用力方法

利用蹬腿、展体、抬臂、伸肘和手指手腕的弹力，把球向后上方传出。

(四) 侧向传球技术

侧传的准备姿势、手型和迎球动作同正面传球，但击球点应偏向传出方向一侧。迎球时，通过下肢蹬地使身体重心向上伸展，上体和双臂向传球方向一侧伸展。异侧手臂动作的幅度要大些，伸展的速度也应快些，以双臂和上体侧屈的协调动作将球传出。

学练方法：

(1) 单人对墙传球练习（背传、侧传）。

(2) 单人对墙传定点球练习。

(3) 两人传高球和平球练习。

(4) 三人传三角形练习。

(五) 正面上手发球技术

1. 准备姿势

面对球网，两脚自然开立，左脚在前，左手托球于体前。

2. 抛球与引臂

左手将球平稳地抛于右肩的前上方，高度适中，同时右臂抬起，屈肘后引，肘与肩平，上体稍向右侧转动，抬头、挺胸、展腹、手掌自然张开。

3. 挥臂击球

利用蹬地，上体向左转动，同时收腹，带动手臂向前上方快速挥动。在右肩前上方伸直手臂的最高点处，用全掌击球的后中下部。击球时，手指和手掌要张开与球吻合，手腕要迅速做推压动作，使击出的球呈上旋飞行。击球后，随着重心前移，迅速入场。

(六) 双人拦网技术

双人拦网技术动作与单人拦网相同，但在 2 号位和 4 号位组成双人拦网时，主拦队员应以内侧手正对扣球路线，靠近边线的外侧手掌要稍向内转“包球”，防止打手出界，起跳后，拦网者手臂要靠近，手掌与手掌之间以不漏一个球为宜。

学练方法：

(1) 双人徒手原地配合拦网。

(2) 双人原地配合拦扣球。

(3) 双人徒手移动配合拦网。

(4) 双人移动配合拦扣球。

(5) 在比赛中配合拦网。

二、基本战术及学练方法

(一) 进攻战术

1. “边一二”进攻战术阵型

这是一种由 2 号位队员做二传，将球传给 3、4 号位队员发起进攻的组织形式。其优点是右手扣球者在 3、4 号位扣球比较顺手，战术变化较多。缺点是 5 号位接一传时，向 2 号位垫球距离较远；一传垫到 4 号位时，二传传球较为困难。

2. “插上”进攻战术阵型

二传队员由后排插上前排做二传，把球传给前排 2、3、4 号位队员进攻的组织形式。其优点是能保持前排三点进攻，战术配合变化多，并能利用网的全场组织进攻。缺点是对插上二传队员的要求较高。（图 9-3-3）

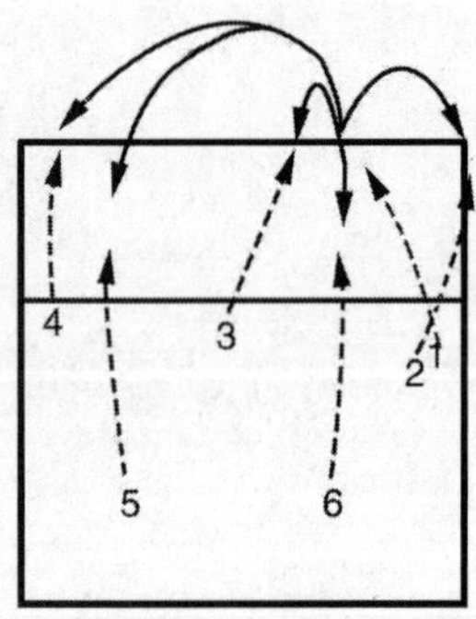

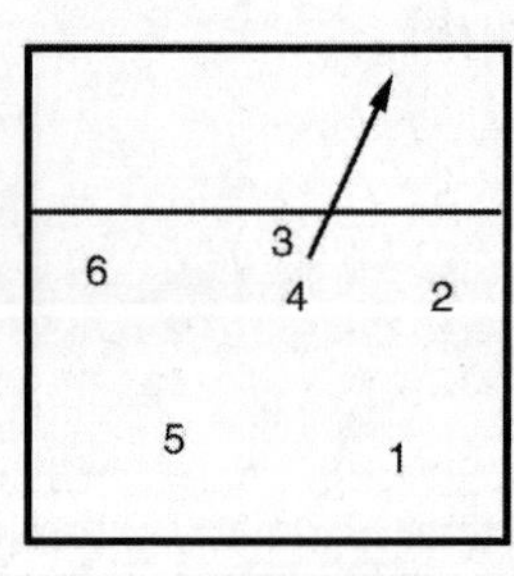

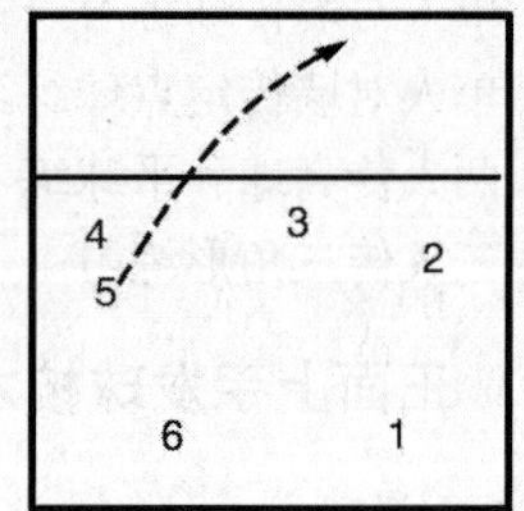

图 9-3-3

(二) 防守战术

1. 双人拦网“心跟进”防守战术

这种防守形式是固定由 6 号位队员跟进防守吊球和保护拦网。这种防守战术，多在对方以扣吊结合为主时，为了解决“心空”问题所采用。

2. 双人拦网“边跟进”防守战术

就是由 1 或 5 号位队员跟进做保护的防守形式。前排不拦网的队员要后撤，与后排队员要形成面对进攻点的弧形防守。

> **知识窗**
>
> 中国男排创造并掌握了“盖帽”拦网技术；创新了“平拉开快球”的扣球技术成为我国传统的快攻特点；汪嘉伟创造了“前飞”“背飞”等打法。

学练方法：

(1) 场上模拟战位练习。

(2) 隔网发球，学生练习。

(3) 比赛过程实际运用。

第四节　排球规则简介

一、比赛场地

排球比赛场地包括比赛场区和无障碍区。比赛场区为长 18 米、宽 9 米的长方形，其四周至少有 3 米宽呈长方形对称的无障碍区，从地面量起至少有 7 米的无障碍空间。国际比赛的场区边线外的障碍区至少 5 米，端线后至少 9 米，上空的无障碍空间至少 12.5 米。

球网高度：球网置于中线上方，男子网高 2.43 米，女子 2.24 米。

规则规定比赛球的气压为 0.30～0.325 千克 / 平方厘米，重量为 260～280 克，圆周 65～67 厘米。所有比赛用球的气压必须一致。

队员的服装包括上衣、短裤和运动鞋。上衣、短裤和袜子必须统一、整洁和颜色一致。

队员的替换：每一局每队最多可替换六人次。

比赛间断：正常的比赛间断为暂停和换人。在比赛成死球时，裁判员鸣哨发球前，教练员或场上队长用相应的手势请求间断。在每局中，球队还有两次暂停的机会，时间为 30 秒。

二、得一分、胜一局和胜一场

某队得 1 分：球成功落地在对方场区；对方犯规；对方受到判罚。

每局先得 25 分，并同时超过对方 2 分的队伍胜一局。当比分达到 24：24 时，比赛继续进行至某队领先 2 分（26：24、27：25……）为止。决胜局决胜的第五局打至 15 并领先对方至少 2 分的队获胜。

三、技术性规定

（一）发　球

第一裁判员检查发球队员已持球在手，而且双方队员已经做好比赛准备时，鸣哨允许发球。发球队员必须在第一裁判员鸣哨允许发球后 8 秒内将球击出。裁判员鸣哨允许发球前的发球无效。

（二）队员的场上位置

在发球队员击球时，双方队员必须在本场区内各站两排，每排三名队员。发球队员不受场上位置的限制。队员的位置是根据其脚的着地部位来判定的。

（三）网下穿越

在不妨碍对方比赛的情况下，允许队员在网下穿越进入对方空间。队员的一只（两只）脚或一只（两只）手部分越过中线触及对方场区的同时，其余部分接触中线或置于中线上空是允许的。除脚以外，不允许队员身体的任何其他部分接触对方的场区。在比赛中断后，队员可以进入对方场区。

（四）触　网

队员在击球动作过程中触及球网标志杆之间的任何部分时，均视为犯规。

击球动作过程包括但不限于：起跳，击球或试图击球和安全落地，并准备下一个击球动作过程。于球击入球网而造成的球网触及队员，不为犯规。

（五）进攻性击球

后排队员可以对对任何高度的球完成进攻性击球，但起跳时脚不得踏及或越过进攻线，击球后可以落在前场区。后排队员也可以在前场区完成进攻性击球，但触球时球的一部分必须低于球网上沿。

（六）拦　网

只有前排队员可以完成拦网，触球时身体必须有一部分高于球网上沿。

（七）比赛中的击球

比赛中，队员与球的任何触及都视为击球。每队最多击球 3 次（拦网除外）将球击回对区，如果超过则判为“4 次击球”。一名队员不得连续击球两次（另有规定除外）。两名或 3 名队员可以同时触球。同队的两名（或 3 名）队员同时触到球时，被记为两次（或 3 次）击球（拦网除外）。如果只有其中 1 名队员触球，则只记 1 次。队员之间的碰撞不算犯规。如果该球落在某方场区之外，判对方击球出界。队员不得在比赛场地之内借助同伴或任何物体支持进行击球。但是队员可以挡住或拉住另一名即将犯规（如触网、过中线等）的同队队员。

【思考题】

1. 简述排球起源及发展情况。
2. 试述正面上手传球的动作要领。
3. 试述“中一二”“边一二”“插上”进攻战术的变化。
4. 试述上手飘球的技术动作。
5. 试述心跟进、边跟进的防守阵型。

【参考文献】

1. 展更豪. 排球[M]. 南京：江苏科学技术出版社，2012. 4.

第十章 乒乓球

* 乒乓球的起源发展及健身价值
* 学习并掌握乒乓球运动的发球、接发球技术、攻球技术、弧圈球技术、发球抢攻与接发球抢攻技术等主要技术
* 理解乒乓球规则

第一节 乒乓球运动概述

一、起 源

关于乒乓球的起源，目前公认是产生于 19 世纪后期的英国。当时有两位青年网球迷到一家餐厅就餐，因为天气炎热，在等待侍者上茶时，就信手拿起桌上的大号雪茄烟的硬纸盒盖子，用来扇风降温，当两人闲聊中为网球战术争论得不可开交时，便从酒瓶上拔下一只软木塞做球，以餐桌为场地，以烟盒盖做球拍，现场模拟起网球实战来。此举引得食客和侍者纷纷围观，餐厅的女主人完全被这种别开生面的游戏吸引住了，情不自禁地脱口而出："Table Tennis"。不经意间，就给这项运动命了名。很快，这种餐桌上的游戏在欧洲各国流传开来。

二、发 展

随着第一次世界大战的结束，1918 年以后，欧洲各国都相继成立了乒乓球协会，乒乓球技术日趋成熟。相互间的竞赛日益增多使人们感到有必要成立一个组织来协调各国之间的乒乓球运动。第 1 届世界乒乓球锦标赛于 1926 年 12 月在伦敦举行，设男子团体、男子单打、男子双打、混合双打和女子单打 5 个项目。

从第1届世界乒乓球锦标赛起，到1951年的第18届世乒赛上，7个比赛项目中先后产生117个冠军。这个时期，通常被人们称为欧洲乒乓球的全盛期。

在1952年的第19届世界乒乓球锦标赛上，一种从未见过的打法使世界为之一振，这种打法攻球凶猛，速度快、力量大，尤其脚步移动灵活。这就是第一次参加世乒赛的日本选手，虽然他们只有三男、二女五名运动员，却一举夺得男子单打、男子双打和女子团体3项冠军，震动了乒坛，震撼了世界，从而使欧洲球员一统天下的格局从根本上发生了变化。

20世纪50年代中国开始登上世界乒坛，在第25届世乒赛上我国选手容国团摘取了男子单打冠军，为中国夺得了第一个乒乓球世界冠军。在20世纪60年代的五次世乒赛中，中国派选手参加了第26届至28届三次比赛。三次比赛中共产生21枚金牌，中国运动员夺得11枚，占金牌总数的52%。至此，中国乒乓球开始走向世界前列。2020年东京奥运会上，中国乒乓球队取得4枚金牌、1枚银牌的好成绩。2021世界乒乓球锦标赛，中国队获得男单、女单、混双、女双四枚金牌，中国男乒实现在世乒赛男单项目上的9连冠。

三、健身价值

乒乓球特点是球小、变化多，设备简单，它不受年龄、性别、身体条件的限制，运动量适中，因此能广泛地在群众中开展。经常参加乒乓球运动有利于促进人际间的交流、合作和友谊，可以有效地调节紧张的情绪，缓解工作、学习带来的压力，是广大群众尤其是青少年所喜爱的体育运动项目之一。经常参加乒乓球运动，可以发展人的灵敏性、协调性和提高神经系统的功能，促进智力发展，还可以提高速度和上下肢的肌肉活动能力，提高运动系统的功能；同时还能提高循环系统、呼吸系统等的功能，改善和提高人的健康水平和体质状况。此外，乒乓球运动有助于培养勇敢顽强、机智果断、沉着冷静和勇于拼搏等优良品质。

世界乒乓球锦标赛

世界乒乓球锦标赛，简称“世乒赛”，由国际乒乓球联合会主办，每届比赛由国际乒乓球联合会授权比赛地，乒乓球协会主办，具有广泛的影响力。

首届世乒赛于1926年12月在英国伦敦举行，从1959年的第25届开始改为每两年举办一次。它是国际乒乓球联合会主办的一项最高水平的世界乒乓球大赛，具有广泛的影响力。它与乒乓球世界杯、奥运会并称为“乒乓球运动的三大赛事”。

世乒赛设有男女单打、男女双打和混双以及男女团体共7个项目；奥运会设有男女单打及男女团体共4个项目；世界杯设有男女单打及男女团体4个项目。

第二节　乒乓球基础班技战术及学练方法

一、基本技术

（一）握拍法

乒乓球握拍法分为直握拍法和横握拍法两种，不同的握拍法有其优缺点，从而产生不同的打法，初学者可根据各自的习惯和爱好，选择适合自己的握拍法。

1. 直拍握法

根据不同的技术动作又分为近台快攻型握拍法、直拍横打型握拍法和直拍削球型握拍法。

(1) 快攻型握拍法。拍前食指第二关节和拇指第一关节成钳形，拍后三指自然弯曲贴于球拍上 1/3 处。（图 10–2–1）

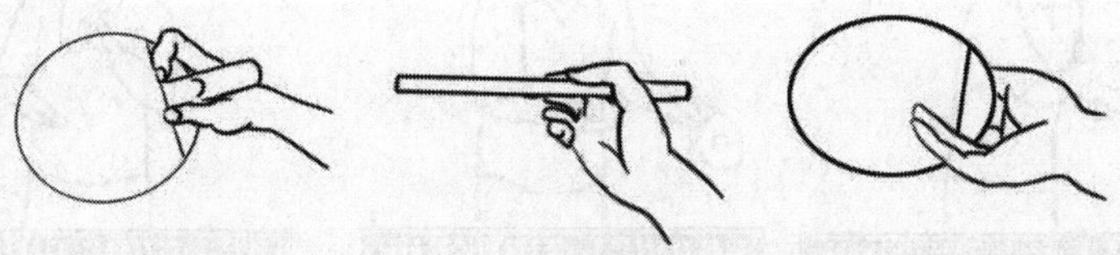

图 10–2–1

(2) 直拍横打握拍法。食指、拇指指法同快攻型，只是在用直拍反面拉球或打球时，拍后的三个手指弯曲收起，尽量让拍面利于击球。（图 10–2–2）

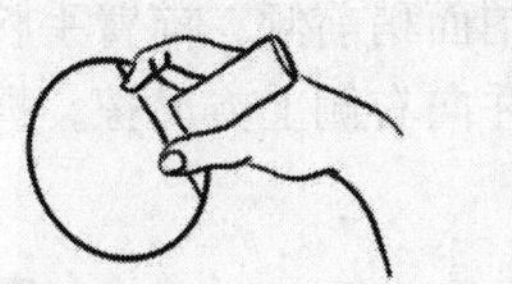
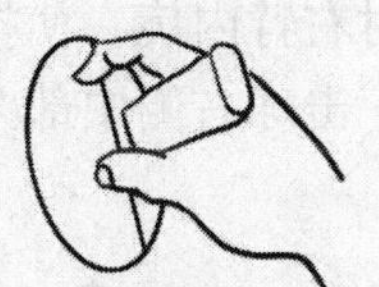
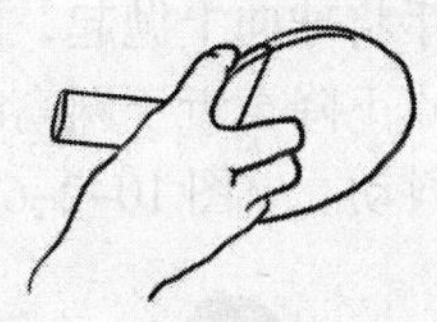

图 10–2–2

(3) 直拍削球握拍法。拇指自然弯曲贴于球拍左侧，第一指节稍用力下压，其余四指分开自然托住球拍背面。（图 10–2–3）

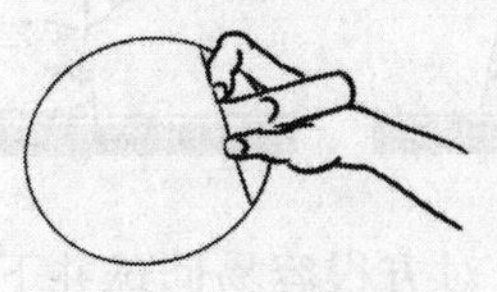
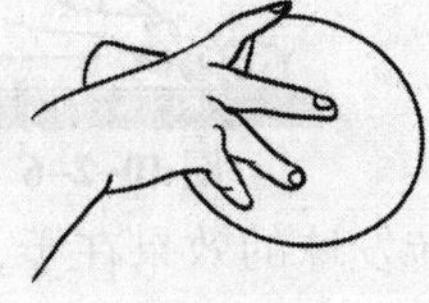
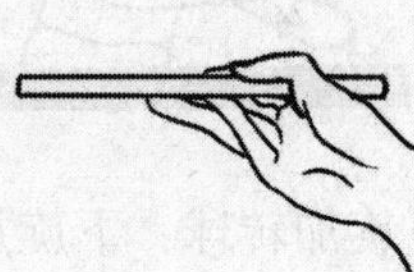

图 10–2–3

2. 横拍握法

虎口贴拍，食指在拍前，拇指在拍后，此握法又称为“八”字式，正手攻球时食指向上移动；反手攻球时拇指向上移动。（图 10–2–4）

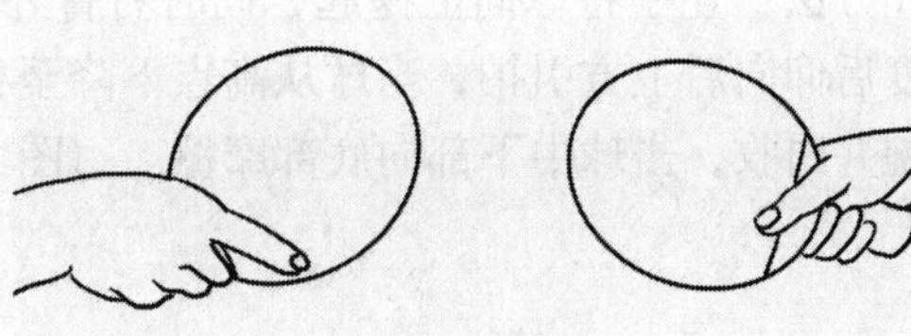

图 10–2–4

横拍握法的特点是正反手攻球力量大，攻削球时握法变换小，反手攻球容易发力便于拉弧圈，但正反手交替击球时，需变换击球拍面，攻斜、直线时调节拍形的幅度大，容易被对方识破。

（二）发球与接发球

发球是乒乓球的基本技术，在比赛中占有很重要的地位，发球多变并且质量好，不仅能使对方接球失误，己方得分，而且可以为进攻创造良好的机会。发球是比赛开局的第一板球，它不受对方的干扰，可以任意在各种方位（双打除外）按自己的战术意图将球发到对方任意位置，先发制人，争取主动。

1. 发　球

(1) 正手平击发球：这种发球速度一般，略带上旋，是初学者最基本的发球方法，也是掌握其他高级发球的基础，对方容易回接，因此便于衔接正手攻球或反手推的练习。

动作方法：左手将球向上抛起，右臂内旋使拍面前倾，向右后方引拍，当球从高点下落至稍高于球网时，向左前方发力击中球上部。（图 10–2–5）

图 10–2–5

(2) 正手发右侧上旋急球（奔球）：这种发球速度快，落点长，角度大，冲力强，球的飞行弧度低，有一定的突然性。

动作方法：左手将球向上抛起，同时右臂内旋，使拍面稍前倾，前臂手腕自然下垂，向右后方引拍，当球从高点下降至近于网高时，击球右侧中部并向右侧上方摩擦，拇指瞬间压拍，手腕从右后方向左上方抖动。（图 10–2–6）

图 10–2–6

(3) 正手发下旋加转球：下旋加转发球的效果在于，对方很容易回球并下网，或不给对方造成接发球抢攻机会。

动作方法：左手将球向上抛起，同时右臂外旋，直握拍伸腕，横握拍手腕略向外展和伸，使拍形适度后仰向后上方引拍，当球从高点下降至稍高于网或与网同高时，前臂加速向前下方发力，同时屈腕并内收，击球中下部向底部摩擦。（图 10–2–7）

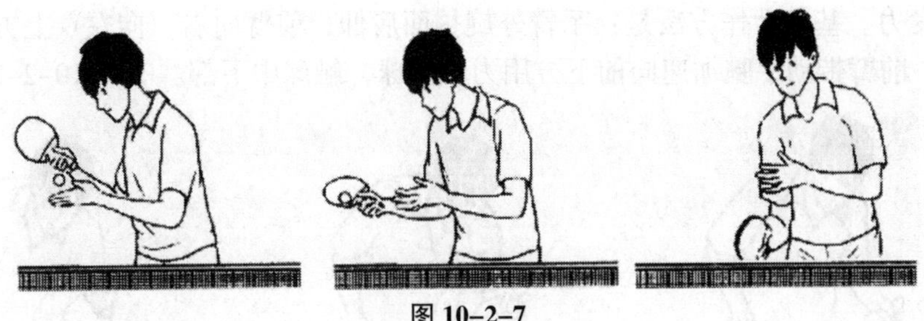

图 10–2–7

学练方法：

⑴ 初学者应先学习经手抛球与引拍及挥拍击球的协调配合。

⑵ 先学发正手平击球。

⑶ 练习正手平击斜线球。

⑷ 学习正手发右侧上旋球（奔球）。

⑸ 学习正手发下旋加转球。

⑹ 发远台三落点练习。

⑺ 发近台三落点练习。

⑻ 发同长同短球练习。

⑼ 发同长异短球练习。

⑽ 发异长同短球练习。

2. 接发球

乒乓球比赛中，接发球的机会与发球大致相同，如接发球不好，除直接失分外，还会制约自己的技、战术发挥，造成心理压力而处于被动。随着乒乓球技术的日趋细腻丰富，接发球的水平可以直接反映运动员掌握各项技术的全面程度。

⑴ 选择接发球的站位。

合理的站位，有利于提高接发球的质量。

① 根据对方发球位置决定自己的站位。如果对方准备用正手在球台的右角发球。可能发出右方斜线或右上直线球，考虑到右方斜线角度大，直线球相对而言角度要小些，接发球的站位应在中间偏右些；如果对方用反手或侧身在球台左方发球，则接发球的站位应偏左些。

② 根据自己的习惯打法决定基本的站位。正手进攻多的运动员，常会站在球台左角接发球，以利于直接侧身运用接发球抢攻或抢拉，左推右攻打法和两面进攻较好均衡的选手，往往选择的站位偏左，便于正反手控制或抢攻来球；攻、守结合的运动员，站位居中路，且离台较远，以利于接发球时控制旋转和落点。

③ 针对不同的对手做出相应的调整。有的选手喜欢打相持球，就以长球为主，我方站位要离台稍远，但要留意突然性的近网短球；有的对手喜欢抢攻，就以发短球为主，我方站位应稍近些，便于正、反手控制或抢攻来球；但要预防对方的长球偷袭。与左手持拍的选手对阵时，站位要比平时略偏右，以防斜线大角度来球。

⑵ 基本的接发球方式。

① 接急球。接带有上旋的左方急球时不宜移动过大，一般用反手推移或反手击球回击，也可以采用侧身回接，右方急球时用正手快带，快攻借力回接，如对方发过来的是急下旋球，由于快并带有一定的下旋，所以用推或攻回球时，应使拍面稍后仰以增加向上发力。

② 接下旋球。发过来的球球速较慢，触拍后向下反弹，可用搓球回接，注意拍面后仰以增加

向前上方的发力。基本动作方法是：手臂外旋拍面后仰；前臂向右（向左）上方引拍；当来球跳至下降期前，前臂带动手腕加速向前下方用力摩擦球，触球中下部。（图 10–2–8）

图 10–2–8

学练方法：

(1) 首先了解球的性能，用一种技术接多种发球。

(2) 先练习用推挡接一般平击球和急上旋球。

(3) 练习用搓接下旋球。

(4) 练习用攻、削接一般力量来球和奔球。

(5) 一人发球一人练习接发球。

(6) 一人用多球发球一人练习接发球。

(7) 先接一点来球，再接多线路的来球。

(8) 先接单一旋转的球，再接旋转变化的球。

(9) 各种线路，不同旋转球的练习。

(10) 教学比赛中练习接发球。

（三）推挡球

推挡技术是我国直拍选手使用的重要技术之一。在左推右攻打法中占重要位置，其技术特点是站位近，动作小，速度快，线路变化多。

1. 挡　球

动作方法：击球前手臂外旋，球拍稍前倾，在球的高点期借助来球的力量，触球中上部，将球挡出。挡出时上臂带动前臂前伸，触球瞬间手腕稍外展。（图 10–2–9）

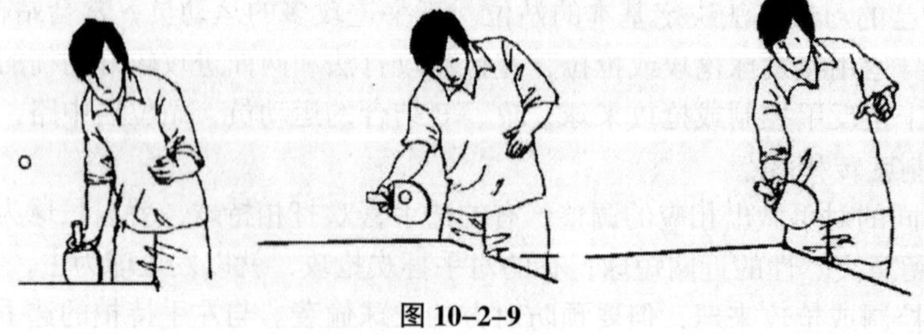

图 10–2–9

2. 快　推

动作方法：上臂和前臂持拍后引，击球前上臂带动前臂迅速前迎，击球上升期，触球瞬间手腕用力并外展，触球中部偏上。用力时，食指稍压，拇指放松。（图 10–2–10）

图 10–2–10

3. 加力推

动作方法：幅度比快推大，引拍向后，拍与球的距离较远。击球前，要有上提动作，后收上臂，球拍与球同高或略高。在上升期或高点期，用前臂带动手腕，加上拍后三指的弹击力，击球的中上部，身体重心随击球向前移动。（图 10–2–11）

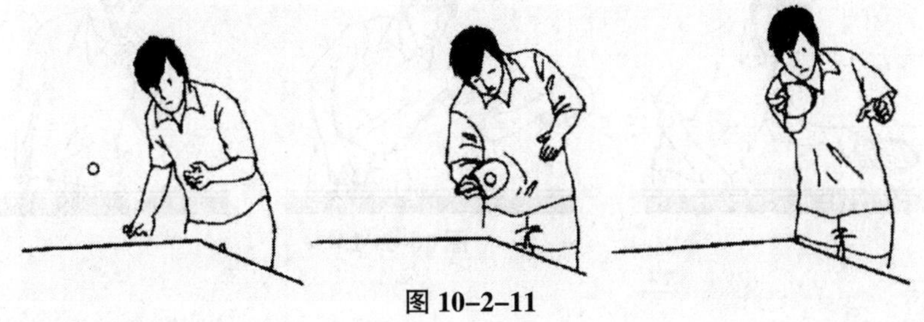

图 10–2–11

学练方法：

⑴ 做徒手挡球或推挡球的模仿练习。

⑵ 对墙做推挡球练习。

⑶ 反手半台内两人间的推挡球练习。

⑷ 先练习挡球，再练习加力推，先慢速推，再快速推。

⑸ 一人加力推，一人正常力量推挡。

⑹ 一人正手攻球，一个推挡。

⑺ 一人从一点到两点推。

⑻ 先推斜线，再练习推直线。

（四）攻　球

正手攻球是近台快攻的重要技术之一，也是主要得分手段。

1. 正手攻球

动作方法：以右手为例，两脚开立，比肩稍宽，膝微屈，左脚稍前，含胸，身体稍右转。身体重心在右脚上，前臂持拍向右后引拍，球拍稍前倾，手与前臂水平。击球时，右脚蹬地，身体左转，带动手臂向前挥拍迎球，触球瞬间前臂发力收缩，在球高点期触球中上部，向前上方挥拍发力。触球瞬间有一个摩擦动作，直握拍者由拇指用力压拍，以控制拍形，横握拍者靠食指调节球拍。（图 10–2–12）

图 10–2–12

2. 正手快攻

动作方法：站位、准备、引拍等同正手攻球。只是在触球瞬间以打球为主，略带摩擦，并在上升期或高点期击球。（图 10–2–13）

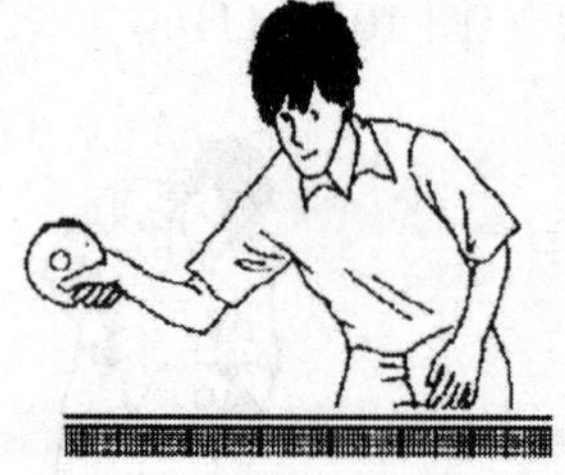
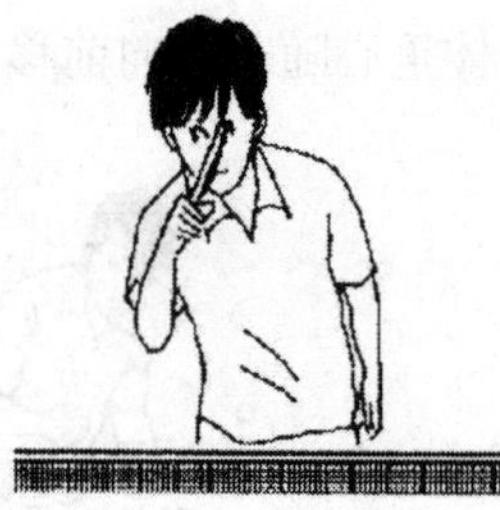

图 10–2–13

学练方法：

(1) 徒手练习。

(2) 一人发球一人攻球练习。

(3) 用多球一人发球一人攻球练习。

(4) 斜线攻球练习。

(5) 两人组对攻练习。

(6) 一人推一人攻练习。

(7) 练习 1/2 台攻两点练习。

(8) 全台走位攻练习（多点攻一点）。

二、基本战术

（一）侧身用正手发左侧上、下旋转球后抢攻

通常将左侧旋转球发至对手反手底线大角位置，中路偏反手底线或追身，以及正手小三角短球或直线直长球。

如对方侧身轻拉反手位置，用推挡加力快压底线。也可侧身攻直线（以速度为主），迫使对方扑救正手位，再寻机发力攻；如双方用反手推、拨或轻挡至反手位，可以压制其中路追身；如对方直接回至正手位，可用正手快带一板斜线到对方正手大角，然后以正手位做连续进攻的准备。

（二）正手发转与不转球后抢攻

通常可发至对方中路或正手近网短球，配合反手长球。开始以发加转下旋为宜，以使对方不易抢攻，待对方缩手缩脚后，再转为发不转与加转球配合，令对方无所适从。如果对方接加转球差，可多发加转，反之可多发不转球。不转球一般先用短球，或发至对方进攻能力较弱的一面。如果对方接不好，还可尝试发至对方正手位或适当发些长球，如果能发成似出台非出台的球，效果最佳。

发短球后，对方往往也会回短球，因此要做好上步抢攻的准备，如挑打。如确实不易抢攻，可先劈长至对方两大角，争取下板球再攻，以免盲目失分。

（三）反手发右侧上、下旋转球抢攻

如果正、反手都有一定的攻击能力，可采用此战术，以增加变化的余地。通常可用反手发至对方中路偏正手为主，配合两大角长球。由于身体限制，反手发球的旋转通常不会太强，出手速度一定要快，才具有威力。

当发球落点偏对方正手时，对方常会轻拉直线，这时可用反手抢攻两大角，如发球落点偏对方反手位，还可伺机侧身抢攻。

世界乒乓球锦标赛奖杯的由来

世界乒乓球锦标赛（简称“世乒赛”）共设有7个正式比赛项目，每一项目都设有专门奖杯，并来自不同的国度，各项奖杯都是以捐赠者的姓名或国名命名的。

世乒赛的所有奖杯都是流动的，获胜者只在奖杯上刻上自己的名字。各项冠军获得者可保持该奖杯到下一届世乒赛开赛前，然后交给新的世乒赛再争夺。唯有男女单打冠军，如连续3次获得“圣勃莱德杯”或蝉联4次“吉·盖斯特杯”，则由国际乒联制作一个小于原奖杯一半的复制品，永远由获得者保存。世乒赛的7个奖杯都是银质的。

男子团体冠军杯称“斯韦思林杯”，是前国际乒联名誉主席、英国的斯韦思林夫人所捐赠。第1届世乒赛就开始设立此奖杯。

女子团体冠军杯称“马塞尔·考比伦杯”，是原法国乒协主席马赛尔·考比伦先生所捐赠，第8届世乒赛开始设立。

男子单打冠军杯称“圣勃莱德杯”，是原英格兰乒协主席伍德科先生所捐赠，以伦敦圣勃莱德乒乓球俱乐部的名称命名，第1届世乒赛就开始设立。

女子单打冠军杯称“吉·盖斯特杯”，是由匈牙利乒协主席吉·盖斯特先生所捐赠，第1届世乒赛就开始设立。

男子双打冠军杯“伊朗杯”，是由伊朗国王捐赠的，第1届世乒赛开始设立。

女子双打冠军杯“波普杯”，是前国际乒联名誉秘书波普先生所捐赠，第2届世乒赛始设。

男女混合双打冠军杯“兹·赫杜塞克杯”，是原捷克斯洛伐克乒协秘书兹·赫杜塞克先生捐赠的，第1届世乒赛就开始设立。

下图从左至右分别为斯韦思林杯、考比伦杯、圣·勃莱德杯、盖斯特杯、伊朗杯、波普杯和赫杜塞克杯。

世乒赛奖杯

学练方法：

⑴ 战术分解练习法：将发球抢攻战术分解为发球、抢攻两部分。先练习发不同角度、不同落点，适应抢攻战术的球；再练习回不同位置、落点，旋转球的攻球；再结合起来做完整战术的练习。

⑵ 分隔球台练习法：对练习者提出要求，再根据要求将球台划分成所需区域练习，如台左角正手练习，直斜线击球，或发正、反手近网。在网前40厘米拉一角线，要求将发至有效范围内。

⑶ 特定技术比赛法：设定必须发球抢攻比赛，如设3分比赛法，每一次发球抢攻得1分，其余得分方式无效。

第三节　乒乓球提高班技战术及学练方法

一、基本技术

（一）发　球

1. 正手发下旋加转与不转球

动作方法：持球上抛的同时，持拍手向右后上方引拍，在球的下降期，手臂由后上方向前下方向挥拍，触球中下部。发不转球时，触球中部，用拍面的偏右位置触球，触球瞬间用拍推球。发加转球时，触球中下部，拍面后仰角度大些，用球拍的偏左位置触球，并在触球瞬间加力摩擦，但摩擦后动作继续向前，做出发不转球的假动作。（图 10–3–1）

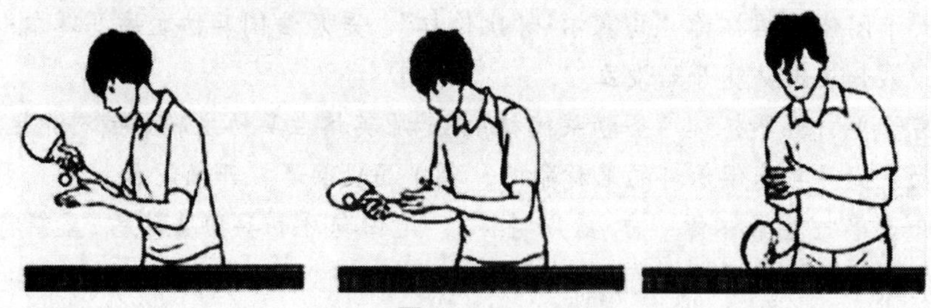

图 10–3–1

2. 侧身正手发低抛左侧上、下旋转球

动作方法：一般站位在球台左角，持球向上抛起的同时右手向右上方引拍，在球下降期，球拍触球的右侧中下部，若向左侧下部摩擦，则球产生左侧下旋，若向左侧上部摩擦，则产生左侧上旋。（图 10–3–2）

图 10–3–2

3. 侧身发右侧旋转球

动作方法：这是从正手侧身左侧下和左侧上旋球演变而来，先以一个左侧下和左侧上的假动作做掩护，再从上向下挥拍时不触球，而在适当的触球时机，突然改变挥拍方向，再从下往前上挥拍时，触及球的左后下部并向右侧摩擦球，使球产生右侧旋转。（图 10-3-3）

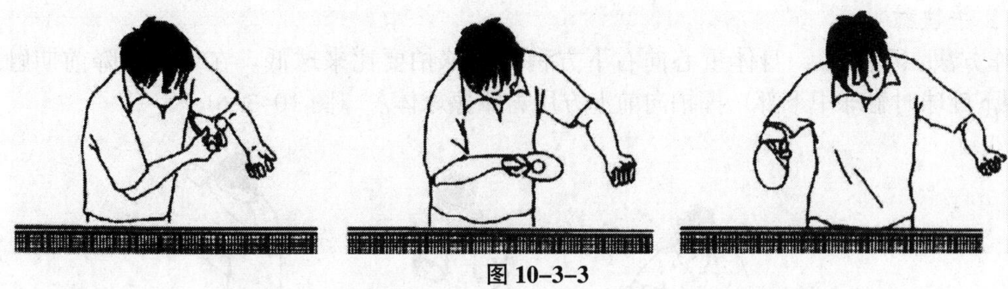

图 10-3-3

4. 反手发急上、下旋转球（反手奔球）

动作方法：站位在球台左角，球落到球网和球台之间时，在球拍前侧触球中上部的瞬间，类似反手攻球，用爆发力使球产生急上旋。发急下旋球时，拍面稍后仰，手腕用力向前下方弹击球的中下部，送球瞬间手腕稍向下弹动，使球的下旋加速。（图 10-3-4）

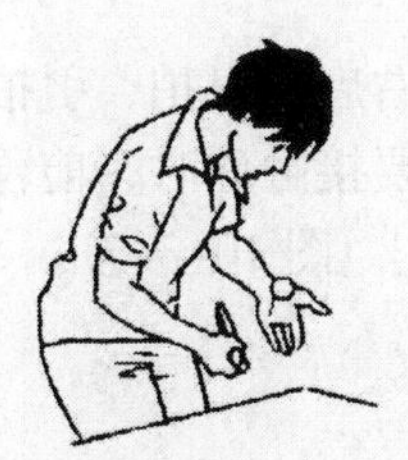

图 10-3-4

5. 反手发右侧上、下旋转球

动作方法：球台左角站位，左手在右手上持球待发，向上抛球的同时，持拍手向左后引拍，拍面稍后仰。发右侧下旋球时，持拍手从左上方向前右侧下方挥拍，触球的左侧中下部并向右侧下方摩擦。发右侧上旋时，球拍从左上方向右上方挥拍，触球的左侧中下部并向右侧上方摩擦。（图 10-3-5）

图 10-3-5

学练方法：

(1) 先学习反手急球技术。

(2) 再学习反手下旋、上旋、侧旋技术。

(3) 练习发直线长球。

(4) 练习发不同落点的长球。

(5) 练习发多种不同线路的旋转球。

(6) 先正手后反手，先斜线后直线，先单一后变化。

(7) 形成自己的发球风格，与个人技术结合，形成绝招，争取抢攻机会。

(二) 攻 球

1. 正手快拉

动作方法：引拍时，身体重心向右下方稍降，球拍要比来球低。在球的下降前期触球中部（拉强烈下旋球时触球中下部）挥拍向前上方用力摩擦球体。（图 10–3–6）

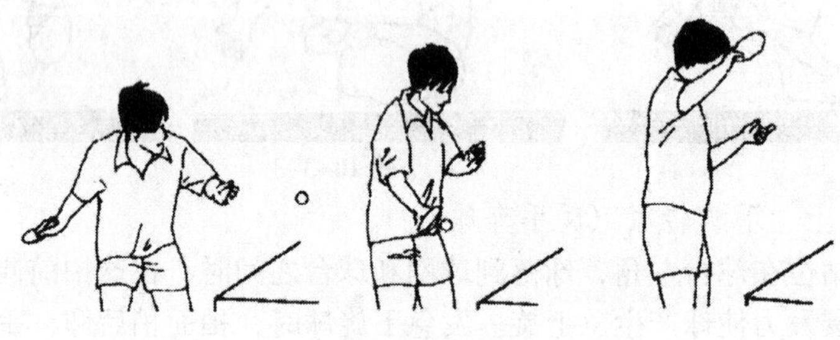

图 10–3–6

2. 正手扣杀

动作方法：站位视来球而定，持拍手随身体的转动向右后方引拍，引拍幅度要大，将整个手臂伸出。击球时以腰、髋为轴带动手臂向前发力，球拍将要接触球时，前臂突然收缩加力，击球中上部将球打出。正手扣杀是威力大、球速快的得分手段。（图 10–3–7）

图 10–3–7

3. 直拍反手攻球

动作方法：近台站位，右脚稍前，左脚稍后，身体略左转，使腰部扭紧，左侧稍高，右肩稍下沉，前臂后引球拍至身体左侧，略高于来球。用腰、髋的突然转动，带动前臂向右前方用力。大臂贴近躯干，肘部内收，在球的上升期或高点期击球中上部。手腕压住球拍略带摩擦，食指压拍，中指在拍后，选定用力方向后将球击出。（图 10–3–8）

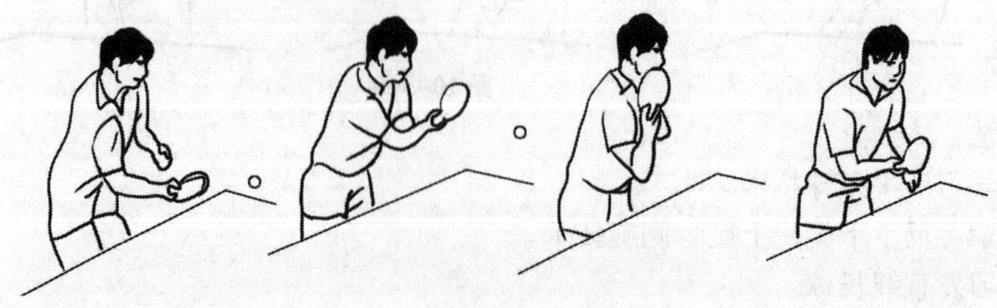

图 10–3–8

4. 横拍反手攻球

动作方法：腰的扭转和引拍比直拍反手攻幅度小，引拍至腹前，手腕稍后屈，腰、髋略向右转动的同时，以手背带动球拍，手腕和前臂向右前上方发力，在上升期击球中上部，将球摩擦击出。（图 10–3–9）

图 10–3–9

5. 弧圈球

（1）加转弧圈球。击球前，左脚在前，右脚在后，身体向右倾斜与球台约成 45° 角，两膝微屈，球拍贴近臀部，右肩略低于左肩，手臂自然下垂，手指紧握球拍，手腕比较紧张地固定球拍角度，身体重心在两脚之间。当球从台面弹起时，小臂向前迎球，然后大臂和小臂同时向下垂直挥动球拍摩擦球的中部，腰部由右后方急剧向上扭转，球拍与台面约成 80° 角，拍与球的摩擦越薄越好。在触球的一瞬间，加速用力，使球呈较高弧线飞出，球拍顺势挥至额前，然后还原。（图 10–3–10）

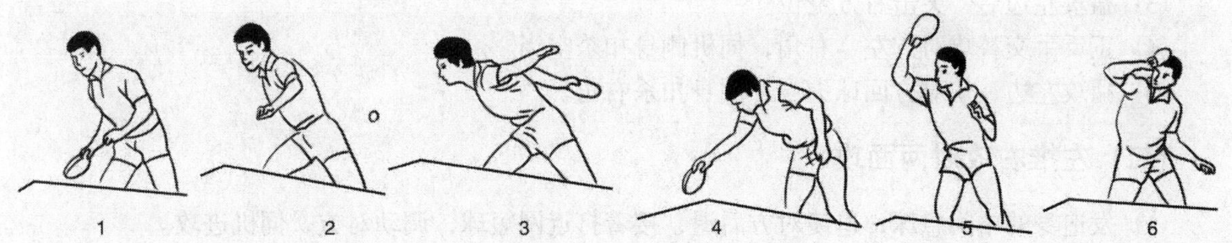

图 10–3–10

（2）前冲弧圈球。屈体与台面成 75° 角，球拍拉至身后，与台面齐高，手指握拍同前，当来球着台后，手臂向前上方迅速挥出，手腕使球拍前倾，与台面成 50° 角，摩擦球的上部，腰部向前上方扭转，协助球拍加速摆动，使球沿一低弧线落于对方台面，球拍顺势前摆至面部为止，然后放松还原。（图 10–3–11）

图 10–3–11

学练方法：

⑴ 对攻练习。

⑵ 一人推一人攻练习（两点打一点）。

⑶ 练习 1/2 台攻两点（一点攻两点）。

⑷ 练习全台走位攻（多点攻一点）。

⑸ 进行攻球多线练习（一点打多点）。

⑹ 弧圈球的模仿练习。

⑺ 加转弧圈球的练习。

⑻ 前冲弧圈球的练习。

⑼ 一攻一拉的练习。

⑽ 对拉的练习。

二、基本战术

（一）两面攻对左推右攻

如对方是左推右攻的打法，球速较快，一般采用以猛制快、力争主动的策略。

⑴ 发下旋的端线长球至对方左边，破坏对方的第一板推挡。或发上旋底线长球，使对方不能挡成近网短球，伺机再进攻。

⑵ 以反手猛攻对方左边，再伺机突击中路。

⑶ 猛攻左边后，突击右方空位。

⑷ 正反手交替攻对方左、右角，伺机侧身扣杀空当。

⑸ 猛攻左边，使对方回球失误，侧身扣杀右角。

（二）左推右攻对两面攻

⑴ 发追身的中间急球，迫使对方后退，接着打近网短球，调动对方，伺机进攻。

⑵ 通过快而有力的推挡，压住对方中间或追身位置，伺机进攻。

⑶ 快速推挡，配合长短球，伺机侧身攻。

⑷ 快速推挡，突然变线，伺机进攻。

学练方法：

⑴ 表象练习法：通过观看比赛，将精彩战例默记下来，然后在练习中回放，进行实际练习。

⑵ 关键球练习法：将比赛设定为 3 分，提高练习者的注意力，要求在关键球上运用攻对攻战术。

⑶ 比赛法：经常组织和参加各种比赛，在比赛中运用、检验战术水平及效果。

第四节　乒乓球规则简介

一、球　台

(1) 球台的上层表面叫作比赛台面，应为与水平面平行的长方形，长 2.74 米、宽 1.525 米，离地面高 76 厘米。

(2) 比赛台面不包括球台台面的垂直侧面。

(3) 比赛台面可用任何材料制成，应具有一致的弹性，即当标准球从离台面 30 厘米高处落至台面时，弹起高度应约为 23 厘米。

(4) 比赛台面应呈均匀的暗色，无光泽，沿每个 2.74 米的比赛台面边缘各有一条 2 厘米宽的白色边线，沿每个 1.525 米的比赛台面边缘各有一条 2 厘米宽的白色端线。

(5) 比赛台面由一个与端线平行的垂直的球网划分为两个相等的台区，各台区的整个面积应是一个整体。

(6) 双打时，各台区应由一条 3 毫米宽的白色中线，划分为两个相等的“半区”。中线与边线平行，并应视为右半区的一部分。

图 10-4-1

二、球网装置

(1) 球网装置包括球网、悬网绳、网柱及将它们固定在球台上的夹钳部分。

(2) 球网应悬挂在一根绳子上，绳子两端系在高 15.25 厘米的直立网柱上，网柱外缘离开边线外缘的距离为 15.25 厘米。

(3) 整个球网的顶端距离比赛台面 15.25 厘米。

(4) 整个球网的底边应尽量贴近比赛台面，其两端应整体与网柱相连。

三、球

(1) 球应为圆球体，直径为 40 毫米。

(2) 球重 2.7 克。

(3) 球应用赛璐珞或类似的材料制成，呈白色或橙色，且无光泽。

四、球　拍

(1) 球拍的大小、形状和重量不限，但底板应平整、坚硬。

⑵ 底板厚度至少应有85%的天然木料，加强底板的黏合层可用诸如碳纤维，玻璃纤维或压缩纸等纤维材料，每层黏合层不超过底板总厚度的7.5%或0.35毫米。

⑶ 用来击球的拍面应用一层颗粒向外的普通颗粒胶覆盖，连同黏合剂厚度不超过2毫米；或用颗粒向内或向外的海绵胶覆盖，连同黏合剂，厚度不超过4毫米。

⑷ “普通颗粒胶”是一层无泡沫的天然橡胶或合成橡胶，其颗粒必须以每平方厘米不少于10颗，不多于50颗的平均密度分布整个表面。

⑸ “海绵胶”即在一层泡沫橡胶上覆盖一层普通颗粒胶，普遍颗粒胶的厚度不超过2毫米。

⑹ 覆盖物应覆盖整个拍面，但不得超过其边缘。靠近拍柄部分以及手指执握部分可不予以覆盖，也可用任何材料覆盖。

⑺ 底板、底板中的任何夹层、覆盖物以及黏合层均应为厚度均匀的一个整体。

⑻ 球拍两面不论是否有覆盖物，必须无光泽，且一面为鲜红色，另一面为黑色。拍身边缘上的包边应无光泽，不得呈白色。

⑼ 由于意外的损坏、磨损或褪色，造成拍面的整体性和颜色上的一致性出现轻微的差异。只要未明显改变拍面的性能，可以允许使用。

⑽ 比赛开始时及比赛过程中运动员需要更换球拍时，必须向对方和裁判员展示将要使用的球拍，并允许裁判员检查。

图10-4-2

五、合法发球

⑴ 发球开始时，球自然置于不持拍手的手掌上，手掌张开，保持静止。

⑵ 发球员须将球几乎垂直向上抛起，不得使球旋转，并使球在离开不执拍手的手掌之后上升不少于16厘米，球下降到被击出前不能碰任何物体。

⑶ 当球从抛起的最高点下降时，发球员方可击球，使球首先触及本方台区，然后直接触及接发球员的台区。双打中，球应先后触及发球员和接发球员的右半区。

⑷ 从发球开始，到球被击出，球要始终在比赛台面的水平面以上和发球员的端线以外，而且不能被发球员或其双打同伴的身体或他（她）们所穿戴（带）的任何物品挡住。

⑸ 球一旦被抛起，发球员的不执拍手臂应立即从球和网之间的区域离开。

⑹ 运动员发球时，有责任让裁判员或副裁判员确信他（她）的发球符合规则的要求，且裁判员或副裁判员均可判定发球不合法。

如果裁判员或副裁判员对发球的合法性不确定，在一场比赛中第一次出现时，可以中断比赛并警告发球方。但此后如该运动员或其双打同伴的发球不是明显合法，将被判发球违例。

⑺ 运动员因身体伤病不能严格遵守合法发球的某些规定时，可由裁判员做出决定免于执行。

六、合法击球

对方发球或还击后，本方运动员必须击球，使球直接触及对方台区，或触及球网装置后，再触及对方台区。

七、比赛次序

⑴ 在单打中，首先由发球员发球，再由接发球员还击，然后两者交替还击。

⑵ 在双打中，首先由员球员发球，再由接发球员还击，然后由发球员的同伴还击，再由接发球员的同伴还击，此后，运动员按此次序轮流合法还击。

八、重发球

回合出现下列情况应判重发球。

(1) 如果发球员发出的球，触及球网装置后成为合法发球或被接发球员及其同伴阻挡。

(2) 如果接发球员或接发球方未准备好时，球已发出，而且接发球员或接发球方没有企图击球。

(3) 由于发生了运动员无法控制的干扰，而使运动员未能合法发球、合法还击或遵守规则。

(4) 裁判员或副裁判员暂停比赛。

(5) 可以在下列情况下暂停比赛。

① 由于要纠正发球、接发球次序或方位错误；

② 由于要实行轮换发球法；

③ 由于警告处罚运动员或指导者；

④ 由于比赛环境受到干扰，以致该回合结果有可能受到影响。

九、1　分

除被判重发球的回合，下列情况运动员得 1 分：

(1) 对方运动员未能正确发球。

(2) 对方运动员未能正确还击。

(3) 运动员在发球或还击后，对方运动员在击球前，球触及了除球网装置以外的任何东西。

(4) 对方击球后，球穿过球网，或从球网和网柱之间、球网和比赛台面之间通过。

(5) 对方阻挡。

(6) 对方连击。

(7) 对方用不符合要求的拍面击球。

(8) 对方运动员或其穿戴（带）的任何东西使球台移动。

(9) 对方运动员或其穿戴（带）的任何东西触及球网装置。

(10) 对方运动员不执拍手触及比赛台面。

(11) 双打时，对方运动员击球次序错误。

(12) 执行轮换发球法时，接发球运动员或双打同伴，包括接发球一击，完成了 13 次合法还击。

十、一局比赛

在一局比赛中，先得 11 分的一方为胜方。10 平后，先多得 2 分的一方为胜方。

十一、一场比赛

一场比赛由奇数局组成。

十二、发球、接发球和方位的选择

(1) 选择发球、接发球和方位的权力应由抽签来决定，中签者可以选择先发球或先接发球，或选择方位。

(2) 当一方运动员选择了先发球或先接发球，或选择先在某一方后，另一方运动员必须有另一个选择。

(3) 在获得每 2 分之后，接发球方即成为发球方，依此类推，直至该局比赛结束，或者直至双方比分都达到 10 分或实行轮换发球法。此时，发球和接发次序仍然不变，但每人只轮发 1 分球。

(4) 双打的第一局比赛，先由有发球权的一方确定第一发球员，再由先接发球方确定第一接发球员。以后的每局比赛。第一发球员则是前一局发球给他（她）的运动员。

(5) 在双打中，每次换发球时，前面的接发球员应成为发球员，前面的发球员的同伴应成为接发球员。

(6) 一局中首先发球的一方，在该场下一局应首先接发球。在双打决胜局中，当一方先得 5 分时，接发球方应交换接发球次序。

(7) 一局中，在某一方位比赛的一方，在该场下一局应换到另一方位。在决胜局中，一方先得 5 分时，双方应交换方位。

十三、发球、接发球次序和方位的错误

(1) 裁判员一旦发现发球、接发球次序错误，应立即暂停比赛，并按该场比赛开始时确立的次序，按场上比分由应该发球或接发球的运动员发球或接发球；在双打中，则按发现错误时那一局中首先有发球权的一方所确立的次序进行纠正，继续比赛。

(2) 裁判员一旦发现运动员应交换方位而未交换时，应立即暂停比赛，并按该场比赛开始时确立的次序，按场上比分运动员应站的正确方位进行纠正，再继续比赛。

(3) 在任何情况下，发现错误之前的所有得分均有效。

十四、轮换发球法

(1) 一局比赛进行到 10 分钟或在任何时间应双方运动员或配对的要求，应实行轮换发球法。

(2) 当时限到且须实行轮换发球法时，球处于比赛状态，裁判员应立即暂停比赛。由被暂停回合的发球员发球，继续比赛。

(3) 如果实行轮换发球法时，球未处于比赛状态，应由前一回合的接发球员发球，继续比赛。

(4) 此后，每个运动员都轮发 1 分球，直至该局结束。如果接发球方进行了 13 次合法还击，则判发球方失 1 分。

(5) 换发球法一经实行，将一直执行到该场比赛结束。

十五、竞赛办法

(1) 乒乓球比赛共分 7 个项目：男子团体、女子团体、男子单打、女子单打、男子双打、女子双打和男女混合双打。

(2) 团体赛：一个队由三名运动员组成。比赛顺序：第一场 A—X；第二场 B—Y；第三场 C—Z；第四场 A—Y；第五场 B—X。若一个队已经赢得三场比赛时，该比赛结束。

(3) 其他比赛：男子单打、女子单打、男子双打、女子双打、混合双打按照赛会规程，参赛人数采用循环赛、淘汰赛等方法进行。

【思考题】

1. 简述乒乓球运动的起源、发展及健身价值。
2. 简述发球、接发球的技术动作方法。
3. 攻球、弧圈球学练方法有哪些?
4. 什么是攻对攻战术?
5. 发球、重发球的规则有哪些?

【参考文献】

1. 肖树新.乒乓球[M]. 北京：北京师范大学出版社，2012.
2. 刘定一.现代大学体育[M]. 北京：北京体育大学出版社，2013.

第十一章 羽毛球

* 学习羽毛球运动的起源与发展，了解该运动的健身价值
* 学习并掌握羽毛球的基本技能与技战术
* 了解羽毛球竞赛的简要规则

第一节 羽毛球运动概述

一、起源

羽毛球运动起源于14—15世纪的日本，当时的球拍为木质，球是樱桃核插上羽毛做成。这种游戏时兴的时间不长便消失了。

19世纪中叶，印度蒲那出现类似今日羽毛球活动的游戏，以绒线编织成球形，上插羽毛，人们手持木拍，隔网将球在空中来回对击。

现代羽毛球运动诞生在英国。1873年，在英国格拉斯哥郡的伯明顿镇有一位叫鲍弗特的公爵，在庄园里进行了一次“蒲那游戏”的表演。因这项活动极富趣味性，很快就风行开来。此后，这种室内游戏迅速传遍英国，“伯明顿”（Badminton）即成为羽毛球的名字。

二、发展

1877年，第一本羽毛球比赛规则在英国出版。1893年，在英国成立了世界上第一个羽毛球协会。1899年，该协会举办了第1届全英羽毛球锦标赛，每年举办一次，沿袭至今。羽毛球运动从斯堪的纳维亚到英国，20世纪初流传到亚洲、美洲、大洋洲，最后传到非洲。1934年，国际羽毛球联合会（简称国际羽联）成立，总部设在伦敦。1939年，国际羽毛球联合会通过了各会员国共

同遵守的《羽毛球竞赛规则》。20 世纪 20 年代到 40 年代欧美国家的羽毛球运动发展很快。20 世纪 50 年代，亚洲羽毛球运动发展很快，马来西亚取得了两届汤姆斯杯赛冠军。同时印度尼西亚队在技术和打法上有所创新。20 世纪 60 年代以后，羽毛球运动的发展重心逐渐移向亚洲。1981 年 5 月，国际羽毛球联合会重新恢复了中国在国际羽联的合法席位，从此揭开了国际羽坛历史上新的一页，在一系列世界羽毛球大赛中，一批又一批优秀的羽毛球运动员为我国夺得了众多的金牌，创造了中国羽毛球运动历史上的辉煌。在 1987 年北京世锦赛、2010 年巴黎世锦赛、2011 年伦敦世锦赛和 2012 年第 30 届奥运会中，我国羽毛球选手包揽了全部 5 个项目的冠军。2015 年 5 月 17 日，在第 14 届苏迪曼杯羽毛球决赛中，中国队成功卫冕，实现苏迪曼杯六连冠。在 2016 年第 31 届奥运会上，中国羽毛球队获得 2 枚金牌。在 2020 年第 32 届奥运会上，中国羽毛球队获得 2 枚金牌、4 枚银牌的好成绩。

三、健身价值

（一）娱乐性

1. 自娱性

羽毛球作为一种娱乐活动，参与者在球的对击过程中，通过不停的奔跑和身体的变化，努力地去把球击到对方的场地。同时，球有快慢、轻重、高低、远近、狠巧和飘转等变化，使这种运动本身充满了丰富的乐趣。

2. 观赏性

羽毛球技术的千变万化，使羽毛球运动具备了很高的观赏性。如猛虎下山的上网技术，蛟龙出水一样的跳起击球，身如满弓的扣杀，犀牛望月似的抢扑救球，进攻时似高屋建瓴、势如破竹，防守时的绵绵细雨、固若金汤。一切都在展示着羽毛球运动的力与美，引人入胜，振奋人心。

（二）锻炼性

1. 增强体质

羽毛球运动可以全面增强人的体质。前场、后场快速移动击球，中后场的大力扣杀球，被动时的扑救球，双打的换位击球等都需要练习者有较好的力量素质、速度素质、耐力素质、灵敏素质、柔韧素质以及快速的反应能力。扣杀需要力量；在双方对拉回合的过程中，为了取得主动需要有较快的速度素质和耐力素质；在扑救球时（多半是被动情况）又需要有很好的灵敏素质和柔韧素质素质；双打中又需要极快的反应与判断能力。因此，经常从事该项体育活动可以发展人体的灵活性、协调性，可以提高人们上下肢及躯干的活动能力，改善呼吸系统和心血管系统的功能，提高有氧供能和无氧供能的能力，调节神经系统并提高其抗乳酸的能力，而且能起到增进健康、防病防衰和调节精神的作用。

2. 培养意志

羽毛球运动因其竞争性、对抗性、大强度等诸多因素的要求，使意志品质在该项运动中占有非常重要的地位。羽毛球比赛经常遇到运动员出现了“极点”：喘不上来气、身体无力、眼前发黑、感觉自己再也坚持不下去了。这种现象不是一方出现，在势均力敌的情况下往往是双方先后都会出现，甚至几乎是同时出现（如一个球打了很多回合），这时就看谁能再坚持一下，胜利往往存在于再坚持一下之中，靠顽强的意志品质和坚定的信念。

即使不在比赛中，这项活动也需要较强的意志，否则你将不会很好地完成该项练习，使练习中应该产生的愉悦、趣味及锻炼价值荡然无存。

3. 陶冶心理

羽毛球活动包括对对方战术意图的揣摩、对各种战机的把握、对自己运用什么战术的选择等智力因素，因此经常从事该项运动可以使人思维敏捷。同时，由于比赛的紧张、竞争的激烈，使练习者的心理素质会得到很好的锻炼，在竞争中强化进取精神，使人的智、勇、技在竞争与对抗中得到升华。经此磨炼，能够做到临危不乱、泰然处之，既增长了智慧，又陶冶了情操，不仅能在羽毛球活动中应付自如，而且能以良好的形态，正确的人生观去面对事业、家庭和荣辱等。

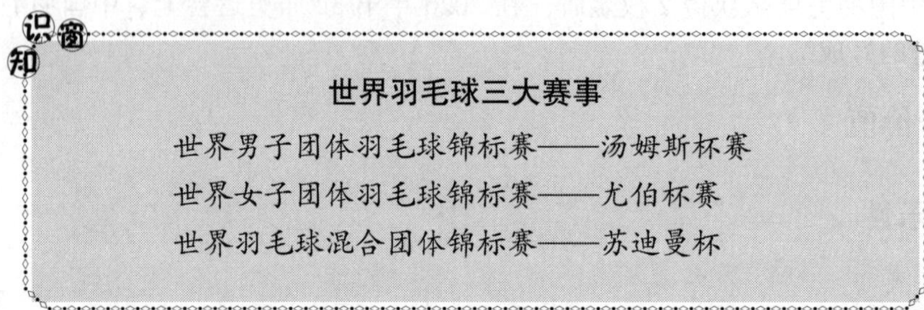

第二节　羽毛球基础班技战术及学练方法

一、基本技术

（一）握拍法（以下均以右手握拍为例）

正确的握拍法有两种，正手握拍法和反手握拍法。

1. 正手握拍法

正手握拍法是先用左手持拍的腰杆，使拍面与地面垂直，然后右手虎口对准拍柄侧面内沿，以握手法握住拍柄，小指、无名指和中指并握，大拇指靠近中指，食指稍分开。（图 11-2-1）

正手握拍法适用于正手体侧击球、正手高手击球、网前球和头位击球等。

2. 反手握拍法

反手握拍法是在正握的基础上，拍柄稍外转约 30°，拇指的指肚贴在拍柄内侧的宽面上，食指回收，小指根部靠近柄端，使手心留有空隙。（图 11-2-2）

反手握拍法适用于高手击球（反手高远球和杀、吊球）和网前击球。

图 11-2-1

图 11-2-2

学练方法：

⑴ 练习者按正手握拍法或反手握拍法握好球拍，逐个检查，纠正错误。

⑵ 按口令做正手握拍法与反手握拍的转换练习。

⑶ 在击球练习中，启发练习者自觉地随时注意正确的握拍法，纠正错误的握拍法。

(二) 正手发球技术

1. 发球站位

单打在中线附近，离前发球线 1 米左右。

2. 发球姿势

左肩侧对网，左脚在前，脚尖向网；右脚在后，脚尖稍向右侧，两脚距离约与肩同宽，身体重心落在右脚上，右手握拍向后侧举起，左手持球置于胸腹部前方。

3. 发球种类

⑴ 发高远球：击球点在右侧腰下，拍面与地面所形成的仰角一般大于 45°。（图 11-2-3）

图 11-2-3

⑵ 发网前球：拍面稍后仰，松握球拍，利用手腕与手指力量从右向左横切推进。（图 11-2-4）

图 11-2-4

学练方法：

⑴ 按各种发球的技术要领反复挥拍练习。

⑵ 采用多球重复练习。

⑶ 两人练习，发不同弧线的球。

⑷ 用同一个准备姿势，交替发不同飞行弧线和不同落点的球。

（三）接发球技术

1．接发球站位

单打时，站在离前发球线 1.5 米处，右半区靠近中线位置，左半区在中间。

2．接发球方法

接高远球、平高球时，同平高球、吊球或杀球还击。接网前球时，用平高球、高远球、放网前球和平推球还击。

学练方法：

(1) 多球练习，接各种高远球、平高球、网前球。

(2) 先练习接高远球（一人发、一人接），再练习接平高球和网前球。

（四）击球技术

1．高球击球技术

(1) 正手高远球：击球前，身体先半侧对网，左脚在前，右脚在后，重心落在右脚掌上，右臂屈肘将拍子举到右肩侧上方，左手自然上举。击球时，右臂借助右脚蹬地，重心向前移动，前臂后移，身体呈反弓形。在腰腹用力的配合下，大臂带动小臂向前上方挥动，击球点在右肩稍前上方。触球时，手臂伸直，闪动手腕将球击出。（图 11–2–5）

图 11–2–5

(2) 头顶击高远球：击球前与正手高远球一样。击球时，身体需侧身偏左稍后仰，球拍绕过头顶后，再从左上方向前挥动，击球点在左肩上或偏左后的位置。（图 11–2–6）

图 11–2–6

图 11-2-6（续）

(3) 正手劈吊球：击球前与打高远球、杀球相似。挥动球拍时，拍面偏斜，在击球一刹那，前臂突然减速，利用手腕的快速闪动击球的左侧或右侧部。

2. 网前击球技术

网前击球是一种可以调动对方，使战术多变的击球方法，在防守力量加强、步法灵活的情况下，网前技术往往成为解决战斗的有力武器。网前击球时，握拍要灵活，充分利用腕、指的力量控制球路和落点。击球点要高，步法要快，动作一致性要强。

(1) 搓球：击球点较高（约与眉同高），拍面与网成斜面向前。击球时，前臂旋外，手腕由外展做内收，同时带动手指动做控制拍面摩擦球托底部，使球沿横轴翻滚超过网顶。（图 11-2-7、图 11-2-8）

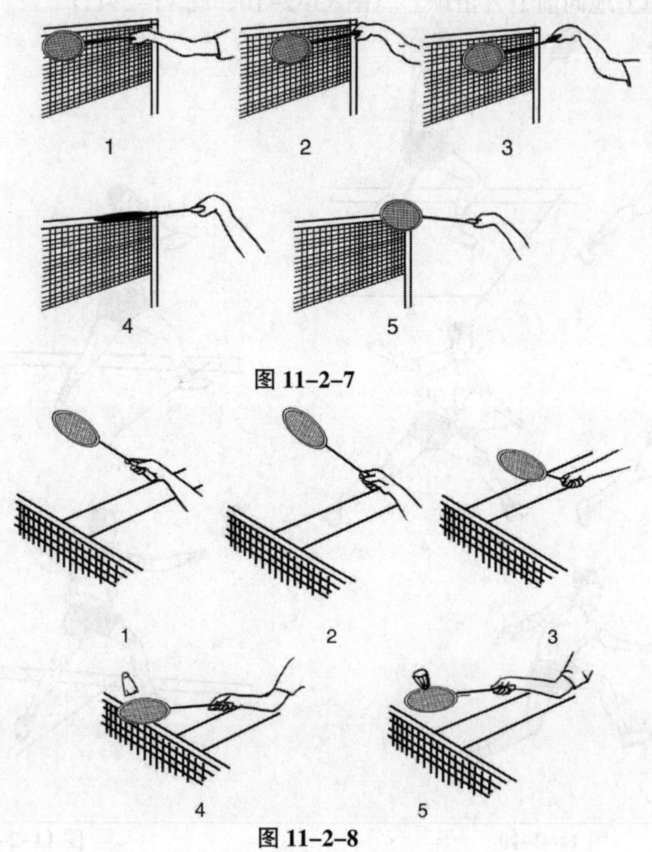

图 11-2-7

图 11-2-8

⑵ 放网前球：根据球拍，用手腕屈（正手）和伸（反手）的力量，挥拍轻轻向前上方一托，注意根据球离网的距离远近准确地控制力量和拍面角度，使球恰到好处地贴网而过。（图 11-2-9）

图 11-2-9

⑶ 挑高球：触球瞬间，肩关节稍后缩，手腕后伸，前臂外旋，使球拍后引，然后迅速用大臂带动小臂，自下而上地向前上方击球。（图 11-2-10、图 11-2-11）

图 11-2-10

图 11-2-11

学练方法：

(1) 按动作要领反复做各种击球动作的徒手练习，熟悉动作过程。

(2) 向前上方投掷羽毛球，通过甩臂动作体会正手高远球的动作。

(3) 两人用球做原地定点练习，然后再做前后移动定点练习。

(4) 划区域做各种击球动作，提高准确性。

(5) 在移动中进行各种击球动作的练习。

(6) 一对一在网前对搓、对放练习。

(五) 步　法

1. 上网步法

(1) 跨步上网：起动时，左脚先向前迈出一小步，然后右腿再向前跨出一大步，呈弓步状击球。击球后，用并步或交叉步退回中心位置。

(2) 垫步上网：起动时，右脚先迈一小步，随后左脚立即垫一小步靠拢右脚跟，着地后用脚掌内侧蹬伸，右脚在左脚垫步尚未着地时迅速向前跨大步。回中心位置方法同上。

2. 后退步法

(1) 正手侧身并步后退步法：起动时，右脚快速向右后撤一小步，使身体侧身对网，接着利用并步后退击球。

(2) 头顶交叉后退步法：基本与正手交叉后退步法相同，只是第一步的右脚蹬地后撤向左后方，上体转动的幅度较正手交叉步后退大。

3. 两侧移动步法

(1) 蹬跨步：向右侧时，先重心移至左脚上，然后左脚内侧蹬伸，右脚向右侧转跨大步，落地后成侧弓箭步，向左侧蹬跨步相反而行。

(2) 垫步右侧移动步法：距来球较远，则可先用左脚向右侧垫一小步再起蹬，成蹬跨步。

学练方法：

(1) 基本站立姿势，看信号做突然快速起动练习。

(2) 原地做各种脚步动作，听信号做快速起动练习。

(3) 根据球场的宽度做两侧往返移动练习。

二、单打战术

(一) 发球战术

根据对手的站位、反击能力，采用多变准确的发球来造成对方接球困难，从而限制对方的攻势，直接或间接为本方创造进攻的机会。

(二) 攻后场战术

针对对方后场还击能力差（尤其是左后场区），或急于上网的对手，可重复压后场底线，突击杀、吊或反复后场直线，突出对角线。

(三) 吊前击后战术

针对网前技术相对较差或上网步法慢的对手，先以吊、放、搓网前球吸引对方到网前，然后用推、杀或平高球突击对方的后场。

（四）打对角线战术

不论是进攻还是防守，均以打对角线为主，造成对方重心不稳，被动失误。

（五）打四方球技术

以快速、准确的击球点，调动对方远离中心位置，疲于前后左右来回奔跑，伺机攻击对方空当的战术。

学练方法：

(1) 组合技术练习。

(2) 单打比赛练习。

羽毛球的五种基本步法

垫步、并步、跨步、蹬步和跳步组合成向前、后、左、右移动的专项步法，根据临场实际情况，特别是在被动情况下，需要有所调整，而步法的小调整多是由垫步和并步来进行的，调整得好才能达到步法连贯性的目的。

第三节 羽毛球提高班技战术及学练方法

一、基本技术

（一）反手发球技术

1. 发球站位

站在前发球线后10~50厘米及发球区中线的附近，也可以站在前发球线及场地边线附近的地方（双打比赛中，从右场区发球时可以看到）。

2. 发球姿势

面向球网，两脚前后站立（左脚或右脚在前均可），上体稍前倾，身体重心在前脚上。右手反手握拍，左手拇指、食指和中指捏住球的两三根羽毛，球托明显朝下（避免犯规），球体与拍面平行或球托对准拍面放在拍面前方。

3. 发球种类

(1) 网前球时，用力要轻，主要靠“切”送。（图 11-3-1）

(2) 平快球时，发力要突然，击球时拍面要有“反压”动作。

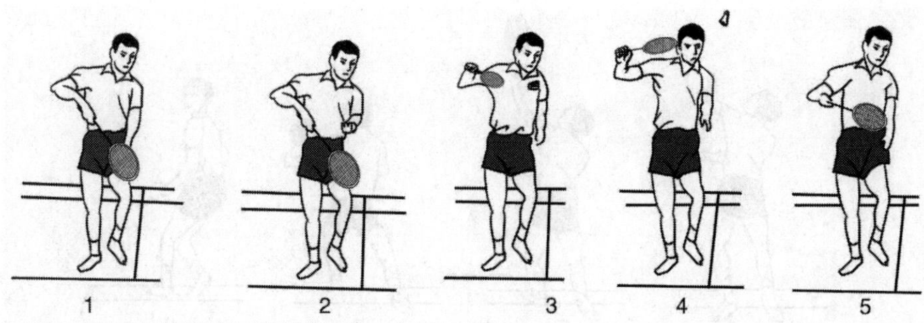

图 11-3-1

学练方法：

(1) 用细绳把球吊在击球点的高度，反复进行发球练习。

(2) 找区域发球，在对方场区上画上圆圈，使球发到圈内（圆圈可逐渐缩小并变换位置）。

(3) 用同一个准备姿势，交替发不同飞行弧线和不同落点的球。

(二) 接发球技术

1. 接发球站位

双打时，可站在前发球线较近的地方。

2. 接发球方法

接平快球时，可用平推球或平球还击。

学练方法：

(1) 练习各种移动步法。

(2) 在移动中做各种接球动作的徒手练习。

(3) 两人对练，一人发球，一人接球，回击各种球。

(三) 击球技术

1. 高球击球技术

(1) 反手高远球：击球前，改成反手握拍，右脚前跨到左侧底线，背向网，身体重心在右脚，球拍举在左胸前，拍面向上，双膝微屈。击球时，蹬腿拔背，以大臂带动前臂，前臂带动手腕的闪动，向后击球，击球点在右侧上方直臂处。（图 11-3-2）

图 11-3-2

图 11-3-2（续）

(2) 正手扣杀球：击球前与正手高远球相同。区别在于：击球点略微偏前一些，击球瞬间应迅猛地向下“扣压”手腕，将球向前下方击出。（图 11-3-3）

图 11-3-3

2. 网前击球技术

(1) 推球：拍面几乎与网平行，主要靠腕部的转动及手指的力量向前快速闪动，将球推到对方的底线附近。（图 11-3-4、图 11-3-5）

图 11-3-4

图 11–3–5

(2) 勾球：拍面斜向对方右（左）网前。击球时，用腕部带动手指由伸腕变收腕，肘部也随着回收，触球托的右（左）后部。（图 11–3–6、图 11–3–7）

图 11–3–6

图 11–3–7

(3) 扑球：见机快速蹬步扑向网前，身体右侧对网，同时拍子高举在前，用腕部和手指的力量向前下方“闪击”。触球后球拍要立即回收。（图 11–3–8、图 11–3–9）

图 11-3-8

图 11-3-9

学练方法：

(1) 挥拍练习。

(2) 用细绳把球吊在身前右上方，反复练习击高远球。

(3) 变动方向做反手高远球的定点练习。

(4) 移动步法，调整重心的反手高远球的挥拍练习。

(5) 划区域做各种击球动作，提高准确性。

(6) 向前下方用力投掷羽毛球，体会正手扣杀球练习。

(7) 一对一在网前对勾练习。

(8) 在本方场区的中心位置做上网击球练习。

(9) 一对一，一人做杀球，另一人接杀球。

(10) 不定位的全场攻守练习，运用各种击球技术和接球技术。

(四) 步　法

1. 上网步法

交叉步上网：也是一种三步上网的移动方法。起动后先移动右脚，其他则基本上和跨步上网相同。

2. 后退步法

(1) 正手交叉步后退步法：右腿后撤一小步后，左脚从体后交叉后退一步，右脚再向后移至来球位置。

(2) 反手后退步法：右脚先后撤一步，接着身体左转，左脚同时向左后退一步，右脚再跨出一步，背对网，做底线反手击球。

3. 两侧移动步法

左侧前交叉跨步移动方法：来球靠近左侧边线时，左脚可先向左侧移一小步，然后转体用体前交叉跨一大步，背侧对球网击球。

学练方法：

(1) 根据球场的长度做前后往返移动练习。

(2) 全场对角往返移动练习。

(3) 结合步法做全场的向前、后、两侧的移动练习。

二、双打战术

(一) 攻人战术

集中力量攻击对方弱者，达到“二打一”，避其所长，攻其所短。

(二) 攻中路战术

对方分边站位时，将球尽可能地攻到两人之间的空隙区，造成对方抢球或漏球等错误。例如，对方前后站位，可将球击向前后两人之间的边线空当。

(三) 拉开两底角、伺机反击战术

这是一种通过拉、抽、挑对方后场两底角，诱使对方在移动中进攻，从而伺机反击，是后发制人的一种打法。

(四) 后杀前封战术

一旦取得主动并采取进攻时，站在后边的队员要强杀直线，前边队员要立即移动到对方回直线的位置，重点准备封网扑杀。

学练方法：

(1) 组合技术练习。

(2) 双打比赛练习。

腿部练习

跳绳可增进手脚间的协调性与爆发力，爬楼梯可训练大腿和小腿的耐力。若常有前进后煞车不及时无法及时后退的现象出现，则是小腿与膝盖力量不够，宜做折返跑与蛙跳。若是遇短球落在网前却心有余而力不足，则为大腿与膝盖训练不足，应练习负重蹲起的动作。

第四节　羽毛球规则简介

一、场地和场地设备

⑴ 场地应是一个长方形，用宽 40 毫米的线画出，线的颜色应是白色、黄色或其他容易辨别的颜色，所有的线都是它所界定区域的组成部分。

⑵ 从场地地面起，网柱高 1.55 米。当球网被拉紧时，网柱应与地面保持垂直。网柱及其支撑物不得延伸进入除边线外的场地内。不论是单打还是双打比赛，网柱都应放置在双打边线上。

⑶ 球网应由深色优质的细绳编织成。网孔为均匀分布的方形，边长 15 ~ 20 毫米,球网上下宽 760 毫米，全长至少 6.10 米，球网的上沿是用宽 75 毫米的白带对折成的夹层，用绳索或钢丝从中穿过，夹层的上沿，必须紧贴绳索或钢丝，绳索或钢丝应牢固地拉紧，并与网柱顶取平。从场地地面起至球网中央顶部应高 1.524 米，双打边线处网高 1.55 米。球网两端与网柱之间不应有空隙。必要时，应把球网两端与网柱系紧。

二、羽毛球

⑴ 球可由天然材料、人造材料或其混合制成。无论是何种材料制成的球，飞行性能应与由天然羽毛和薄皮革包裹软木球托制成的球的性能相似。

⑵ 天然材料制作的球，球应由 16 根羽毛固定在球托上，羽毛从球托面至羽毛尖的长度，统一为 62 ~ 70 毫米，羽毛顶端围成圆形， 直径为 58 ~ 68 毫米，球托底部为球形，直径为 25 ~ 28 毫米，球重 4.74 ~ 5.50 克。

⑶ 非天然材料制作的球，由合成材料制成的球裙或仿真羽毛代替天然羽毛，由于合成材料与天然羽毛在比重、性能上的差异，允许有不超过 10%的误差。

三、球速的检验

验球时，运动员应低手向前上方全力击球，，击球点必须在端线上方，。球的飞行方向应与边线平行，符合标准速度的球，应落在场内距离对方端线外沿 530 ~ 990 毫米的区域内。

四、羽毛球拍

球拍长不超过 680 毫米，宽不超过 230 毫米，拍柄是击球者通常握拍的部分，拍弦面是击球者通常用于击球的部分，拍头界定了拍弦面的范围。球拍不允许有附加物和突出部分，除非是为了防止磨损、断裂、振动或调整重心的附加物，或预防球拍脱手而将拍柄系在手上的绳索，但其尺寸和位置必须合理，球拍上不允许附加任何可能从本质上改变球拍形式的装置。

五、设备的批准

有关球、球拍、设备以及试制品能否用于比赛等问题，由国际羽联裁定。这种裁定可由国际羽联主动做出，也可根据对其有切身利益的个人、团体（包括运动员、技术官员、设备厂商会员协会或其他成员）的申请而做出。

六、挑　边

比赛开始前应挑边。赢方将在先发球或先接发球和在一个场区或另一个场区开始比赛两者中做出选择，输的一方在余下的一项中选择。

七、计分方法

除非另有规定，一场比赛应以三局两胜定胜负。先得 21 分的一方胜一局，20 平后，领先得 2 分的一方胜该局，29 平后，先到 30 分的一方胜该局，一局的胜方在下一局首先发球。

八、交换场区（change ends）

以下情况，运动员应交换场区。

(1) 第一局结束和第二局结束（如果有第三局）。

(2) 在第三局比赛中，一方先得 11 分时。

九、发 球（合法发球）

(1) 一旦发球员和接发球员做好准备，任何一方都不得延误发球。发球员球拍头的向后摆动一旦停止，任何对发球开始的迟延都是延误。

(2) 发球员和接发球员，应站在斜对角的发球区内，脚不得触及发球区和接发球区的界线。

(3) 从发球开始至发球结束，发球员和接发球员的两脚，必须有一部分与场地的地面接触，不得移动。

(4) 发球员的球拍，应首先击中球托，球拍击中球的瞬间，整个球应低于距场地地面高度 1.15 米。发球开始后，发球员挥拍必须连贯向前，直至将球发出。发出的球向上飞行过网，如果未被拦截，球应落在规定的接发球区内（即落在界线上或界线内）。

(5) 一旦运动员站好位置准备发球，发球员的球拍头开始向前挥动，即为发球开始，发球员的球拍击中或未能击中球，均为发球结束。

(6) 发球员应在接发球员准备好后才能发球，如果接发球员已试图接发球，即被视为已做好准备。

(7) 双打比赛发球时，发球员和接发球员的同伴应在各自的场区内。其站位不限，但不得阻挡对方发球员或接发球员的视线。

十、单　打

(1) 分为男子单打和女子单打。一局中，发球员的分数为 0 或双数时，双方运动员均应在各自的右发球区发球或接发球。发球员的分数为单数时，双方运动员均应在各自的左发球区发球或接发球。

(2) 发球员胜一回合则得 1 分。随后，发球员再从另一发球区发球。接发球员胜一回合则得 1 分，随后，接发球员成为新发球员。

十一、双　打

(1) 分为男子双打、女子双打和混合双打。一局中，发球方的分数为 0 或双数时，发球方均应从右发球区发球，一局中，发球方的分数为单数时，发球方均应从左发球区发球。接发球员应是站在发球员斜对角发球区的运动员。

⑵ 接发球方上一回合最后一次发球的运动员应在原发球区接发球。他的同伴的站位与其相反。

⑶ 发球方每得 1 分后，原发球员则变换发球区再发球，发球都应从与发球方得分相对应的发球区发出。发球方胜一回合得一分，随后发球员继续发球。接发球方胜一回合则得 1 分。随后接发球方成为新发球方。

⑷ 每一回合发球被回击后，由发球方的任何一人和接球方的任何一人，交替在各自场区的任何位置击球，如此往返直至死球。

⑸ 每局比赛的发球权必须如下传递：首先是首先发球员从右发球区发球，其次是首先接发球员的同伴，从左发球区发球，然后是首先发球员的同伴，接着是首先接发球员，再接着是首先发球员，依此传递。一局胜方的任一运动员可在下一局先发球；一局负方的任一运动员可在下一局先接发球。

十二、发球区错误

⑴ 发球或接发球顺序错误。

⑵ 在错误的发球区发球或接发球。

⑶ 如果发现发球区错误，应在死球后予以纠正，已得比分有效。

十三、违　例

以下情况均属“违例”。

⑴ 不合法发球。

⑵ 球发出后：停在网顶；过网后挂在网上；被接发球员的同伴击中。

⑶ 比赛进行中，球：落在场地界线外（即未落在界线上或界线内）；未从网上越过；触及天花板或四周墙壁；触及运动员的身体或衣服；触及场地外其他物体或人；被击时停滞在球拍上，紧接着被拖带抛出；被同一运动员两次挥拍连续两次击中，但一次击球动作中球被拍框和拍弦面击中不属“违例”；被同方两名运动员连续击中；触及运动员球拍，而未飞向对方场区。

⑷ 比赛进行中，运动员：球拍、身体或衣服，触及球网或球网的支撑物；球拍或身体从网上侵入对方场区（击球时，球拍与球的接触点在击球者网这一方，而后球拍随球过网的情况除外）；球拍或身体，从网下侵入对方场区，导致妨碍对方或分散对方的注意力；妨碍对方，即阻挡对方随球过网的合法击球；故意分散对方注意力的任何举动，如喊叫、做手势等。

十四、重发球

⑴ 裁判员认为比赛被干扰或教练员干扰了对方运动员的比赛，应重发球。

⑵ 发出的球被回击后，球停在网顶或过网后挂在网上，应重发球。

⑶ 发球过程中，发球员和接发球员都判违例，应重发球。

⑷ 发球员在接发球员未做好准备时发球，应重发球。

⑸ 比赛进行中，球托与球的其他部分完全分离，应重发球。

⑹ 司线员未看清，裁判员也不能做出决定时，应重发球。

⑺ “重发球”时，发球无效，原发球员重发球。

十五、死　球

(1) 球撞网或网柱后开始向击球者网这方的地面落下。

(2) 球触及地面。

(3) “违例”或“重发球”。

十六、比赛中的出界

(1) 单打的边线，是在边界的里面一条线。

(2) 双打的边线就是最外面一条线。

(3) 单打的前发球线，就是最前面的一条线。

(4) 后发球线就是底线。发球在这两条线之间才有效。

(5) 双打的前发球线和单打一样，都是最前面一条线。

(6) 双打后发球线就是底线前的那一条线。发球在这两条线之间才有效。

十七、比赛连续性、行为不端及处罚

(1) 比赛自第一次发球开始至该场比赛结束应是连续的。

(2) 每局比赛，当一方先得 11 分时，允许有不超过 60 秒的间歇，所有比赛中，局与局之间允许有不超过 120 秒的间歇。（有电视转播的比赛，裁判长可在该场比赛前决定变更规定的间歇时间。）

(3) 比赛的暂停，遇不是运动员所能控制的情况，裁判员可根据需要暂停比赛。遇特殊情况，裁判长可要求裁判员暂停比赛。如果比赛暂停，已得比分有效，续赛时由该比分算起。

(4) 延误比赛，不允许运动员为恢复体力、喘息或接受指导而延误比赛，裁判员是“延误比赛”的唯一裁决者。

(5) 在一场比赛中，仅在死球时，允许运动员接受指导，运动员未经裁判员允许不得离开场地。

(6) 运动员不得有下列行为，故意延误或中断比赛；故意改变或损坏球，以此影响球的速度或飞行；举止无礼或不当；规则未述的其他不端行为。对违犯者，裁判员应执行警告，对已被警告过的一方判违例，对严重违的一方判违例，并立即报告裁判长，裁判长有权取消其该场比赛资格。

(7) 裁判长对比赛全面负责，临场裁判员主持一场比赛，并管理该比赛场地及其紧邻的区域，裁判员对裁判长负责，发球裁判员负责宣判发球员的发球违例。司线员负责宣判球在其分管线的落点是“界内”或“界外”。技术官员对其所分管职责内事实的宣判是最后的裁决。当裁判员确认司线员明显错判时，应予以纠正。

(8) 裁判员应维护和执行羽毛球比赛规则，及时宣判“违例”或“重发球”。对在下一次发球前提出的申诉做出裁决。确保运动员和观众能随时了解比赛进展情况。与裁判长磋商后指派或撤换司线员或发球裁判员。在技术官员不足时，对无人执行的职责做出安排。在技术官员视线被挡时，执行其职责或判“重发球”。记录并向裁判长报告与其有关的所有情况，仅将与规则有关的申诉提交裁判长。（此类申诉必须在下次发球击出前提出；如果该场比赛结束，则应在申诉方离开场地前提出。）

使用过重或过轻的羽毛球对球拍和人体的损伤

羽毛球的整体重量过重或者是球头过重，在击球时引起的震动较大，对于羽拍和羽弦的冲击较大，会降低羽拍和羽弦的使用寿命，最明显的就是羽弦的寿命会大大缩短；另一方面，引起的震动会传递到击球员的手臂上，长期下去对于手臂也会有一些不好的影响。而羽毛球的如果太轻，由于击球不到位，击球员会发出更大的力量以达到击球到位的目的，这样容易引起手臂的疲劳，对手臂造成伤害。因此，选择合适重量的羽毛球不仅能令你更好地享受羽毛球运动的乐趣，还能够降低你受伤的风险。

【思考题】

1. 经常进行羽毛球运动，对锻炼身体有何好处？
2. 你认为羽毛球运动技术的重点在哪里？
3. 羽毛球单、双打比赛中的战术有哪些？
4. 简述羽毛球比赛的计分方法。

【参考文献】

1. 陈浩，郑其适，王少春. 羽毛球运动[M]. 杭州：浙江大学出版社，2014.
2. 卢梭. 爱弥儿[M]. 上海：上海人民出版社，2014.

第十二章　网　球

* 网球运动的起源、发展及健身价值
* 网球正、反手击球技术和发球技术
* 了解网球的竞赛规则

第一节　网球运动概述

一、起　源

据考证，一项类似今天网球的运动曾在古埃及的一个叫“坦尼斯”的小镇出现过，但人们一般更倾向于认为这项运动起源于12世纪法国的一种游戏。他们在院子里击打一种类似小球的物体，使其在院墙上反弹回来，以此来调剂单调的生活。这种庭院网球后来由于王室的参与变成了宫廷网球，成了贵族运动。

二、发　展

1878年以来，草地网球已由英国的移民、商人等传至全球，如加拿大和斯里兰卡（1878年）、捷克斯洛伐克和瑞典（1879年）、印度、日本和澳大利亚（1880年）、南非（1881年）。在19世纪90年代中期，网球进入了初步发展阶段，许多国家和地区组织了网球协会，并定期举行比赛。1913年3月1日，在法国巴黎成立了世界网球的最高组织——国际网球联合会。它的成立为网球运动的进一步发展开辟了一条更加广阔的道路。

1885年前后，网球运动传入中国。1898年，上海圣约翰书院举行了中国网球史上最早的校内网球比赛——斯坦豪斯杯赛。中华人民共和国成立后，中国网球运动得到了快速发展。2004年雅典奥运会上，李婷、孙甜甜夺得女子双打冠军，为中国现代网球运动发展注入了强大的活力。

李娜先后获得法国网球公开赛和澳大利亚网球公开赛的女子单打冠军。网球运动的发展有这样几个特点：①比赛频繁活跃；②奖金数额惊人；③组织机构颇具效能；④新秀崛起，群星争辉；⑤网球技术朝着综合战术进攻型的打法发展。总之，作为世界第二大运动的网球运动将以其无穷的魅力和不断发展的技术赢得越来越多的爱好者和观众。

三、健身价值

网球作为一种重要的健身手段，它对增进人的身心健康、发展智力、培养坚忍的意志品质，具有独特的作用。这些作用主要包括以下几个方面。

(1) 提高呼吸系统功能。

(2) 提高身体素质。

(3) 促进体格匀称发展。

(4) 强化人的心理品质。

网球肘

网球肘是由突然过分伸展肘关节附近的肌腱，使其嵌入肱骨外上髁引起的。网球肘形成的原因多是反手击球动作不正确，球拍过重、过大造成的前臂肌肉紧张过度而引起的慢性损伤。

第二节　网球基础班技战术及学练方法

一、基本技术

(一) 握拍法

握拍是学习网球最基本的技术环节。学习网球，首先要学会怎样握拍。正确的握拍方法会使你感到球拍是你手臂的延伸和手掌的扩大，可以保证击球的效果和质量。初学者必须按正确的方法握拍。

握拍基本方法有四种：东方式握拍法、大陆式握拍法、西方式握拍法和双手握拍法。这四种握拍方法都有各自的优缺点，每个人要根据自己的特点与习惯选择不同的握拍方法完成不同的技术。初学者比较适合东方式握拍法。等有了一定基础后，可采用半西方式或西方式握拍法。为了能清楚地说明各种握拍方法与球拍拍柄的关系，现介绍球拍垂直地面时，拍柄各个部位的名称。(图 12-2-1)

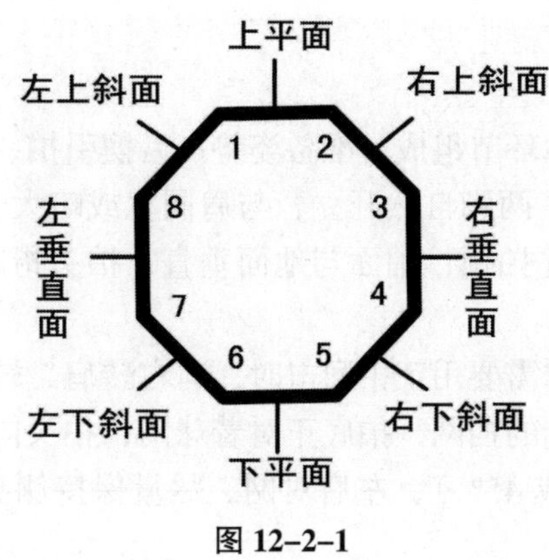

图 12–2–1

1. 东方式握拍法

⑴ 东方式正手握拍法：东方式正手握拍法如同我们与对方握手的姿势一样，先把手平贴在拍面上，保持手掌与拍面平行，手顺着拍面滑下来到拍柄下端，手握紧拍柄。准确握法是，大拇指与食指形成的“V”字形虎口对准拍柄右上斜面，拇指环绕球拍拍柄至与中指接触，手掌与食指第三指节压住拍柄右垂直面，食指稍离中指，拍柄底部与手掌根部齐平。

⑵ 东方式反手握拍法：东方式反手握拍法是在正手握拍基础上向左移动 1/4，使“V”字形虎口对准拍柄左上斜面，拇指末节贴住左下斜面，食指第三指节压在右上斜面上。

2. 大陆式握拍法

“V”字形虎口对准拍柄上平面与左上斜面的交界线处，手掌根部贴住右上平面，拇指直伸围住拍柄，食指第三指节紧贴在右上斜面上。

3. 西方式握拍法

⑴ 半西方式握拍法：半西方式握拍法是把“V”字形虎口对准拍柄右上斜面与右垂直面交界线，拇指直伸压住拍柄上平面，食指第三指节贴住右上斜面。

⑵ 西方式握拍法：西方式握拍法是将“V”字形虎口对准拍柄的右垂直面，正反手用同一拍面击球。

4. 双手反拍握拍法

右手是东方式反手握拍法，握在球拍拍柄的底部，手掌根与拍柄对齐。左手握在右手的上方，做东方式正手握拍法。

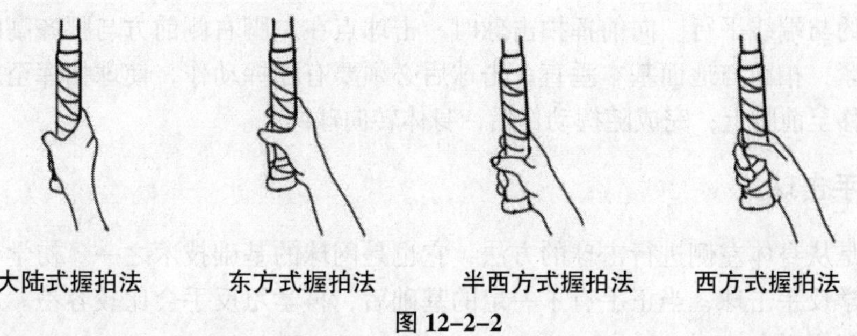

图 12–2–2

(二) 正手击球

正手击球是网球技术中最基本的击球方法，是初学者最先学习的击球技术。下面以右手握拍为例介绍正手击球的动作方法。

1. 正手击球基本技术

正手平击球动作由四个技术环节组成：准备姿势、后摆引拍、挥拍击球和随挥跟进。

(1) 准备姿势：面对球网，两脚自然开立，与肩同宽或略大于肩宽，两膝放松微屈，重心稍前移，落在前脚掌上，左手扶住拍颈，拍面与地面垂直，拍头指向对方，注意对方来球，做好击球准备。

(2) 后摆引拍：当判断来球需要用正拍回击时，向右转肩，转髋带动球拍向后向上弧线引拍，引拍要迅速，球拍指向球场后端的挡网，拍底正对着球网，拍头向上稍高于手腕；同时移动双肩，重心后移，左脚前踏（与端线成 45°），左肩对网，尽量保持侧身迎击球，左手一定要随着侧身转体而指向前面的来球。

(3) 挥拍击球：击球时应转动身体，用力蹬腿，以肩关节为轴，手腕固定，用大臂挥动带动小臂，并快速借助转髋和转腰扭转力量沿着来球的轨迹挥出去，一般在左脚右侧前方与腰齐高的高度击球，拍面与地面基本垂直，击球的中上部。

(4) 随挥跟进：球触拍后，使拍面平行于网的时间尽量长些，挥拍沿着球的飞行方向前送，重心前移落在左脚上，身体转向球网，拍头随着惯性挥到左肩的前上方，肘关节向前向上，用左手扶拍颈，随挥跟进结束，立即恢复到准备姿势。(图 12–2–3)

图 12–2–3

2. 正手平击球

正手平击球的特点是速度快，球落地后前冲力大，球的飞行路线较直，在击球过程中球拍几乎是水平运动，但其准确性和控制力较差。当需打正拍击球时，眼睛注视着来球，迅速转体向后引拍，球拍要收紧腋下，直线向后，拍头对着身后挡网，左脚向右前方迈出一步，约与端线成 45° 角，右脚约与端线平行。向前挥拍击球时，击球点在左脚右侧前方与腰齐高的位置，球拍触球时手腕要绷紧，拍面与地面基本垂直；击球后必须要有随挥动作，使球拍挥至左肩前方，肘关节向前，重心移至前脚上；完成随挥动作后，身体转向球网。

（三）反手击球

反手击球是从身体左侧进行击球的方法，它也是网球的基础技术之一。初学者一般是先学习正手击球后再学反手击球，当正手有了一定的基础后，再学习反手会比较容易。反手击球动作技术与正手击球有相似之处。

1. 反手击球基本技术

反手击球动作技术由四个环节组成：准备姿势、后摆引拍、挥拍击球和随挥跟进。

⑴ 准备姿势：反手击球准备姿势与正手击球相同。

⑵ 后摆引拍：两眼注视对手击球动作，要注视来球，当断定来球是飞向反手位时，右脚向左前方跨出一步，身体重心在左脚上，侧身对网，充分向后引拍，拍头稍低于来球，后引动作靠近身体的腰部，两膝微屈，重心稍下降，右肩前探，下额靠近右肩。

⑶ 挥拍击球：开始向前挥拍击球时要回身转腰，两手从后下方向前上方协调一致奋力前挥，拍面垂直，击球点在右脚侧前方，击球高度在腰膝之间。球拍接触球的部位是中部或中部偏下，以便打出上旋球。球拍击球时，两臂要充分向前伸展，身体重心随之移至右脚。

⑷ 随挥跟进：击球后，球拍沿着球的飞行方向向前、向上送，重心前移落在右脚上，挥拍在右肩上方结束，身体转向球网，恢复原先的准备姿势。

2. 双手握拍打反手

直线向后拉拍，早点收拍，这是双手握拍打反手击球的关键。靠肩转动使手臂后拉，将拍拉至与手腕齐平的高度，手腕要固定，手臂要放松，平伸向后，右脚要向边线方向跨出一步，两膝稍屈，使身体侧身对网，右肩前探，拍头稍低于击球点；用手臂和手腕由低向高向前挥拍，身体重心前移，眼睛始终看球，保持低头姿势，击球点比单手握拍要靠近身体或稍后一些；击球时双手紧握球拍，最理想的击球高度是与腰齐，还击不同高度的来球时，要用身体重心的高低来调节，不能用拍头的高低来调节；拍头一定要随着球飞离的轨迹出去，这有助于延长球与拍的接触时间；开始跟进动作时，使后肩向着球飞出的方向绕出，弧线挥拍向上，把球拍带到身体的另一侧，在高处结束随挥动作，动作与右手单手打正拍基本一致。（图 12–2–4）

图 12–2–4

学练方法。

单人练习方法：

⑴ 原地徒手挥拍练习，巩固、熟练正确的正反手挥拍技术。

⑵ 原地对着挡网站立，自抛球，用正手打不落地球。打一定次数后，再打落地反弹后再下降至齐腰高的球。

⑶ 原地对着挡网站立，进行反手的自抛球落地击球练习。

⑷ 站在底线后，用多个球练习。分别练习正手击打不落地球过网，然后击打落地球过网。

⑸ 对墙稍远站立，正手击打落地球上墙，反弹落地两次后，再连续正手击打，反复练习，然后练习反手击球。

两人练习方法：

⑴ 一人面对挡网 3 米左右站立，另一个人背靠挡网正面抛球，让同伴进行击球练习。视掌握动作的熟练程度，逐渐拉长击球距离，反复练习，然后进行同样的反手击球练习。

⑵ 一人站在底线中间，另一人站在前方相距 3 米左右的地方抛球给他，让其进行多球的正手击球练习。练习一定次数后，再后移 3 米抛球，反复练习。交换练习时，可进行同样的反手击

球练习。

(3) 一人站在底线中间，另一人站在网前用球拍喂送多球，让同伴进行正手多球练习，然后进行反手多球练习。在练习过程中，送球的落点逐渐向两侧移开，加大难度。要求每次击球结束后，迅速回到底线中间，准备下一次击球。

(4) 学生站在底线中间，教师站在网前送正手球，并截击学生过网回球，将球再次送到学生身旁，让其进行连续多回合的正手击球练习。随后交换，进行反手击球练习。

(四) 发　球

发球是网球基本技术之一，也是网球比赛中唯一由自己掌握、不受对方影响的重要技术。发球的好坏直接关系到一分的得失，因此，必须要掌握良好的发球技术。

发球技术一般分为平击发球、切削发球和上旋发球。

1. 发球基本技术

发球基本技术中包括握拍法、准备姿势、抛球与后摆动作、击球动作和随挥动作。

(1) 握拍法：大陆式握拍法或东方式反手握拍法。

(2) 准备姿势：两脚前后开立约同肩宽，重心在左脚上。左手持球扶住拍头颈部，左肩侧对球网，左脚与端线成 45° 角，右脚平行于端线。

(3) 抛球与后摆：抛球和后摆动作要同步进行。左手掌心向上，用拇指、食指和中指握住球，右臂将球拍自然下落经体侧向后引拍，从下向后上方摆起，左手同时下降到右腿处。当球拍从体后向头上摆动，身体要转体、屈膝、展肩时，持球手柔和地在左脚前上举，直至伸高到头顶。将球抛到头上方稍前些，抛球要平稳，将球送到最高点再离开手指抛向空中，这时右肘向后外展与肩同高，拍头指向天空，身体形成最大限度背弓。从抛球开始，身体重心从准备姿势的左脚移向右脚，然后，身体重心又开始前移，这时身体侧对球网。

(4) 击球动作：当左手抛出球时，球拍继续向上摆起，这时握拍手的肘关节放松，可以使向前移动的身体和右肩自动使手臂产生一个完美的绕圈。当球下降至击球点时，迅速向上挥拍击球，左脚上蹬，使手臂和身体充分伸展；当身体向前上方伸展击球时，肩、手臂已经回转，双肩与球网平行。挥拍击球时，持拍手腕带动小臂有一个旋内的“鞭打”动作，这就是发球发力的关键动作，也是其他诸如重心前移、蹬腿、转体、挥拍等力量聚集的总和。

(5) 随挥动作：球击出后，身体向场内倾斜，保持连贯、完整地向前上方伸展的随挥动作。此时，球拍挥至身体的左侧，重心移向前方，做到完全、自然地跟进，并保持身体平衡。(图 12–2–5)

图 12–2–5

2. 平击发球

平击发球几乎没有旋转，球差不多笔直地下去，力量大，往往贴着网才能进入场内，在绝大多数场地上球反弹较小。发球时的击球落点应在身体的右前上方，以拍面中心平直对准球，击球的后中上部。因此，手腕的向前拌甩和前臂的“旋内鞭打”非常重要；此外，身体要充分向上、向前伸展，以获得最高击球点，提高发球命中率。

（五）接发球

接发球是网球基本技术之一，也是最难掌握的技术。因为对方发来的球刹那间千变万变，而且多数球都击向你较弱的位置，并有时造成接球方没有碰到球，或还击不力而被动挨打，因此接发球非常重要。

1. 站 位

接发球的站位，应该根据对手发球情况（力度、方法、水平）和自己的接发球能力来确定。一般站在内外角的中角线处，前后位置依对手发球力量大小而定，一般站在底线前后。如果对手发出炮弹式的球，则站在底线后 1.5 米左右的位置上。

2. 准 备

准备姿势同正手击球。如果对手将球发向你的正手位，要迅速成正手握拍；如果对手将球发向你的反手位，要采用大陆式握拍法或双手反手握拍法。

3. 击 球

(1) 对于速度非常快的发球，可采用阻挡式截击来球，不做太大的挥摆。对于大力平击发球，可采用向左侧身用反拍顶击来球。

(2) 对于平网高度的来球，可采用一般的打法还击，做好球拍面与来球接触的角度。

(3) 对于发来的下旋球或侧旋球，要快速上步前移，采用开放些的拍面，主动地做前推和切削动作。

(4) 对于高过肩的来球，做到快速上步，争取快打、早打。迎上去顶击球时，手腕固定，身体重心下压，手臂全力挥击。

(5) 对于高过头但又不够高压的来球，采取向高处挥击球拍，使球拍走向在身前，击球后拍面趋于关闭式，使球落在底线上。

(6) 对于大力平击发球，可采用向左侧身。

学练方法。

发球练习方法：

(1) 抛球练习。

(2) 原地持拍模仿发球练习。

(3) 在发球线后蹲下，左手抛球，右手持拍由下而上挥动，将球击打到对方发球区内；待基本掌握后，由发球线向后移动 2～3 米，再继续练习蹲下发球；最后移动至底线，练习蹲下发球。

(4) 短场地发球练习。在发球线后站立，将球发向对方发球区，熟练后，再逐渐向后移动拉大发球距离，直到移至底线处。体会向上—向前—向下挥拍的感觉。

(5) 对墙发球练习。距墙 6 米左右发球。

(6) 在底线发多球练习。

接发球练习方法：

(1) 一对一接发球练习。

(2) 一对一接发球抢攻练习。

(六) 步　法

在网球运动中，步法占据着重要的位置。由于场地的特点，击球时脚步移动的范围相对较大，因此，只有拥有快速、灵活、正确的步法，才能及时抢占主动有利的击球位置，将自己的技术充分发挥出来。

1. 基础步法

(1) 跳步：双脚左右开立，判断对方击球意图后，膝关节微屈蹬地，双脚稍微跳离地面，落地时双脚与肩同宽，重心放在两前脚掌，脚跟提起，能流畅地调整身体快速向任何方向移动。

(2) 滑步：面对球网向左（右）滑步时，左（右）脚向左（右）跨步，同时右（左）脚蹬地向左（右）滑动。

(3) 交叉步：侧身向击球方向移动，双脚呈交叉状向侧面跨步。

(4) 碎步：在挥拍击球前，通过小碎步调整可以使身体处于最佳的位置。

2. 底线击球步法

(1) “关闭式”步法：两脚左右开立，以右脚前脚掌为轴，左脚向侧前方跨一步击球。（图12–2–6）

(2) “开放式”步法：两脚左右开立，以两脚脚前掌为轴，原地向右转动，侧身击球。（图12–2–7）

图 12–2–6

图 12–2–7

学练方法：

(1) 做左右两侧的交叉步练习。

(2) 持拍做前、后、左、右的连续垫步、跨步挥拍练习。

(3) 在网球场上连续摸“1、2、3、4”四点跑动练习。（图 12–2–8）

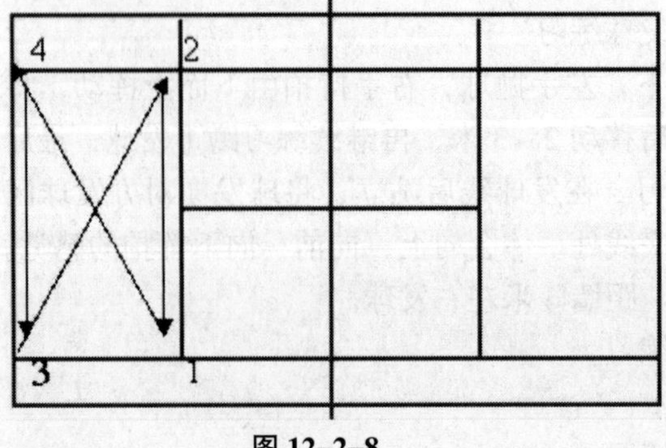

图 12–2–8

网球的“全满贯”和“金满贯”

网球“全满贯”指的是一名网球选手在四大满贯（澳网、法网、温网、美网）中都获得了冠军。而“金满贯”指的是在全满贯基础上再加上一块奥运会单打的金牌，就叫作“金满贯”。四大满贯和奥运会单打金牌是在同一年中夺得，也叫“年度金满贯”。

二、基本战术

网球战术就是在网球比赛中根据对手的特点并结合自己的特点所制订的一整套比赛方案。任何战术的目的都是为了更好地发挥自己的技术特长，制约对手的发挥，力争掌握比赛的主动权，从而取得比赛的胜利。网球比赛的基本战术包括单打战术和双打战术。

（一）单打战术

1. 发球战术

(1) 平击球发向发球中线附近。

(2) 发向外角把对手拉开。

(3) 发向对手的身体（追身球）。

2. 接发球战术

(1) 接发球站位：一般来说，站在对手发球扇面角度的角平分线上，或者根据个人接发球能力予以适当调整。若对手擅发斜线和带侧旋的球，站位应稍偏右；若对手较差，站位应稍偏左。

(2) 接发球击球：在把握好击球方法的同时，选择好击球的落点，为自己创造上网的机会，切忌只是被动地击球、挡球。一般采用的击球方法有平击抽球、切削球、拉旋转球、挑高球上网和拉底线两角球等。

（二）双打战术

1. 双打站位

(1) 双底线站位：这是一种防守型的站位方式。网前信心不足，但底线技术出众的选手多使用双底线站位。

(2) 一前一后站位：一名运动员在网前，另一名运动员在另一侧底线的站位。这是比赛中的常见阵型。

(3) 双上网站位：两名运动员同时在网前封网。双上网站位被绝大多数职业运动员尤其是男运动员采用。

2. 发球战术

与单打的发球一样，双打中的发球是直接对对方实施进攻并以发球为龙头带动网前及抢网战术。

(1) 发球上网战术。第一发球时，为了求得发球稳健，提高成功率，要利用八成力量发出不同旋转的球或平击球，利用发球落点的不断变化压制对手，随即迅速上网；与第一发球一样，第二发球也要利用不同旋转和变换落点来控制对手，为上网创造机会；上网后打出大角度或平而深的截击球，为了防止对手同伴抢网，切勿起高球。

(2) 澳大利亚网前战术。澳大利亚双打战术采用发球员和网前人站在同一半场的站位布阵战术。一般这种战术的运用是在接发球打过来的斜线球很低，使冲上网的发球员很难掌握好击球时机时采用。网前队员在这个位置上能够截住对方的斜线球，又能朝着对方网前人方向打击而得分，采用这种战术要求网前同伴给发球员做出手势，告诉其落点和网前是否抢网。另外，为了充分利用此战术，要求发球员的第一发球命中率要高。

(3) 发球上网抢网战术。抢网是指网前人横向移动，拦截对方击球员打过来的球。网前的同伴事先在背后做手势告诉发球员，应发什么落点以及抢网与否，同时发球员要注意发球质量、命中率和落点的变化。

第三节　网球提高班技战术及学练方法

一、基本技术

（一）正反手击球

1. 正手击上旋球

正手击上旋球的特点是飞行弧线高，下降快，落地后反弹高而远，前冲力较大，具有较强的攻击性而失误很少。正手击上旋球技术同正手击球的四个技术环节相似。只是击球部位、击球拍面和挥拍轨迹有所不同，即击球点在前脚右侧前方，拍面稍后仰，球拍从下向上、向前擦击球的中部或中部偏下。击球后要有完整的随挥动作，重心全部落在前脚上，球拍挥到左前上方。

2. 单手反手击球

单手反手击球动作由四个技术环节构成。

(1) 握拍方法与准备姿势：当对方来球飞向反手位时，要迅速由东方式正拍握法变成东方式反拍握法，即右手虎口在网球拍柄的左斜面上。反手抽击球的准备姿势与正手抽击球的准备动作一样。

(2) 后摆动作：当判断对方打来的球是反手位时，身体左转，右脚向左前方跨步，左手轻托拍颈帮助右手将球拍向身体左后方引拍，形成右肩侧对球网，这时握拍的手臂要靠近身体并保持适度弯曲。

(3) 击球动作：为了更好地发力，应当做到向前迎击来球。击球点在右脚的侧前方。在向前挥拍击球时，要朝向球网转腰、转肩，利用转体的力量使身体重心前移。当前挥时拍面要垂直于地面，手腕锁住，肘关节稍弯曲外展，使球拍由下向上挥出。

(4) 随挥动作：击球后，身体顺势转向球网，网拍和手臂充分伸展，使网拍挥到身体的右前上方，球拍挥到头部高度即可，然后迅速还原成准备姿势。（图 12-3-1）

图 12-3-1

学练方法：

⑴ 与墙保持一定距离，进行正手连续击球，在保证技术动作完整的基础上，争取打多个回合而不失误，再进行反手练习。

⑵ 学生站在底线中间，教师站在底线送正手球，并击打学生过网回球，将球再次送到学生身旁，让其进行连续多回合的正手击球练习。随后交换，进行反手击球练习。

⑶ 在发球区内进行小场地对打落地球练习。将球尽量打在发球区内，分别进行连续多回合正手击球和反手击球练习。

⑷ 教师在网前喂送多个球，学生依次打反手直线球和正手斜线球。

（二）发 球

上旋球发球动作方法：上旋发球的握拍方法和准备姿势与平击发球相同。发上旋球时，把球抛到头后偏左的位置，击球时身体尽量后仰呈弓形，利用杠杆力量使球旋转，球拍快速从左向右上方挥动，从下向上擦击球的背面并向右带出，使球产生右侧上旋。

上旋发球球过网后产生明显下坠，反弹很高，前冲很大，稳定性也很高。发球的主要路线是发向对方身体或薄弱点反手。

学练方法：

⑴ 站在发球线后发球练习，建立挥拍击球的感觉。

⑵ 控制发球落点练习，提高发球的变化能力。

⑶ 固定过网区域发球练习，提高控制击球路线及落点的能力。

（三）截击球

截击球是在网前进行的一种攻击性击球方法，即当球在落地之前将来球击回对方场区，可以在网前截击，也可以在场内任何地方截击空中球。截击球的特点是：缩短球的飞行距离和时间，扩大击球角度，加快回球速度。在网球比赛中，截击球已成为一种主要打法和进攻武器，是网球比赛中重要的得分手段之一。

1. 正手截击球

正手截击球动作由以下五个技术环节构成。（图 12-3-2）

⑴ 站位：一般近网截击站位在离球网 2 米左右的位置。站位太靠前，容易被对方打过顶高球；离球太远，又容易被对方穿越，所以选择站位应便于向前封堵和及时后退高压，从而达到网前的攻击效果。

⑵ 准备姿势：两脚自然开立，约与肩同宽。身体重心在前脚掌上，使用大陆式握拍法。非持拍手扶拍颈将球拍置于体前，拍头竖起，双肘稍离开身体。

⑶ 后引球拍：当判断球向正手飞来时，以身体为轴向右侧转动，球拍略向后打开，不要超过后肩，身体面向来球方向，拍面与来球在同一高度并对准来球。此时，拍头高于手腕，手腕固定，眼睛盯球，左手伸向前方，身体重心移向右腿。

⑷ 挥拍击球：左脚向前上步的同时挥拍击球，击球点在身体右侧前方，触球瞬间持拍手握紧拍柄，锁紧手腕，拍面触击球的后下部。

⑸ 随挥动作：前挥动作幅度要小，触球后利用肩及身体重心的前移将球拍向击球方向推送，前送动作要短。

图 12–3–2

2. 反手截击球

反手截击球动作由以下五个技术环节构成。（图 12–3–3）

(1) 站位：与正手截击球站位相同。

(2) 准备姿势：与正手截击球准备姿势相同。

(3) 后引球拍：当判断来球飞向反手时，以身体向左侧转动，同时左手辅助拍颈将球拍向后拉动，引拍不要过大，拍头竖起，高于左肩，持拍手的肘关节弯曲，重心移至左脚。

(4) 挥拍击球：右脚向左前方上步的同时击球。击球点在身体左侧前上方，击球瞬间，手腕固定，拍面略后仰，击球的后下部。

(5) 随挥动作：击球后球拍沿击球方向跟进。

图 12–3–3

学练方法：

(1) 抓球练习。同伴向其正手或反手的侧前方抛球，跨步用手抓住同伴抛来的球。

(2) 分别进行正反手依次对墙截击练习。

(3) 网前供多球截击练习，一人用手扔球，一人截击。

(4) 网前对面截击球练习。两人分别隔网站在发球线和球网之间连续截击球。

(5) 底线抽球网前截击练习。

(四) 高压球

高压球是指将头部以上的来球采用高于肩部的扣压动作将球击过球网的一项技术。高压球是网球技术中的重型武器，是双方选手在对打中克敌制胜的法宝，是对付对手挑高球的重要手段。

高压球动作由以下四个技术环节构成。

1. 握拍法

与发球握拍方法相同，使用大陆式握拍方法。

2. 准备与后引球拍

选择最佳的击球位置，当对手挑起高球时，迅速侧身转体，采用侧身跑退到球的后边，用小

碎步调整，找准击球的位置，同时两眼一直盯准来球。在后退过程中，要边退边侧身，握拍手上举，向后拉拍，与发球动作基本相同，非持拍手指向来球。

3. 挥拍击球

挥拍击球与发球动作相同，击球点在右眼前上方，用收腹、转肩、挥臂和扣腕将球击到对方场地的深区。近网高压球击球点偏前，远网高压球的击球点稍后些。

4. 随挥跟进

高压击球后像发球那样随挥跟进，保持身体平衡。

学练方法：

(1) 击球动作模仿练习。

(2) 对墙击高压球练习。

(3) 近网自抛高球，待球反弹落地后进行高压球练习。

(4) 移动中高压球练习。

二、基本战术

(一) 单打战术

1. 底线战术

(1) 压制反手进攻正手的战术：以正、反手的大力抽击球连续攻击对方反手，突然变线，袭击正手。这种战术适用于对付反手较弱的对手。

(2) 对角线战术：以快速而准确的落点控制对方场区的两个底角，迫使对方左右来回奔跑，当对方来不及回中心位置或失去平衡时，抓住空当和弱点进行突击。

(3) 重复落点战术：用正、反手大力抽击，打出大角度的球，促使对手左右奔跑，突然连续击打重复落点球，再突然变换落点。

2. 综合型打法

根据不同的对手和不同的技术与战术掌握情况、场地特点与战术需要，灵活地变换战术的打法，即综合型打法。

(1) 对付底线稳健型打法者，为打乱对方节奏，宜采用发上或随上及底线紧逼战术。

(2) 对付接发球上网者，要提高一发命中率，变化发球落点，以控制场上的主动权。

(3) 对付随球上网打法者，宜采用底线打深球战术，用正拍进行对拉，反拍切削控制落点的战术，寻找进攻机会。

(4) 对付发球上网型打法者，宜采用接发球破网或先提高接发球成功率，再准备第二拍破网。

(二) 双打战术

1. 接发球局部战术

接发球局部战术运用得是否成功，取决于接发球的质量。要提高接发球的质量，就要积极进攻，主动上网，灵活多变地运用战术，改变被动挨打的局面。

(1) 接发球双上网战术。当对方发球后，接发球员要判断准确，积极向前至底线区域，向前向下顶压击球，向发球上网的对手脚下或向双打边线附近击球，接着随接发球上网。

(2) 接发球双底线战术。在双打比赛中，如对方发来很有威胁的球，而且网前又非常活跃，可采用接发球双底线战术破坏对方快速进攻的节奏。由于两名队员都退到底线，会给对方网前截击造成一定的心理压力。同时，接球方要注意接发球的成功率，然后寻找机会进行反击，破网要打得凶狠，以破中路和两边小斜线为主，并结合挑上旋球技术。

2. 底线战术

底线战术可采用准、低、快的抽击方法向对方的两底线角，或向对方两人之间，或向对方两边线位置击球，还可运用拉旋转球、削击球等方法击球，争取制造上网截击球机会。有时可突放一短球，引一人上网，然后向网前队员的身后吊球或向其身后击球，使底线队员的防守困难，从而打破双方底线抽球的平衡局面。在比赛中还应注意对方有人在网前封网时，回击的球应避开其截击。

世界网球重要团体赛事

世界男子网球团体赛——戴维斯杯

世界女子网球团体赛——联合会杯

第四节 网球规则简介

一、场　地

（一）单打场地

单打场地的边线长 23.77 米，端线长 8.23 米（除端线宽 0.10 米外，其他线宽均在 0.025 ~ 0.05 米间）。网柱高 1.07 米，安置在距单打边线外 0.914 米处，球网中央高 0.914 米，发球线距球网 6.4 米，并平行于球网。发球中线是连接两条发球线中点并与边线平行的线，球网与每一边的发球线和边线组成的场地再被发球中线分为两个相等的区域，为发球区。

（二）双打场地

双打场地的边线长 23.77 米，端线长 10.97 米，网柱高 1.07 米，安置在双打边线外 0.914 米处。如果单打比赛在双打场地上进行，需用两根 1.07 米长的单打支柱支撑，单打支柱应距单打边线外 0.914 米，其他同单打场地。

二、发　球

（一）发球前的规定

发球员在发球前应先站在端线后、中点和边线的假定延长线之间的区域里，用手将球向空中任何方向抛起，在球接触地面以前，用球拍击球（仅能用一只手的运动员，可用球拍将球抛起）。球拍与球接触时，就算完成球的发送。

（二）发球时的规定

发球员在整个发球动作中，不得通过行走或跑动改变原来站立的位置，两脚只准站在规定位置，不得触及其他区域。

（三）发球员的位置

(1) 每局开始，先从右区端线后发球，得（失）1 分后，应换到左区发球。这样每得（失）1 分就轮流交换发球位置。如发球位置错误而未察觉，比分仍然有效；一旦察觉，应立即纠正。

(2) 发出的球应从网上越过，落到对角的对方发球区内，或其周围的线上。

（四）发球失误

未击中球；发出的球，在落地前触及固定物（球网、中心带和网边白布除外）；违反发球站位规定。发球员第一次发球失误后，应在原发位置上进行第二次发球。

（五）发球无效

发球触网后，仍然落到对方发球区内，接球员未做好接球准备，均应重发球。

（六）交换发球

第一局比赛终了，接球员成为发球员，发球员成为接球员。以后每局终了，均依次互相交换直至比赛结束。

三、通 则

（一）交换场地

双方应在每盘的第 1、3、5 等单数局结束后，以及每盘结束双方局数之和为单数时交换场地。

（二）失 分

发生下列任何一种情况，均判失分。

(1) 在球第二次着地前，未能还击过网。

(2) 还击的球触及对方场区界线以外的地面、固定物或其他物件。

(3) 还击空中球失败。

(4) 在比赛进行中，运动员故意用球拍拖带或接住球或故意用球拍触球超过一次。

(5) “活球”期间，运动员的身体、球拍（不论是否握在手中），或穿戴的其他物件触及球网、网柱、单打支柱、绳或钢丝绳、中心带、网边白布或对方场区以内的地面。

(6) 来球尚未过网即在空中还击（过网击球）。

(7) 除握在手中（不论单手或双手）的球拍外，运动员的身体或穿戴的物件触球。

(8) 抛拍击球。

(9) 比赛进行中，运动员故意改变其球拍形状。

（三）压线球

线被认为是场地的一部分，所以落在线上的球都算界内球。

四、双　打

（一）双打发球次序

每盘第一局开始时，由发球方决定由何人首先发球，对方则同样地在第 2 局开始时，决定由何人首先发球。第 3 局由第 1 局发球方的另一球员发球。第 4 局由第 2 局发球方的另一球员发球。以下各局均按此秩序发球。

（二）双打接球次序

先接球的一方应在第 1 局开始时决定何人先接发球，并在这盘单数局继续先接发球。双方同样应在第 2 局开始时决定何人接发球，并在这盘双数局继续先接发球。他们的同伴应在每局中轮流接发球。

（三）双打还击

接发球后，双方应轮流由其中任何一名队员还击。如运动员在其同队队员击球后，再以球拍触球，则判对方得分。

五、计分方法

（一）胜 1 局

⑴ 每胜 1 球得 1 分，先胜 4 分者胜 1 局。
⑵ 双方各得 3 分时为“平分”，平分后，净胜 2 分为胜 1 局。

（二）胜 1 盘

⑴ 一方先胜 6 局为胜 1 盘。
⑵ 双方各胜 5 局时，一方净胜 2 局为胜 1 盘。

（三）决胜局计分制

在每盘的局数为 6 平时，有以下两种计分制。
⑴ 长盘制：一方净胜 2 局为胜 1 盘。
⑵ 短盘制：决胜盘除外，除非赛前另有规定，一般应按以下办法执行。
① 先得 7 分者为胜该局及该盘（若分数为 6 平时，一方须净胜 2 分）。
② 首先发球员发第 1 分球，对方发第 2、3 分球，然后轮流发 2 分球，直到比赛结束。
③ 第 1 分球在右区发，第 2 分球在左区发，第 3 分球在右区发。
④ 每 6 分球和决胜局结束都要交换场地。

（四）短盘制的计分

(1) 第1个球（0：0），发球员A发1分球，1分球之后换发球。

(2) 第2、3个球（报1：0或0：1，不报15：0或0：15），由B发球，B连发2分球后换发球，先从左区发球。

(3) 第4、5个球（报3：0或1：2，2：1，不报40：0或15：30，30：15），由A发球，A连发2球后换发球，先从左区发球。

(4) 第6、7个球（报3：3或2：4，4：2或1：5，5：1或6：0，0：6），由B发1分球之后交换场地，若比赛未结束，B继续发第7个球。

(5) 比分打到5：5，6：6，7：7，8：8……时，需连胜2分才能决定谁为胜方。但在记分表上则统一写为7：6。

(6) 决胜局打完之后，双方队员交换场地。

什么是ACE球?

网球中，ACE球就是对局双方中一方发球，球落在有效区内，但对方却没有触及球而使之直接得分的发球。如果对方触到球而出界或下网，则只称作发球得分，而不是ACE球。

【思考题】

1. 网球握拍方法有哪几种？各自的要领是什么？
2. 正手击球动作由哪些技术环节组成？
3. 主要的发球技术有哪几种？不同点是什么？
4. 双打比赛战术站位有哪几种形式？
5. 网球比赛中双方应在何时交换场地？

【参考文献】

1. 陶志翔. 网球运动教程[M]. 北京：高等教育出版社，2003.
2. 孟霞. 现代网球运动全攻略[M]. 北京：中央编译出版社，2015.

第十三章 游 泳

* 学习游泳运动的起源与发展，了解其健身价值
* 重点学习蛙泳和自由泳教学的方法，包括腿部技术教学、臂部技术及臂与呼吸配合技术的教学
* 掌握仰泳和蝶泳的教学方法，包括腿部技术教学、臂部技术及臂与呼吸配合技术的教学
* 了解游泳的比赛规则

第一节 游泳运动概述

一、起 源

游泳运动是男女老幼都喜欢的体育项目之一。古代游泳，根据现有史料的考证，国内外较一致的看法是产生于居住在江、河、湖、海一带的古代人。他们为了生存，必然要在水中捕捉水鸟和鱼类作食物，通过观察和模仿鱼类、青蛙等动物在水中游动的动作，逐渐学会了游泳。

二、发 展

17 世纪 60 年代，英国游泳活动就开展得相当活跃。18 世纪初，游泳运动传到法国，继而成为风靡欧洲的运动。1828 年，英国在利物浦乔治码头修造了第一个室内游泳池，这种泳池到 19 世纪 30 年代在英国各大城市相继出现。1837 年，在英国伦敦成立了第一个游泳组织，同时举办了英国最早的游泳比赛。1869 年 1 月，在伦敦成立了大城市游泳俱乐部联合会（现英国业余游泳协会）并把游泳作为一个专门的运动项目正式固定下来，并随之传遍全世界。随着游泳运动的发展，游泳被分为实用游泳和竞技游泳两大类。1956 年，中国游泳协会成立。近些年来，随着全民

健身运动的普及，游泳成为很多中国人日常健身的运动项目。中国竞技游泳也取得了很大的发展，涌现出了吴鹏、罗雪娟、刘子歌、叶诗文等优秀运动员，竞技游泳水平不断提升。在2020年第32届奥运会上，中国游泳队获得3枚金牌、2枚银牌、1枚铜牌。截至2022年6月，中国运动员手握两项世界纪录，分别是刘湘的女子50米仰泳（27秒35）和女子4×200米接力（7分40秒33）。

19世纪中期至20世纪初，世界各国的游泳比赛开始普遍起来，游泳总会亦相继成立。英国业余游泳总会于1869年成立，是第一个成立的国家游泳总会。1850—1860年间，英国与澳洲已有国际游泳比赛。当国际奥林匹克运动会于1894年6月16日在巴黎成立时，游泳已被列为1894年的奥运项目之一。至于国际业余游泳联合会（FINA），则成立于1908年。竞技游泳从第1届奥运会（1896年）就列入了奥运会正式项目。发展到现在，各种锦标赛、国际大型比赛不断推动着竞技游泳的发展，使它的技术动作更完善。

三、健身价值

（一）对心血管的作用

游泳对心血管系统的改善有相当重要的作用。冷水的刺激通过热量调节作用与新陈代谢能促进血液循环；此外，游泳时水的压力和阻力还对心脏和血液的循环起到特殊的作用。在水面游泳时，身体所承受的水压就已达到每平方厘米0.02～0.05千克，潜水时随着深度的加大，物理条件的变化，压力还会增大，游泳速度的加快也会加大压力负荷，使心房和心室的肌肉组织得到加强，心腔的容量也能逐渐有所加大，心脏的跳动次数减少，这样心脏的活动就能节省化，整个血液循环系统可以得到改善，静止状态下舒张压有所上升，收缩压有所下降，因此血压值变得更为有利，血管的弹性也有所增加。据统计，一般人在安静状态下心脏跳动66～72次/分，每搏输出量为60～80毫升，而长期参加游泳锻炼的人，在同样情况下只需收缩50次左右，每搏输出量却达到90～120毫升。

（二）对呼吸系统的作用

游泳时，新陈代谢过程和心血管系统工作的节省化，都离不开大量的供氧，然而由于水压迫着胸腔和腹部，给吸气增加了困难，曾有人做过专门的试验，游泳时人的胸廓要受到12～15千克水的压力，那么要想使身体获得足够的氧气，呼吸肌就必须不断地克服这种压力；另外，水的密度要比空气的密度大得多，因此要想呼气就必须用力，这样不管是吸气还是呼气都能增加呼吸肌的收缩力，从而能增强呼吸系统的功能，加大肺活量。一般健康男子的肺活量为3000～4000毫升，而经常从事游泳的人可以达到5000～6000毫升。

（三）对人体皮肤的作用

游泳时，由于水温的刺激，机体为了保证足够的温度，皮肤血管参与了重要的调节作用，冷水的刺激能使皮肤血管收缩，以防热量扩散到体外。同时身体又加紧产生热量，使皮肤血管扩张，改善对皮肤血管的供血，长期坚持锻炼能使皮肤的血液循环得到加强。另外，水是十分柔软的液体，而由于水波浪的作用，水不断对人体表皮进行摩擦，从而使皮肤得到更好的放松和休息。

知识窗

国际业余游泳联合会

1908年，国际业余游泳联合会（FINA）在伦敦成立，总部设在美国艾罗瓦。联合会宗旨是促进和鼓励世界游泳、跳水、水球、花样游泳以及其他水上运动项目的发展，保证世界游泳运动的业余性；制定世界游泳运动各个项目的规则，监督和管理奥林匹克运动会、世界锦标赛和其他国际性游泳、跳水、水球和花样游泳比赛的技术安排。

国际泳联成立后，规定了四种游泳比赛项目：自由泳、仰泳、蛙泳、蝶泳。每4年举行一次代表大会。

第二节　游泳基础班技战术及学练方法

一、熟悉水性

（一）水中走动和跳动

水中走动和跳动的目的是体会在水中的阻力、压力、浮力和保持平衡。练习走动和跳动时，身体要直立在水中，用前脚掌做向前、向后、向左、向右的走动或跳动。

(1) 两人以上，手拉手在水中走动或跳动。

(2) 单独在水中站立，两手掌与水面垂直，向前后或向左右划水，以体会水的阻力。

（二）水中睁眼和闭气

(1) 在池壁旁站立，双手扶住池槽，吸口气，尽量多一点，但也不能太多。徐徐弯腰低头浸入水中，睁开眼睛，然后一上一下地做蹲起动作。

(2) 双人面对面在水中交替进行吸气、闭气、水中睁眼的练习。

（三）水中呼吸

(1) 在池壁旁站立，用嘴深吸一口气，两手扶住池槽。然后头入水蹲下，在水中用嘴和鼻子同时均匀地吐气，吐气快完时再站立吸气。

(2) 双人拉手做蹲立的呼吸练习，站立时吸气，下蹲时吐气。

（四）浮体与站立

抱膝浮体与站立：原地站在齐腰或齐胸的水中，深吸一口气后下蹲，然后低头，两手抱膝，成低头团身抱膝姿势，使身体漂浮在水中。用嘴和鼻子慢慢吐气，到快吐完时，两臂前伸，手掌向下压水抬头，同时两腿向下伸直。两脚踩住池底时站立，两手于体侧压水，保持身体平衡。

（五）滑行和站立

(1) 蹬壁滑行和站立：一手拉池槽，一臂前伸，然后收腹屈腿，两脚蹬池壁，使上体前倾平浮于水中。做好准备姿势后，吸一口气，低头，随即放下拉槽的手，两臂并拢向前伸，头夹于两臂之间，同时两脚用力蹬壁使身体成流线型俯卧向前滑行。

(2) 滑行打水：俯卧或仰卧滑行，动作与前面相同。滑行后，两脚做上下自然的打水动作，使身体向前游进。

二、基本泳姿介绍

（一）蛙 泳

1．蛙泳简介

蛙泳是一种模仿青蛙游泳动作的游泳姿势，也是最古老的一种泳姿。蛙泳是竞技游泳姿势之一。

2．动作方法

游泳时身体俯卧在水中，两臂开始伸直，向两侧分开，然后向后屈臂加速划水，至两肩侧面的延长线前结束。接着向内降肘使两手在胸前汇合，再向前伸出。两腿的动作是由两侧向后呈半弧形加速蹬，而后伸直、并拢、回收。在收腿即将结束时，将小腿和脚向两侧翻出，形成向后蹬水的阻力面，再开始蹬腿。在比赛中，一般采用蹬腿 1 次、划臂 1 次、呼吸 1 次的配合方法。

高肘划水是提高臂部划水效果的新技术。这种技术是在两臂向后划水时肘关节保持较高的位置，使小臂与大臂之间构成理想角度，形成小臂对水的截面，从而获得更好的划水效果。目前，世界上优秀运动员已广泛采用这种技术。现代蛙泳的腿部动作是少收大腿，充分发挥小腿的作用，在收腿结束时，脚后跟尽量靠近臀部。（图 13–2–1）

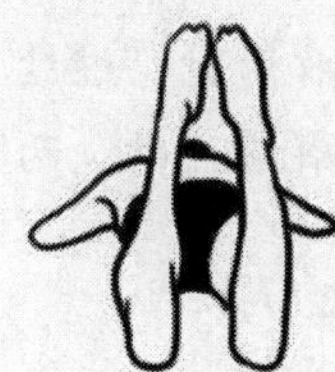
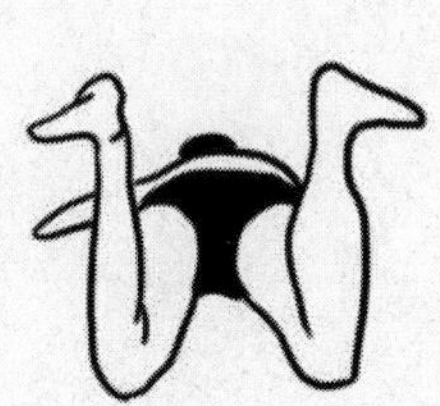
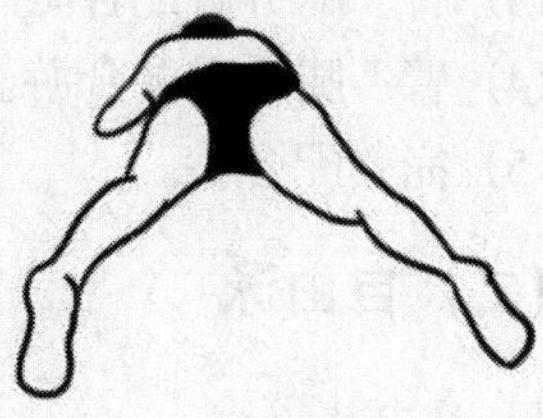

图 13–2–1

呼吸方式：在蛙泳的游进过程中，一般都是一个周期一次呼吸，这样有利于机体的有氧供应，从而降低疲劳速度。需要注意的是，在抬头吸气前，必须要将体内的废气全部吐完，这样才能吸进新鲜氧气。

蛙泳配合技术：手臂滑下（抓水）的同时，开始逐渐抬头，这时腿保持自然放松、伸直的姿势。手臂划水时，头抬至眼睛出水面，腿还是不动。只有收手时才开始收腿，并稍向前挺髋，这时头抬至口出水面，并进行快速、有力的吸气。伸手臂的同时低头，用鼻或口鼻进行呼气，并且在手臂伸至将近 1/2 处时，进行蹬夹水的动作，之后让身体伸展滑行一段距离，等速度降低时进行第二个周期的动作。

蛙泳腿部学练方法：

陆上模仿练习：

(1) 跪撑翻脚压腿。

(2) 俯卧模仿蹬夹。

(3) 仰坐模仿蹬夹。

(4) 站立模仿蹬夹。

水中练习：

(1) 站立蹬夹。

(2) 扶边蹬夹。

(3) 反蛙泳蹬夹。

(4) 滑行蹬夹。

(5) 扶板蹬夹。

(6) 脚触手蹬夹。

臂部技术及臂与呼吸配合技术的教学：

(1) 陆上原地模仿练习。

(2) 水中练习。

(3) 原地划臂。

(4) 行进间划臂。

(5) 托扶划臂。

(6) 夹板划臂。

完整配合技术的教学：

(1) 陆上站立模仿练习。

(2) 水中练习。

(3) 臂、腿分解配合游。

(4) 臂、腿连贯配合游。

(5) 完整配合游。

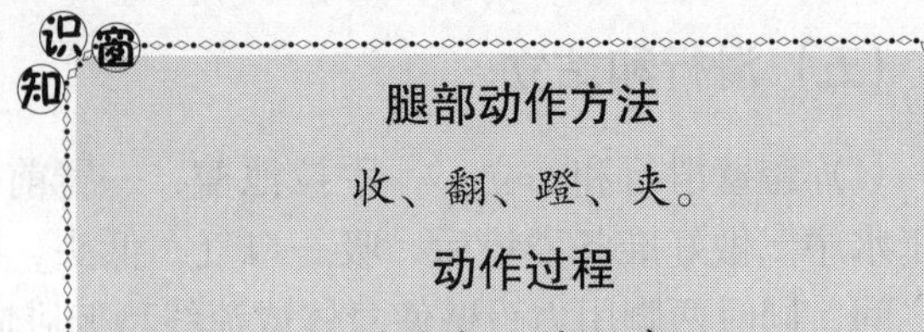

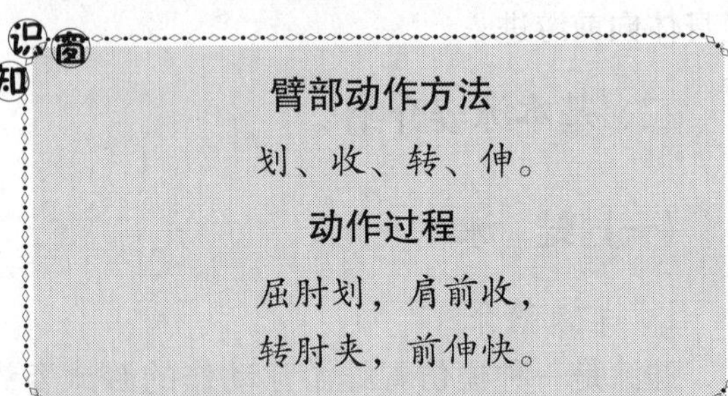

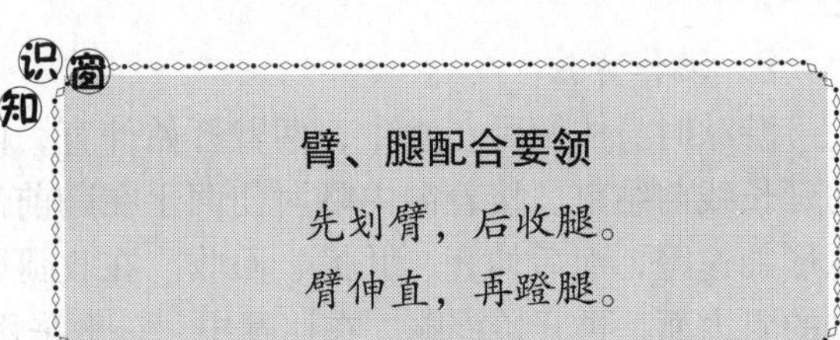

知识窗

臂、腿动作与呼吸的配合要领

划水时：两腿微屈，抬头吸气。

收肘时：继续收腿，开始憋气。

臂前伸时：两腿夹蹬，滑行吐气。

（二）自由泳

1. 自由泳简介

自由泳是竞技游泳比赛项目之一。对技术没有规则限制，比赛时，运动员多采用最快的爬泳技术，致使人们把爬泳亦称为自由泳。

2. 自由泳的动作结构与技术要点

(1) 身体姿势：自由泳时身体俯卧在水面成流线型，背部和臀部的肌肉保持适当的紧张度，在游进中保持头部平稳，躯干围绕身体纵轴有节奏地自然转动 35 ~ 45°。

(2) 腿部动作：自由泳腿部动作虽有一定的推进力，但主要起平衡作用，保持身体的稳定和协调双臂做有力的划水。要求两腿自然并拢，脚稍内旋，踝关节放松，以髋关节为轴，由大腿带动小腿和脚掌，两腿交替做鞭打动作，两脚尖上下最大幅度为 30 ~ 40 厘米，膝关节最大曲度约 160°。

(3) 臂部动作：自由泳时臂部动作是推动身体前进的主要动力。以一个周期分为入水、抱水、划水、出水和空中移臂五个不可分割的阶段。

(4) 臂、腿和呼吸的配合技术：自由泳时，一般是在两臂各划水一次的过程中进行一次呼吸，

以向右边吸气为例：右手入水后，嘴和鼻子开始慢慢呼气。右臂划水至肩下，开始向右侧转头和增大呼气量。右臂推水即将结束，则用力呼气。右臂出水时，张嘴吸气，至空中移臂的前半部为止，并开始转头还原。然后，直至臂入水结束，有一个短暂的闭气过程，脸部转向前下。头部稳定时，右臂入水，再开始下一慢慢呼气的过程。

自由泳的呼吸与臂、腿配合，初学者一般都采用6：2：1的方法，即呼吸1次、臂划2次、腿打6次，这种配合方法易保持平衡和协调掌握自由泳技术。

学练方法：

(1) 陆上自由泳单臂模仿练习。

(2) 陆上自由泳双臂模仿练习。

(3) 臂与呼吸配合模仿练习。

(4) 扶池边自由泳分解练习。

(5) 扶板自由泳分解练习。

(6) 自由泳完整配合练习。

不同泳姿锻炼不同部位

蛙泳——腿部力量。自由泳、仰泳的大腿方式都是上下鞭打，只有蛙泳是蹬夹，前者能够使腿更修长，而后者更多用到大腿股四头肌，因此对加强腿部力量很有效。

蝶泳——胸部力量。蝶泳时，手臂向内划水，类似在做扩胸运动，胸大肌、背扩肌、腹直肌用力较多，锻炼效果也最好。

自由泳——臂部力量。自由泳时，上臂的肱二头肌、肱三头肌用力较多，可以有效锻炼臂部肌肉，同时对肩部肌肉力量的提高也具有一定的推动作用。

仰泳——背部力量。仰泳时，背扩肌用力会较多，可以使背部肌肉得到舒展。此外，仰泳时需要提臀滑行，对臀部也是一种锻炼。

第三节 游泳提高班技战术及学练方法

一、仰 泳

(一) 仰泳简介

仰泳是人体仰卧在水中进行游泳的一种姿势。

(二) 技术环节

仰泳的技术环节分为仰泳身体姿势、仰泳腿部技术、仰泳手臂技术和仰泳配合技术。

1. 仰泳身体姿势

仰泳时，身体要自然伸展，仰卧在水面，头和肩部稍高，腰部和腿部保持水平，身体纵轴在水平面上构成的仰角约为10°，腰部和两腿均处在水面下。

2. 仰泳腿部动作

仰泳的腿部动作是由下压动作和上踢动作组成，即直腿下压、屈腿上踢。

随着惯性的逐渐减弱和大腿的带动，小腿也开始向上移动，但此时脚仍然继续向下，直到惯性消失，大腿、小腿和脚一同结束向下的动作，构成向下“鞭打”的动作。

上踢动作是以大腿带动小腿、小腿带动脚来完成的，并且在任何情况下，尽量不要使膝关节或脚尖露出水面。上踢时，脚尖应内旋以加大对水面积。

3. 仰泳臂部动作

一个完整的手臂动作分为入水、抱水、划推水、出水和空中移臂等几个阶段，手掌由于入水、抱水和划推水在水下形成一个“S”形的路线。

4. 仰泳配合技术

仰泳两臂的配合是“连接式”的，即当一臂划水结束时，另一臂已入水并开始划水；一臂处于划水的中部，另一臂正处于移臂的一半。在整个动作过程中，两臂几乎都处在完全相反的位置。

臂和呼吸的配合：仰泳的呼吸相对来说比较简单，一般是两次划水一次呼吸，即一臂移臂时开始吸气，然后做短暂的憋气，当另一臂移臂时进行呼气。在高速游进时也有一次划水一次呼吸的技术，但是呼吸不能过于频繁，否则会引起呼吸不充分，造成动作紊乱。

臂腿配合技术：臂腿配合是否合理，将影响整个动作的平衡和协调。臂在划水过程中，腿的上踢、下压动作要避免身体的过分转动，以保持身体的平衡、协调为原则。

学练方法：

(1) 站立单臂划水模仿练习。

(2) 仰卧池边单臂划水模仿练习。

(3) 站立双臂划水模仿练习。

(4) 扶水线划水练习。

(5) 夹板划水练习。

(6) 划水分解练习。

(7) 完整配合练习。

二、蝶 泳

(一) 蝶泳简介

蝶泳 (butterfly stroke) 是四种竞技游泳姿势中最后发展起来的泳姿，由于它的腿部动作酷似海豚，所以又称为“海豚泳”。

(二) 蝶泳技术

蝶泳技术组成：蝶泳身体姿势、蝶泳腿部技术、蝶泳手臂技术和蝶泳配合技术。

1. 蝶泳身体姿势

蝶泳的身体姿势与其他泳姿不同，它没有固定的身体位置。在游进中躯干各部分和头不断改变彼此间的相对位置。头和躯干有时露出水面、有时潜入水中，形成波浪形式上下起伏的变化位置。

2. 蝶泳腿部技术

蝶泳打水时，两腿自然并拢，脚跟稍微分开呈内“八”字，当两腿在前一划水周期向下打水结束后，两脚处于最低点，膝关节伸直，臀部上抬至水面，髋关节屈成约160°。然后两腿伸直

向上移动，髋关节逐渐展开，臀部下沉。当两腿继续向上时，大腿开始下压，膝关节随大腿下压，动作自然弯曲，大腿继续加速向下。随着屈膝程度的增加，脚抬至接近水面时，臀部下降到最低点，膝关节弯曲成 110～130° 角时，脚向上抬至最高点，并准确向下后方打水。当脚向下打水时，踝关节放松，脚面绷直，然后和小腿随大腿加速向后下方推水。双脚继续加速向下后方打水，动作尚未结束时，大腿又开始向上移动，当膝关节完全伸直时，向下打水的动作即结束。

蝶泳腿的打水动作是由腰部发力，经过髋、膝、踝关节并与躯干、脊柱动作相协调一致配合完成的。脚的运动方向是向下和向后，其向下的幅度大于向后的幅度。

3. 蝶泳手臂技术

蝶泳臂的划水是两臂在头前入水，同时沿身体两侧做曲线划水。它的技术环节分为：入水、抱水、划水、推水和空中移臂等几个阶段。

入水：蝶泳臂入水点基本上在肩的延长线上，两臂同时入水。入水时肘稍屈并略高于小臂，手掌领先，并约与水面成 45° 角，然后带动小臂和大臂依次入水。入水阶段，由于前臂外侧旋转动作，掌心由向外侧积极转向外侧后。

抱水：臂入水后，手和前臂继续外旋，进入抱水阶段。抱水时，手的运动方向为向外—向后—向下。随着前臂的外旋，掌心由向外侧后转为向后方向，接着进入划水阶段。

划水：在臂进入划水阶段时，前臂和手掌是划水的主要对水面。屈肘，使肘部保持较高的位置。前臂外旋动作和逐步加大屈臂的动作是同时进行的，当两臂划至肩下方时，小臂和大臂的角度成 90～100°，当两手划至腹下时，两手距离最近（几乎碰到一起），然后转入推水动作。

推水：当两手距离最近时，双手做弧形向外推水的动作。手的运动方向为向外—向上—向后的方向。推水的前半部，手有较大的向后运动的分量，推水路线较直；推水的后半部，手有较大的向外、向上的运动分量。推水时，由于小臂的内旋，掌心由划水的向后转为向外侧后方。

划水和推水，手掌的运动路线有三种，这要根据个人不同的身体条件而定，一般较高水平的运动员都采用第一种和第二种。

出水：当两臂推水至髋关节两侧时，利用推水的惯性，提肘出水。提肘出水动作是在推水结束前即已开始。在两臂推水尚未结束时，两肘已开始做向上提起的动作，这时掌心向外后侧。

空中移臂：当推水结束提肘出水后，两臂即由空中前移，开始移臂时肘关节微屈，手掌向上，肘先于手出水，两臂放松内旋，沿身体两侧低平地抛物线前摆。开始移臂时稍用力，利用臂的离心力向前摆出。移臂时速度要快，否则会造成身体下沉。

4. 蝶泳配合技术

(1) 臂和呼吸的配合动作：蝶泳的呼吸是借助于两臂划水的后部推水动作，同时需后部肌肉大幅度伸展，使头抬至口露出水面时吸气。吸气的速度要快，头必须在臂入水前回到原来的位置，慢呼气或者稍憋气后呼气。

蝶泳的呼吸一般是一次划水一次呼吸，但是为了加快游进的速度，也可采用两次以上的划水动作之后，再做一次呼吸的技术。

(2) 臂腿呼吸的配合（即完整的配合动作）：蝶泳臂、腿、呼吸的配合比例一般为 1∶2∶1，即一次手臂动作，两次腿的动作，呼吸一次。当然在某些情况下，也有做 N 次（N>1）臂、腿配合再做一次呼吸的技术。两次打腿的力量一般是第一次轻，第二次重，要有所区别。

完整的配合技术是两臂入水时做第一次向下打腿；臂抱水时腿向上；当两臂划至腹部下时，开始做第二次向下打水的动作，并且抬头吸气。推水结束时打腿也结束。移臂时腿又向上准备做下一周期的打腿动作；移臂的前部，头部还处在水面，移臂过身体的横肘时低头。

学练方法：

(1) 陆上模仿练习。

(2) 跳跃划水练习。

(3) 单臂配合练习。

(4) 减少打腿的次数。

游泳时防腿抽筋的小窍门

增加体内热量：可吃些肉类、鸡蛋等蛋白质含量丰富的食物，还应适当吃些甜食。其次是增加钠、钙、磷的补充。同时，游泳时间不宜过长，疲劳或饥饿时不宜游泳。

准备活动应充分：先用冷水淋浴或用冷水拍打身体及四肢，对易发生抽筋的部位可进行适当的按摩。如果平时能够坚持冷水浴，就可提高身体对冷水刺激的适应能力，从而有效地避免游泳时发生腿抽筋。

发生抽筋不要慌：游泳发生小腿抽筋时，要保持镇静，惊恐慌乱会呛水，使抽筋加剧。先深吸一口气，把头潜入水中，背部浮上水面，两手抓住脚尖，用力向自身方向拉，同时双腿用力抻。一次不行的话，可反复几次，肌肉就会慢慢松弛而恢复原状。上岸后及时擦干身体，注意保暖，对仍觉疼痛的部位可做适当的按摩，使之进一步缓解。

第四节　游泳规则简介

一、场地、器材设备

(1) 游泳池应长 50 米（短池为 25 米），宽 21 米或 25 米；深度至少 2 米，推荐 3 米，池水水温 25～28℃。要求池水达到使运动员能看清池底和池壁标志线的清晰程度。

(2) 游泳池内设八条或十条泳道，设九条或十一条分道线，每条泳道宽 2.50 米。两侧泳道距池边至少 0.20 米。50 米池必须设有 25 米浮标标志。

(3) 出发台应正对泳道的中间，其前沿应高出水面 50～75 厘米。出发台的表面面积为 50 厘米×50 厘米。台面应由防滑材料覆盖；出发台必须坚固且没有弹性，并应保证运动员出发时能在前沿和两侧抓握出发台，其向前倾斜不超过 10°。

二、各项游泳姿势的比赛规定

(一) 蛙　泳

(1) 出发和每次转身后，从第一次手臂动作开始，身体应保持俯卧，除转身动作外，任何时候不允许身体呈仰卧姿势。

(2) 两臂的所有动作应同时并在同一水平面上进行，不得有交替动作。

(3) 两手应同时在水面、水下或水上由胸前伸出，。除转身前最后一次划水动作、转身过程中的最后一个划水动作外，肘部不得露出水面。除出发和每次转身后的第一次划水动作外，两手向后划水不得超过臀线。

(4) 在蹬腿过程中，两脚必须做外翻动作，不允许做交替打腿或向下的蝶泳打腿动作。只要不接着做向下的蝶泳打腿动作，允许两脚露出水面。

(5) 在每次转身和到达终点时，两手应分开在水面、水上或水下同时触壁。触壁前的最后一次划水动作结束后，头可以没入水中，但在触壁前的最后一个完整或不完整动作周期中，头的一部分露出水面。

(6) 在每个完整动作周期内，运动员头的一部分必须露出水面。两腿的所有动作应同时并在同一水平面上进行，不得有交替动作。

(二) 自由泳

自由泳比赛中，每次转身和到达终点时，运动员身体的某一部分必须触及池壁。

(三) 仰 泳

(1) 在出发信号发出前，运动员应在水中面对出发端，两手抓住握手器，两脚禁止蹬在水槽里、水槽上或脚趾勾在水槽沿上。

(2) 出发和每次转身后，运动员应以仰卧姿势蹬离池壁，并在整个游进过程中保持仰卧姿势，允许身体做转动动作，但最大转动幅度不得达到与水平面成90° 的角度。头部位置不受此限。

(3) 在转身过程中，运动员必须在种自泳道内身体的某部分必须触壁。转身过程中允许肩的转动超过垂直面至俯卧姿势，之后可进行一次连贯的单臂划水或双臂同时划水动作，并以此划水动作作为转身的开始。

(四) 蝶 泳

(1) 两臂在水面上同时向前摆动，并在水下同时向后划水。

(2) 所有腿部的上下打腿动作应同时进行。两腿或两脚可不在同一水平面上，但不允许有交替动作，不允许有蹬蛙泳腿。

(3) 在每次转身和到达终点时，两手应分开在水面、水上或水下同时触壁。

三、比赛通则

(一) 出 发

(1) 自由泳、蛙泳、蝶泳、个人混合泳及自由泳接力的比赛必须从出发台出发。当执行总裁判发出长哨声信号后，运动员应站到出发台上，当发令员发出“各就位”的口令后，运动员应立即做好出发准备姿势，即至少有一只脚位于出发台的前端，手臂位置不限。当所有运动员都处于静止状态时，发令员发出“出发信号”。

(2) 仰泳比赛、混合泳接力比赛的第 1 棒，必须从水中出发。当执行总裁判发出第 1 声长哨声信号后，运动员应立即下水；当执行总裁判发出第 2 声长哨声信号后，运动员应迅速游回池端；当所有运动员都做好出发准备时，发令员发出“各就位”口令；当所有运动员都处于静止状态时，发令员发出“出发信号”。

（二）计　时

自动计时与人工计时，均被承认为正式的计时方法。

（三）比赛和犯规

(1) 比赛中，不得将不同项目的运动员（接力队）混合编组。

(2) 运动员应游完全程才能获得录取资格。

(3) 运动员应始终在其出发的同一泳道内比赛和抵达终点。

(4) 在所有项目中，运动员转身时必须按各泳式的规定触及池壁，不允许在池底跨越或行走。

(5) 在自由泳项目和混合泳项目的自由泳段比赛中，允许运动员在池底站立，但不得行走。

(6) 不允许拉分道线。

(7) 比赛中，运动员不得使用或穿戴任何有利于其速度、浮力、耐力的器材或泳衣（如手蹼、脚蹼、弹力绷带或粘胶材料等)，但可戴游泳镜。

(8) 在比赛场地内，不允许速度诱导及采用任何能起速度诱导作用的装置与方法。

【思考题】

1. 简述游泳运动的起源及发展。
2. 蛙泳对身体姿势有什么要求？
3. 游自由泳时臂、腿应怎样结合？
4. 仰泳对身体姿势有什么要求？
5. 蝶泳手臂技术环节包括什么内容？

【参考文献】

1. 伊恩. 麦克劳德，游泳运动系统训练[M]. 北京：人民邮电出版社，2015.
2. 刘亚云，游泳运动（修订版）[M]. 长沙：湖南师范大学出版社，2013.

第十四章　健美操

* 健美操起源、发展及健身价值
* 健美操分类、特点及创编原则
* 基础班基本动作、创编动作及学练方法
* 提高班组合动作、创编动作及学练方法
* 健美操规则解析

第一节　健美操概述

一、起　源

健美操的起源可追溯到2000多年前。古希腊人对人体美的崇尚举世闻名，他们喜爱采用跑跳、投掷、柔软体操和健美舞蹈等各种体育项目进行人体美的锻炼。古印度很早就有瑜伽术，其中的一些姿势与当前流行的健美操所常用的基本姿势是一致的。由此可见，古代人对健身健美的追求是现代健美操形成与发展的基础。

健美操是集音乐、舞蹈、体操和美学于一体的新型体育项目。它以其自身固有的价值和魅力风靡全世界，深受广大青年学生及群众的喜爱。目前，健美操已被列入我国学校体育教学大纲，成为学校体育教学的主要课程之一。

二、发　展

（一）国际健美操的发展

19世纪末20世纪初，欧洲出现了许多体操流派，他们在理论和实践上的创新对健美操的发展起到了推动的作用。20 世纪 80 年代初，随着遍及全球的健身热和娱乐体育的发展，健美操以其强大的生命力风靡世界。美国是对世界健美操的发展有着重要影响的国家，其代表人为影视演员简·方达。她根据自己的健身体会和经验，撰写了《简·方达健美术》一书。该书自 1981 年出版后，引起了世界的轰动。与此同时，自 1985 年开始，美国正式举办一年一度的健美操锦标赛，并确定了竞赛项目和规则，使健美操发展成为竞技性运动项目。

健美操不仅在美、英、法等国家迅速发展，而且在一些发展中国家和地区也得到了不同程度的开展。俄罗斯早已把健美操列入大、中、小学的体育教学大纲。在亚洲地区，日本、菲律宾、新加坡等国家也建有许多健美操活动中心及健身俱乐部，人们开始将健美操作为自己的主要健身方式，由此形成了世界范围内的“健美操热”。

（二）我国健美操的兴起与发展

世界性的健美操热是于 20 世纪 70 年代末传到我国的。1984 年，北京体育学院（现北京体育大学）成立了健美操研究组，接着上海体育学院成立了健美操教研室，率先开设了健美操课程。一些大专院校也根据国家教委对高校体育教学的要求，逐步开设了健美操普修或选修课，从而把我国的健美操从社会引向了学校。

1986—1988 年，健身健美操和竞技健美操在我国得到了长足的发展。继 1986 年 4 月在广州举行的我国首次“全国女子健美操邀请赛”后，1987 年 5 月在北京又成功地举办了首届正式的竞技健美操比赛——“长城杯”健美操邀请赛。为了有组织、有计划地推动全国大学生健美操运动的发展，1992 年 2 月，在北京成立了中国大学生体育协会健美操、艺术体操协会。1992 年 9 月，中国健美操协会在北京的正式成立，标志着我国健美操运动进入一个崭新的发展阶段。在第 9 界世界健美操锦标赛上，中国选手获得六人操冠军，同时获得团体第二名。2006 年，健美操世界杯系列赛于 11 月 1 日至 6 日在泰国举行，中国队获得三人操、六人操冠军，女单、混双亚军。2008 年 4 月，世界锦标赛在德国乌尔姆举行，中国队获得了 1 金、2 银、1 铜的好成绩。2016 年第 14 届世界健美操锦标赛，中国健美操队获 2 金、3 银、1 铜的优异成绩，并取得历史性突破，即首次斩获世锦赛团体冠军。

2016 年 7 月 29 日至 8 月 5 日在美国拉斯维加斯举行的国际健美操锦标赛，中国健美操队参加了 9 个项目的比赛，斩获 8 项冠军。

三、健身价值

（1）塑造优美的形态（外化）。

（2）培养高雅的气质（内化）。

（3）培养良好的心态（心理健康）。

第二节　健美操的分类、特点及创编原则

一、健美操的分类

目前，世界健美操和我国健美操种类繁多，分类方法也各不相同。因此，根据健美操的目的

和任务，可以将其分为健身健美操、竞技健美操和表演健美操三大类。

健身健美操，也称为大众健美操，是集健身、娱乐和防病于一体的群众性、普及性健身运动。

竞技健美操是根据竞赛规则与规程的要求组编的一套具有较高艺术性、以比赛取得优异成绩为主要目的的健美操。竞技健美操比赛包括男子单人、女子单人、混双、混合三人、混合五人健美操、有氧舞蹈和有氧踏板。

二、健美操的特点

（一）集健美和健身于一体

健美操是根据人体解剖学、运动生理学和体育美学等多学科理论，为使人体健康健美地发展而编排的。它讲究造型美，动作美观大方，准确到位。讲究有效地训练身体各个部位的正确姿势，使人体匀称和谐地发展，培养健美的体型和风度。

（二）鲜明的节奏感和韵律感

健美操音乐多取材于迪斯科、爵士、摇滚等现代音乐和具有上述特点的民族乐曲，而正是音乐中的高低、长短、强弱、快慢等有节奏的变化，使健美操更富有一种鲜明的现代韵律感。

（三）动作的多变性和协调性

健美操成套动作的多变性，不仅表现在动作的节奏和力度上，而且还表现在动作的复合性方面。

（四）广泛的群众性

健美操是一项富有趣味性的运动，它能给人们带来热情奔放的情感体验，符合现代人追求健美、自娱自乐的需要。健身健美操，其练习形式多样，运动负荷和难度可以自我调节，不同年龄、性别、形体、素质、个性和气质的练习者都可酌情择项参加锻炼。

三、健美操创编指导

（一）健身性健美操创编原则

1. 目的性原则

健美操总目的是增进健康，培养正确的体态，塑造美的形体和陶冶美的情操。

2. 针对性原则

根据不同年龄、性别、职业、能力、爱好、身体情况，以及发展或改善身体某部分的需要，编制各种形式的健美操，旨在解决练习者所要达到的目的，具有很强的针对性。

3. 全面性原则

全面发展身体是指全面发展身体各个部位和各个器官系统的机能，以实现健美操的总目的。人体美的最本质表现就是健康，健康是人体美的基础。

4. 合理性原则

健美操的动作顺序与健美操的结构是相适应的，可依次分为准备动作、主体动作（基本动作）和结束动作。

5. 动作与音乐的统一性

健美操的配乐方法一般有三种：一是先编动作，后选乐曲；二是先选乐曲，后编动作；三是先编动作，后创编乐曲。

6. 合理安排动作顺序

测定整套操的运动量，编排运动量曲线图，对运动量进行分析和调整。

7. 动作设计的创造性

设计动作时，要根据健美操的特点，将体操及舞蹈动作结合起来再创造，所设计的动作必须突出“操”的特点。成套动作中，动作之间的衔接上也要有创造性，衔接要巧妙，给人以流畅、新颖的感觉。

8. 记写成套动作

编操之后，需把每节操的图解和文字说明写下来。

9. 练习，整改

可以选择具有代表性的对象进行实践，收集对动作、音乐和运动负荷等方面的意见进行整改。

（二）健身健美操创编的方法与步骤

1. 创编前的准备工作

在创编前要了解创编的对象、目的、任务、要求及场地、器材和设备等条件，准备有关的音乐、文字和录像等资料，并进行创编构思。

2. 制订编操的总体方案

对所编排的对象进行调查。调查包括年龄、性别、身体状况和健美操基础等，然后重点设计整套操的时间、风格、特点、音乐、动作、队形变化和负荷等。在确定基本方案的基础上再进行构思、补充和修改，有些内容可以做一些必要的调整。

3. 编排记录

根据健身健美操的原则，按照总体方案逐节设计动作，并用速记和简图的方法记录下来。

4. 练习与修整

按设计好的动作进行练习，在练习过程中进行多方面的检查，对整套操的结构顺序，连接是

Party Dance

跳舞要回归 party dance，这个说法不仅仅指舞蹈本身，更是一种文化氛围。最早的 hip-hop 就是在酒吧中，以 party 的形式、circle 的方式诞生的。大家互相交流，模仿，学习，氛围非常自由和开心，而且可以交到很多朋友。现在我们绝大多数人是在舞蹈工作室中，经过老师的指导接触 Hip-hop，然后又在舞蹈房中对着镜子自己练习，就算有交流，也是和认识的朋友一起练习，这和 hip-hop 最原始的舞蹈氛围是不一样的。

我们现在说要回归 party dance,其实最根本的意思就是交流，享受舞蹈。国内的一些活动，特别是比赛后的 after party，就是回归的一种方式。平时，我们也可以跳舞，不管跳的是什么，跳得好不好，不管是认不认识的人，大家都可以一起 circle，一起享受舞蹈。

否流畅，以及合理性和艺术性做全面检查，并对运动量和运动强度进行测试，看是否达到健身的生理负荷。根据测试结果，练习者的反馈信息及创编者的观察研究，对成套动作进行适当的修改调整。

第三节　健美操基础班基本动作、创编动作及学练方法

一、基础班基本功

健美操的基本功包括身体姿态训练、手臂动作训练和基本步法训练。

（一）身体姿态训练

健美操的身体姿态是根据现代人的人体与行为美的标准而建立的。首先，人体在整个运动中非特殊条件下，应保持自然挺拔，头部稍稍昂起，颈部挺直、挺胸收腹、腰背挺立、脊柱正直，头、颈、躯干和腿保持在一条垂直线上。四肢的位置根据具体的动作要求，应该在准确的位置上。最常见的动作有：站立——躯干保持上面所说的状态，两腿并拢伸直。蹲——躯干保持上面所说的状态，臀部收紧，保持整个身体垂直于地面并屈膝。基本动作的身体姿态训练方法通常有两种：动作控制法和舞蹈训练。

1. 动作控制法

动作控制法是指身体处于某一动作位置时，保持该动作的正确的身体姿态，使该动作控制一段时间的方法。该方法目的是让锻炼者找到控制该动作的肌肉感觉，起到强化动作的作用。

2. 舞蹈训练法

舞蹈训练法是通过拉丁舞、爵士舞、现代舞和民间舞等不同的舞蹈，练习体会不同的表现意识、不同的气质与风格，是通过徒手、把杆、双人姿态等大量舞蹈动作的训练，进一步改变身体形态的原始状态，逐步形成正确的站姿、坐姿、走姿，提高形体动作的灵活性，例如，我们经常采用芭蕾舞形体训练中的把杆练习来发展运动员的身体形态。

（二）上肢动作训练

1. 手　型

健美操中的手型有多种，是从芭蕾舞、现代舞、迪斯科、武术中吸收和发展的。手型是手臂动作的延伸和表现，运用得好，会使健美操动作更加丰富多彩，生动活泼，更具有感染力。

(1) 并拢式：五指伸直，相互并拢。大拇指微屈，指关节贴于食指旁。

(2) 分开式：五指用力伸直，充分张开。

(3) 芭蕾手式：五指微屈，后三指并拢、稍内收，拇指内扣。

(4) 拳式：握拳，拇指在外，指关节弯曲，紧贴于食指和中指。

(5) 立掌式：五指伸直，手掌用力上翘。

(6) 西班牙舞手式：五指用力，小指、无名指、中指自掌指关节处依次屈，拇指稍内扣。

(7) 花式：在 (2) 分开式的基础上小指伸直向掌心回弯到最大限度，无名指会随小指回弯。

2. 手臂动作

(1) 举——臂伸直向某方向抬起。

(2) 屈臂——前臂与上臂角度不断减小。

(3) 伸臂——前臂与上臂角度不断增大。

(4) 屈臂摆动——屈肘在体侧自然地摆动，可依次和同时进行。

(5) 上提——直臂或屈臂由下至上提抬起，如屈臂前提、直臂侧提。

(6) 下拉——臂由上举或侧上举拉至身体两侧。

(7) 胸前推——立掌，臂由肩部向前推。

(8) 冲拳——屈臂握拳，由腰间猛力向前冲拳。

(9) 肩上推——立掌，屈臂由肩部向上推。

(10) 摆动——以肩关节为轴，手臂在180°以内的运动称为摆动。

(11) 绕和绕环——以肩关节为轴，手臂在180～360°以内的运动称为绕，大于360°以上的圆周运动为绕环。

(12) 交叉——两臂重叠成交叉状。

(三) 基本步法训练

基本步法是健美操动作中最基本的单位，是进行健美操练习的一个重要组成部分，通过基本步法的练习，能培养练习者的协调性和节奏感。健美操基本步法根据人体运动时对地面的冲击力大小分为无冲击力步法、低冲击力步法和高冲击力步法三大类。

1. 无冲击力步法

无冲击力步法动作是指两腿始终接触地面的动作，主要包括并腿和分腿两大类。

(1) 并腿类。

动作方法：这类动作两腿始终接触地面，并且两脚始终并拢，脚尖朝前。

技术要点：膝关节要有弹性地屈伸，把握好弹动的技术。

① 膝弹动。

动作方法：两腿并拢，膝关节有弹性地屈伸。

技术要点：膝关节由弯曲到还原，还原时膝关节应处于微屈状态。

② 踝弹动。

动作方法：两腿伸直或屈膝，踝关节有弹性地屈伸。

技术要点：脚尖或脚跟抬起时，保持身体的稳定性和踝关节的弹性。

(2) 分腿类。

动作方法：这类动作是指两腿分开，膝关节有弹性地屈伸。

技术要点：膝关节屈伸要有较好的弹性，重心移动要平稳自如。

① 半蹲。

动作方法：两腿有控制地屈和伸。可分为并腿半蹲和分腿半蹲。

技术要点：分腿半蹲时，两腿左右分开稍大于肩，脚尖稍外开，膝关节角度不小于90°，方向与脚尖方向一致，臀部向后45°方向下蹲，上体保持直立。

动作变化：并腿半蹲、迈步半蹲和迈步转体半蹲。

② 弓步。

动作方法：两脚前后分开，平行站立，下蹲。

技术要点：半蹲时，后腿膝关节向下，大腿垂直于地面；重心在两脚之间，前腿膝关节弯曲不能超过90°，膝关节不能超过脚尖。

动作变化：原地前后弓步、原地左右弓步、转体弓步。

③ 迈步点地。

动作方法：一脚迈出，落地时两膝同时弯曲，随之身体重心移动至另一腿，膝伸直，脚点地。

技术要点：身体重心的移动要保持平稳。

动作变化：左右移重心、前后移重心。

2. 低冲击力步法

(1) 踏步类 。

动作描述：此类动作两脚依次抬起，在下落时膝、踝关节有动作变化。

① 踏步。

② 走步。

③ “V”字步。

④ 一字步。

⑤ 曼步。

(2) 点地类。

此类动作两腿有弹性地屈伸，点地时，主力腿稍屈，另一腿伸直（脚尖或脚跟点地）。

动作变化：

① 脚尖前点地。

② 脚跟前点地。

③ 脚尖侧点地。

④ 脚尖后点地。

（四）啦啦操组合

初级阶段步法组合是由一些简单无冲击力步法组编而成的，其中包括膝关节弹动、踝关节弹动、半蹲、弓步和迈步移重心等步法。这个组合适合于刚刚参加健美操锻炼的人群，是进入基本步法组合的一个基础练习。

1. 啦啦操组合第一部分

预备：左手扶臀，右臂侧平举，两腿屈膝外开右脚点地，面向 1 点。

手臂动作：1 ~ 4 拍双臂成下“V”；5 ~ 7 拍向上成上“V”；8 拍双手握拳于胸前，两腿并拢站立。

步法：1 ~ 4 拍脚上前锁步；5 ~ 7 拍双腿开立；8 拍双腿跳成步法。（图 14–3–1）

图 14–3–1

2. 啦啦操组合第二部分

手臂动作：1 ~ 3 拍手臂垂直于大腿前方；4 拍成上 H；5 ~ 8 拍双手抱于胸前，成上 V，两拍一动。

步法：1 ~ 3 拍右、左、右脚依次前上步；4 拍并步提踵；5 ~ 8 上左脚成弓步，右膝微屈，脚跟提起。（图 14–3–2）

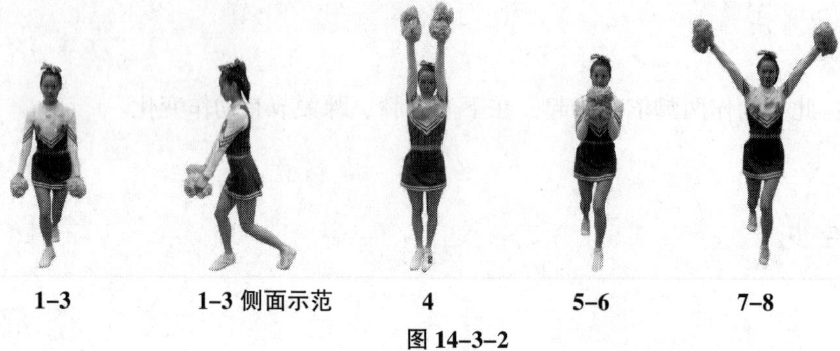

图 14–3–2

3. 啦啦操组合第三部分

手臂动作：1 ~ 3 拍手臂垂直于大腿前方；4 拍成上“H”；5 ~ 8 双手抱于胸前，成下“V”，两拍一动。

步法：1 ~ 3 拍左、右、左脚依次退步；4 拍并步提踵；5 ~ 8 左脚后退成弓步，左膝微屈，脚跟提起。（图 14–3–3）

图 14–3–3

4. 啦啦操组合第四部分

手臂动作：1 ~ 3 拍双臂垂于大腿前方；4 拍双臂屈肘于胸前；5 ~ 6 拍手臂成“K”形；7 ~ 8 拍双臂屈肘于胸前。

步法：1 ~ 3 拍左、右、左脚依次踏步，同时向左转体 360° ；4 拍并步；5 ~ 6 拍迈左脚成屈腿弓步；7 ~ 8 拍收左脚，并腿站立。（图 14–3–4）

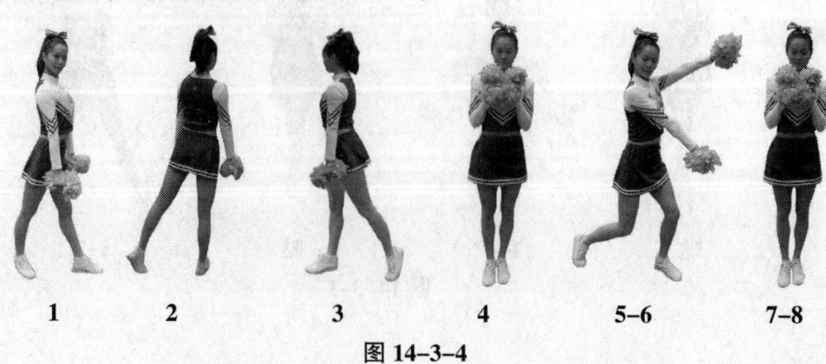

图 14–3–4

5. 啦啦操组合第五部分

动作与第四部分相同，方向相反。（图 14–3–5）

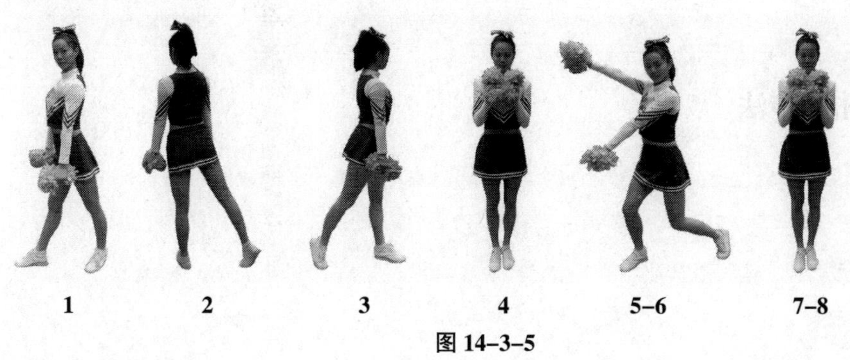

图 14–3–5

6. 啦啦操组合第六部分

手臂动作：1 拍右上“L”；2 拍屈肘于胸前；3～4 拍动作相同，方向相反；5 拍右臂前“L”；6 拍双臂成上“H”；7 拍左臂前“L”；8 拍双臂垂直于大腿前方。

步法：1 拍左脚向左侧迈步同时半蹲；2 拍收左脚成并步；3～4 拍动作相同，方向相反；5 拍左脚上步成前弓步；6 拍并步双脚提踵；7 拍左脚向左侧迈步同时半蹲；8 拍双脚跳成并步。（图 14–3–6）

图 14–3–6

学练方法：

（1）教授新动作时采用集体练习。

（2）学生初步掌握动作要领后，面对镜子自由分小组练习。

（3）4 人一组，互帮互助练习。

（五）基础班健美操创编

（1）运用所学的基本步法，选择五个基本动作，以个人为单位进行简单的健美操动作组合创编。

（2）教师根据学生的创编进行逐一辅导。

（3）独立完成动作，进行展示。

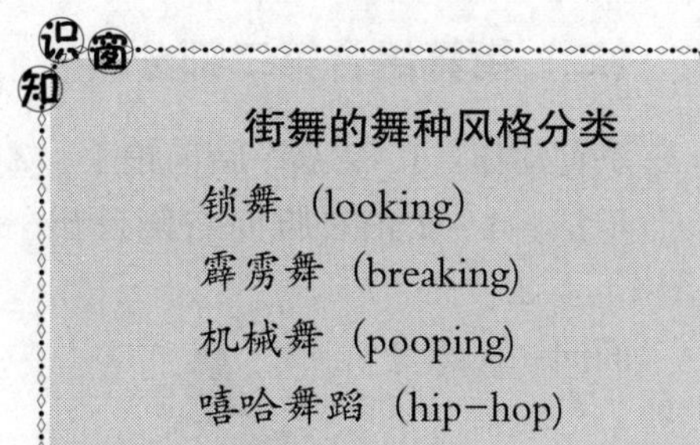

街舞的舞种风格分类

锁舞（looking）

霹雳舞（breaking）

机械舞（pooping）

嘻哈舞蹈（hip–hop）

第四节　健美操提高班组合动作、创编动作及学练方法

一、高冲击力步法

(1) 跑。
(2) 开合跳。
(3) 并步跳。
(4) 单腿跳。
(5) 双腿跳。
(6) 弹踢腿跳。
(7) 小马跳。
动作方法：一脚向身体斜前方小跳一次，垫步一次，另一脚随之并于主力腿，并点跳一次。

二、提高班成套动作组合

(一) 街舞组合第一部分

步法：1 ~ 2 拍右脚向右侧迈出一步，左脚跟着并步过来；3 ~ 4 拍反方向。5 ~ 8 拍重复。（图 14–4–1）

手形：双臂自然放松。

面向：1 点。

1

2

3

4

图 14–4–1

(二) 街舞组合第二部分

手臂动作：1 ~ 2 双手胸前拍手；2 拍一拍手。

步法：1 ~ 2 拍右脚向右侧迈出一步，左脚跟着并步过来；3 ~ 4 拍反方向。5 ~ 8 拍重复。(图 14–4–2)

面向：1 点。

1

2

3

4

图 14–4–2

（三）街舞组合第三部分

手臂动作：1 拍双手胸前交叉，2 拍双手胸前打开，3 拍双手胸前交叉，4 拍双手向右侧斜上方举手，掌心朝上。5 ~ 8 拍反方向。

步法：1 拍右脚向右边迈出一步，2 拍左脚向右脚后方交叉，3 拍右脚向右迈一步，4 拍左脚脚尖侧点。5 ~ 8 拍反方向。（图 14–4–3）

面向：1 点。

图 14–4–3

（四）街舞组合第四部分

手臂动作：1 ~ 2 拍双手立掌，掌心相对向后画圈。3 ~ 4 拍反方向。

步法：1 ~ 2 拍双脚打开与髋同宽，重心放到右腿，面朝左侧，3 ~ 4 拍反方向。5 ~ 8 拍重复。（图 14–4–4）

图 14–4–4

（五）街舞组合第五部分

手臂动作：双手向右向左随腿摆动。

步法：1 ~ 2 拍右脚脚尖向右前方点地，3 ~ 4 拍反方向。5 ~ 8 拍重复 1 ~ 4 拍。（图 14–4–5）

图 14–4–5

(六）街舞组合第六部分

手臂动作：1～4 拍左手臂随脚下步法上下摆动，左手臂随脚下步法上下摆动。

步法：1～2 拍右脚向右侧迈一小步，左脚跟上，3～4 拍重复。5～8 反方向。（图 14–4–6）

图 14–4–6

(七）街舞组合第七部分

手臂动作：1～4 手臂放松。

步法：1～4 拍秧歌步。（图 14–4–7）

图 14–4–7

(八）街舞组合第八部分

手臂动作：1～2 拍左手胸前 90° 平行，3～4 拍右手胸前 90° 平行。

步法：1～2 拍右脚向右迈一步，左脚跟进。3～4 拍反方向。（图 14–4–8）

图 14–4–8

（九）街舞组合第九部分

手臂动作：1 ~ 2 拍手臂自然放松。

步法：1 ~ 2 拍右左脚脚尖轮流点地。（图 14–4–9）

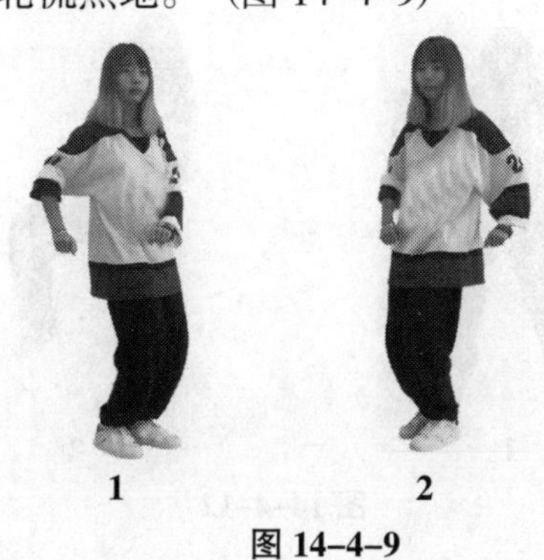

图 14–4–9

（十）街舞组合第十部分

手臂动作：1 ~ 2 拍右手举过头顶向下摆，3 ~ 4 拍左手举过头顶向下摆，5 ~ 8 拍重复。

步法：1 ~ 2 拍左腿后踢，前吸腿，3 ~ 4 拍反方向。5 ~ 8 拍重复。（图 14–4–10）

图 14–4–10

（十一）街舞组合第十一部分

从下往上的胸部波浪。（图 14–4–11）

1　　2

图 14-4-11

(十二）街舞组合第十二部分

手臂动作：双手胸前弯曲。

步法：1 ~ 2 拍吸左腿，3 ~ 4 拍吸右腿。（图 14-4-12）

1　　2

图 14-4-12

(十三）街舞组合第十三部分

手臂动作：1 拍双手胸前弯曲，随身体左右摆动，自然放松。

步法：2 拍脚下左右并步。（图 14-4-13）

1　　2

图 14-4-13

(十四）街舞组合第十四部分

手臂动作：1 拍双手拳心相对，2 拍双手向外打开，3 ~ 4 拍重复。

步法：脚下动作同手上动作，分别做合上打开的动作。（图 14-4-14）

1　2　3　4

图 14–4–14

（十五）街舞组合第十五部分

动作和步法见图 14–4–15。

1　2　3

图 14–4–15

三、提高班健美操创编

(1) 做好准备工作：学生在所学的成套动作的基础上进行成套操的自我创编，准备有关的音乐、文字、录像等资料，并进行创编构思。

(2) 确定创编方案。

(3) 记写成套动作。

(4) 练习与修改。教师在根据学生的创编情况，进行逐一的辅导、改正。

(5) 学生进行独立展示。

学练方法：

(1) 教授新动作时采用集体练习。

(2) 分组练习和集体练习交叉进行。

(3) 问答形式，采用使学生提问教师回答的形式，改变“教师讲、学生听”的被动教学模式活跃课堂气氛，展开生动活泼的教与学活动。

(4) 汇报表演的形式，提高学生学习的积极性。

Hip–Hop 文化的精神内涵

Hip–Hop 文化中包含音乐、舞蹈、绘画和服饰等多种艺术形式，这些艺术形式可以让不同肤色、不同语言和不同文化背景的人们能够和平地走到一起，友爱地共同享受这些美好实物带来的欢愉，大家和平共处，是拥有美好生活的前景。

第五节　健美操规则简介

一、竞赛通则

（一）竞赛项目分类

男子单人，女子单人，混合双人，三人，集体五人。

（二）运动员年龄

参加国际体操联合会成年组比赛的运动员参赛赛当年必须年满 18 周岁。

（三）运动员服装

（1）头发必须固定在头上。
（2）参赛运动员必须穿着让所有裁判员都能清晰辨认的白色健美操鞋和运动袜。
（3）只有女运动员才可化妆，且必须是淡妆。
（4）比赛服上禁止佩戴松散或多余的装饰。
（5）禁止佩戴珠宝首饰。
（6）比赛时，不允许穿破损的衣服且不得露出内衣或打底衣。
（7）比赛服不允许使用透明材料制作，女款比赛服的袖子除外。
（8）不允许穿有描绘战争、暴力、宗教信仰为主题的比赛服。
（9）运动员身体禁止涂抹油彩。
（10）服装要符合健美操运动特质。

二、竞赛内容和时间

（一）成套时间

所有成套动作的完成时间为 1 分 20 秒，有加减 5 秒宽容度（不包括提示音）。

（二）音　乐

必须配合音乐完整地表演成套动作。
任何适合竞技健美操运动的音乐风格，均可被采用。

（三）竞赛程序和计分方法

1. 竞赛程序
健美操竞赛分为“预赛”和“决赛”两种。

2. 计分方法

凡报名参加竞赛的运动员，均需参加预赛。预赛中取得前 6 名成绩的运动员可参加决赛。预赛中团体总分为各单项成绩之和。得分多者，名次列前；总分相等时，以单项中高分多者名次列前；成绩相等，名次并列，下一名为空额。

决赛：参加决赛的前 6 名运动员所获得的预赛得分和决赛得分之和，为决赛总分，以预赛总分多者，名次列前；成绩相等，名次并列，下一名次为空额。

3. 评分方法

(1) 公开亮分制：比赛采用公开的亮分制，运动员的最高得分为 10 分，裁判员评分精确到 0.1 分，运动员最后精确到 0.01 分。最后得分超出小数点后两位，按四舍五入原则计算。

(2) 最后得分：将裁判员评分中，去掉一个最高分，去掉一个最低分，中间分数的平均分为运动员的最后得分。

(四) 参赛队人数要求

每队 6 人（男女各 3 人），每名运动员所兼项目不得超过 3 项。

(五) 比赛场地

赛台高 80 ~ 140 厘米，后面有背景遮挡，赛台不得小于 14 米 × 14 米，竞赛的地板必须是 12 米 × 12 米，并清楚地标出 10 米 × 10 米的成年组各项目比赛场地。标记带为宽 5 厘米的黑色带，标记带是场地的一部分。

LOVE

人与人之间需要关爱，无论是亲情、爱情、友情，带着“爱”去面对身边的每一个人，会让世界变得更美好。

【思考题】

1. 简述健身性健美操的创编原则与步骤。
2. 健美操的种类，及其相关舞种都有什么？
3. 根据自身特点，创编一套适合自己的健身性健美操。
4. 根据自身特点，创编一套风格各异的 party dance。

第十五章 太极拳

* 学习太极拳的起源与发展，了解其健身价值
* 学习并掌握16式太极拳与42式太极拳
* 了解竞赛简要规则

第一节 太极拳概述

一、起 源

根据现代史实，明末清初太极拳已经在河南流传开展，尤以温县陈家沟和赵堡镇为中心，代表人物是陈王廷和蒋发。武术史家唐豪先生根据陈氏家谱、拳谱以及陈王廷遗诗考证，判断陈王廷就是太极拳的创编者。而赵堡镇太极拳资料记述，蒋发22岁赴山西省太谷县向王林桢学习太极拳，七年后回乡授徒传艺，从此使太极拳在河南发扬光大。

目前，人们所公认的为陈王廷是太极拳的创编者。

二、发 展

长期以来，太极拳的开展局限于河南省的农村。19世纪初，河北省永年县人杨禄禅拜陈家沟陈长兴为师，学习太极拳后带回原籍，又到北京推广，从此开辟了太极拳走向全国的新局面。同期武禹襄赴赵堡镇向陈青萍学艺。他整理、丰富了太极拳的理论，成为了指导太极拳发展的经典论述。近一百多年来，太极拳得到了空前的发展，技术不断演变，内容不断丰富，逐渐形成了很多流派。

1. 杨式太极拳

杨禄禅首创，经三代至杨澄甫定型。拳势中正舒展，动作均匀柔和，架势幅度大，动作讲究走弧形。

2. 陈式太极拳

陈式太极拳是古老的太极拳种，其他多数流派的太极拳（如杨式、吴式、武式和孙式）与陈式太极拳有一定的渊源关系。陈式太极拳仍保留有发力、跳跃和震脚动作，运动量较大，速度快慢相间，动作多螺旋缠绕，有刚有柔。

3. 吴式太极拳

杨式传人吴全佑，吴鉴泉父子创编。特点是细腻柔和，斜中寓正，动作讲究走弧形，幅度适中。

4. 武式太极拳

清末河北永年人武禹襄在赵堡太极拳的基础上发展创编而来。该拳简捷紧凑，立身中正，动作柔缓朴实，幅度较小。

5. 孙式太极拳

民国初年，为形意、八卦拳名师孙禄堂在武式太极拳基础上创编而来。孙式太极拳的动作小巧、步法灵活、进退相随，又称活步太极拳。

中华人民共和国成立后，太极拳发展很快，习练太极拳的人遍及全国。太极拳在国外，也受到了普遍欢迎。欧美、东南亚、日本等国家和地区，都开展有太极拳活动。据不完全统计，仅美国就已有 30 多种太极拳书籍出版。许多国家还成立了太极拳协会等团体，积极地与中国进行交流活动。太极拳作为中国特有的民族传统体育项目，已经吸引了很多国际朋友的参与。

三、健身价值

（一）太极拳对神经系统的影响

人的情感活动与健康关系密切，乐观向上的心境有益于健康。神经过度紧张可能引起的各种疾病，甚至危害生命。脑溢血、脑血栓在我国和世界许多国家已成为致人死亡的“头号杀手”。实验表明，人脑消耗的能量大约占人体能量消耗的 1/8 ~ 1/6。通过练习太极拳，可以缓解大脑神经的紧张疲劳、清醒头脑、保持情绪和修复神经系统的平衡，从而使整个神经系统机能得到改善和恢复。

（二）太极拳对关节的影响

太极拳行云流水般的柔性运动方式，可以使髋、肩、肘、踝等关节的灵活性得到很大提高。对培养人们的灵活性、协调性及防止衰老有很好的作用。

（三）太极拳对血压的影响

太极拳柔和协调的动作特点，会促进血管弹性增强，血管、神经系统机能有稳定性提高，更能适应外界刺激。长期坚持太极拳锻炼，有利于防止高血压病和血管硬化。人们从动物实验中也得到证明：经常处于剧烈运动状态的动物高血压的发病率较高，而柔和适度的运动则会促进血压稳定。据有关调查统计资料证明：经常习练太极拳的中老年人比一般中老年人不仅血压正常，心脏收缩有力，而且动脉硬化率较低。

（四）太极拳对消化系统的影响

人体健康与消化系统各器官的功能关系密切。随着年龄的增大，人的消化器官的功能也逐渐减退。太极拳常常伴随深长的腹式呼吸，做到“气沉丹田”。这样就加强了膈肌的运动。我们知道，膈肌每下降 1 厘米可增加气量 300 毫升。膈肌的运动不仅促进呼吸的深度，还加快了内脏的蠕动，促进腹腔的血液循环和肠胃消化能力，进而能够增强食欲。

（五）太极拳对循环系统的影响

循环系统是人体内部一套封闭系统，主要功能是不断向全身各系统和部分、组织于细胞输送营养物质、氧气和激素，以及各种能量，以滋补营养并将其代谢产物，如二氧化碳和尿素等废物分别送到肺、肾、肠胃和皮肤等器官排出体外。由于太极拳使人体内外进行缓慢的螺旋形式或圆弧形式的运动，人体各系统和各部分会得到轻柔挤压、揉搓和按摩的锻炼，增强着中老年人循环系统的弹性、伸缩性、柔韧性、松柔性和力量，血脉和经络疏通、气血通畅、精血得到保养，从而保证了精、气、神旺盛，同时也保证了各系统和各部分新陈代谢和营养供给得到正常进行，推迟人体老化过程。

练习太极拳的好处

太极拳可以强壮身体，太极拳可以调养人的精、气、神，同时，对人体的心脏调节有一定的好处。长期坚持练习太极拳的人，大脑性能较好，可以更好地进入觉醒状态，增强人体的免疫能力。

太极拳可以改善人的睡眠（如失眠）、记忆力（改善记忆力减退功能），而且还有增强心脏功能、改善人体肌肉的功能，增强身体平衡性和灵活性。

第二节　太极拳基础班学练方法

16 式太极拳

一、起　势

（一）并步站立

两脚并拢，自然直立，头颈正直；两手轻贴于大腿外侧；两眼平视前方。（图 15-2-1）

（二）左脚开步

左脚轻轻向左旁开半步，与肩同宽。（图 15-2-2）

（三）两臂前举

两手缓慢前平举与肩同宽同高，肩肘放松，掌心向下。（图 15–2–3）

（四）屈膝按掌

上体保持正直，两腿缓慢屈膝半蹲，同时两掌轻轻下按落至腹前，掌膝相对。（图 15–2–4）

要点：起势中，要沉肩、垂肘、松腰、屈膝，臀部不可凸出，身体重心落于两腿中间，两臂下落要与身体下蹲动作协调一致。

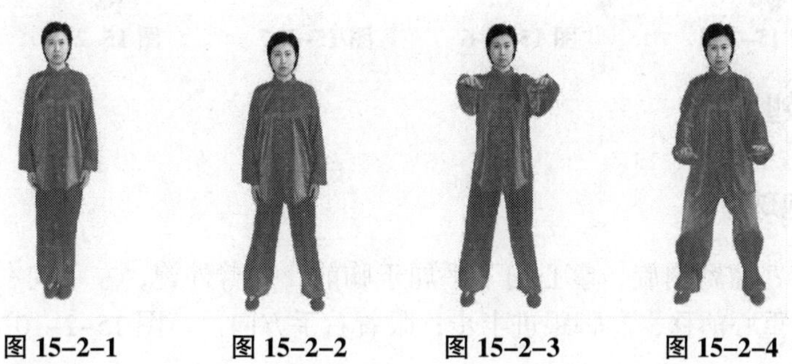

图 15–2–1　图 15–2–2　图 15–2–3　图 15–2–4

二、左右野马分鬃

（一）收脚抱球

上体微右转，身体重心移至右腿，左脚收至右脚内侧，脚尖点地；同时右臂收于胸前平屈；左臂外旋，左手经体前向右画弧合于腹前，使两掌心相对成抱球状。（图 15–2–5）

（二）弓步分掌

上体微向左转，左脚向左前方迈出，脚跟先着地，随即右脚蹬地向左转腰，成左弓步；同时两手随转体缓慢向左上、右下分开，左腕与肩同高，肘微屈，手心斜向上；右手下按于右胯旁，肘微屈，手心向下，指尖向前；眼看左手方向。（图 15–2–6）

（三）后坐撇脚

右腿屈膝后坐，左脚尖翘起外撇约 45°，身体微左转。（图 15–2–7）

（四）跟步抱球

重心前移，左腿慢慢屈膝前弓，右脚跟步收于左脚内侧，脚尖点地；左臂内旋平屈于胸前，手心向下，同时右臂外旋，右手向左上画弧合于腹前，手心向上，两掌心相对成抱球状；眼看左手方向。（图 15–2–8）

（五）弓步分掌

右腿向右前方迈出，脚跟先着地，随即左脚蹬地向右转腰，成右弓步；同时两手随转体缓慢向右上、左下分开，右腕与肩同高，肘微屈，手心斜向上；左手下按于左胯旁，肘微屈，手心向下，指尖向前；眼看右手方向。（图 15–2–9）

动作要点：左右野马分鬃中，上体不可前俯后仰，胸部应宽松舒展；弓步与分手动作的速°要均匀一致，两臂保持弧形；弓步时，两脚横向距离应保持在 15 ~ 30 厘米。

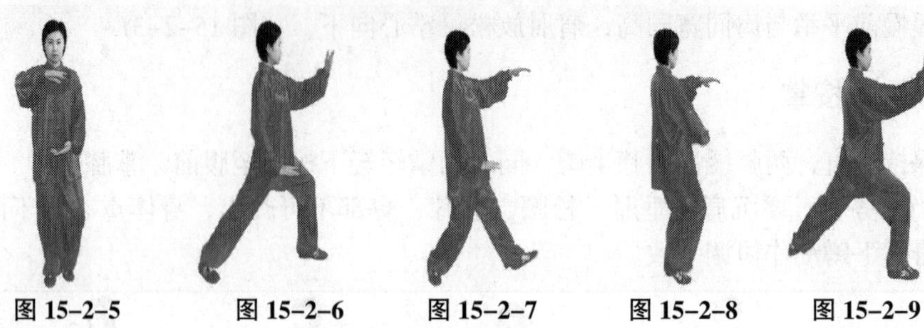

图 15–2–5　图 15–2–6　图 15–2–7　图 15–2–8　图 15–2–9

三、白鹤亮翅

（一）跟步抱球

上体微向右转；右臂内旋，掌心向下平屈于胸前，左臂外旋，左手向右上画弧合于腹前，两掌相对成抱球状；重心前移，左脚跟进半步；眼看右手方向。（图 15–2–10）

（二）后坐合手

左脚落地踏实，重心移至左腿；同时上体微向左转；两手向左上画弧至太阳穴处；眼随左手。(图 15–2–11)

（三）虚步亮掌

上体向右转正；两手随转体缓慢向左上、右下分开，左手上提停于左额前上方，右手下按于右胯旁，掌心向下；右脚稍向前移，脚尖点地成虚步。（图 15–2–12）

要点：身体重心前后移动时，要以腰为轴螺旋转动，上体不可前后左右摇摆；虚步时，右腿膝部要微屈，胸部不要挺出，两臂上下要保持弧形。

图 15–2–10　图 15–2–11　图 15–2–12

四、左右搂膝拗步

（一）转腰落掌

腰微向右转，左手向体前下落，右手向上画弧。（图 15–2–13）

（二）收脚合手

腰向左后转，右脚收至左脚内侧，脚尖点地，左手继续向左后上方画弧至左肩侧，手高与耳同，掌心斜向上；右手向左画弧至左肩前，掌心斜向下；眼看左手方向。（图 15–2–14）

（三）弓步推掌

右脚向右前方迈步前弓，脚跟先着地，随即左脚蹬地转腰，成右弓步；同时左臂屈肘由耳侧向前推掌，指尖高与鼻平；右手向下经右膝前上搂过下按于右胯旁，手心向下，指尖向前；眼看左手方向。（图 15–2–15）

（四）后坐转腰

重心向后移至左腿，腰微右转、右脚掌离地外撇约 45°，两手微外旋。（图 15–2–16）

（五）收脚合手

重心前移，右腿屈膝前弓，左脚收于右脚内侧，脚尖点地；左臂外旋屈臂回收，左手画弧经脸前至右肩前，掌心斜向下，右手向右后上方画弧至右肩侧，肘微屈，手与耳同高，掌心斜向上；同时向右转体；眼看右手方向。（图 15–2–17）

（六）弓步推掌

左脚向左前方迈步前弓，脚跟先着地，随即右脚蹬地转腰，成左弓步；同时右臂屈肘由耳侧向前推掌，指尖高与鼻平，左手向下由左膝前上搂过下按于左胯旁，掌心向下，指尖向前；眼看右手方向。（图 15–2–18）

要点：此式重心转换时，上体不可前俯后仰，要松腰松胯；推掌时要沉肩垂肘，力贯手掌，同时前腿弓、后腿蹬须与转腰协调一致；完成弓步姿势时，两脚横向距离应保持在 15 ~ 30 厘米。

图 15–2–13　图 15–2–14　图 15–2–15　图 15–2–16　图 15–2–17　图 15–2–18

五、进步搬拦捶

（一）收脚掩手

身体重心后坐移向右腿，腰微右转，左脚尖翘起外撇，随后身体左转，左脚全脚踏实，重心前移左腿屈膝前弓，右脚收至左脚内侧，同时右臂向右、向下、向左由掌变拳；左掌向左、向上、向右屈臂画弧至胸前，掌心斜向右。（图 15–2–19、图 15–2–20）

（二）上步搬拳

身体右转，右脚随转体向右前方迈出，脚跟着地，脚尖外撇约 45°；同时右拳经左臂内向前翻转撇出，拳心向上；左手下落按于左胯前，掌心向下，指尖向前；眼看右拳。（图 15–2–21）

（三）进步拦掌

身体继续右转，重心前移，右脚踏实，右腿屈膝前弓，左脚回收经右脚内侧向左前迈出，脚跟先着地；同时左手向前上画弧拦出，掌心向右，右拳先内旋向右画弧，再向外旋画弧收至右腰间，拳心向上；眼看左手。（图 15–2–22）

（四）弓步打捶

右脚蹬地转腰，左脚踏实屈膝前弓，成左弓步；同时右拳向前螺旋打出，拳眼向上，高于胸平，左手附于右前臂内侧，掌心向右下；眼看右拳。（图 15–2–23）

要领：此式向前打拳时上体不可前俯，右肩随拳略向前引伸，沉肩垂肘，弓步时，两脚跟横向距离 15 ~ 30 厘米。

图 15–2–19　图 15–2–20　图 15–2–21　图 15–2–22　图 15–2–23

六、如封似闭

（一）穿掌后坐

左手由右腕下向前伸出，右拳变掌，两手心逐渐翻转向上并慢慢分开内旋回收；同时重心后坐，左脚尖翘起，眼看前方。（图 15–2–24）

（二）弓步按推

两手由胸前下按经腹前再向上、向前推按，力贯两掌，腕与肩平，手心斜向前，指斜向上；同时重心前移，左腿屈膝前弓，成左弓步；眼看前方。（图 15–2–25、图 15–2–26）

动作要领：身体后坐或前移时，上体不可后仰或凸臀前俯；两臂随身体回收时，肩、肘部略向外松开，不要直着抽回；两掌推按时，两手之间宽度不要超过两肩。

七、单　鞭

（一）转腰摆臂

身体右转，右脚外摆，左脚内扣，重心移向右腿；同时左手松腕向右下画弧至右胯前，掌心斜向下；右手向右平摆画弧至右肩前；眼看右手。（图 15–2–27）

（二）丁步勾手

左脚收至右脚内侧；同时右掌变勾手，左手继续向上画弧至右肩前。（图 15–2–28）

（三）弓步推掌

上体微向左转，左脚向左前方迈出，成左弓步，脚跟先着地，右脚蹬地转腰，左腿屈膝前弓，成左弓步；同时左臂随转体缓慢内旋，左手向前推出，掌心向前，手指与鼻齐平，肘微屈；眼看左手。（图 15–2–29）

要领：单鞭动作中，上体保持正直，左手向外翻掌前推要与转体及弓步动作协调一致；完成姿势时，两肩下沉，右手勾尖向下，高与肩平，右肘部稍下垂，左肘与左膝上下相对。

图 15–2–24　图 15–2–25　图 15–2–26　图 15–2–27　图 15–2–28　图 15–2–29

八、手挥琵琶

（一）跟步摆臂

身体重心前移至左腿，腰微向左转，右脚向左脚后跟半步；同时左掌向内、向下画弧至左跨前，勾手变掌随转体向内、向前平摆画弧；眼看右手。（图 15–2–30）

（二）转腰后坐

重心后移，右脚踏实，腰微右转，右掌随转体屈肘，翻转掌心向下。（图 15–2–31）

（三）虚步合手

身体转正，左脚稍向前上步，脚跟着地，膝微屈成左虚步；同时两臂松沉屈肘合于胸前，左手指尖高与鼻齐，右手停于左臂肘内侧，眼看左掌。（图 15–2–32）

要领：右脚提起时，脚跟先离地，然后轻轻将全脚提起；落步时先以前脚掌着地，随重心后移再慢慢将全脚踏实；整个动作过程身体要保持自然平稳。

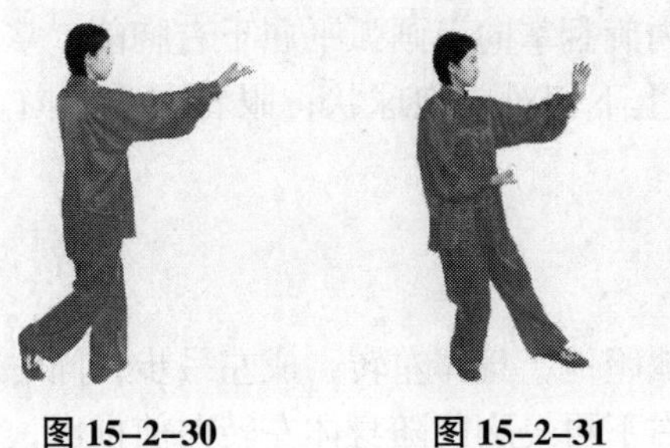

图 15–2–30　图 15–2–31　图 15–2–32

九、倒卷肱

（一）转腰托掌

上体右转，右手随向下、向后上画弧翻转掌心向上，高与耳平，肘微屈，左手随即翻转掌心向上。(图 15-2-33)

（二）退步推掌

左脚经右脚内侧向后退步，前脚掌先着地,逐渐踏实成右虚步；同时右手屈肘由耳旁向前推掌；左臂屈肘回撤，手心向上至左肋外侧；眼看右手方向。（图 15-2-34、图 15-2-35）

（三）转腰托掌

身体左转，重心移至左腿，左脚慢慢踏实，右脚随转体以脚掌为轴碾正，成右虚步；同时左手向下、向后上画弧，肘微屈，右手随即翻转掌心向上。（图 15-2-36）

（四）退步推掌

右脚经左脚内侧向后退步，前脚掌先着地，逐渐踏实成左虚步；同时左手屈肘由耳旁向前推掌；右臂屈肘回撤，手心向上至右肋外侧。（图 15-2-37、图 15-2-38）

要领：退步时前脚掌先着地，然后全脚踏实，重心后移要做到虚实转换清楚，身体不可上下起伏、前俯后仰，两脚横向距离保持在 10 厘米左右，避免两腿交叉，重心不稳。

图 15-2-33　图 15-2-34　图 15-2-35　图 15-2-36　图 15-2-37　图 15-2-38

十、左右穿梭

（一）转身抱球

重心移至左腿，左脚内扣，上体右后转，然后右腿提起再摆脚下落踏实，随即重心移至右腿，左脚收至右脚内侧，脚尖点地；同时右臂内旋翻掌向上画弧平屈于右胸前，掌心向下；左手向下、向右画弧至腹前，手心向上，使两手掌心上下相对成抱球状；眼看右手方向。（图 15-2-39、图 15-2-40）

（二）弓步架推

左脚向左前方迈出，脚跟先着地，右腿蹬地，身体左转，成左弓步；同时左手向上经脸前翻掌撑举于左额前，手心斜向上；右手先向右下再经胸前随身体左转向前推出，掌心向前，指尖向

上，指尖高于鼻齐；眼看右手方向。（图 15–2–41、图 15–2–42）

（三）收脚抱球

身体后坐，左脚前脚掌抬起随即微内扣踏实，重心再移回左腿，右脚收于左脚内侧，脚尖点地；同时两手左上右下成左抱球状；眼看左手方向。（图 15–2–43）

（四）弓步架推

右脚向右前方迈出，脚跟先着地，左腿蹬地，身体右转，成右弓步；同时右手向上经脸前翻掌撑举于右额前，掌心斜向上；左手先向左下再经胸前随身体右转向前推出，指尖向上，指尖高与于鼻齐；眼看左手方向。（图 15–2–44、图 15–2–45）

要点：如面向南起势，左右穿梭方向分别为正西偏南和正西偏北 30 度，上体不可前俯或左右倾斜；手向上撑举时要防止引肩上耸；弓步时，两脚横向距离保持在 15 ~ 30 厘米。

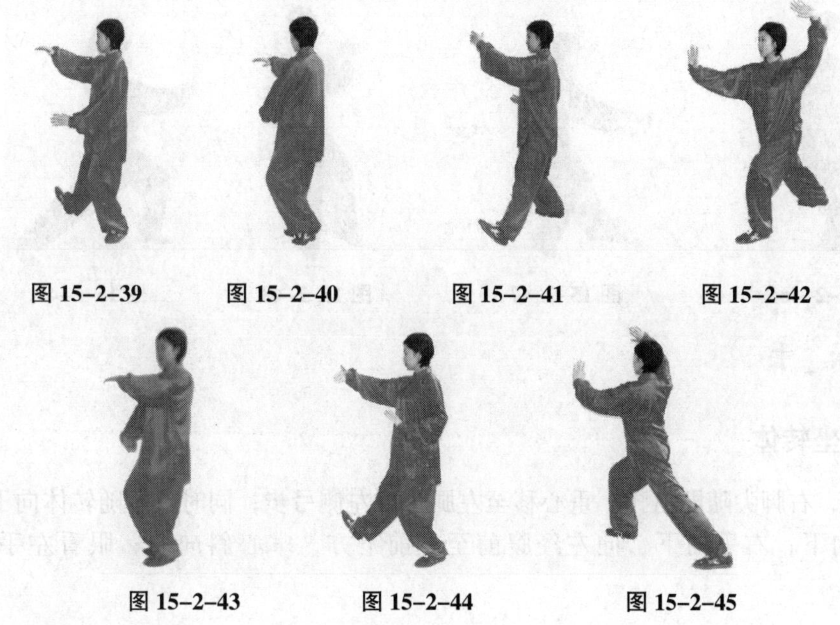

图 15–2–39　图 15–2–40　图 15–2–41　图 15–2–42

图 15–2–43　图 15–2–44　图 15–2–45

十一、海底针

（一）跟步提手

左脚跟进半步落地踏实，重心移至左腿，随即右脚离地；同时上体微向左转，左手下落经体前向左、向上提收至左耳旁，掌心向右；右手向前、向下画弧按至右膝上方。（图 15–2–46）

（二）虚步插掌

上体向右转正，右脚前落，脚尖点地，成右低虚步；左手随即由耳旁向前下方斜插，掌心向右，指尖斜向下；右手向右下画弧于右胯旁，掌心向下，指尖向前；眼看前下方。（图 15–2–47）

要点：完成姿势时面向正西，上体不可前倾太过，避免低头弓背和臀部凸起，虚步时右膝微屈。

十二、闪通臂

（一）提手收腿

右腿微收提，同时左臂由下向上至脸前，手腕微上提，指尖向前；掌心朝左、右手向上附于左前臂内侧，掌心向左，指尖斜向上；腰微左转。（图 15–2–48）

（二）弓步架推

右脚向前迈出，脚跟先着地，随即左腿蹬地，右腿屈膝前弓，成右侧弓步；同时左臂内旋向上架撑，停于左额前上方，掌心斜向上，右手向前推出，掌心斜向前，指尖高于眉平；眼看右手方向。（图 15–2–49）

要点：完成式时，上体要自然腰、胯松沉；两臂微屈成对拔劲。

图 15–2–46　图 15–2–47　图 15–2–48　图 15–2–49

十三、云　手

（一）后坐转体

上体左转，右脚尖随即内扣，重心移至左腿，成左侧弓步；同时左手随转体向下、向左至左肩侧，掌心向下；右手向下、向左经腹前至左前下方，掌心斜向内；眼看左手方向。（图 15–2–50）

（二）收腿云手

上体右转，重心移至右腿，左脚收至右脚内侧，成小开立步；右手经脸前向右立圆云转至身体右侧;右手继续内旋翻掌下落画弧至身体左前下方，掌心斜向内；左手向下、向右经腹前立圆云转至右肩前，再向上、向左经脸前至左肩侧，掌心斜向内；眼看左手方向。（图 15–2–51 ~ 图 15–2–53）

（三）开步云手

右脚向右侧横跨一步，脚尖向前，上体右转，重心移至右腿；同时左臂内旋翻掌下落经腹前至身体右前下方，右手向上经脸前向右立圆云转至右肩侧，掌心斜向内，眼看右手方向。（图 15–2–54、图 15–2–55）

(四) 收脚云手

上体左转，左脚收至右脚内侧，重心移至左腿，成小开立步；同时左手经脸前向左立圆云转至左肩前，掌心斜向内，右臂内旋翻掌下落经腹前至身体左前下方。(图 15–2–56、图 15–2–57)

要点：此式重心不可忽高忽低，身体不可左右摇摆，身体转动要以腰为轴，腰胯放松，沉肩垂肘，速度均匀，眼的视线要随两手而移动，开步时脚尖朝前，两脚横向距离保持在 10 ~ 20 厘米。

图 15–2–50　图 15–2–51　图 15–2–52　图 15–2–53

图 15–2–54　图 15–2–55　图 15–2–56　图 15–2–57

十四、左右揽雀尾

(一) 收脚抱球

右脚收至左脚内侧，脚尖点地；同时左臂内旋于胸前平屈，右手臂外旋下落画弧，收于腹前，使两手掌上下相对成抱球状；眼看左手方向。(图 15–2–58)

(二) 弓步掤臂

右脚随转体向右后方迈出，足跟先落地，左腿蹬地转腰，成右弓步；同时右臂向胸前屈臂掤出，掌心斜向内；左手向左下按于左胯旁，掌心向下，指尖朝前；眼看右前臂。(图 15–2–59、图 15–2–60)

(三) 后坐下捋

身体微向右转，右手随即前伸翻掌向下；左手翻掌向上，经腹前向上、向前伸至右臂下方，然后上体左转，重心移至左腿；同时两手下捋，经腹前向左后上方画弧，左手掌心斜向上，高与耳平；右臂平屈于胸前，手心向内；眼看左手方向。(图 15–2–61、图 15–2–62)

图 15-2-58　图 15-2-59　图 15-2-60　图 15-2-61　图 15-2-62

（四）弓步前挤

腰向右转，左臂屈肘将左手附于右手腕内侧，掌心斜向外；左脚蹬地，右腿屈膝前弓，成右弓步，同时两手向前挤出，眼看右手方向。（图 15–2–63）

（五）后坐收掌

右手翻转掌手心向下；左手经右腕上向前伸出，掌心向下，随之两手左右分开，与肩同宽；然后随左腿屈膝后坐的同时，重心移至左腿的同时，右脚尖抬起，两手屈肘回收至胸前，掌心斜向下；两眼平视。（图 15–2–64、图 15–2–65）

（六）弓步推按

重心前移，右腿前弓成右弓步；同时两手向下、经腹前向前、向上推按，掌心向前，指尖向上；眼平视前方。（图 15–2–66、图 15–2–67）

要点：重心前移和后坐时，上体不可前俯后仰，两臂推按时保持弧形，两脚横向距离为 15 ~ 30 厘米。

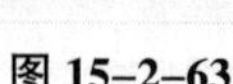

图 15-2-63　图 15-2-64　图 15-2-65　图 15-2-66　图 15-2-67

（七）转身抱球

重心移至左腿，右脚尖内扣，同时身体左转，重心再移回至右腿，左脚收至右脚内侧，脚尖点地；同时左手随转体向左向下画弧至右肋前，右手向左屈臂平举于胸前，两掌心上下相对成抱球状。（图 15–2–68、图 15–2–69）

（八）弓步掤臂

同 2 解，只是左右相反。（图 15–2–70、图 15–2–71）

（九）后坐下捋

同 3 解，只是左右相反。（图 15–2–72、图 15–2–73）

（十）弓步前挤

同 4 解，只是左右相反。（图 15–2–74）

（十一）后坐收掌

同 5 解，只是左右相反。（图 15–2–75、图 15–2–76）

（十二）弓步推按

同 6 解，只是左右相反。（图 15–2–77、图 15–2–78）

图 15–2–68 图 15–2–69 图 15–2–70 图 15–2–71 图 15–2–72

图 15–2–73 图 15–2–74 图 15–2–75 图 15–2–76 图 15–2–77 图 15–2–78

十五、十字手

（一）转体分掌

后坐扣左脚，右腿屈膝，重心移至右腿，身体右转；右手随转体向右平摆画弧，与左手成两臂侧平举，掌心向前，肘部微屈；同时右脚尖随转体稍向外摆，成右侧弓步；眼看右手方向。（图 15–2–79、图 15–2–80）

（二）十字抱掌

重心移至左腿，右脚尖内扣，随即向左回收，两脚距离与肩同宽，两腿逐渐伸直，同时两手向下经腹前向上画弧交叉合抱于胸前，两臂撑圆，腕高与肩平，右手在外，成十字手，两手心均向内；眼看前方。（图 15–2–81、图 15–2–82）

要点：两手合抱时，上体不可前俯；身体保持中正，头微向上顶，下颌稍向里收；两臂合抱时须沉肩垂肘。

十六、收 势

（一）两臂下落

两臂内旋前伸翻掌向下并向两侧分开与肩宽，然后两臂缓慢下落于身体两侧，两眼平视。（图 15–2–83、图 15–2–84）

要点：两臂分开下落时，要注意周身放松，气沉丹田。

（二）并步还原

身体重心移至右腿，左脚向右脚并拢，成并立步，两眼平视。（图 15–2–85）

要点：并步还原时，身体要保持中正安舒，不可左右歪斜。

图 15–2–79　**图 15–2–80**　**图 15–2–81**　**图 15–2–82**　**图 15–2–83**　**图 15–2–84**　**图 15–2–85**

学练方法：

在太极拳教学中，学生感知的技术，必须经过亲身实践，反复练习，才能掌握，在教学中主要包括分解练习、完整练习和组合练习。从形式上分，练习法方法又可以分为个人练习、分组（或分排）练习和集体练习。

1. 分解练习

分解练习是把一个完整的动作合理地分成几个部分，分别地进行学习，最后到达完全掌握的目的。运用分解法应注意以下几点：

（1）分解动作时，应考虑到各部分之间的有机联系，不要把动作分解得太细太碎。

（2）应使学生明确各部分在完整动作中的位置。

（3）要与完整法结合使用。运用分解法是为了更好地掌握完整动作，因此，分解练习的时间不宜过久，以免破坏动作的整体性和连贯性。

2. 完整练习

完整练习就是一个动作或一套动作，从开始到结束完整地进行练习。它的优点是不破坏动作的结构和衔接。完整练习一般用于简单的动作或完整套路练习中。

3. 组合练习

组合练习是将几个动作组合起来练习，或是一个动作左右方向串起来反复练习。常用于基本

功和一个教学阶段的单元内容练习。

4. 个人练习

个人练习是让学生原地或分散进行独立练习或个人体会。在基本功练习中，可以安排个人轮流依次练习，以保证充分利用场地和合理运用密度。

5. 分组练习

分组练习一般在教完本课内容后，教师提出要求，由组长带领本组同学进行练习。这样可以发挥同学之间互教互学、取长补短的作用，培养学生团结互助的精神。分排练习也属于分组的性质，在教师指挥下，学生逐排轮换练习，也可以节省时间，保证一定的练习数量和运动负荷。

6. 集体练习

集体练习是在教师统一指挥或带领下，学生集体练习的方式。它可以保证最大限度地利用时间和空间，也有利于教师观察整体教学效果。

第三节　太极拳提高班学练方法

42 式太极拳

预备式：立身并步，身体自然直立，两臂自然下垂。

一、起　势

立身提脚，立身开步，两臂平举，屈膝按掌。（图 15-3-1）

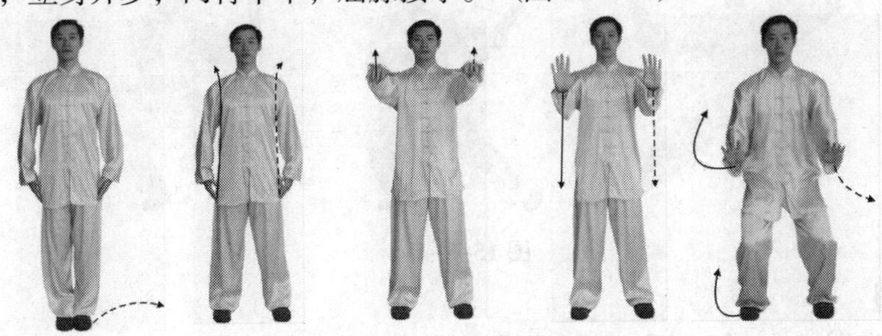

图 15-3-1

二、右揽雀尾

抱手收脚，转体上步，弓步左掤，抱手收脚，转体上步，弓步右掤，翻掌挥臂，坐腿后捋，转体搭手，弓步前挤，坐腿后掤，丁步按掌。（图 15-3-2）

图 15-3-2

图 15-3-2（续）

三、左单鞭

勾手上步，弓步推掌。（图 15-3-3）

图 15-3-3

四、提　手

转体摆臂，左腿引手，虚步合手。（图 15-3-4）

图 15-3-4

五、白鹤亮翅

转体分手，撤脚抱球，坐腿分手，虚步分掌。（图 15-3-5）

图 15-3-5

六、搂膝拗步

转体挥臂，摆臂收脚，屈臂上步，弓步搂推，转体后移，摆臂收脚，屈臂上步，弓步搂推。（图 15-3-6）

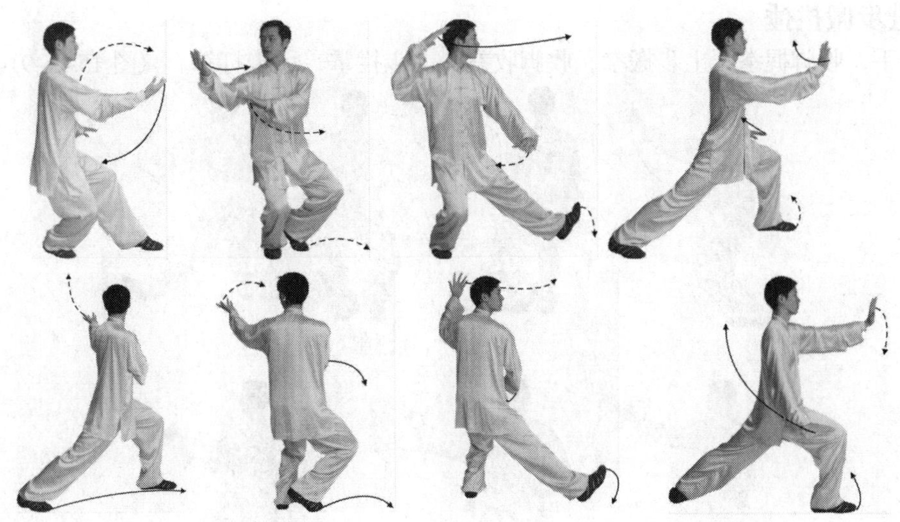

图 15–3–6

七、撇身捶

转体分手，收脚抱拳，上步举拳，弓步撇搭。（图 15–3–7）

图 15–3–7

八、捋挤势

转体扣脚，弓腿抹掌，收脚后捋，上步搭手，弓步前挤，转体扣脚，弓步抹掌，收脚后捋，上步搭手，弓步前挤。（图 15–3–8）

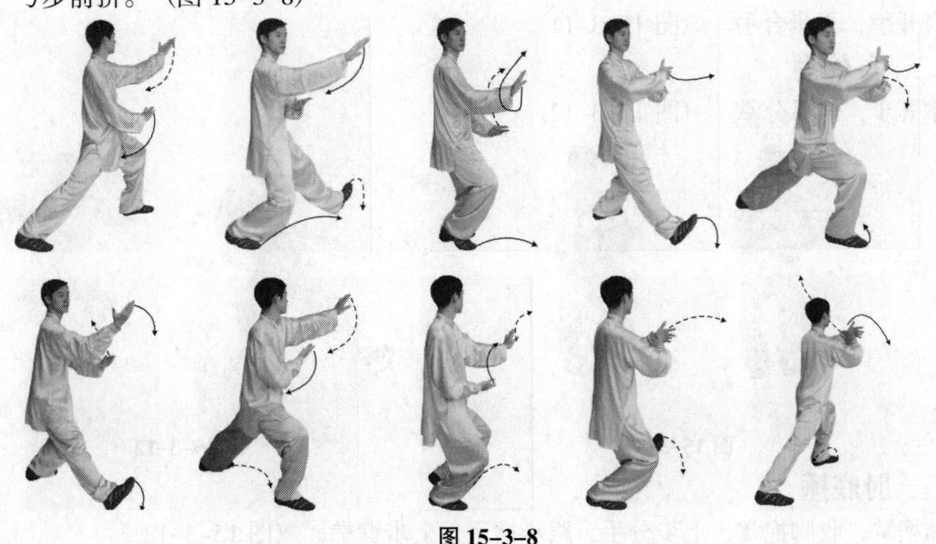

图 15–3–8

九、进步搬拦捶

转体分手，收脚握拳，上步搬拳，收脚收拳，上步拦掌，弓步打拳。（图 15–3–9）

图 15–3–9

十、如封似闭

穿掌翻掌，坐腿引化，丁步前按。（图 15–3–10）

图 15–3–10

十一、开合手

转身开手，丁步合手。（图 15–3–11）

十二、右单鞭

翻掌开步，侧弓分掌。（图 15–3–12）

图 15–3–11

图 15–3–12

十三、肘底捶

转体摆掌，收脚抱掌，上步分手，跟步擒手，上步劈拳。（图 15–3–13）

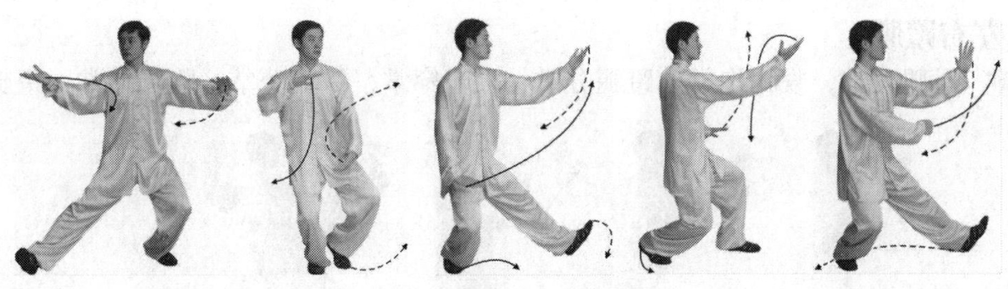

图 15-3-13

十四、转身推掌

转身举掌，上步收掌，丁步推掌，转身举掌，上步收掌，丁步推掌。（图 15-3-14）

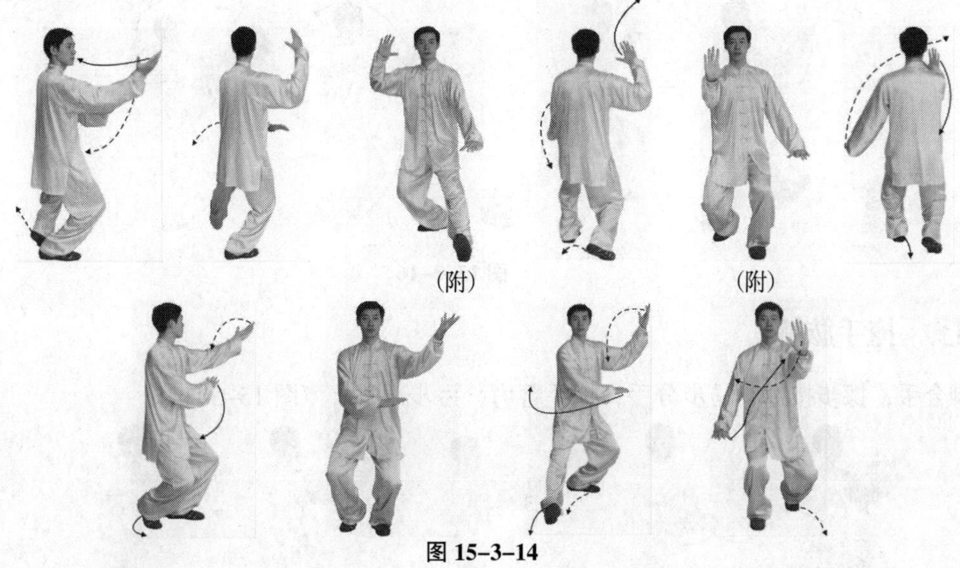

图 15-3-14

十五、玉女穿梭

转体伸掌，撇步后捋，上步搭手，跟步平云，后坐平云，上步收掌，弓步架推，扣脚收掌，弓腿抹掌，收脚后捋，上步搭手，跟步平云，坐腿平云，上步收掌，弓步架推。（图 15-3-15）

图 15-3-15

十六、左右蹬脚

扣脚收脚，弓腿分掌，收腿抱掌，蹬腿分掌，上步穿掌，弓腿分掌，收腿抱掌，蹬腿分掌。(图 15–3–16)

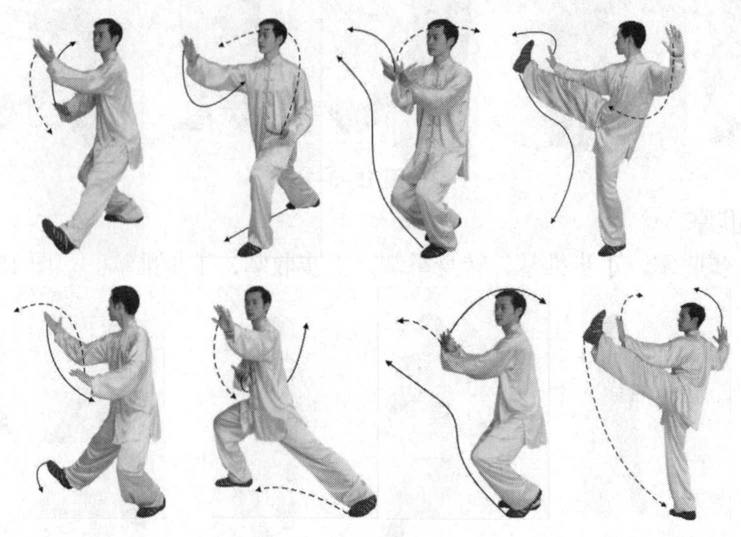

图 15–3–16

十七、 掩手肱捶

收脚合手，擦步按掌，马步分手，掩手蓄力，弓步冲拳。(图 15–3–17)

图 15–3–17

十八、野马分鬃

转腰缠手，撑臂缠手，转腰捩掌，折叠摆掌，提脚托掌，上步收掌，弓步穿靠，转体撇脚，提脚托掌，上步收掌，弓步穿靠。(图 15–3–18)

图 15–3–18

图 15-3-18（续）

十九、云手

转体摆掌，转体翻掌，转体左云，并步翻掌，转体右云，开步翻掌，转体左云，并步翻掌，转体右云，开步翻掌转体左云，扣步翻掌。（图 15-3-19）

图 15-3-19

二十、独立打虎

撤步伸掌，坐腿分手，独立架拳。（图 15–3–20）

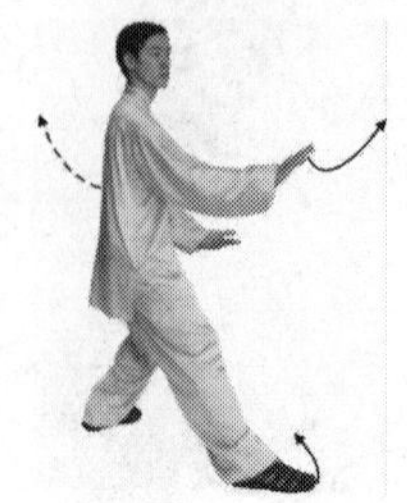

（附）

图 15–3–20

二十一、右分脚

垂脚抱掌，分脚分掌。（图 15–3–21）

二十二、双峰贯耳

收脚并手，落脚握拳，弓步贯拳。（图 15–3–22）

图 15–3–21

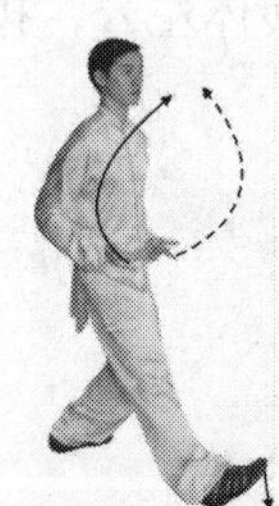

图 15–3–22

二十三、左分脚

转身分手，收脚抱掌，分脚分掌。（图 15–3–23）

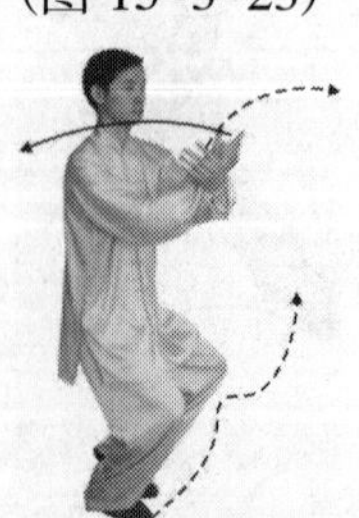

图 15–3–23

二十四、转身拍脚

转身落脚，转身抱掌，分掌拍掌。（图 15–3–24）

图 15–3–24

二十五、进步栽捶

转体落脚，收脚摆臂，上步握拳，弓步栽拳。（图 15–3–25）

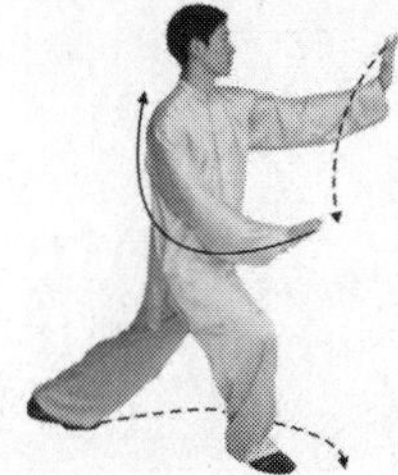

图 15–3–25

二十六、斜飞式

转体分手，收脚抱掌，开步插手，斜身分靠。（图 15–3–26）

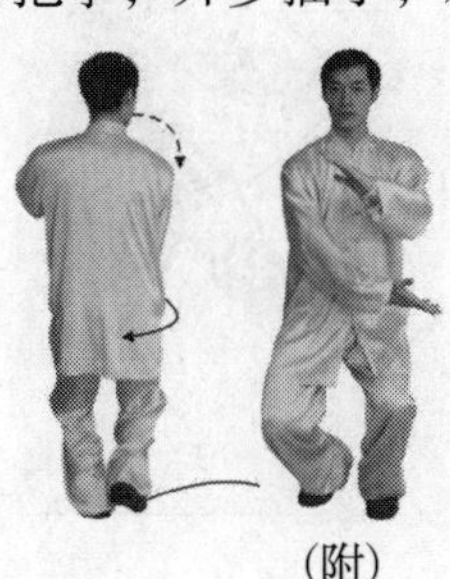
（附）

（附）

图 15–3–26

二十七、单鞭下势

勾手摆掌，仆步穿掌。（图 15–3–27）

图 15–3–27

二十八、金鸡独

弓腿挑掌，独立挑掌，落脚按掌，独立挑掌。（图 15-3-28）

图 15-3-28

二十九、 退步穿掌

基本动作见图 15-3-29。

三十、虚步压掌

转体举掌，虚步压掌。（图 15-3-30）

三十一、独立托掌。

基本动作见图 15-3-31。

图 15-3-29

图 15-3-30

图 15-3-31

三十二、马步靠

落脚采掌，收脚摆臂，半马步靠。（图 15-3-32）

（附）

图 15-3-32

三十三、 转身大捋

撇脚转掌，并步托掌，转身大捋，侧弓滚肘。（图 15-3-33）

图 15-3-33

三十四、歇步擒打

转体旋臂，转体擒手，歇步打拳。（图 15-3-34）

图 15-3-34

三十五、穿掌下势

收脚提掌，开步摆掌，仆步穿掌。（图 15-3-35）

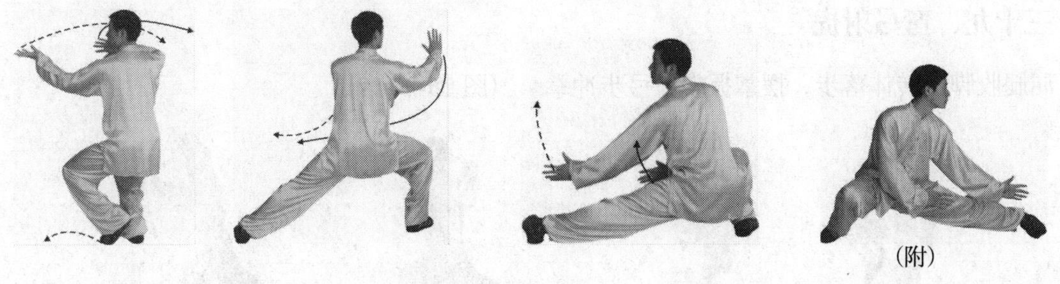

图 15-3-35

三十六、上步七星

弓腿挑掌，虚步架拳。（图 15-3-36）

图 15-3-36　　（附）

三十七、退步跨虎

退步松拳，转体摆掌，收脚摆掌，举脚挑掌。（图 15-3-37）

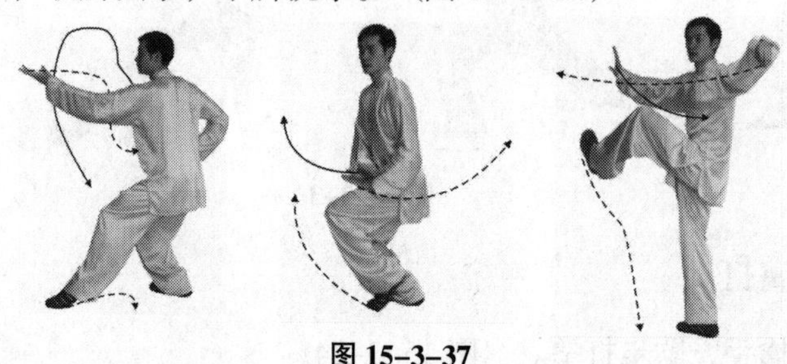

图 15-3-37

三十八、转身摆莲

扣步摆掌，转身穿掌，转体摆掌，摆脚拍脚。（图 15-3-38）

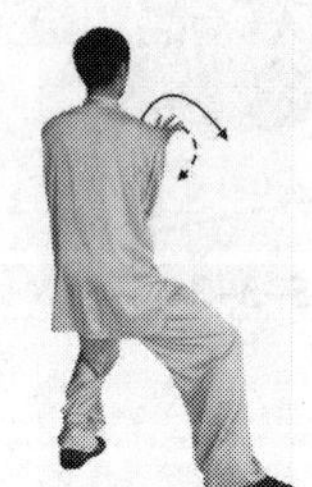
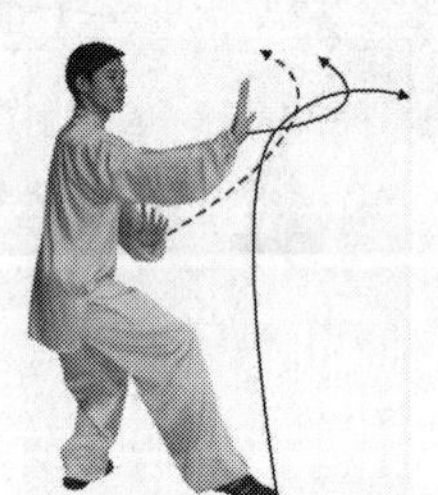

图 15-3-38

三十九、弯弓射虎

屈腿收脚，转体落步，摆掌握拳，弓步冲拳。（图 15-3-39）

图 15-3-39

四十、左揽雀尾

转体分手，收脚抱手，转体上步，弓步左掤，翻掌捋臂，坐腿后捋，转体搭手，弓步前挤，

坐腿引手，弓步前按。（图 15–3–40）

图 15–3–40

四十一、十字手

转体扣脚，转体分手，转体合抱，收脚抱掌。（图 15–3–41）

图 15–3–41

四十二、收势

两手分举，两臂下垂，收脚并步。（图 15–3–42）

图 15–3–42

学练方法：

在太极拳教学中，学生必须经过亲身实践，反复练习，才能掌握该动作套路，在教学中主要包括分解练习、完整练习和组合练习。从形式上看，该套路的练习法方法又可以分为个人练习、分组（或分排）练习和集体练习。

(1) 分解练习。

分解练习是把一个完整的动作合理地分成几个部分，分别地进行学习，最后达到完全掌握的目的。运用分解法应注意以下几点。

① 分解动作时，应考虑到各部分之间的有机联系，不要把动作分解得太细、太碎。

② 应使学生明确各部分在完整动作中的位置。

③ 要与完整法结合使用。运用分解法是为了更好地掌握完整动作。因此，分解练习的时间不宜过久，以免破坏动作的整体性和连贯性。

(2) 完整练习。

完整练习就是一个动作或一套动作，从开始到结束完整地进行练习。它的优点是不破坏动作的结构和衔接。完整练习一般用于简单的动作或完整套路练习中。

(3) 组合练习。

组合练习是将几个动作组合起来练习，或是一个动作左右方向串起来反复练习。常用于基本功和一个教学阶段的单元内容练习。

(4) 个人练习。

个人练习是让学生原地或分散进行独立练习或个人体会。在基本功练习中，可以安排个人轮流依次练习，以保证充分利用场地和合理运用密度。

(5) 分组练习。

分组练习一般在教完本课内容后，教师提出要求，由组长带领本组同学进行练习。这样可以发挥同学之间互教互学、取长补短的作用，培养学生团结互助的精神。分排练习也属于分组的性质，在教师指挥下，学生逐排轮换练习，也可以节省时间，保证一定的练习数量和运动负荷。

太极拳主要手法的攻防含义

掤：是攻守兼备的手法，是前臂掤圆，有向前膨胀向上浮托的意识，架于体前，抵御对方按推自己的防卫方法。使对方之力不能加于我身。关键不在与对手抗力争衡，而在于旋腰转化。

捋：是防守的方法。以我两掌粘连对方手腕和肘，随对方击我的劲力方向因势利导，延长其动势，以我的腰腿劲转化，改变其用力方向，使之落空。

挤：是进击手法。以自己的一臂加上另一手的助力，作用于对方的弱点上，使其失重后倒。

按：是进击手法。以双手推按对手，发全身之劲力，主宰于腰，使其使势向后倾倒。

采：是攻击手法。是骤然发劲，猛力向下或向后牵制对方。发力突然而干脆，“力要向下，必先寓上意”，先稍随对方劲力向上提引然后下挫。常用方法是双手抓住对方手腕，由高处向下用迅猛之力下坠。

(6) 集体练习

集体练习是在教师统一指挥或带领下，学生集体练习的方式。它可以保证最大限度地利用时间和空间，也有利于教师观察整体教学效果。

第四节 太极拳规则简介

一、动作规格的分值为6分

凡手型、步型、手法、步法、身法、腿法与规格要求轻微不符者，每出现一次扣0.05分；与规格要求显著不符者，每出现一次扣0.1分；与规格要求严重不符者，每出现一次扣0.2分。

二、劲力、协调分值为2分

凡符合运劲顺达，沉稳准确，连贯圆活，手眼身法协调的要求者，给予满分。

凡与要求轻微不符者，扣0.1~0.5分；显著不符者，扣0.6~1分；严重不符者，扣1.1~2分。

三、精神、速度、风格、内容、结构和布局的分值为2分

凡符合意识集中，精神饱满，神态自然，内容充实，速度适中，结构合理，布局匀称的要求者，给予满分。

凡与要求轻微不符者，扣0.1~0.5分；显著不符者，扣0.6~1分；严重不符者，扣1.1~2分。

四、其他错误的扣分标准

(1) 没有完成套路：任何项目的比赛，凡运动员没有完成套路中途退场者，均不予评分。

(2) 遗忘：在比赛中，每出现一次遗忘现象，根据不同程度，扣0.1~0.3分。

(3) 器械、服装影响动作：在比赛中，刀彩、剑穗和软器械缠住身体任何部位影响了动作，或出现刀彩、剑穗、服饰掉地、服装开钮，以及器械触地、脱把、碰身等失误时，每出现一次扣0.1~0.2分。

(4) 太极拳练习时间一般在4~6分钟。时间不足和超出规定时间，不足或超出达0.1~5秒者，扣0.1分。

(5) 器械、服装不符合规定：凡器械、服装规格不符合规定者，不准参加比赛或取消其该项成绩。

【思考题】

1. 试述太极拳的健身价值。
2. 反复练习16式太极拳，并能熟练讲出16式太极拳的动作要领。
3. 练习太极拳的标准时间是多少？

【参考文献】

1. 李德印. 太极拳教范[M]. 北京：北京体育大学出版社，2009.
2. 中国武术协会. 武术套路竞赛规则与裁判法（2012）[M]. 北京：人民体育出版社，2013.

第十六章 跆拳道

* 了解跆拳道运动的起源与发展状况及健身价值
* 熟练掌握跆拳道的基本手法、步法、腿法和组合技术
* 掌握跆拳道的进攻和防守技战术并能进行实战

第一节 跆拳道概述

一、起源与发展

跆拳道从字面上分析，“跆—TAE”意为脚踢、脚踹、踩踏、蹬踢；“拳—KWON”意指用拳打，以武斗智斗勇，是力量的象征；“道—DO”指道义，是一种技艺方法、心得、精神、文化以及道德、伦理等的结合，是练习者所应追求的最高境界。

跆拳道是一项利用拳和脚进行搏斗的对抗性运动。通过竞赛、品势和功力检验等运动形式，练习者可增强体质，掌握实战技术，培养坚韧不拔的意志品质。跆拳道被誉为“世界第一搏击”运动。它倡导“以礼始，以礼终”的尚武精神。

1966 年，国际跆拳道联盟成立。1973 年，世界跆拳道联盟在韩国汉城（今首尔）成立。1975 年，世界跆拳道联盟被正式接纳为国际体育联盟的会员。1980 年，国际奥委会正式承认了世界跆拳道联盟。1994 年，跆拳道被列为 2000 年悉尼奥运会正式比赛项目，设男、女各 4 个级别。

中国的跆拳道运动起步较晚，但是发展较为迅速。1998 年，在越南举办的第 13 届亚洲跆拳道锦标赛上，贺璐敏为中国赢得了亚洲第一枚跆拳道金牌，实现了我国该项目在正式国际比赛中金牌零的突破。1999 年，在加拿大举行的第 7 届世界跆拳道锦标赛上，王朔战胜多名世界跆拳道高手，获得女子55公斤级冠军，这是我国跆拳道运动员获得的第一个世界冠军。在2000年悉尼奥运会的女子跆拳道67公斤以上级别比赛中，陈中力克群雄获得冠军，这是我国获得的第一枚奥运会跆拳道金牌。2020年东京奥运会男子跆拳道68公斤级比赛中，中国选手赵帅获得一枚铜牌。

二、健身价值

跆拳道练习者不仅是一个四肢发达、体格健壮的人，同时还是一个充满朝气、富有创造精神的人。

跆拳道练习可强壮筋骨，提高各关节的灵活性及肌肉的伸展性和收缩能力，提高人的速度、反应、灵敏、力量和耐力等身体素质，提高人体内脏器官的机能和人体神经系统的灵活性，增加人体的击打和抗击打能力。

跆拳道练习者为什么总会大声喊叫？

无论品势还是竞技跆拳道，都要求在气势上给人以威严，多以发出洪亮并带有威慑力的声音来显示自己的能力。尤其是在竞技跆拳道比赛中，双方运动员都会以规则允许的发声来提高自己的斗志，借以在气势上压倒对手甚至在出击时配合击打效果使裁判得以认可，争取先在心理上战胜对手，所以跆拳道练习者都要进行专门的发声练习。

第二节　跆拳道基础班技术及学练方法

一、跆拳道动作的使用部位

（一）拳法

拳法在跆拳道竞赛中主要使用正拳（直拳），在品势中则有正拳、勾拳和锤拳等。

（1）正拳：四指并拢卷曲并握紧，拇指紧扣于食指和中指的第二关节处，拳面要平。用拳的正面击打。（图16–2–1）

（2）勾拳：握法同正拳，使用食指和中指指根的突起部分击打。

（3）锤拳：握法同正拳，用小指和手腕间的肌肉部分击打。（图16–2–2）

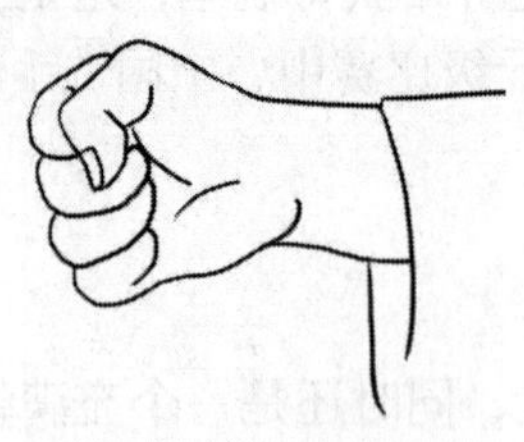

图 16–2–1

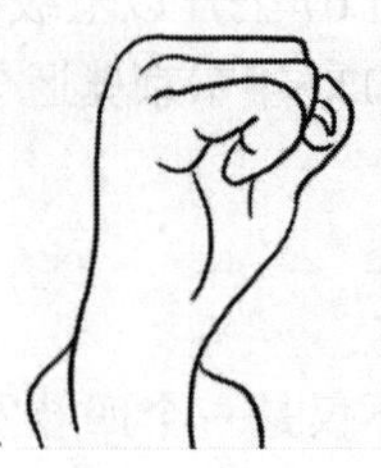

图 16–2–2

(二) 掌 法

⑴ 手刀：手指伸直，拇指弯曲紧靠食指。用小指侧的手掌外延攻击对方，常见于品势中。(图 16–2–3)

⑵ 背刀：握法与手刀相同。用食指侧的手掌外延攻击对方，常见于品势中。

⑶ 贯手：中指微屈，以四指指尖戳击对方的眼、喉等部位，常见于品势中。（图 16–2–4）

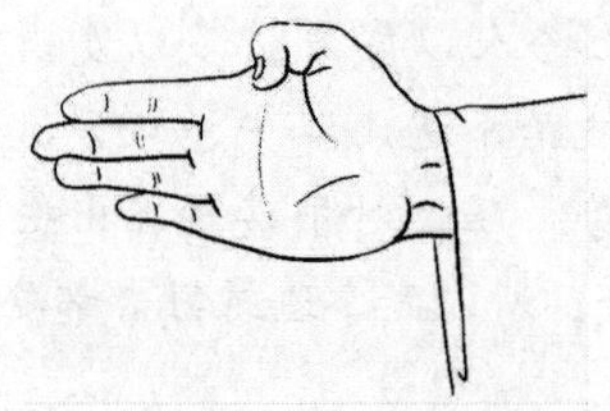

图 16–2–3

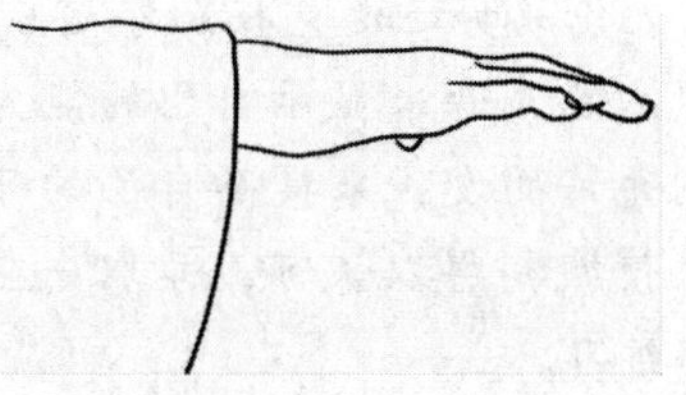

图 16–2–4

(三) 臂 部

⑴ 腕部：用于防守格挡。

⑵ 肘部：用肘的鹰突关节攻击，仅限于品势中使用。

⑶ 前臂和上臂：主要用外侧防守和格挡，前臂的格挡经常在跆拳道竞赛中被采用。

(四) 脚 部

⑴ 脚面：用脚的正面部分攻击对方。（图 16–2–5）

⑵ 足刀：用脚的外侧蹬对方。（图 16–2–6）

⑶ 脚尖：用脚趾前端的部位攻击对方。

⑷ 脚跟：用脚跟攻击对方，如后踢。（图 16–2–7）

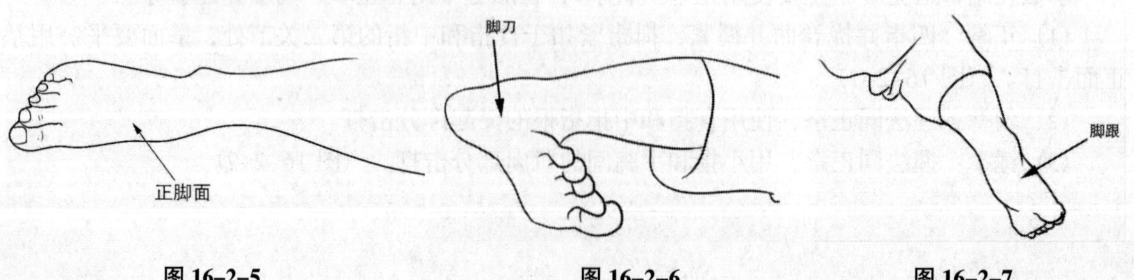

图 16–2–5　　图 16–2–6　　图 16–2–7

二、准备姿势

图 16–2–8

准备姿势也称实战姿势或预备姿势，是竞技跆拳道比赛中双方开始时的基本站立姿势。准备姿势应便于进攻和防守反击以及步法的移动。

动作方法：两脚前后站立，双膝微屈，重心稍向前倾，后脚尖着地，脚后跟抬起；同时两手半握拳，两臂自然垂于体侧，下颌微收。左脚在后为左架准备姿势，右脚在后为右架准备姿势。两脚之间的距离和重心的高低可以根据具体情况进行调整，以最快调整好身体重心为准。（图 16–2–8）

三、基本步法

（一）上　步

左架准备姿势（以下简称“左架”）站立，左脚向前上一步，成为右架准备姿势（以下简称“右架”）主要通过向右拧腰转髋来完成动作，两臂在体侧自然上下移动，重心上下起伏不要过大。

（二）后撤步

左架站立，右脚向后撤一步，成为右架准备姿势。后撤步也是主要通过向右拧腰转髋来完成动作，两臂在体侧自然上下移动，重心要保持平稳。

（三）前跃步

左架站立，两脚同时向前跃进一步，保持左架准备姿势。两脚稍离开地面即可，重心保持平稳。

（四）后跃步

左架站立，两脚同时向后回撤一步，保持左架准备姿势。两脚稍离开地面即可，重心保持平稳。

（五）跳换步

左架站立，两脚原地前后交换，换成右架站立。两脚稍离开地面即可，重心保持平稳，不宜起伏过大。

（六）侧移步

右脚先向右（或向左）侧移动一步，随之左脚迅速向右（或向左）侧移动一步。一般是把身体重心放在前脚上，有利于进攻。

（七）垫　步

左架站立，左脚向右脚内侧上步，同时右脚迅速抬起以便进攻和防守。

学练方法：

（1）练习左架与右架之间的原地换步。

（2）练习上步和后撤步（左架与右架都要练）。

(3) 练习前跃步和后跃步。
(4) 练习侧移步。
(5) 练习连续向前跃步和向后跃步。
(6) 练习连续侧移步。
(7) 练习垫步。
(8) 练习连续垫步。
(9) 几种步法熟练后，可组合起来练习。
(10) 结合手势或声音信号练习。
(11) 两人配合练习，一人进攻步法，一人防守或反击步法。
(12) 将两个以上的步法组合起来练习。

四、基本腿法

(一) 前 踢

右架站立，重心移至左腿。提起右大腿同时髋部略向左转，膝盖朝前，脚面绷直，双手握拳自然垂放在身体两侧。髋关节前送，右大腿向前抬起，当大腿抬至水平或稍高时，向前弹出小腿用脚面击打目标，在小腿弹出的一瞬间，要有一个制动的过程，使小腿产生鞭打的效果。向右转髋使右小腿折叠快收回原位，然后后撤右腿还原。（图 16–2–9）

图 16–2–9

学练方法：
(1) 采用分解练习方法，先练习提腿送髋，然后练习弹出小腿，最后完整练习前踢动作并能熟练使用。
(2) 左右架交替练习。
(3) 先练习空踢，然后进行脚靶练习。
(4) 两人一组，交替进行前踢的练习。

(二) 横 踢

右架站立，提起右腿时，大小腿夹紧，从前方迅速提至腰部。提起右腿后，髋部略左转。为保持重心，躯干稍向左后倾，以配合快速转髋。通过腰腿的力量，将小腿用力由外向内横踢出去。击打时脚面稍绷直，但踝关节要放松。小腿弹出后，在弹直的一瞬间，要有一个制动的过程，使脚面产生鞭打的效果。提膝应尽量随着转髋同时进行，不能在完全转髋后再提膝，这样会造成膝盖过早偏向外侧。左脚应积极配合髋部的转动，转动时可稍有一点踮起。（图 16–2–10）

图 16–2–10

学练方法：

⑴ 提后腿，同时转髋，大小腿折叠。

⑵ 弹出小腿。

⑶ 左右架交替练习，使两腿都能熟练横踢。

⑷ 脚靶配合练习。

⑸ 两人一组，交替进行护具练习。

⑹ 结合前进步、后撤步等步法移动进行练习。

（三）后　踢

右架站立，重心移至左腿。以左脚尖为轴，左脚跟外旋，身体向右后方转动，同时提起右腿，大小腿折叠。右腿向后平伸蹬出，在蹬直前膝盖稍外翻。用脚跟击打对方胸部和腹部。击打后右脚自然落下。（图 16–2–11）

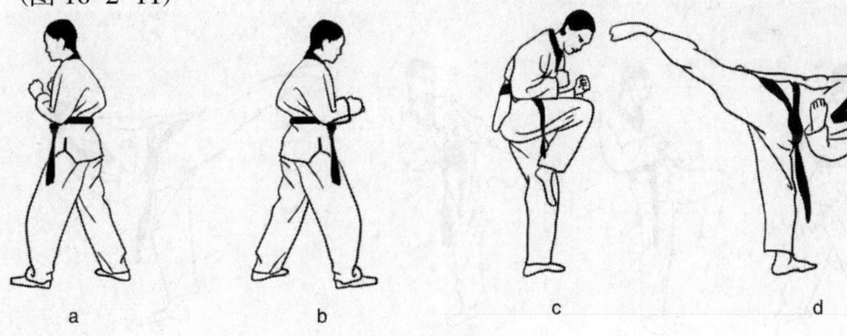

图 16–2–11

学练方法：

⑴ 开始练习时，可手扶支撑物，体会后蹬的感觉。

⑵ 练习转身同时提膝。

⑶ 平伸后蹬。

⑷ 进行完整的后踢练习，采用固定靶练习。

⑸ 同伴手持脚靶，进行反应靶练习。

（四）劈　腿

左架站立，重心移至右腿。提起左大腿，同时向右转髋，使左腿膝盖尽量与胸部接近，身体重心向上。左脚高举过头，左腿伸直，身体保持正直或稍前俯。左脚脚面稍绷直，左腿快速下压，用脚掌或脚后跟下砸对方的头部，身体重心前移至左腿上。身体稍后仰以控制重心。击打后，左

脚自然落下。（图 16–2–12）

图 16–2–12

学练方法：

⑴ 手扶支撑物先练习上举腿，熟练为止。

⑵ 手扶支撑物练习下劈腿动作。

⑶ 练习完整动作。

⑷ 练习外摆腿和内摆腿的劈腿动作。

⑸ 同时左右架交替练习。

⑹ 采用脚靶进行劈腿练习。

（五）侧　踢

右架站立，重心移至左脚，同时左脚内旋。提右腿，大小腿折叠，同时左转髋，身体右侧侧对对方。勾脚面，右腿平蹬出去，用脚掌外侧攻击对方。左腿自然下落，并撤回原位。（图 16–2–13）

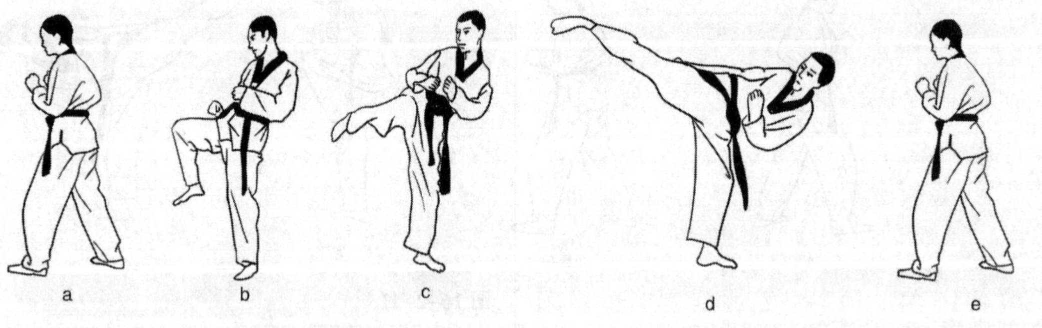

图 16–2–13

学练方法：

⑴ 先练习提膝转髋。

⑵ 再练习平蹬腿。

⑶ 练习完整侧踢技术动作。

⑷ 用护具或沙袋进行侧踢练习。

（六）后旋踢

右架站立，以左脚尖为轴，左脚跟外旋。身体向右后方转，同时提右腿，向斜后方向蹬伸，头部向右后方转动。身体继续旋转，右腿向后画一个水平弧线，快速屈膝用脚掌击打对方头部。

右腿自然落下，还原为右架站立。（图 16–2–14）

图 16–2–14

学练方法：

(1) 支撑脚的前脚掌先转动，转身同时向后蹬伸腿。

(2) 先练习原地转动 360° 摆动腿，开始不要求高度，熟练后再提升高度。

(3) 左右架交替练习。

(4) 采用脚靶进行后旋踢练习。

跆拳道技术类型和运动员的技术风格

根据动作的功能可将跆拳道技术大致分为进攻技术、防守技术和反击技术。在跆拳道实战中，通常会将多种技术结合在一块使用。跆拳道运动员所掌握的技术越全面，掌握的运动技能越多，就越有利于在实际应用中有效使用单个技术或组合技术，全面的技术训练也有利于发现运动员个人技术特点，并根据其特点进行个别技术的精雕细刻，使之形成自己的技术风格。

第三节　跆拳道提高班技战术及学练方法

一、基本腿法

（一）前横踢

左架站立，左脚向前垫步，将身体重心移至左腿。提起右腿，向前送髋，大小腿稍折叠。绷紧脚面，右膝向内，快速弹出小腿。右腿自然落下，两腿同时后撤一步，还原成左架准备姿势。

学练方法：

(1) 侧平举起右腿，大小腿折叠，只练弹出小腿。

(2) 练习垫步。

(3) 完整练习前横踢。

(4) 右架动作熟悉后练习左架动作。

(5) 用脚靶进行固定靶和反应靶练习。

（二）推　踢

右脚蹬地屈膝提起，身体重心前移至左脚，左脚以前脚掌为轴内旋约 90°；同时右脚迅速向前方推踢，力点在脚掌，推踢后迅速屈膝，身体重心前落成左架准备姿势。

学练方法：

(1) 熟悉左右架推踢技术。

(2) 使用脚靶完成推踢练习。

(3) 利用护具练习推踢。

（三）双飞踢

左架站立，重心移至右脚，提起左腿使用横踢。在左脚未落地时立即用右腿横踢。击打后，两脚自然落下，两腿交换时，髋部要快速扭转。小腿弹出后，在弹直的一刹那，要有一个制动的过程，使脚产生鞭打的效果。用双飞踢主要攻击对方的胸腹、两肋和面部。（图 16–3–1）

图 16–3–1

学练方法：

(1) 熟悉左右架横踢技术。

(2) 使用交叉脚靶完成双飞踢练习。

(3) 利用护具练习双飞踢，配合者原地快速换位。

(4) 熟练双飞踢后可练习三飞踢。

（四）旋风踢

左架站立，以右前脚掌为轴脚后跟外旋，重心移至右腿。身体左后转约 360°，左腿也随之向后转动。身体稍后仰，左腿下落的同时右脚蹬地使用右腿横踢技术。（图 16–3–2）

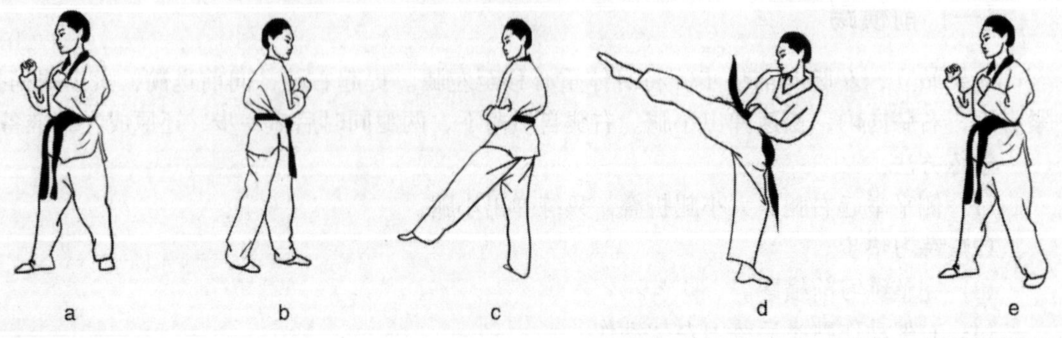

图 16–3–2

学练方法：

(1) 先练横踢，待熟悉后再开始练旋风踢。

(2) 练习原地转身，右腿要主动配合转动。

(3) 完整练习旋风踢。

(4) 左右架交替练习。

(5) 脚靶配合练习旋风踢。

(6) 结合步法移动练习旋风踢。

二、跆拳道防守技术

(一) 闪躲防守

躲闪防御是利用躯体的动作变化与位移来完成的自我保护技术。其在“型以正”“刚来刚对”的传统跆拳道中很少见到，躲闪防护是在后来的竞技跆拳道中逐渐产生形成的技术。

躲闪防护主要是由“体前屈”式的降低高度的技术和“侧屈”式的位置移动与躯体偏转的技术所组成。体前屈式的躲闪防护主要是针对敌方对我方头部实施的攻击。

侧屈式的躲闪防护则是在对付器械时应用较多，但是因为对施用者自身的技术要求和心理素质、距离感等基础要求较高，故侧屈式防护较体前屈式防护的使用频率要低得多。

(二) 贴近防守

贴近防守即迫前防护，主要是抢在对手动作完成前主动缩短距离，使对手的动作无法奏效。此动作的关键是破坏对手完成攻击动作时必需的距离。此动作要求施用者具备良好的技术基础和反应能力，否则极有可能正好撞到对手的“刀口”上。

(三) 格挡防守

1. 向上格挡

动作方法：右架站立，左手握拳由下至上，用左前臂上架格挡，或是右手握拳，用右前臂上架格挡。手臂上架的同时肘部有一个向上并向外横拨的动作，主要用于防守对方的劈腿进攻。

2. 向左（或右）斜下格挡

动作方法：右架站立，左手握拳由上至下，用左前臂向左斜下方格挡，或是右手握拳，用右前臂向右斜下方格挡。主要用于防守对方击打腹部的横踢、前横踢进攻。

3. 向左（或右）斜上格挡

动作方法：右架站立，左手握拳由下至上，用左前臂向左斜上方格挡，或是右手握拳，用右前臂向右斜上方格挡。主要用于防守对方针对胸部、头部的高横踢、高前横踢、后旋踢、双飞击头进攻。一般来说，使用左前臂格挡对方的进攻，有利于后腿（右腿）的进攻，如横踢击腹或击头、劈腿等；使用右前臂格挡对方的进攻，有利于前腿（左腿）的进攻，如前横踢、横踢、侧踢和劈腿等。

(四) 进攻防守

利用进攻动作进行防守就是在对方进攻的同时，防守者也进行进攻，即以攻代守。

三、腿法组合技术

(一) 右横踢 + 左后踢

动作要点：右横踢进攻的最佳时机可分为：在对方原地换位的一刹那使用横踢进攻；在对方上步时使用横踢；用身体晃动调动对方，在对方后撤步时使用横踢进攻。

（二）右横踢＋左后旋踢

动作要点：击打动作要果断，把鞭打力量打出来；同时要注意击打第一点落空后，第二点的后旋踢进攻动作要连贯。

（三）右横踢＋左劈踢

动作要点：如果击打第一点落空，要快速跟上使用左劈踢技术。因为全力打击后的动作一般是被动的，所以在击打出任何技术动作时要留有3%左右的力量，这样可以在观察对方的反应后再采取进攻或防守。

（四）右劈腿＋左后踢

动作要点：由于动作路线长，所以在双方近战时可以以少换多，就是在近距离时让对方得点，而自己使用下劈腿击打对方的头部，得两点或三点。

（五）左前横踢＋右后踢

动作要点：可以先用左腿横踢佯攻对手，然后再用后踢击打对方。使用后踢的技术关键是身体不能前趴，另外后蹬要充分。

（六）左前横踢＋右劈腿

动作要点：前横踢进攻主要用于吸引对手，并在对手进攻的同时，用后下劈重击对手。

（七）右横踢＋右侧踢

动作要点：前横踢结合前腿侧踢反击技术主要是用于阻击对手或是进攻对手，使其不得不后撤，为自己进攻或反击赢得时间和机会。

四、跆拳道的基本战术

(1) 直接进攻战术。
(2) 压迫式强攻战术。
(3) 引诱式进攻战术。
(4) 防守式躲闪和反击战术。
(5) 克制对方长处的战术。
(6) 集中打击对方短处的战术。
(7) 边线进攻和防守战术。
(8) 体力战术。

五、实 战

熟练掌握了跆拳道的技战术后，要按照规则进行不断的实战练习，逐步提高技战术的应用能力。只有在对抗中将技战术充分发挥出来，才能在实际比赛中战胜对手，获取比赛的胜利。

技术风格和绝招

跆拳道运动员所掌握的技术越全面，掌握的运动技能越多，就越有利于在实际应用中有效使用单个技术和组合技术。全面的技术训练也有利于发现运动员的个人技术特点，并根据其特点进行个别技术的精雕细刻，使之成为自己的技术风格，发展个人的单个技术绝招和组合技术绝招。

第四节 跆拳道规则简介

一、跆拳道比赛的种类、方法和时间

（一）比赛的种类

⑴ 个人赛：个人赛一般在相同体重级别的运动员之间进行；运动员在一次赛事中只允许参加一个级别的比赛；奥运会包括全运会在内的综合性运动会的跆拳道比赛一般采用个人赛制。

⑵ 团体赛：团体赛有3种赛制，即5人制、8人制和4人制。目前，世界杯为团体比赛，每个队伍参赛的总体重不能超过规定，级别自己确定。国内举行的所有跆拳道比赛，参赛运动队不能少于4支队伍，每个级别的参赛运动员不能少于4人，少于4人的参赛级别成绩无效。

（二）比赛的方法

⑴ 单败淘汰赛。

⑵ 复活赛。

⑶ 循环赛或其他赛制。

（三）跆拳道的比赛时间

跆拳道每场比赛分3局，每局比赛时间为2分钟，局间休息1分钟。

二、允许使用的技术、允许攻击的部位

（一）允许使用的技术

⑴ 拳的技术：紧握拳，使用正拳并用指关节部分击打。

正拳：跆拳道传统技术中，“正拳”（Pa-run-ju-mok）就是使用紧握的拳正面，迅速、有力地直线攻击对方躯干正面的技术。拳的技术只允许击打护具包裹部位中灰色及以下部分。

⑵ 脚的技术：踝关节以下脚的部位进行攻击的技术。

使用踝关节以下脚的部位所进行的攻击技术是合法的技术，使用踝关节以下腿的部位，如小腿、膝关节等所进行的任何攻击是被禁止的。使用电子护具的比赛，电子脚套的感应部位由世界跆拳道联合会决定。

（二）允许攻击的部位

⑴ 躯干：允许使用拳和脚的技术击打被护具包裹的躯干部位，但不包括后背脊柱。
⑵ 头部：只允许使用脚的技术击打锁骨以上的部位。

护具：被护具包裹的腋窝与髋关节之间的部位是允许被攻击的合法部位。基于此，运动员比赛时须穿戴与其体重级别相对应的护具。同一级别的双方运动员应穿戴同一型号的护具；若因运动员体型差异大需穿戴不同型号的护具，须先经技术代表批准。

头部和躯干：锁骨以上所有部位为头部；髋关节以上、锁骨以下的部位为躯干。

三、跆拳道比赛中的有效得分

（一）有效得分部位

⑴ 躯干：护胸上蓝色或红色区域。
⑵ 头部：头盔底边上方的的所有头部区域。

（二）得分标准

① 通过合法技术，以一定力度击打躯干得分区域，则得分；② 通过合法技术，打击头部得分区域，则得分；③ 除拳的技术外，技术、击打力度和 / 或击打部位的有效性将由电子计分系统判定，PSS（护具和计分系统）的判定不可录像审议；④ 世界跆拳道联盟技术委员会应根据选手重量级别、性别和年龄段，决定击打力度和 PSS 的感应度，在某些必要的情况下，技术代表可以重新校准有效的击打程度。

（三）有效分值

① 有效拳击打护胸得 1 分；② 有效踢腿技术击打护胸获得 2 分；③ 有效转身技术击打护胸获得 4 分；④ 有效技术击打头部获得 3 分；⑤ 有效转身技术击打头部获得 5 分；⑥ 选手犯规，对方选手获得 1 分。

【思考题】

1. 简述跆拳道运动的发展历史。
2. 怎样练习跆拳道的步法？
3. 跆拳道有哪些基本腿法？
4. 简述练习横踢和双飞踢的方法和步骤。

【参考文献】

1. 曾于久. 竞技跆拳道训练[M]. 北京：人民体育出版社，2014.
2. 杨龙. 跆拳道快速入门与实战技术.[M]. 成都：成都时代出版社，2014.

下编　特色体育项目

第十七章 橄榄球

* 了解橄榄球的起源、发展及健身价值
* 掌握橄榄球持球跑、传球、踢球等技术
* 橄榄球进攻战术和防守战术的配合运用
* 了解橄榄球比赛规则

第一节　橄榄球运动概述

一、起　源

橄榄球运动起源于 1823 年，拉格比（Rugby）本是英国中部的一座城市，在那里有一所拉格比学校是橄榄球运动的诞生地。当时在英国等地，足球运动很兴盛。在一次拉格比校内足球对抗赛中，有一位名叫威廉·伟浦·艾律斯（William Webb Ellis）的球员因求胜心切，勇敢地不顾当时足球规则的规定，以双手抱住球，跑进球门内。当时这种行为，在足球规则比赛上是犯规的动作。但因艾律斯这种犯规动作，引起在场观战球界人士及观众的灵感，给人新的启示，认为抱球跑能使比赛更加激烈，久而久之，竟逐渐被人们所接受。于是一项能够促进身体全面发展，具有较高锻炼价值的新的运动项目——橄榄球，就从足球运动中派生出来了。

二、发　展

1839 年以后，橄榄球运动逐渐在剑桥大学等学校开展起来，并相继成立了拉格比俱乐部，校际比赛也渐渐活跃起来。1973 年，在苏格兰举办了首届国际七人制橄榄球锦标赛。1993 年举办了第 1 届世界杯七人制橄榄球锦标赛。苏格兰橄榄球协会用黄金定做了一座奖杯，取名为 Melrose 杯赠送给国际橄榄球理事会作为世界杯七人制橄榄球锦标赛冠军奖杯。随后，七人制橄榄球比赛逐渐流行于世，从 1999 年开始，国际橄榄球理事会每年在世界 10 个国家和地区举办 10 站世界七人制橄榄球循环赛。

1871年，英格兰橄榄球协会成立，英国橄榄球很快传入欧洲各国和美国、加拿大、澳大利亚、新西兰等国。1890年，成立国际橄榄球理事会。英国橄榄球在许多国家不断发展变化，创造了不同形式的橄榄球运动，大致可以分为英式橄榄球（Rugby Football）和美式橄榄球（American Football）。1987年，国际橄榄球理事会举办了第1届世界杯男子橄榄球锦标赛，1991年又举办了第1届世界女子橄榄球锦标赛。从此，各国在橄榄球技术打法上互相交流，互相学习，技战术水平迅速提高。现在，橄榄球以其独特的魅力风靡全球。

1996年5月24日，经原国家体育运动委员会批准，橄榄球成为我国正式开展的体育运动项目。1997年3月18日，中国橄榄球协会成为国际橄榄球理事会的正式会员，国际橄榄球理事会把中国的入会称为国际橄榄球运动发展的一个里程碑。1997年12月5日，亚洲橄榄球联合会通过决议，接纳中国橄榄球协会为该组织的第9个正式会员。1997年底，中国橄榄球协会开始组建国家队参与国际竞争。2010年6月9日，经民政部批准，中国橄榄球协会正式成立。中国国家女子7人制橄榄球队获得了2006年、2009、2010、2011、2012年亚洲锦标赛冠军，2009年东亚运动会冠军，2009年世界杯碗级冠军，逐步确立了在亚洲的霸主地位。中国国家男子7人制橄榄球队获得2006年亚运会第三名、2007年至2009年亚洲锦标赛第三名，也基本奠定了亚洲强队的位置。

知识窗

1900年，现代奥林匹克之父顾拜旦将英式橄榄球引入奥运会。在1900年伦敦奥运会、1920年安特卫普奥运会、1924年巴黎奥运会上，橄榄球是正式比赛项目。1925年，顾拜旦辞职，拉图尔担任奥委会主席。从此，集体比赛项目在奥委会受到限制，橄榄球从奥运会项目中取消。2009年10月，在丹麦召开的国际奥委会第121次全会投票中，七人制橄榄球获得通过，成为2016年里约热内卢奥运会比赛项目。

三、健身价值

根据橄榄球运动特点，参加橄榄球运动不仅能提高人们的力量、柔韧、灵活、耐力、弹跳、反应、速度、爆发力和身体对抗能力，还可以强身健体，提高身体素质与运动能力，并改善身体各器官、系统的机能状况，而且还能培养机智、果断、沉着和冷静等心理素质，也是建设精神文明的一种良好的手段。通过橄榄球比赛和训练，可以培养团队精神，积极领导团队协作，形式相互支援、勇敢顽强、克服困难和坚持到底的良好品质。

第二节　橄榄球基础班技战术及学练方法

一、基本技术

（一）手处理球

手处理球包括基本传球、后锋的普通传球、快速传球、交叉传球、掩护传球、界外球的投入、捡球、倒地救球和接球。手处理球是橄榄球运动最基本的技术之一，也是初学者要重点掌握的技

术之一。

1. 持球的方法

手指按在球的最凸部，手掌不触球，手指用力夹住球，手腕保持灵活。（图 17–2–1）

2. 普通传球

向左边传球时，右肩自然向前，身体重心从右侧移向左侧，腰部用力带动双臂摆动，传球时手腕放松，球出手瞬间，有个甩腕和手指推球的动作。（图 17–2–2）

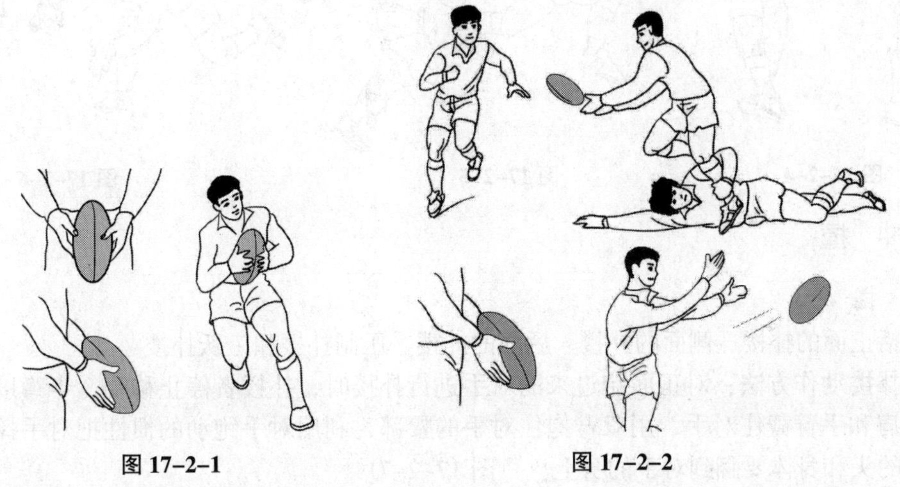

图 17–2–1　　**图 17–2–2**

3. 接　球

目光注视来球，双手伸出举到头的高度，手与手臂及上身形成口袋状，接住球的瞬间，双臂向后回收缓冲，两腋夹紧，防止掉球。雨天球滑时，为了安全可以把球抱在胸前。（图 17–2–3）

图 17–2–3

学练方法：

(1) 学生持球练习。

(2) 学生徒手动作练习。

(3) 听教师口令练习。

(二) 跑动（持球队员跑动）

跑动包括单手持球跑动和双手持球跑动。跑动的方法包括迂回跑、变向侧跑和假动作持球跑。

1. 持球的方法

采取能保持平衡的单手或是双手持球姿势。（图 17–2–4）

2. 普通跑动方法

重心放低身体向前倾，采用普通跑的方式移动。（图 17–2–5）

3. 迂回跑

准备向左迂回跑时，眼睛看右侧（如果脸也转向右侧更有效）右脚内侧用力蹬地向左转身，右脚交叉到左脚前，呈弧线跑开。（图 17–2–6）

图 17–2–4　　图 17–2–5　　图 17–2–6

（三）冲　撞

1. 扑　搂

扑搂包括正面的扑搂、侧面的扑搂、后面的扑搂、压制扑搂和鱼跃扑搂。

正面的扑搂动作方法：对正面跑过来的对手进行扑搂时，扑搂者停止移动，半蹲以低姿势做好准备。用肩和手臂截住对手，用双臂抱住对手的腰部，利用对手跑动的惯性把对手摔倒。在摔倒时，自己的头和身体要翻到对手的身上。（图 17–2–7）

2. 顶住扑搂

动作方法：当受到对手扑搂时，先把球置于与冲撞方向相反的安全一侧，双脚用力蹬地，以稳定的站立姿势顶住扑搂，将球拿稳或迅速传给本方同伴。（图 17–2–8）

图 17–2–7　　图 17–2–8

学练方法：

⑴ 两人面对面，一人站立，一人半蹲，原地进行扑搂与顶住扑搂练习。

⑵ 一人慢跑，一人正面进行扑搂与顶住扑搂练习。

⑶ 在快速跑中进行正面扑搂与顶住扑搂练习。

二、基本战术

司克兰是在有轻微违规或比赛暂停后，使比赛迅速、安全、公平地重新开始。它是由双方体型强壮且有足够体力的八位前锋相互夹杂，在场内抵肩顶架而成。按前排、连锁球员、侧锋、8 号球员的顺序组成。球会从两队前排之间的隧道，由

图 17–2–9

传锋投进，再由前排中央2号勾球员来勾球，以重新展开比赛。（图17-2-9）

学练方法：

(1) 身体姿势练习：练习者要抬头后背伸直，膝关节弯曲成有利于向前顶推的角度，双脚分开腹部下沉。

(2) 两对攻防队员1对1进行慢速顶推练习。

(3) 两对攻防队员之间进行快速散开顶推练习。

2016年奥运会的七人制橄榄球比赛有男女各12支队伍，构成为东道主巴西、2014—2015年世界巡回赛的前四名（男子是斐济、英国、新西兰和南非，女子是澳大利亚、加拿大、英格兰和新西兰），2015年6—9月期间，6个地区举办了资格赛，每个地区的头名出线（男子是南美的阿根廷、北美的美国、欧洲的法国、亚洲的日本、非洲的肯尼亚和大洋洲的澳大利亚，女子是南美的哥伦比亚、北美的美国、欧洲的法国、亚洲的日本、大洋洲的斐济、非洲的南非后递补给了肯尼亚），最后一个名额由补充赛产生，均被西班牙人获得。

第三节 橄榄球提高班技战术及学练方法

一、基本技术

（一）传 球

1. 快速传球

快速传球是三名以上队员之间进行的连续的快速传球，传球队员首先要向前伸手准确地接住球，再把球传到有利的位置上。在一般的跑动传球时，接球后会有瞬间的停顿，而在快速传球时，从接到传的动作一气呵成，中间没有停顿。（图17-3-1）

图17-3-1

2. 掩护传球

前锋队员持球前进时，遇到对手进行扑搂阻挡，要先吸引对手对自己进行扑搂防守，伺机把球传给后面或附近的同伴。这种传球的反复进行，可使前锋的突破具有很大威力。（图17-3-2）

图 17-3-2

学练方法：

(1) 徒手做传球练习。

(2) 一对一做持球练习。

(3) 多人长距离做传球练习。

(二) 踢 球

1. 踢手抛球

踢球时双手持球，将球落下，在球触地前把球踢出。右脚踢球时，右手放在球上，左手托在球侧稍靠下处。将球对准要踢出的方向，踢球时球的缝合处朝上会容易控制些。踢球时支撑脚（右脚踢球时左脚为支撑脚）向前跨出一步。当球落下后，用伸直的脚背最高点踢球的最粗部分。踢球后，踢球脚顺势向上摆动，支撑脚以脚尖站立，挥动双臂保持平衡，重心移到前方。（图 17-3-3）

2. 踢定位球

首先把球立在地上，球的缝合部分对向目标，确定踢球的方向，注视着踢球点开始助跑。助跑分三步或五步助跑，助跑最后一步，支撑脚要准确地跨入支撑位置，踢球脚采用脚尖踢球、脚背踢球和脚内侧踢球的方式将球踢出。

在特殊情况下（如风大），踢定位球时需要有一个定球者来协助完成。定球者趴在踢球者踢球脚同侧方，与球的踢出方向呈直角的位置上，用距离踢球者较远的一侧的手扶住球，当踢球者支撑脚落地的瞬间迅速把手收回。（图 17-3-4）

图 17-3-3

图 17-3-4

学练方法：

(1) 原地模仿踢球动作。

(2) 一人低抛球，一人做踢球练习。

(3) 慢跑踢定位球练习。

(4) 一人做定球者，一人快速助跑踢球，交换练习。

（三）跑

1．变向侧跑

变向侧跑是当对手比迂回跑更接近自己，利用横向跨步摆脱对手的方法。

做变向侧跑时，身体要放低，保持下半身稳定，以小步幅快动作摆脱对手。如做向左的变向侧跑时，接近对手后，向右跨步，压低右肩，把对手吸引到右边。在这瞬间右脚内侧用力横向蹬地，重心移到左边，迅速摆脱对手。为准备推开对手，用左手抱球把右手腾出，也可用双手持球来迷惑对手。（图 17–3–5）

2．推开对手

在马上就要被抱住时，推开对手是常用的手段。方法是张开手掌，伸手臂用力推开摆脱对手对高位扑搂者以胸或头为推开目标，对低位扑搂者以肩或头为推开目标。推开目标时，用相反一侧的手牢牢地抱住球。（图 17–3–6）

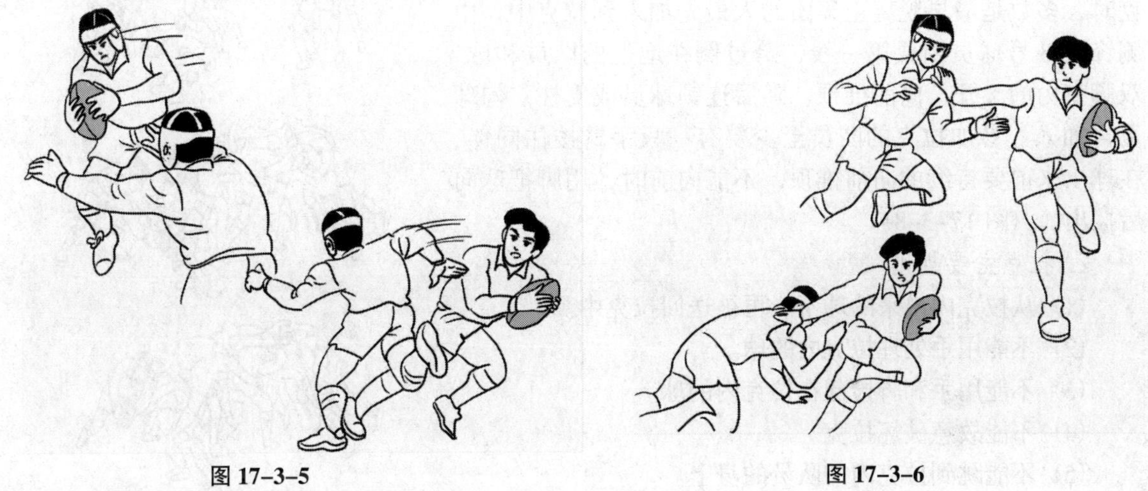

图 17–3–5　　　　图 17–3–6

学练方法：

(1)　慢速变向侧跑练习。

(2) 原地做推开对手练习。

(3) 推开对手后做变向侧跑练习。

（四）冲　撞

后面的扑搂：当要对持球的对手从后面进行扑搂时，以肩冲撞对手，双臂迅速有力地抱住对手大腿，要防止对手挣脱开。一次扑搂不成，可迅速调整再做第二次。（图 17–3–7）

图 17–3–7

学练方法：

(1) 徒手练习扑搂动作。

(2) 一人站在原地，一人从后方进行扑搂练习。

(3) 一人在前面慢跑，扑搂者从后方进行扑搂练习。

(4) 在快速跑过程中，扑搂者从后方进行扑搂练习。

(五) 拉 克

当比赛中球落在场地上时，双方各有一名或更多的队员站在一起，使身体互相接触、聚集在球的周围而形成的队形。

1. 拉 克

拉克实际上也是正集团争球，所以组成拉克的队员要采取能保持身体平衡的姿势。在被摔倒队员位置上组成拉克时，多数是最早脱离正集团的人最先加入到拉克中，由侧锋或 8 号球员组成第一线，跨过倒在地上的队员和球，双脚有力的叉开，向前推顶。随后连锁球员或支柱、勾球员再加入。参加拉克的队员至少要有一只手臂搂住同伴，在球出来前要持续的向前推顶，不能向前时，用脚把球向后拨出。（图 17–3–8）

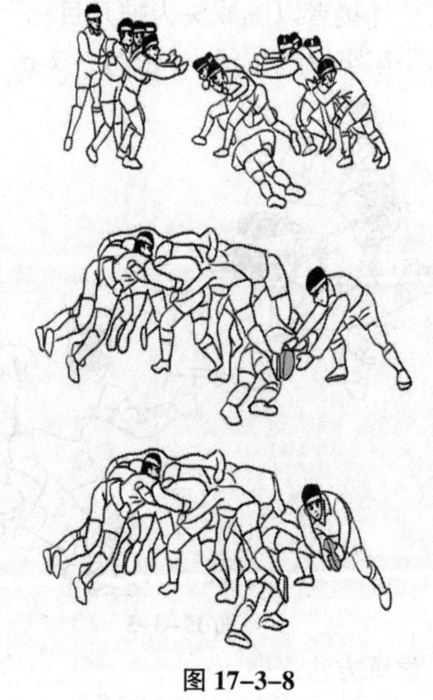

图 17–3–8

2. 拉克主要规则

(1) 从拉克内出来的球不能再被送回拉克中。

(2) 不能用手处理拉克内的球。

(3) 不能用手和脚捡起在拉克内的球。

(4) 不能故意破坏拉克。

(5) 不能跳到拉克内的队员的身上。

(6) 不能在拉克内故意摔倒使膝盖触地。

(7) 如果倒在地上，不能阻碍拉克内的球。

学练方法：

(1) 三个人互相挽臂站立，球在他们身后一米的地方，前锋脱离正集团向着三个人的位置跑动组成拉克，把这三个人向前推，将球留在自己的后面。

(2) 最后到来的队员将球捡起，发出向左或向右的命令向前推进，最后通过传球压球触地得分。

(3) 以代替物代替队员放在地上，球放在代替物之后。练习方法与 (1) 相同。前锋跨过代替物和球，手臂紧紧地夹扎在一起向前进而不要被摔倒。

(4) 这些练习熟练掌握后，可加入扑搂以更接近于实战。

(六) 冒 尔

1. 冒 尔

比赛中，双方各有一个或更多的队员站在一起，使身体互相接触、聚集在持球队员的周围而形成的。冒尔是在持球者与对手相撞时采用的一种有效的进攻手段。有时为开展二次进攻，也有主动地向对手冲撞进行积极的冒尔。冒尔多出现在争边球或开球后，与拉克不同的是，此时的球不是在地上而是由本队的队员站立着拿在手里。冒尔就是对持球同伴进行有力的支援，组成有力

的楔形阵型向前进，使进攻可持续进行。（图 17–3–9）

图 17–3–9

2. 防御冒尔的方法

(1) 尽早地擒抱抓住持球者。

(2) 把持球者的身体转向自己的一方，使他得不到本队的支援。

(3) 把持球者孤立后，抢夺他手上的球。

(4) 抢夺成功后，反过来在两侧组成楔形人墙。

(5) 当对手很快上来支援，无法进行以上的动作时，用力推回对方的冒尔，不让对手进行有效的传球。

学练方法：

(1) 练习时先将球轻轻抛起，再组成冒尔。

(2) 八个人练习时由七人组成冒尔，剩下的一个人把球高高地抛起，并作为这七个人对手攻击接球者，包括接球者在内七个人组成冒尔。

(3) 这个冒尔熟练后，一个人从这里持球前进，再组成下一个冒尔。

(4) 对踢出的定位球或反弹球等进行冒尔练习。

二、基本战术

(一) 正集团争球后的进攻战术

从正集团球后发起进攻，首先一定要控制到本方的球。在正集团中争球时最重要的是顶推对方。通过有利线与扑搂线的关系可以看出，在组成正集团争球的地点上，防守方的防线可以一直推进到越位线的位置，而进攻方的进攻线则只能在较靠近进攻的一方。这就使进攻方处于不利的状态下。当正集团被推回时，进攻线也要相应地向后退，这就对进攻方更加不利。因此，顶推正集团，使对方的防守线后退（即把扑搂线向对面推），再有效地把球传出是正集团争球后进攻的关键点。正集团争球后的后锋进攻，即是要尽快地把球传给边锋，向防守薄弱的、远离前锋第 2、第 3 道防线的区域展开攻击。当进攻出现困难时，利用战术的变化给对方造成混乱，再加上

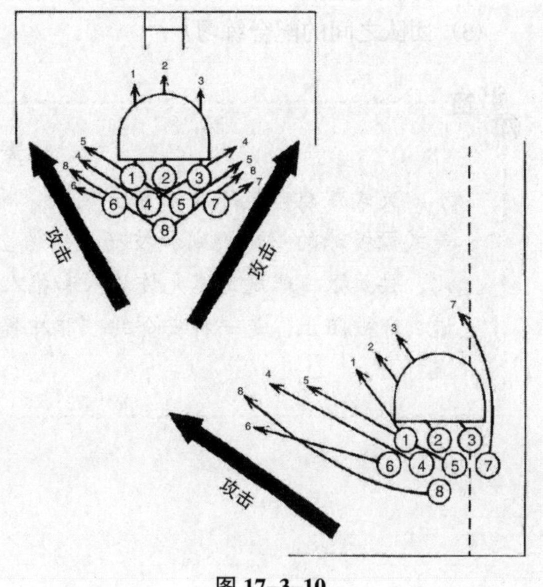

图 17–3–10

前锋的正集团侧翼进攻，使对方无法组织起有效的防守。（图 17–3–10）

（二）正集团争球后的防御战术

正集团争球后的防御战术，也称作后方掩护。目的是防止对方突破正集团的侧翼。特别是侧锋要在传锋或接锋的帮助下，完成这个任务。在防守住正集团的侧翼后，针对对手向开阔地带展开的进攻，协助后锋防守线组成第二道、第三道防线。8 号球员由于是在最早能脱离正集团的位置上，在警戒正集团的侧翼后，对后锋线的第一道防线进行掩护。接着链锁球员组成第二道防线，最后由前排（两个支柱和钩球员）组成第三道防线。对方在球场中部附近发起进攻时，尽早地判断出对手的进攻方向是能否尽快地组织起防守的关键。此外还要防备对方的手抛球进攻，特别是 8 号球员对此要有所准备。（图 17–3–11）

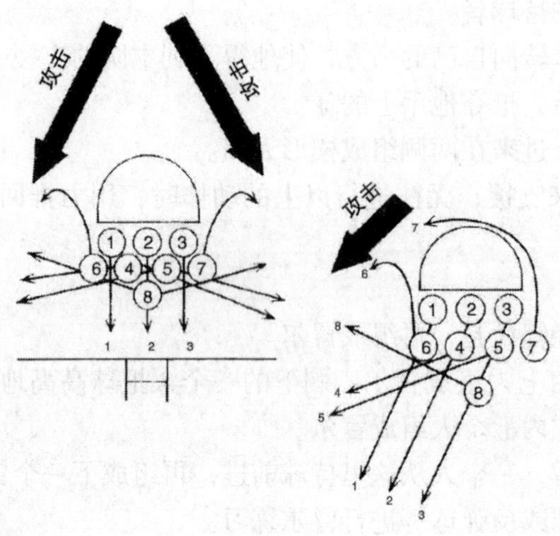

图 17–3–11

学练方法：

(1) 正集团球的练习：“之”字形练习根据人数组成五人或六人的正集团。

(2) 分两组互推练习，双方相互顶推对抗。

(3) 团队之间的配合练习。

知识窗

美式腰旗橄榄球

美式腰旗橄榄球是源于美国国家橄榄球大联盟（NFL）的一项大众化运动。它将美式橄榄球的基础规则和技巧介绍给全世界 8～14 岁的青少年。与正式橄榄球运动相比，腰旗橄榄球规定不允许抱人和推人。防守方拉下持球进攻球员腰带上的一条腰旗，进攻即被阻止，是一种安全的“非冲撞性”运动，在世界 30 多个国家的青少年中广为流行。

第四节　橄榄球规则简介

一、比赛场地、时间及人员介绍

比赛场地：长 160 码（146.304 米），宽 75 码（68.58 米），两球门线相距 110 码（100 米），端线距球门线 25 码（22.86 米），两线之间为端区。球门两根门柱相距 18 英尺（5.64 米）；横木离地面 10 英尺（3.048 米）；球门柱高出横木 1 英尺（0.3048 米）以上。

球为椭圆形，状似橄榄，球长 10 ~ 11 英寸（27.94 ~ 29.21 厘米），纵周长 30 ~ 31 英寸（76.2 ~ 78.7 厘米），横周长 24 ~ 25 英寸（60.96 ~ 64.77 厘米），球重 13 ~ 15 盎司（382.72 ~ 425.24 克）。

每场比赛有 3 名裁判员，1 名主裁判员负责执行规则，掌握比赛和计时；2 名边线裁判员各管 1 条边线，当球或持球人出界时举旗向主裁判示意。

上场队员每队由 15 个人组成，8 名前锋，7 名后卫。规则规定上场队员不许替补，如遇队员受伤或被罚出场，最多只能替补两名。换下场的队员不得再上场比赛。

一般的国际比赛和大学生的比赛时间为 80 分钟，上下半场各 40 分钟，每半场中间休息 5 分钟。每队每半时可暂停 3 次，每次为 1 分半钟。比赛由得分多少来决定胜负。比赛结束时，如两支队得分相等，延长比赛时间 15 分钟，以先得分者为优胜，如两队均未得分则为平局。

二、比赛规则

（一）开　球

比赛开始时在中线踢定位球开球。开球队的队员应站在中线后面，防守队的队员应站在本方 10 码线的后面；守方队员必须在开球队员将球踢过 10 码线之后，方能抢球。每次得分后，由对方在中线重新开球，继续比赛。规则规定，传球时，不得向前传，只能回传或横传。攻方队员超越持球队员接球时判越位，由对方队员在越位地点罚踢任意球。常用的传球方法是双手低手传球。持球队员受到对方冲抢或拦抱不能前进时，球必须立即撒手，不得再向同队队员传球。已被持球队员撒手的球，双方队员都可争抢。比赛中不得冲撞或阻挡不持球队员。对持球队员可以采用抓、抱、摔等方法阻碍其前进，并可进行合法冲撞，但只许以肩撞肩，不得冲撞胸前或背后。踢人、打人和绊人为重要犯规。犯规后由对方队员在犯规地点罚踢任意球。次要犯规则在犯规地点对阵争球。

（二）争　球

对阵争球时，各方出 3 名前锋队员，并肩各站成一横排，面对面躬身互相顶肩，中间形成一条通道，其他前锋队员分别站在后面，后排队员用肩顶住前锋队员的臀部，组成 3、2、3 或 3、4、1 阵型。然后，由犯规队的对方队员在对阵一侧 1 码（0.9144 米）外，用双手低手将球抛入通道，不得有利于本队。当球抛入通道时，前排的 3 对前锋队员互相抗挤，争相踢球给本方前卫或后卫队员，前卫和后卫队员必须等候前锋将球踢回后，方可移动。

球出界时由对方队员在球出界地点抛球入场。双方前锋队员在距边线 5 ~ 15 码（4.572 ~ 13.716 米）之间，面对边线各排成一纵队，两队相距 2 英尺（0. 6096 米）。当抛球队员抛球到他们头上时，双方队员跳起争球，争球时既可将球接住，也可将球拍击给本队队员。

（三）越位及判罚

越位是指队员处在不可参与比赛而且容易犯规的位置上。英式橄榄球比赛判定越位的规则是：在比赛的一般状态下，无球的进攻队员处在带球者或踢球者的前方即为越位；在对手发球时以及争边球时，队员若逗留或前进到特定的越位线前面时即为越位。

判罚：判给对方一次罚踢。

（四）严重犯规及判罚

1. 妨　碍

(1) 向球奔跑的队员，对同样向球奔跑的对方队员除肩部的互相接触外，有冲撞或推动动作。

(2) 处于越位位置的队员，故意站在本方持球队员前，或在他面前跑动，阻止对方队员接近持球同伴。

(3) 队员持着从正集团争球、拉克、冒尔或争边球中出来的球，企图从前方的本方队员之间强行通过。

(4) 构成正集团争球或拉克外侧的队员，妨碍对方队员绕过正集团或拉克前进。

判罚：判定严重犯规后，在犯规地点罚踢（根据地点，也可判罚处达阵得分）。

2. 恶劣行为

(1) 殴打对方队员。

(2) 故意踢或绊倒对方队员。

(3) 进行过早或过迟的阻挡扑搂，或进行有危险的扑搂（比如用手臂夹住对方颈部）。

(4) 故意使正集团或拉克崩溃。

(5) 在正集团中，前排队员与对方相隔一定的距离后向前猛冲，组成正集团争球。

(6) 比赛停止时对对方队员进行扰乱、妨碍或其他恶劣行为。

(7) 重复的犯规。

(8) 在赛场上，做了有损体育精神的恶劣行为。

判罚：对恶劣行为或危险动作的队员，必须罚其退场或给予再次犯规就要退场的警告处分(警告后再次犯规必须罚其退场)。除了警告或罚退场外，还要有未犯规的一方进行罚处达阵得分或罚踢。

3. 罚　踢

指发生犯规后给予不犯规队的一种踢球。可采用任何一种踢球形式。可将球踢向任何方向，或将球踢出后再去获得球。还可向裁判员表示将罚踢改为攻踢球门。但射门必须采用踢定位球或踢手抛球的形式。罚踢时，同队队员必须在球的后方，对方队员必须退到离球 10 米远且平行于球门线的地方或球门线上。

（五）得　分

(1) 达阵：球员带球进入达阵区域内（以球为主），只要球尖通过达阵线向上延伸的假想面，即算达阵成功，可得 5 分。

⑵ 达阵后，得分队可以在争球进攻中获得一个带球触地进攻。球可以放置在离球门线 2 码（1.8288 米）或以上的两条界内虚线之间的任何位置。在踢附加分中，如果采用踢球射门的方式，射中得 1 分。如果采用达阵的方式，成功达阵得 2 分，安全分得 1 分。

⑶ 射门：在比赛进行中抛球踢球射门，球必须在横木之上和两球门柱之间穿越而过，方为命中。射中得 3 分。

⑷ 罚踢进门（PG）：命中得 3 分。

⑸ 踢落地反弹球（DG）：命中得 3 分。

⑹ 安全得分：进攻的球员若在自己的达阵区被擒抱，对方可得 2 分，而且还得“自由踢”，等于球权仍是对方的。

【思考题】

1. 橄榄球的起源、发展及健身价值是什么？
2. 什么是冒尔？简述防御冒尔的方法。
3. 何谓拉克？拉克的主要规则有哪些？
4. 谈一谈学习橄榄球的心得体会。

第十八章 垒 球

学习重点

* 垒球运动的起源、发展
* 传接球技术、投手技术、击球技术及跑垒技术
* 垒球运动规则

第一节 垒球运动概述

一、起 源

1887 年，美国芝加哥法拉格特划船俱乐部的 G·汉考克为了在风雨天和严寒季节能在室内打棒球，对 1839 年美国的现代棒球场地、用具和规则进行了修改。1895 年，美国明尼苏打州的 L·罗伯也对棒球做了进一步的改进，并定名为室内棒球，后又移到室外，而且迅速地传播到其他地方，但其规则、方法既不同于原来的室内棒球，又有别于室外棒球，其名称、游戏、场地、器材等也各不相同。先取名为“软球”，又改称“游戏场球”。1932 年，L·欧费萨哥提出改革的倡议。美国在 1933 年成立了“业余垒球协会”（简称 A.S.A），随后成立了国际联合规则委员会，统一了竞赛规则、名称，正式定名为“softball”，我国称其为“垒球”。

二、发 展

垒球运动由于具备娱乐特性和易于开展的特点，从它诞生之日起就在世界各地得到了高度的普及，越来越多的人参与其中，享受这一运动带来的快乐。尤其在第二次世界大战结束之后，美国垒球协会更是每年举办 16 项成年和 8 项青少年全国比赛。美国人称垒球为“人人参与的运动”。在随后的数十年间，包括美洲、欧洲、大洋洲、亚洲地区的众多国家相继参加了世界性重大垒球比赛，取得了优异的成绩，进而推动了垒球运动的迅速发展。

1952 年 9 月组成了国际性的正式组织——国际垒球联合会（简称国际垒联），在国际垒联的积极工作下垒球运动迅速开展起来，垒联会员国迅速增加。

1962 年，在美国奇卡特州的斯特拉福特市举办了第一次非正式的“世界垒球锦标赛”，参赛者有日本、加拿大和美国等 17 个国家的代表队。

1965 年，在澳大利亚的墨尔本举行了第 1 届世界女子垒球锦标赛，澳大利亚队获冠军。

1966 年，在墨西哥举行了第 1 届世界男子垒球锦标赛，美国队夺魁。同年，女子垒球成为奥运会正式比赛项目。

国际垒球联合会决定从 1968 年第 2 届世界男子垒球锦标赛和 1970 年女子垒球锦标赛起每隔 4 年举办一次，男女比赛间隔 2 年，交替进行。

在 1996 年第 26 届奥运会上，女子垒球首次被列入正式比赛项目，但该项目在 2012 年退出奥林匹克夏季运动会。

中国垒球协会成立于 1979 年，并于 1979 年加入国际垒球联合会，1986 年加入亚洲垒球联合会，简称“中国垒协”。中国女子垒球队一直是世界级强队，常居世界前三位。在第 11 届至第 13 届亚运会上中国女垒均获冠军。在 1996 年第 26 届奥运会上，中国女子垒球队夺得亚军。2012 年垒球将不是奥运会的正式比赛项目。2010 年，中国女垒在广州亚运会上获得亚军。

三、健身价值

(1) 垒球运动的基本技术包含了投掷、击打、奔跑、追逐和滑扑等动作内容，带有人类生存的、最原始的本能特性，动作自然舒展，利于掌握，具备了提高人类日常生活中基本活动技能的特质。

(2) 垒球运动攻与守截然分开，运动负荷有张有弛，参与者可根据自身健康状况有选择地控制强度，逐步提高身体的运动能力。

(3) 垒球运动参与者神经系统高度紧张，刺激强度大，持续时间长，负担量饱和，有利于改善和提高参与者应变反应能力。

(4) 垒球运动参与者的积极主动投入，与指挥者的运筹帷幄相得益彰，可使参与者的自信心得到极大提高。

观赛礼仪

观众在看比赛之前，最好先了解一下垒球比赛的基本规则。这样才能看出精彩之处，充分享受观赛乐趣。为了创造一个让运动员充分发挥水平的良好氛围，观众也要注意自己的行为举止，文明得体，做到热烈而有节制。

和其他球类比赛一样，观众可以组织啦啦队为自己喜爱的球队鼓劲加油，但是要控制好节奏感，最好不要一味狂呼乱喊。投手投球和运动员击球的时刻是最紧张的。这时候运动员集中了全部的注意力，所以此时应尽量保持安静，当球被击出之后，就可以尽情喝彩了。观众高涨的情绪将有助于感染运动员，让他们发挥最佳水平，尤其是场上出现本垒打时，观众的欢呼和运动员的精彩表现相得益彰，把比赛推向高潮。

第二节　垒球基础班技战术及学练方法

一、基本技术

（一）防守技术

1．握球法

⑴ 四指握法：拇指、食指、中指和无名指。（图 18–2–1）

⑵ 三指握球：拇指、食指和中指。（图 18–2–2）

图 18–2–1

图 18–2–2

2．垒球手套的戴法及使用

⑴ 手套的戴法：手掌根部与手套的下沿齐平比较合适，食指可以放在手套背层的外面。

⑵ 手套在比赛中的使用：接球时手指自然张开，拇指与中指相对，无名指和小指贴近中指，虎口、拇指、食指和中指及相连的手掌就形成了一个凹兜，它就是接球的部位。接球时用这个部位对准来球，两臂及手要放松并保持正确的手型和身体姿势。

3．传接球技术

⑴ 肩上传球。（图 18–2–3）

传球前的准备姿势：准备传球时，可先向右转体，重心置于脚后，微屈膝，脚尖略偏向右侧。同时左脚向传球方向自然迈出半步，以前脚掌内侧着地、提踵、膝内扣稍屈。左肩正对传球方向，两肩要平，含胸、收腹、左臂自然屈于胸前，两眼始终注视传球目标。在左脚迈出的同时，持球手、臂经体侧或肩侧向后引球经肩上到耳上方。此时，上臂与肩齐平，屈臂，肘外展并与臂约成 90° 角，手腕放松，掌心向前，身体自然舒展，准备传球。

传球时，右脚伸蹬，推送臀部，上体重心向前平稳移动，左脚向前伸踏以全脚掌着地（落在右脚跟延长线的左侧），脚尖转向传球方向。当左脚迈步落地同时，以髋带肩继续向左侧前传，右肘领先，前臂由后向前顺势引球，手腕后屈，掌心向上，在肩前，以鞭打动作收腕，左膝微屈，球从食指、中指间拨离出手。远距离的传球，应采用幅度较大的摆臂动作。

球出手后，上体顺势转向左侧前，手臂随身体惯性送出自然落下，右脚向前跟进一步，恢复到准备接球的姿势。

⑵ 接平直球。（图 18–2–4）

平行飞行或高不过头的腾空球均属平直球。在一般情况下，平直球来得都比较快而猛，接球时，左臂弯曲，左手（手套）置于胸前，掌心向前，手指自然向上伸展，右手自然屈指，拇指侧贴在手套拇指指鞘侧后。当球接近身体前，手套对准来球，双手前伸，用手套拇指与食指间靠近

指跟护皮部位去接球，同时右手及时和手护球，两肘微屈后收以减缓来球的力量，紧接着接球后引，立即做好下一个传球准备。

如果来球低于腹部时，接球时要降低身体重心，两膝弯曲半蹲，两臂下垂微屈，左侧内收，接球手的手指向下，掌心向前、右手小指附在手套小指指鞘侧后对准来球。球临近身前时，迎前用手套接球，右手翻手合拢护球，同时稍向后收以减缓来球力量。

(3) 接高飞球。（图 18-2-5）

接球前先要准确地判断球飞行的方向，判断球的落点，并迅速移动到球的落点处，两脚开立与肩同宽，两膝微屈，两手放松置于身前，身体保持平衡。

当球接近身前 3 ~ 4 米时，两臂才伸出，肘稍屈，两手举至头顶前上方，拇指靠拢，掌心向前，当球触手套时合手接球。若是直上、直下的球，也可用左手掌心向上，并与右手一起置于胸腹前，小指靠近，合手接球。接距离较远、难度较大的腾空球时，先转身快速跑动，到达球的落点附近时，跨步或转身，单臂伸出接球，接得球后，及时调整步幅，做好传球的准备。

图 18-2-3　　图 18-2-4　　图 18-2-5

4. 投手技术

后摆投球（以右手投球为例）。（图 18-2-6）

图 18-2-6

(1) 握球 。

握球与传球的握球方法相同。投球时最好食指和中指压在球缝线上，握球要紧一些、深一些。特别是投曲线球，更应该如此。

⑵ 投球前的准备姿势。

两脚踏在投手板上，平行开立或稍前后开立，相距约 20 厘米。右脚（轴心脚）前脚掌踏在投手板的前沿，脚尖略偏向三垒方向，膝关节稍屈。左脚（自由脚）脚趾触踏板的后沿，腿自然伸直支撑身体重心，两肩与一、三垒平行，两手合拢持球于胸腹前，眼睛注视接手手套至少静止 1 秒后，开始投球。

⑶ 投球。

上体前倾，身体重心从左脚移向右脚，向右转体，左腿提膝向前伸踏一大步，同时两手分开，右手持球经体侧直向后上方摆动，当手臂摆至头上方与地面接近垂直时，左臂稍屈于胸前，身体重心在两脚间。右脚用力蹬伸，向左转髋，带肩，右臂由上而下向前用力挥摆，加大摆速（此时右腿蹬、左腿弓、重心移向左脚）再经体侧，手臂继续摆送至体前，再用手腕和手指的力量投球出手。右脚顺势跨出一步，做好防守准备姿势。

5. 接手技术

⑴ 接手的位置及姿势。

投手投球时，按规则规定，接手必须站在本垒后接手区内，在不妨碍击球员击球动作的前提下，应尽量靠近本垒板。比赛中，由于有“好球区”的规定，为了给投手以明显的投球目标及有利于接、传球，接手可用全蹲或半蹲的接球姿势。

① 全蹲接球。（图 18–2–7）

在比赛开始，垒上没有跑垒员或向投手发出“要球暗号”时，采用全蹲姿势。

动作方法：两腿屈膝全蹲，两膝外展，两脚左右开立 0.2 米左右，脚跟提起，臀部贴小腿，上体正直，保持平衡。当投手踏上投手板后，接手以右手置于两腿内侧深处，向投手发出“要球暗号”的手势，同时以左手手套覆盖住右手，以免暴露暗号。

② 半蹲姿势。（图 18–2–8）

当垒上有跑垒员，接手要随时准备向各垒传杀跑垒员时，多采用半蹲姿势。

动作要点：两脚左右开立略宽于肩，左脚稍侧前，两膝弯曲，大腿与地面接近平行，上体稍前倾，蹋腰。两臂稍屈，手前伸置于面部前下方。

图 18–2–7

图 18–2–8

⑵ 接平直球。

接手面向投手下蹲，上体保持正直，两臂弯曲，手套置于胸前，掌心向前，手指向上，右手自然屈指，放在手套拇指稍侧后，眼睛始终盯准来球。球到身前，调整手臂对准球，球触手套后，右手翻手护球，手应随势后收，以减缓来球的力量。同时顺势引球至肩上，做好传球准备。

6. 传　杀

接手处于半蹲姿势，接得球后，为了更快地出球，一般不用大挥臂传球，而是当球触手套时，将球直接引至右肩上，右手拿球要快，右脚蹬地转髋，左脚向传球方向伸踏跨步，利用转肩甩小臂的鞭打动作扣腕、拨指等一系列连贯动作，将球传向目标。

学练方法：

(1) 徒手练习。

(2) 对墙传接球练习。

(3) 2～3 人或多人的传接球练习。

(4) 投准练习。

(5) 投、接手配合练习。

(6) 垒上传接球练习。

(二) 进攻技术

1. 击球技术

(1) 握棒法：以右打者为例。(图 18-2-9)

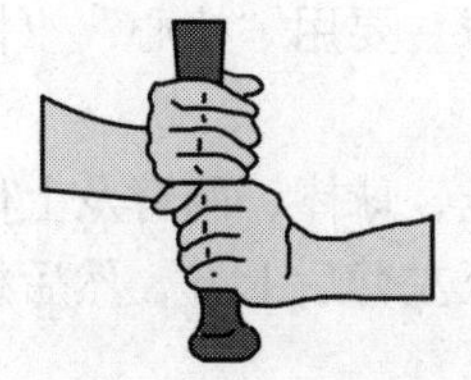
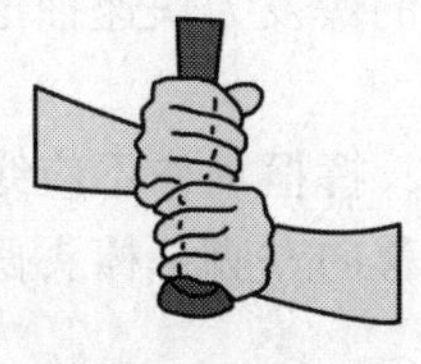

图 18-2-9

① 长握法：左手在下接近球棒的细端圆头处，右手在上靠拢左手。

② 短握法：左手在下，距离球棒细端圆头处约 0.18 米，右手在上，两手靠拢。

③ 正常握法：这是一般人多选用的一种握法，故称正常握法。双手靠拢，距棒柄圆头处约 0.05 米。

(2) 站位。

站位是击球员进入击球区击球时两脚所站的位置。一般分为远、近、前、后和中五个位置。(图 18-2-10)

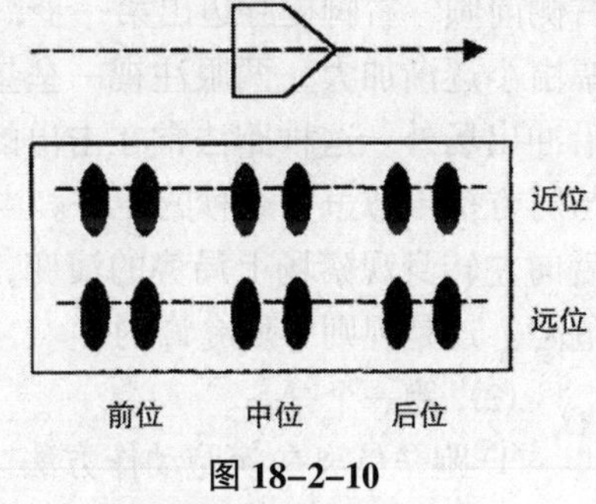

图 18-2-10

(3) 站法。

站法是指击球员击球时两脚所站前后位置。站法有“封闭式”“开立式”和“平行式”三种。(图 18-2-11)

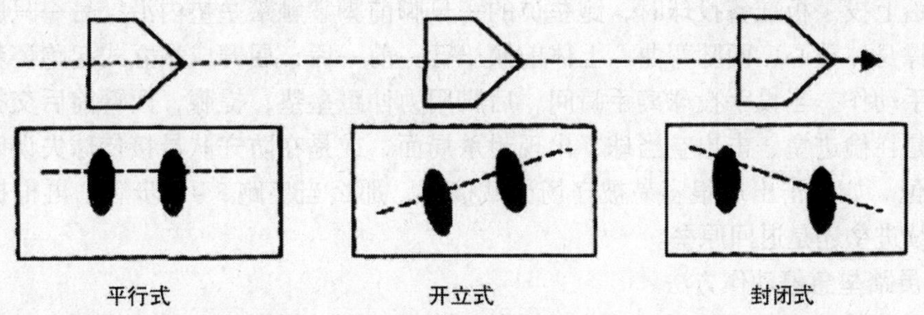

图 18-2-11

(4) 挥击法。

① 击球准备姿势（以右打者为例）。

击球员进入击球区，侧向投手，选好站立位置，握好球棒。两脚左右开立约与肩同宽或稍宽，身体重心置于两脚掌内侧，膝关节微屈稍内扣，收腹、含胸，两手将棒置于右肩前上方，棒头稍侧倾向左后上方，左臂稍屈（大于 90°），右臂弯曲，肘自然斜垂，两肩要平，面部转向投手，下颌收回，两眼注视投手，全身处于稳定、放松的状态，心境镇静、精神高度集中，做好击球准备。（图 18–2–12）

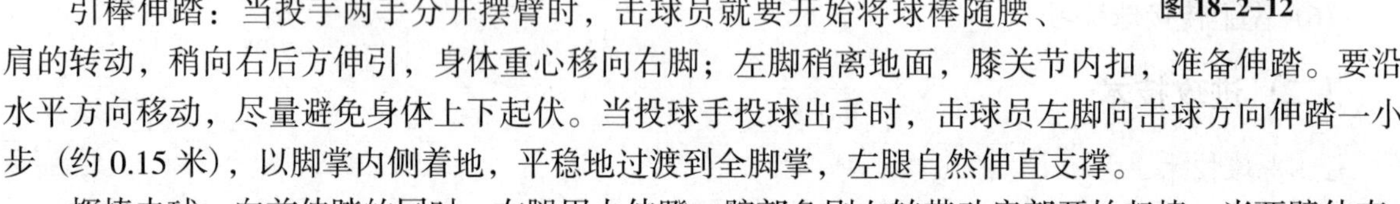

图 18–2–12

② 击球动作方法。

挥击动作分为引棒伸踏、挥棒击球和随摆起步三个部分。

引棒伸踏：当投手两手分开摆臂时，击球员就要开始将球棒随腰、肩的转动，稍向右后方伸引，身体重心移向右脚；左脚稍离地面，膝关节内扣，准备伸踏。要沿水平方向移动，尽量避免身体上下起伏。当投球手投球出手时，击球员左脚向击球方向伸踏一小步（约 0.15 米），以脚掌内侧着地，平稳地过渡到全脚掌，左腿自然伸直支撑。

挥棒击球：向前伸踏的同时，右腿用力伸蹬，髋部急剧左转带动肩部开始起棒。当两臂伸直，球棒挥摆至本垒板前沿上空时，用最大的爆发力快速抽击球。要用“棒心”（棒的横切面的 1/2）击中“球心”（球的直径的 1/2）。

随摆起步：随摆，就是挥棒击球后，挥摆动作不应终止，球棒、两臂及上体都应随之向前继续推送，然后自然翻腕，身体重心逐渐移向左脚，棒头摆至左臂后上方，然后松开两手，把球棒丢在左侧后（不要甩出），起步跑垒。

2. 跑　垒

（1）击球后跑垒。

动作方法：右打击球员挥棒后，身体在转向左侧时，双手脱棒，同时左脚伸蹬，身体重心向右侧前倾，右脚提膝迈出第一步，两臂屈肘，前后交换摆动，疾跑 3 ~ 5 步后，重心由低渐高，步幅由小逐渐加大，两眼注视一垒垫，以最快速度沿跑垒限制线冲向一垒，最好用左脚触踏垒垫外沿冲出场外。这种跑法常在击出的球对对方威胁不大，很容易被守方截获传杀时采用，是击跑员与对方接传球争分夺秒的斗争。当击跑员踏垒后，身体重心向右侧前倾逐渐减速跑出 3 ~ 5 米，然后向左转身观察场上局势的演变，由垒线外回到垒位。这样虽然离开了垒位，但没有被杀出局的危险。这是规则中所允许的。

（2）跑一个垒。

① 跑垒员离垒疾跑动作方法。

当投手踏上投手板准备投球时，跑垒员的一只脚前脚掌触踏垒垫内沿，另一只脚向前自然跨出一步，支撑身体重心，两膝弯曲，上体前倾。臂一前一后，屈臂成站立式起跑姿势，两眼注视投手投球出手动作。当投手投球离手瞬间，后脚用力伸蹬垒垫，提膝，两臂前后交换摆动，起动离垒。如果是在偷进垒、击出空当球、出现封杀局面，或是在防守队员接传球失误时，就要加速跑向前一垒位。如果击出球很容易被守场员截接时，那么当疾跑 3 ~ 5 步后，再根据场上战机变化，确定继续进垒还是退回原垒。

② 跑垒员踏垒急停动作方法。

当场上局势使跑垒员没有继续进垒的可能时，跑垒员在临接近攻占的垒位前，步幅要稍小，先降低身体重心，控制身体平衡，在垒前以左脚为轴，急剧向左转体 90°，提拉右膝，以右脚前脚掌内扣伸踏垒垫内沿急停。另一种急停方法是当左脚触踏垒垫后，随着跑速前移的惯性，右脚继续向垒前跨出一步，用全脚掌着地，以缓冲前冲力量。此时，身体重心降低，屈膝成弓箭步，以左脚尖或脚背前端紧压垒垫，使脚不离开垒位。

(3) 连续跑垒。

击球员击出高远、有力的空当球，或防守队员接传球失误，球滚动较远时，击跑员或跑垒员，可继续跑垒，除了要观察跑垒指导员的手势外，还要环视场上球所在位置及接传球的变化，力争快速连续多进一个或两、三个垒。其动作要点是：起动后直线加速跑，临近前个垒 5 ~ 6 米，先逐渐向外侧绕弧线，然后身体向里自然倾斜，克制离心作用，靠近垒位，用右脚外侧或左脚内侧触踏垒垫的内角，然后加速直线跑向前一个垒急停或再绕弧线继续跑进。

学练方法：

(1) 挥空棒的练习。

(2) 击固定目标练习。

(3) 击近距离投球练习。

(4) 击球后进行跑垒的练习。

二、防守战术

垒球比赛中，在场上防守的 9 名队员，都有一个比较明确的基本分工。每个人各分守一部分场区，但不是平排站立，也不能前后重叠，而是各区之间互有交叉，纵横交错，相互协作，彼此补空。全场防守队员都围绕着对方击球员击出来的球，或本队队员之间传过来的球，或垒间跑垒员跑动的各种变化而有机地协调移动，力争组织得井然有序，严密无间，一球不漏。在原来基本分工的基础上，再根据临场的具体情况，也可有松有紧，有密有疏。在某些特定条件下，可临时放弃一定范围的局部，集中力量严防另一些场区。比如二人出局后，二、三垒有跑垒员，击球员是弱打者，这时就可缩小防区，集中重兵，围攻击球员。又比如右打者击球时，可以把力量暂时向左场区适当转移；而左打者击球时，可以向右场区靠拢一些；如果对方要采用触击战术时，一、三垒手就要向前压缩等，站位如图 18–2–13。

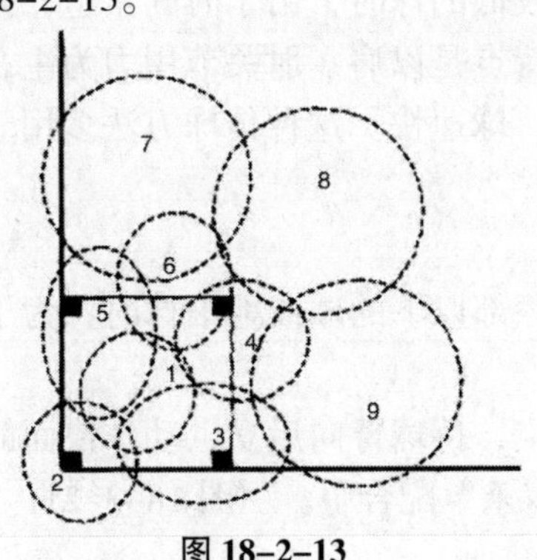

图 18–2–13

学练方法：

固定站位的传球练习：场上 9 名守场员，按正式比赛阵型站位。教师在本垒附近按投手、接手、一垒手、二垒手……位置顺序，分别击出各种性能的球，各守场员接球后按指定垒位传球，最后传给接手。

例如：第一轮，各守场员接球后，直接传给接手。

第二轮，先传 3（号位）→2；传 4→2；传 5→2。

第三轮，传 3→4→2；→4→3→2；→5→4→2。

第四轮，传 3→5→2；→4→5→2；→5→3→2。

垒球和棒球的区别

垒球在中国是相对冷门的项目。许多人都将垒球与棒球相混淆，认为男子项目叫棒球，女子项目叫垒球。实际上并非如此，它们有许多区别。

球与棒：垒球大而软，棒球小而硬；垒球棒较短、较细、较轻，棒球棒较长、较粗、较重。

规则：垒球投球采用下手臂运动投球，棒球投手采用举手过肩办法投球。

比赛：垒球有7局，棒球有9局。

场地：垒球的场地小，投球距离12.2米；棒球场地大，投球距离18.4米。

第三节　垒球提高班技战术及学练方法

一、基本技术

（一）防守技术

1. 传接球技术

(1) 体侧传球。

体侧传球，一般是在接得较低的球时，由于时间紧迫，来不及直体引臂，需要尽快传球时而采用的一种传球方法。其动作特点是以肩、肘关节用力为主，引球于体后侧，在体侧前出手，传球动作幅度小，球呈侧旋运行，球速快。这种传球方法多用于内场，在紧迫情况下，需要尽快传杀的局面中。（图 18-3-1）

(2) 低手传球。

低手传球是在接获近距离膝部以下的球或地滚球时，为了能及时传球出手的一种简便的传球方法。

动作特点：以手腕用力为主，持球臂向后摆，动作快而简便，出球平稳。这种方法多用于在垒位附近的近距离的传杀和“双杀”配合中。（图 18-3-2）

图 18-3-1

图 18-3-2

(3) 接地滚球。

击球员击来的快速的滚球，对防守队员威胁最大，接球失误率最高。（图 18-3-3）

接地滚球时，应首先判断球的方向、球速、弹跳和落点，并立即起步迎球接球。迎球接球是为了调整好脚步与球的关系，抢占落点，使身体正面对球，也是为了赢得防守时间。起动迎球的跑动应先快后慢，到距球 2～3 米处，轴心脚制动，伸踏脚顺势上步停稳。双手配合脚步动作放松伸向来球，手套张开，对准球的前进路线和预定的接球点。必须双手接球，球接触手套时，双手顺势后引，准备垫步传球。

在实战中，绝大多数地滚球都是在左右两侧前方而不是在正前方。这就需要迅速地提前跑到预计与球前进路线的交点处，将身体调整成正面对着球的前进路线接球。如果地滚球在身体的右侧时，应该用反手接球。手套要插到底，几乎与地面垂直，掌心对准球的前进路线，臂与手放松保持接球手型。

(4) 接弹跳球。

弹跳球很不规律，忽高忽低，变化很大，对防守队员威胁极大，球有低弹（多弹）和高弹（一蹦）球之分。低弹球的特点是由高渐低的弹跳。接球时，要有节奏地移动或在跑动中及时下蹲，这是十分关键的一环。同时还要判断球的最后弹点，把它控制在接近平行的两脚间，当球触地刚要弹起的刹那，以上体作后挡护球，左手手腕迎球向前屈收，右手及时合拢，将球接牢。

接高弹球（即一蹦球）时，要控制球的弹点上升至最高点将要下降时的刹那，以手主动迎前屈接球。（图 18–3–4）

图 18–3–3

图 18–3–4

2. 投手技术

(1) 绕环投球。

绕环投球，俗称“风车式”投球。投球时以肩关节为轴，由腿及腰部发力，绕臂一周以加快摆速。这种方法跨步不大，容易控制球路变化，出球路线也较平稳。

(2) 屈臂后摆投球。

屈臂后摆投球，也称“弓式”投球。其特点是持球手臂上摆时较放松，向下摆臂时突然用力加速，使击球员难以掌握起棒的时间。

3. 接手技术

(1) 接低弹球。

投手投来的球，低于膝下时，接球手要先向下翻腕，两手小指靠拢接球。来球如果是反弹球，接球时，两膝或单膝跪地、低头、含胸，两手置于两腿间，掌心向前，手指向下，在球落地弹起瞬间，左手收腕接球，右手及时护球。投来的球若是偏向两侧的反弹球，则要先向左侧或右侧跨移一步，同时单膝跪地（内角球跪左膝，外角球跪右膝），并以身体护球，在两腿之间翻腕接球。（图 18–3–5）

图 18–3–5

(2) 接本垒附近的球。

击球员击出的球，有时会落在本垒板上或本垒附近；有时会缓慢地向场内滚动；有时触棒成小的高飞球以及投手偶尔投出过顶的暴投球。对于这些不同的情况，都要求接手能准确地做出判断，先摘掉面罩，迅速移动或疾跑到适当的位置，用不同的接球方法去接球。

4. 封　杀

封杀接球方法略同接平直球。接球时防守队员面向来球方向，先以一只脚前脚掌触踏垒垫的内角前沿，另一只脚向前跨出一大步，上体前倾，两臂前伸，力争尽早接获来球。这种方法一般用于接较远距离传来的球。球若传偏时，应先去接球，再转回用单脚踏垒。“封杀”的另一种步法是：防守队员面对来球，两脚左右开立站在垒前一步左右的地方。当球接近身体时，探身、臂前伸接球，同时以一只脚后伸，用前脚掌触踏垒垫。

5. 触　杀

(1) 垒侧站位触杀法。

防守队员两脚左右开立约与肩宽，两膝微屈，上体前倾，同接平直球的准备姿势相同，面向传球和跑垒员跑进方向，站在垒位侧前方，接球后即顺势或反势向左（右）侧转体，以接球的手或前臂触碰跑垒员的下肢或身体其他部位；也可以将持球手直接置于垒垫前的跑垒员触踏、滑、扑垒必经之处，使跑垒员主动碰触持球手而出局。当持球手触及跑垒员后，应立即收臂，并做好传球的准备。

(2) 跨立垒垫两侧站位触杀法。

防守队员面对跑垒员，两脚左右开立、屈膝、身体重心降低，跨立在垒垫前半部的两侧。接到传来的球后，立即顺势用持球手套触杀滑垒的跑垒员，但是这种站法，有时容易与跑垒员发生冲撞，造成伤害事故，是指跑垒员在两垒间正处于进退两难之际时，受到防守队员的“追”“夹”威胁，最后防守队员以触杀动作使其出局的全过程。在“追”“夹”过程中，防守队员应活动在垒线的一侧（视线清楚、便于传球），以单手持球、屈臂、高举肩上为宜，前臂可前后摆动，以困惑跑垒员，最后以触杀完成夹杀任务。

学练方法：

(1) 移动或跑动中传接球练习。

(2) 接传球进行封杀、触杀练习。

(3) 加跑垒员的封杀、触杀练习。

(二) 进攻技术

1. 触　击

(1) 转体触击法。

击球前的准备姿势同挥击法。当投手投球出手后，击球员稍向左侧转体，身体重心稍低并移向左脚，全脚掌着地；两膝弯曲，右脚提踵，收腹、含胸。在这同时，左手拇指在下，其余四指在上，自然分开斜握棒柄，以肘向左下方拉棒。右手放松，顺势滑向棒的 1/2 处，拇指在上，食指、中指微屈，无名指、小指屈收在下，托棒的后半部。两臂屈收，以右手为支点，平托棒于胸前，对准来球，用棒头约 1/3 处触球，并向前下方轻推棒。球弹出时，双手脱棒，快速起步跑垒。(图 18-3-6)

(2) 腋下触击法。

打击球员站立在右击球区时运用这种方法。其特点是隐蔽性强，起棒突然和起步跑垒动作几乎同时，对初学者来说掌握有一定困难。

动作方法：投手球离手后，击球员稍向右转体，身体重心置于右脚上，当球将要到达本垒时，突然以右手握棒端移向左腋下方，左手同时沿棒滑动到棒的中间，掌心向前，棒身侧倒，以棒的粗端正前面触碰来球。这时，上体前倾，两手脱棒，左脚急速迈步起动跑垒。（图 18–3–7）

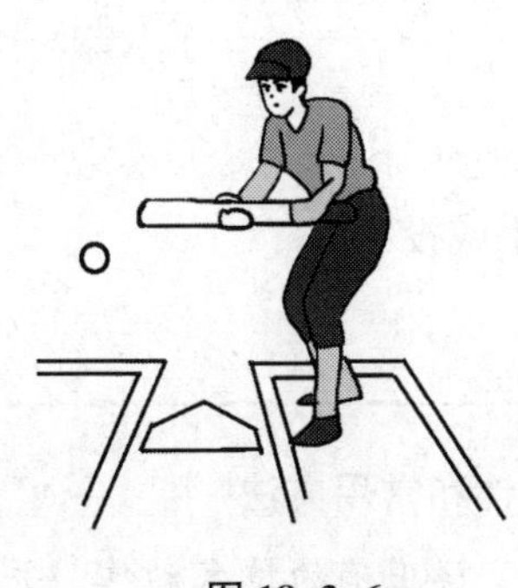

图 18–3–6

图 18–3–7

2. 跑垒技术

⑴ 滑垒。

① 坐式滑垒。

跑垒员接近垒前 2 ~ 3 米，左脚蹬地，右腿直腿前摆同时两臂上举，使身体稍腾起。左脚蹬地后，左腿屈膝，小腿置于右膝下，以左脚、小腿外侧及臀部着地、成坐式向前滑行，最后用右脚跟触垒垫的前沿。触垒后左腿下压，左脚蹬地，顺势起立，准备继续向前跑垒。

② 侧身滑垒。

当跑垒员跑到垒前 2 ~ 3 米处，身体重心降低，右脚用力向后蹬地，左脚向前伸出，身体后仰向左侧转体，两臂稍屈上举，两眼注视垒垫，依次以左脚踝部、小腿、大腿和臀外侧等部位，沿地面迅速滑出。右腿稍屈膝交叉在左腿上方，最后以左脚外侧触垒。

③ 仰身滑垒。

在加速跑动中，降低身体重心，左脚用力蹬地的同时身体后仰，两臂由体侧向前上方后摆，右脚领先前伸，左脚紧接并拢，依次以两脚跟、小腿、大腿、臂部着地，成仰卧姿势向前滑行。滑行中注意收肩、低头、含胸、收腹，防止头后仰着地受伤，最后以脚跟触垒。这种方法简单易学，初学者容易掌握.

⑵ 扑垒。

跑垒员跑动中身体前扑，用手去触摸垒垫称“扑垒”。

动作要点：快速跑垒，接近垒前 2 ~ 3 米，身体重心降低，上体前倾，左（右）脚掌用力后蹬，俯身扑向垒位。在倒地的同时两眼注视垒垫、抬头，依次以手掌、前臂、胸、腹、大腿面等部位沿地面向前滑行（膝部稍屈，小腿向上抬起），用手触摸垒垫的内沿。

学练方法：

⑴ 触击抛球练习。

⑵ 触击近距离投球练习。

⑶ 扑垒、滑垒的练习。

二、进攻战术

第一棒，选中球率高、跑速快又灵活、冷静的队员。

第二棒，条件同第一棒，触击打得好。

第三棒，选安打率最高的队员。

第四棒，选安打率高，常打出多垒打的队员。

第五棒，全队第三号强打的队员。

第六棒，类似第二棒又善于打各种投球的队员。

第七棒，击球稍弱，有时能打出好球的队员。

第八棒，击球最差的队员。

第九棒，击球能力较差、防守任务重的队员，如接手或投手。

学练方法：实战法。

掌握正确技术的必要条件和常用方法

学习者要掌握正确的技术，必须首先清晰地了解正确的技术动作，并能形象地勾画出来。然后，通过自己积极的神经—肌肉活动，把这一正确的技术表现出来，当他完成的身体活动与动作形象完全吻合或基本吻合时，他便掌握了这一技术。

必要条件：有学习、掌握技术动作的强烈愿望；建立正确的技术概念；使神经系统中各有关部位之间建立有机的联系；中枢神经系统能有效地控制运动系统的活动；运动系统具备良好的机能解剖条件；具备掌握技术动作所必需的力量、速度、耐力等运动素质水平。

常用方法：直观法与语言法；分解法与完整法；减难法与加难法；想象与表象法。

第四节　垒球规则简介

一、垒球比赛的场地和器材

（一）比赛场地

垒球比赛场地是一块直角扇形的平地。这个直角所夹的地面都属界内。垒球场的两条边线长为 60.96 米，男子为 68.86 米，界内分“内场”和“外场”两个地区。由直角交点（即本垒）起，在界内画一边长 18.29 米的正方形为“内场”。内场之外的界内区为“外场”。在内场的每个角上各设一垒位，由本垒起按逆时针的顺序称第一个垒位为“一垒”，第二个垒位为“二垒”，第三个垒位为“三垒”。在三个垒位上各安置一个用白色帆布制成的每边 38.10 厘米的正方形垒垫，固定在垒位上。本垒板是用一块白色五角形木料（或橡皮、塑料）制成的。其角尖的边沿与一垒和三垒的垒线交角叠合，用长钉钉在地上，并与地面齐平。在本垒两侧，各画一个长 2.13 米，宽 0.91 米的长方形区域，为“击球员区”。在击球员区的后面画一个“接手区”，其长为 3.05 米，宽为 2.55 米。由接手区底线的两端向两旁各量 5.30 米，并以 0.76 米的半径画一个圆为“击球员准备区”。以本垒尖角为圆心，向本垒后方以至少 7.62 米为半径画一圆弧，安置一个“后挡网”，网高

应在 4 米以上，长为 15 米以上。再由本垒尖角起，向二垒方向量 12.19 米（男为 14.02 米），以此点为圆心，以 2.44 米为半径，画一个圆为“投手区”。以木料、软塑料（或橡胶板）制作一块长 0.61 米、宽 0.15 米的投手板，安置在投手区的中央。其前沿的中点距本垒尖角为 12.19 米（男子为 14.02 米），并与本垒和二垒的对角线直角相交，钉牢在地上，与地面齐平。此外，还有“跑垒限制线”“跑垒指导员区”“内场边缘线”“野传球线”“本垒打线”等。（图 18–4–1）

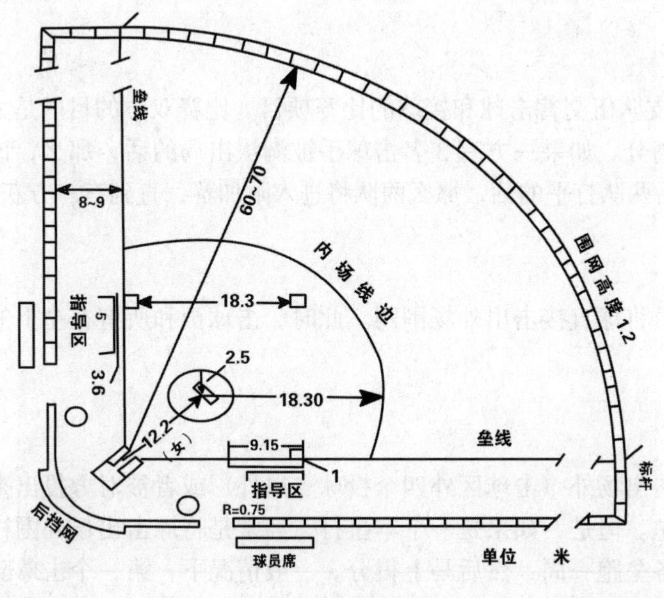

图 18–4–1

（二）比赛器材

垒球比赛的器材，主要有球、球棒及护具。球为圆周 30.10 厘米的软球，重量应为 177.19 ~ 198.45 克。球棒用木料、竹料或金属制成，长不得超过 86.36 厘米，最粗端的直径不得超过 5.72 厘米，重量不得超过 1077.3 克。主要的护具是手套，手套应为革制，必须是一种颜色，除接手和一垒手可用连指手套外，其他队员只允许用分指手套。此外，还应有接手用的护胸和面罩等。

二、比赛方法

（一）比赛的人员

女子垒球是一种以两支队伍交替进攻和防守的比赛项目。比赛一般进行 7 局，7 局结束后夺得分多者获胜。如果 7 局比赛之后两队打平的话，那么将进入延长赛，直到有一方获胜为止。正式比赛一般有 4 名裁判执裁，分别为 1 名司球裁判和 3 名司垒裁判，重大比赛还会再增设 2 名司线裁判。

垒球比赛双方各有 9 名队员上场参加比赛。防守队员根据场上位置分别为：1 投手、2 接手、3 一垒手、4 二垒手、5 三垒手、6 游击手、7 左外场手、8 中外场手、9 右外场手。进攻队员依次按事先排定的次序上场击球。

（二）安全和得分

在比赛中，进攻方的击球员击打防守方投手投出来的球后，待球落在边线以内后才能跑垒，落到边线以外为界外球，击球员继续击球。如击出的球在空中即被防守队员接住，无论界内界外，击球员都直接出局。球落在界内后，防守队员须迅速捡起球并传向指定垒位。如果击球员（或已经在垒上的跑垒员）在球传到相应垒位之前先到达，则为安全，否则就出局。如果击球员沿逆时针方向顺利到达一垒并转变为跑垒员，然后依次跑上二垒、三垒，最后跑回本垒时，得一分。在一局内，如果进攻方有 3 名队员出局，则进攻结束，双方交换攻守。双方各攻守一次为一局。

（三）获　胜

垒球是一种以两支队伍交替击球和接球的比赛项目。比赛双方的目的是力争在 7 局比赛（即七轮击球）中获得最高分。如果一方有 3 名击球手被淘汰出局的话，那么，该队的半局就宣告结束。如果七局比赛之后两队打平的话，那么两队将进入附加赛，直到有一方获胜为止。

（四）本垒打

本垒打是指击球员将球直接击出外场围网。此时，击球员和所有在垒上的跑垒员都可以跑回本垒并得分。

（五）上　垒

如果击球手将球击出场外（击球区外四个投球点以外）或者被对方投出来的球打到身上，那么击球手也能安全上垒。但是，如果是一个本垒打，经常是将球击出场外围栏，那么，击球手和所有跑垒球员都要绕各垒跑一周，然后马上得分。一般情况下，第一个击球队员安全到达第一垒后，然后其他击球手击中投球后，逐垒占领，这样才能得分。

击球队员和跑垒员可以跑到下一个没被其他跑垒员占领的垒。但是，如果击球队员在接球队员之后上垒，那么，该击球手就被淘汰出局。如果击球手打出一个地面球，那么，一垒的跑垒员就要尽快跑到第二垒。这样，击球手就能轻松地跑到第一垒。同样，如果一名队员被迫跑到其队友原先所占的垒时，其他的跑垒员也要相应地跑到下一垒。

在这两种情况下，跑垒员都必须跑垒，而接球手在接到球后，只需比跑垒员先到下一垒，就可以将对方跑垒员淘汰出局，不需追赶对方跑垒员。

（六）触击球

有意地等来球碰到球棒或是用球棒轻轻触碰来球，使球缓慢地滚入内场的击球叫“触击球”。

在垒球的比赛中，击打触击球时的隐蔽性很高。因此，击球员可以通过击打触击球的方式快速上垒。同时，触击球还有一个重要的作用，就是可以在一垒有人或二垒有人的情况下，由击球员击打出触击球，用自己吸引防守队员的注意，使在垒位上的跑垒员成功地站上下一个垒位。这种牺牲自己使得同伴安全上垒的打法叫作牺牲触击。

触击球隐蔽性很高，可以使跑垒员安全上垒。因此，在每场比赛中防守队员如何处理各种触击球就成了能否增加出局数的关键之一。

（七）其他规则

如果击球手打出一粒边界球，除非该队员在此之前已击出两粒好球，那么这个球算击球手的一次失误。

如果击球队员在前两次击球失败后，第三次击出的球被接球队员接住，那么，该击球手就会以三击不中而被淘汰出局。

接球手一旦接到被击球手打到空中的球，跑垒员就必须离开本垒，然后在接球手之前赶到下一垒。

在球被接到之前，如果跑垒员跑离本垒，而且，接球队员在跑垒员赶回之前拿到球并成功上垒的话，那么，该跑垒员被淘汰出局。

跑垒员可以在击球手击球之前就开始跑垒，或叫窃垒。

击球手在第三打时，触击球犯规就会被淘汰。

投球手在掷球时须至少有一条腿着地。

队员被替换下场之后可以重新上场，但是一名替补只能替换一名场上球员。

佩奇制

体育竞赛中的一种赛制，介于淘汰制和双败淘汰制之间，是垒球奥运会、世界锦标赛比赛赛制。

该赛制于1931年首次被使用于澳大利亚维多利亚州足球联赛的决赛中，是由该联赛官员珀西·佩奇首先倡导使用的，因而得名。

佩奇制首先要求将参赛队按循环制或瑞士制方式决出前4名，然后在1、2名之间和3、4名之间分别比赛。3、4名比赛负方获得第4名。1、2名比赛的负方与3、4名比赛的胜方再进行一次比赛，胜方与1、2名比赛的胜方进行决赛，负方获得第3名。决赛的胜方为冠军，负方为亚军。从基本的佩奇制出发，现已衍生出较为复杂的双佩奇制、分组佩奇制等多种方法。

佩奇制的优点在于强队即使失手一次或数次，也有机会争夺冠军。同双败淘汰制类似，减少了比赛的偶然性。同时，佩奇制比双败淘汰制减少了比赛场次。

【思考题】

1. 简述垒球运动的健身价值。
2. 介绍三种投球技术的动作方法。
3. 试述垒球出场次序战术的具体要求。
4. 详解女子垒球世界锦标赛的赛制。

【参考文献】

1. 中华人民共和国教育部. 国家学生体质健康标准[Z]. 2014.7.

第十九章　越野滑雪

学习重点

* 越野滑雪的起源、健身价值、训练方法
* 越野滑雪的传统技术、自由技术
* 越野滑雪的场地、器材、服装及规则

第一节　越野滑雪运动概述

一、起　源

6000年前，生活在寒冷、多雪的新疆阿勒泰地区的民族就掌握了滑雪技术，这里是人类最早的滑雪发源地域之一。阿勒泰很多农牧民至今仍运用古代传承下来的“毛滑雪板”及单木杆雪杖滑雪。

滑雪运动产生于人类征服自然的实践过程中，产生的条件是寒冷、多雪、多山和多林木。滑雪是人基本呈站立姿态，双脚各踏一支滑雪板（或双脚共同踏一只较宽的滑雪板），双手各持一支滑雪杖（或双手共持一支滑雪杖或双手不持滑雪杖），在雪面上滑行（或再辅以其他形体动作）的体育运动。

滑雪运动从历史变革的角度而言，可分为原始滑雪、古代滑雪、近代滑雪和现代滑雪四个历史阶段。

二、发　展

（一）世界滑雪运动方兴未艾

20世纪初叶，伴随着人类社会的进步，社会经济、科技的发展，滑雪运动冲开了原有的局限，经过不断的变革、演化和发展，跳跃式地登上了现代化的历程。现代滑雪运动在完善场地建

设、更新器材设备、研究技术理论、参与人口广泛等各领域得以全面发展。竞技滑雪、大众滑雪在近几十年处于突飞猛进的发展之中。在欧洲及北美洲的许多国家滑雪运动已被众多的普通消费者所接受。如今，滑雪已成为冬季最受欢迎的休闲运动之一。当代滑雪的中心在欧洲，大众参与程度高。其次是北美的美国、加拿大及亚洲的日本。目前，世界五大洲都有国家在开展滑雪运动。全球范围内，有现代规模的滑雪场6000多个，滑雪人口4亿多，经济发达的冰雪国家，约半数以上的人喜爱滑雪运动，滑雪产业年收入约700亿美元。

（二）中国滑雪运动发展状况

由于一些自然与社会的原因，中国的滑雪运动发展较为缓慢。近代滑雪自20世纪20—30年代从俄罗斯及日本传入，当时在牡丹江、黑河、吉林、通化等较大的城市也不乏一些学生及滑雪爱好者们参加滑雪运动。中华人民共和国成立后，近代滑雪与中国古老的滑雪运动的变革相结合，以东北地区为主逐步开展起来，群众的表演活动，地方区域性的比赛日趋活跃。1957年，中国第一次全国滑雪比赛在吉林省通化市举行，从此拉开了中国近代滑雪竞技的序幕。

1980年，中国代表团参加了第13届冬季奥运会，标志着中国的现代滑雪运动开始起步。群众性的旅游休闲滑雪自20世纪末期也逐步展开。目前，中国的滑雪运动有了长足的进步，冬季两项的成绩也跃居世界前列。其中，李妮娜获得2005年自由式滑雪世锦赛冠军，是首位在世锦赛夺冠的中国女子运动员；韩晓鹏获得2006年都灵冬季奥运会男子空中技巧赛冠军，是中国首位在冬奥会上取得金牌的男子运动员，中国雪上项目的首枚冬奥会金牌；2022年北京冬奥会中，自由式滑雪项目我国代表队获得4金2银；单板滑雪获得1金1银；钢架雪车获得一枚金牌。中国现代竞技滑雪实力不断增长的同时，大众滑雪及滑雪产业也于20世纪末开始迅速发展。

三、场地布置说明

雪上运动场地线路要尽量选择森林地带的多变地形，要保证雪质、雪量。线路宽度应达到4~5米，雪面要经过机械或人工捣固、踏压，厚度至少10厘米。最好在线路的一侧开有带雪辙的雪道，两条雪辙的内壁相距15~18厘米，雪辙深度至少2厘米，雪辙的宽度以雪板的固定器不撞击两侧雪壁为准。线路的着板雪面低于撑杖雪面2厘米或在同一高度上，线路的另一侧不开带有雪辙的雪道。线路应平坦、宽阔，其中上坡、下坡和平地各占1/3。要避免单调而过长的平地滑行、难度过大的急陡坡滑降，以及连续较长距离的登行。开始阶段要较易滑行，难度应出现在全程的3/4处。在出发后2~3千米内不应出现难度极大的急陡坡，在终点前1千米内不应出现较长的危滑降，线路中要避免有危险的斜滑降，同时要避开冰带、陡角和狭窄的地带。

四、训练方法

越野滑雪运动员的机能有各种不同的差别。在体能的训练过程中，对速度素质、力量素质要特别加以注意。越野滑雪运动员的体能训练应包括有保障达到运动成绩提高机能系统发展的特点。这个特点决定了越野滑雪运动员基本体能的发展水平，即耐力的发展水平。速度素质、力量素质的发展是在一般体能训练和专项体能训练中才能实现。

（一）一般体能训练

在训练中对一般的训练，应是对全部肌肉群及其作用的训练，在基本部分的训练之后，采用柔韧性的训练，这种训练是发展目标肌肉群的训练，为的是对目标的肌肉群达到明显的作用。不论某肌肉群的力量如何低下，只要系统性和针对性训练，就会达到提高能力的目的。

1. 沿崎岖不平的地形运动

越野滑雪运动员在训练的初期，为了达到体能训练的任务，可按预先指定的地形进行走步和跑步的训练，这些运动用 3 步 / 秒的步频完成。但是，这样的运动结果与滑雪的实际情况有明显的区别。为了提高耐力素质，采用负重走和跑，但要坚持循序渐进的原则，逐渐加大运动负荷，教练员应加强运动员的心理素质和生理机能的指标跟踪。培养运动员克服困难和战胜困难的信心和勇气。

2. 有明确目标的速度力量训练的其他形式

速度力量训练的方法可采用很多形式的运动。例如，划船和游泳等运动项目，对运动员的速度力量发展是很有帮助的辅助训练，为运动员创造良好的条件。对运动员在训练的间歇期间广泛采用体操练习是必要的。另外，游戏在越野滑雪中占有重要的位置。就运动游戏来说，不间断的交替、最大限度的爆发力和最大加速度的游戏是有益的，可以缓解训练枯燥，减轻心理负荷。

（二）专项耐力训练

1. 徒步模仿

徒步模仿运用于强度不大的训练中，移动速度通常不超过 2.5 米 / 秒。对于高级别的越野滑雪运动员来说，徒步模仿的效果是不大的；对初学者，特别是在多次进行陡坡上坡模仿的训练效果是明显的，这是无雪季节进行专项训练的最基本的训练方法。

2. 持杖模仿

根据越野滑雪的技术特点，选择具有平地和上坡的有利地形，改进和提高技术动作，达到动力定型的目的，同时对发展肌肉群的作用是很明显的。首先对大肌肉群的作用是很强烈的。采用持杖模仿训练通常是在难度较大的场地上进行，不仅能提高力量，对发展专项速度的影响也是很大的。

3. 滑　轮

在坡度不大的平地上运动时，滑轮与滑雪的速度、步长和步频相差不是太大。采用 5° 以上的坡进行适当的训练是必要的，必须进行越野滑雪两种步法，即传统式的交替训练，并且用高速滑行，这是巩固和提高技术的关键。在场地的选择上，应避免过长的上坡，上坡的长度不超过 300 米，高度不能超过 50 米，参考方案：缓坡占 50%，平地占 35%，陡坡占 15%，训练路线地形应比通常的地形更加起伏，落差不超过 20 米，对不同级别的运动员预先规定的滑轮路线，必须有不同难度的回转道。

4. 模拟滑雪训练

采用模拟滑雪进行力量训练，特别是在滑雪条件不好时和推迟滑雪训练期间是很有益处的。模拟滑雪训练有很多种，它的主要缺点是滑行不太好，在大强度的训练时，速度不快。在模拟滑雪时，脚和手用的力量比实际滑雪时明显增加，它的训练量在无雪时期占周期性训练总量的 5%。

5. 滑雪训练

雪上训练对发展越野滑雪运动员的耐力是必需的，滑行的条件不同，运动速度的增长也就不同。其中包括用高于比赛速度的 5% ~ 11%在 1° ~ 2° 的坡度训练。在负荷量降低或在增加休息时间以后，在某些地段上用比赛速度的 100% ~ 105%进行训练，用这个大于比赛的速度克服一系列短地段上的各种陡坡，在用大于比赛速度滑行的总负荷量大约占滑雪训练总量的 5%。比赛期间，

在比较容易的路线上，每次训练不应少于5~7次的高速，目的是为了在一系列的竞赛中的部分段路上用最大速度滑行。第一次降雪后，应在坡度不大的上坡进行训练。在部分平地上的训练量不应少于40%。用滑雪板滑雪时，应特别注意手和脚的撑力。

上述所指出的部分方法是可以改变的，这取决于所给的任务，但必须对训练的全部阶段进行改变。对运动速度、步幅和步频需要经常检查。越野滑雪运动员的耐力，仅在所采用的训练总量达到足够量时才能得到发展。

五、健身价值

(1) 越野滑雪运动有利于强健体魄，有利于陶冶情操，增强耐寒能力，锻炼坚强意志，预防疾病，保持健美体型，不管是男、女、老、幼，都可以在活动中尽享滑雪的乐趣与魅力，对人们有极大的吸引力，参与面很广。

(2) 滑雪运动具有快速、惊险、壮观、多变的特点，不但可以使滑雪者全身得到均衡发展，而且可使中枢神经系统、心肺功能、反应判断能力、平衡灵敏素质也得到有效锻炼。

(3) 低温的滑雪环境还会增强人们勇敢顽强的精神、不惧严寒的意志以及提高对外界条件的适应能力。在长时间的滑行中，体内沉积的脂肪和糖很快变成热能而释放与消耗，对醒脑清肺以及防治心脑疾病、呼吸系统疾病、肥胖症、抑郁症和过度疲劳等很有效力。

(4) 在滑雪运动中，滑雪者远离城市，置身于雪山峻岭间及林海雪原中与大自然紧密结合，空气清新，阳光明媚，视野开阔，可尽赏变幻莫测的冬景奇观。滑雪者与山、与林和与雪融为一体，尽享冬季大自然所赋予的无限快乐，积滞的烦恼与疲劳会一洗而净，在大自然中陶冶情操。

滑雪初学技巧

(1) 行走：虽然是滑雪，但总有需要走路的时候。在较平的地方可以直行，即雪板和行进方向平行。而较陡的地方则要像螃蟹般横行。初学者还是脱下雪板，到地方再装上更好。在坡上脱或装雪板前都要先调整到雪板和雪道垂直，以防雪板扔下你而自己顺坡逍遥直下。

(2) 姿势：双膝微屈。眼自然平视远方而不要盯着自己的雪板尖看。重心向前而不要向后，小腿要向前用力压紧雪靴。双手握雪杖向前举起，双肘微屈。初学者不要把手套放在杖柄的绳套内。

(3) 减速：滑雪时有两种雪板形状，初学者用“八”字形，又称楔形。减速时脚部的用力点是在双足的内足跟部，挺胸收腹，是为了确保重心前倾。另外，除非是在平地，初学者不要让雪板平行向前，要一直保持“八”字形，要加速时向内收一些，要减速时向外放一些，始终注意不要让速度太快。停的时候要先慢慢减速，不要追求快停。

(4) 转弯：身体向左倾倒就会向左转，身体向右倾倒就会向右转。

(5) 摔倒：最重要的是要收颔近胸以防后脑受击。其次是要放松肢体，僵直的身体更容易受伤。最后是不要硬撑，一旦失去重心，初学者不要试图重新取得控制，还是任由摔倒不易受伤。摔倒爬起时建议初学者脱下雪板，站起后再装上雪板。记住雪板要和雪道垂直。

第二节　越野滑雪基础班技术及学练方法

基础班重点学习传统技术，并掌握其学练方法。滑行技术有多种。例如，平地滑行（包括两步交替滑行、同时推进滑行、跨一步同时推进滑行和跨两步同时推进滑行）、登坡滑行（包括缓坡登滑、陡坡登滑）、转弯滑行、滑降和滑降转弯等，下面进行具体介绍。

一、平地滑行技术

（一）初学者的技术

1. 站立姿势

越野滑雪的基本站立姿势应放松、自然。（图 19–2–1）

2. 向前直线移动

第一次上雪的越野滑雪运动员，必须首先适应穿滑雪板在雪地上行动的条件与要求。按着陆地走步的习惯，练习穿板向前移动。运动员可双手不持杖，两板间距 15 厘米，像陆地上一样，两板交替向前行走（两手也同样摆动配合）。开始时步幅要小些，但可以逐渐增大，直到身体重心落在一支走板上后，能向前滑动一定的距离时即可。（图 19–2–2）

图 19–2–1

图 19–2–2

3. 跌倒后的起立方法

初学者在上雪后，必然会遇到跌跤和跌跤后再起立的问题，起立要按下列要领进行：上体坐起，尽量屈膝并使双板平行与上体正面约成直角，靠近臀部。用单手或双手将上体推起至下蹲位，如果用手不方便，也可用双杖支撑上体至下蹲位，最后站起。

如果是在山坡地段跌倒时，第一步必须将下肢移至山坡的下方，并将双板与下滑方向成直角放至地面，用双板刃部蹬住雪地，再按平地起立的要领进行。

如果上述方法都不容易站起，可将雪板固定器打开，使雪板与雪鞋分离，然后站起再将雪板

固定好。

4. 变换方向

运动员穿着雪板，在原地要转向某一角度的方向时，可用跨步转向法。即将双板呈正“V” 或倒 “V”，陆续跨步转向某个方向。（图 19–2–3）

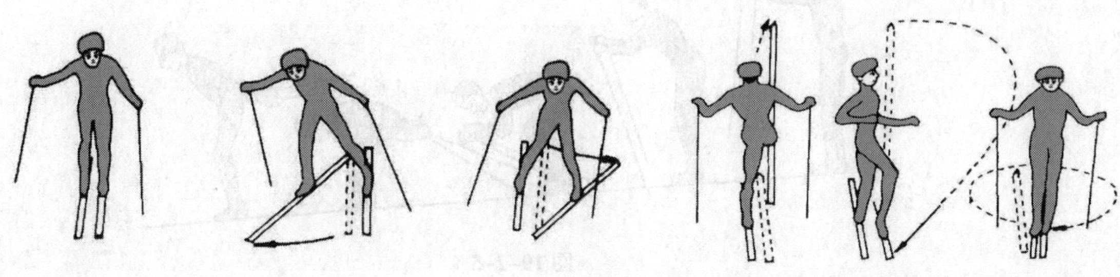

图 19–2–3

如已通过反复练习，基本上掌握了雪板性能后，无论在平地或坡地，欲转向 180° 时，可用踢板转向法，变换方向。

5. 蹬动滑进

这种不持杖的滑行方法，是传统技术中各种滑行方法的基础。在进行这种练习时，随着向后蹬动力的逐渐增加和身体重心逐渐完全落在滑行板的脚上时，滑行距离开始延长。蹬动完成后，随着脚带动了板尾向上抬起，身体重心又变为落在滑行板的脚上，上体随着前倾，另一侧手臂也摆到前方而形成快速向前滑进的姿势。此时，视线应落在前方 6 ~ 7 米的地方。

（二）二步交替滑行

二步交替滑行是越野滑雪传统技术中最常用的一种滑行技术。（图 19–2–4）

图 19–2–4

上体前倾，左脚用力向下后方蹬动（最后雪板抬起），身体重心已落在右脚上，向前滑行右膝微屈，左臂尽量向前摆出，使杖尖落在右脚尖一带。左手用力向下后撑杖，同时左脚向前跟出，身体重心快速移向左脚。两膝进一步蹲屈，身体重心完全移至左脚上，右脚开始蹬动，手继续前摆，蹬动幅度为 70 ~ 75 厘米。遇到较缓的坡地时，仍可用此法滑进，要点是：防止向后滑脱，加快频率，步幅缩小至 40 ~ 50 厘米，摆杖向前的幅度也应稍小，可落在前脚的脚跟一带。

常见错误动作：单脚滑行时，由于膝部弯曲不够，而形成身体重心线落后，影响滑进距离。

（三）同时推进滑行

两板平行，两杖同时推进向前滑行的方法。（图 19–2–5）

图 19–2–5

两臂放松向前摆动，当两手的高度超过肩部时，作暂停休息，接着将两杖落在脚尖稍前处。随着滑进速度的加快，撑杖频率也应加快，两杖尽量向前摆动，可将杖尖指向雪板尖稍后处，接着将上体重量放在两板上并用力向后推撑，使体重与臂力合成为向后推撑力量。两杖向后推撑，手部通过腿部时，应将高度降至膝关节的高度，效果更好。

（四）跨步同时推进（两步推进）

两杖推撑完成后，向前摆振时，雪杖要在空中空摆一拍的时间，然后再落地进行推撑。在进行两步滑行的第一步，要承担起全身的重量，否则会引起摇晃现象。为了掌握好节奏，可在心中数一、二、三，当“一”及“二”时各滑一步，“三”时推撑。掌握好呼吸节奏，两脚滑行时吸气，两杖推撑时呼气。（图 19–2–6）

图 19–2–6

（五）改换雪辙

为避开滑进前方的障碍，在经过整理的雪道上，一边滑行，一边改换到另一条雪辙上滑行的方法。

为了加速，先进行一次两杖同进推撑。身体重心移至右脚上，提左脚板尖指向左前方，再将重心移至这只脚上。当右脚到达右侧雪辙，及时将右板放在雪辙内，并承担体重；接着将左板也放在左方雪辙内，两板再共同担负体重。再用两杖同时推撑一次，加快速度。

（六）通过变换滑行方法，以改变滑行的速度与节奏

在越野滑行比赛过程中，可根据线路及雪板的具体情况，适当地变换滑行方法与节奏。此外，在较长的比赛过程中，适当地变换滑行方法与节奏，可达到减轻身体疲劳的程度。

学练方法：

⑴ 教师讲解、示范动作要领。

⑵ 基本动作原地模仿练习。

⑶ 穿上滑雪鞋、滑雪板在教师指导下统一练习。

⑷ 学生在平地距离较长的雪面上分散练习。

⑸ 教师统一纠正错误动作。

⑹ 学生分散练习、提高。

二、蹬坡滑行技术

（一）直线蹬坡

动作方法：原则上可用平地滑行的方法，重要的是防止雪板向后滑脱，为此要打好蜡，缩小步幅，加快节奏，膝微弯曲，重心移动扎实。

（二）斜线蹬坡

斜线蹬坡，即直线斜上蹬坡，以缓冲登坡的倾斜度，如距离长，可走“之”字线路。

动作方法：注意用两脚上侧一方的板刃，稍用力刻进雪面。雪杖前摆勿过前而应落在前后脚中间一带，后方雪杖支撑身体防止向后滑脱。

（三）阶梯蹬坡

动作方法：两脚向坡上交替登行。在两板的板刃刻进雪面的基础上，上侧脚首先向上横跨一步，谷侧雪杖支撑住体重，谷侧脚再蹬动上提落在内山侧脚旁，并用内刃刻进雪面。谷侧脚一着雪面的同时，谷侧雪杖马上提起并落在脚旁，以防身体滑脱。

（四）“八”字蹬坡

动作方法：用两雪杖交替支撑于身体后方，防止向后滑脱。支撑脚雪板内刃，确实刻进雪面并支撑体重，另一只脚迈向前方。迈向前方脚的雪板，注意勿踏在另只板尾部并用内刃着地，身体重心随着移至此脚上，另一只脚再迈向前方。坡度大，两板开角可大，反之可小。

学练方法：

⑴ 教师讲解、示范动作要领。

⑵ 在缓坡上练习蹬坡技术。

⑶ 学生分散练习、提高蹬坡技术。

⑷ 教师统一纠正错误动作。

⑸ 平地滑行和蹬坡技术相结合练习。

⑹ 学生在较陡的坡面上分散练习。

⑺ 学生进行蹬坡平地滑行比赛。

三、下坡滑行技术

（一）斜线滑降

动作方法：两脚分开约 15 厘米，山侧板稍前约半脚的距离，两膝及脚腕弯曲。全身取“外倾”的姿势，谷侧与山侧板承担体重之比为 6∶4。山侧板在用外刃刻住雪面的基础上斜向下滑，目视前方。

（二）横向滑降

动作方法：呈斜线滑降姿势站立，通过膝关节的伸、屈动作并放松山侧板的立刃程度，使全身横向下方滑降。滑降过程中，如重心稍前移，则向斜前方横向下滑，后移则向斜后横向下滑。全身基本上保持“外倾”姿势。

（三）犁式滑降

运动员将两雪板尾部向两侧分开，沿着山坡直线向下制动滑降的方法。两板尾分开后，从外形看类似农家犁田用的犁头，故称“犁式滑降”。

动作方法：两膝及踝关节微屈，为便于用内刃下滑，两膝微向内侧压进，体重落在两板上，通过两板用刃及改变两板尾部分开程度，调整下滑速度。

（四）半犁式转弯

运动员在犁式滑降的基础上，将重心移向一侧板内并用内刃；另一侧板放平不用刃，则身体转向未制动一侧的转弯方法。

动作方法：通过将胯部向左右移动，使重心落在一侧板上。

一侧板承受体重并用内刃时，另一侧板必须放平不用刃，以保持身体协调转弯。

（五）跨步转弯

与平地改换雪辙的动作基本一致，只是在缓坡地段向某个方向多做几次而已。

动作方法：重心移过去后，撑杖、跟板，外侧脚开始划弧。内侧脚跟上，成平行。

（六）双板平行转弯

在保持平行的情况下做转弯的方法，属于高级动作。

动作方法：在众要领中，关键是要充分蹬地提重心，为此必须做到：转弯时将膝部向前和向内侧压，双板用力同时将谷侧杖尖插向脚尖前部。接着以它为支点，向上提重心，两板变为平刃，再将重心落在两板尾部并使之立刃划弧转向，不要将体重只落在谷侧板上。

（七）左右连续小转弯

与双板平行转弯基本相同，只是转的弯小和频率加快、连续进行的。

动作方法：与双板平行转弯动作要领基本相同，只是转弯小、速度快。达到转弯小、频率快的关键是靠膝部的屈伸及踝部的变刃。

学练方法：

(1) 教师讲解、示范动作方法。
(2) 学生在缓坡上练习下坡技术。
(3) 学生分散练习、提高下坡技术。
(4) 教师统一纠正错误动作。
(5) 蹬坡、平地滑行、下坡技术相结合练习。
(6) 学生在较陡的坡面上下坡练习。
(7) 学生进行蹬坡、平地、下坡滑行比赛。

滑雪如何预防冻伤

滑雪时要带御寒用具，要扎紧手套、衣服、裤脚和袖口，防止风雪侵入到衣服内，眼部应佩戴眼罩，防止眼角膜冻伤。每半小时检查自己是否有冻伤的现象。如果脚趾、手指、耳朵或其他部位觉得有麻木的感觉，请立即进入室内。运动服装和鞋袜要求保暖和宽松，冰鞋不能太小太挤脚。鞋袜要保持干燥，运动或走路过多后出现潮湿要及时更换。身体静止不动或疲劳时，要注意保暖。不要站在风口处。不要在疲劳或饥饿时坐卧在雪地上，在运动间歇或结束后要及时穿好衣服，这样不仅能预防冻伤，也可预防感冒。

第三节　越野滑雪提高班技战术及学练方法

在20世纪80年代以前，世界各国越野滑雪运动员都是使用现在传统技术的各种滑法。20世纪80年代初，芬兰运动员西多宁在世界锦标赛中创造性地使用了类似速度滑冰运动的“蹬冰式”滑法，并且取得了很好的成绩，颇受运动员的欢迎与效仿。为此，国际雪联于1988年在加拿大卡尔加里举行的第15届冬奥会上明确规定：在以后的越野滑雪比赛中，分列“传统技术项目”和“自由技术项目”比赛。

一、自由技术

（一）平地滑行技术

动作方法：一条腿蹬动后，身体重心必须全部放在另一滑行腿的板上，使之延长滑进距离。上体放松前倾，以减少空气阻力。滑进速度与蹬动力大小及膝关节弯曲程度有关。蹬动力方向应与雪板纵轴垂直，出板角度应尽量缩小。尽量使髋关节向外侧平移，使上体与前进方向平行，以保持身体平衡。

（二）弯道滑行

运动员在弯道滑行时，要受到离心力的作用与影响，离心力的大小与转弯半径成反比，与体重及速度平方的乘积成正比。

离心力 $=mv^2/R$

运动员在弯道滑行时，必须将身体向圆心内侧倾倒，以保持离心力作用下的平衡。

动作方法：身体向弯道圆心侧倾倒。弯道内侧板应按弯道沿切线方向前进，并时刻加以调整，勿使身体远离圆心。外侧板应按弯道沿法线方向向外侧蹬动，稍许加快频率与内侧板配合变动滑进方向。（图 19–3–1）

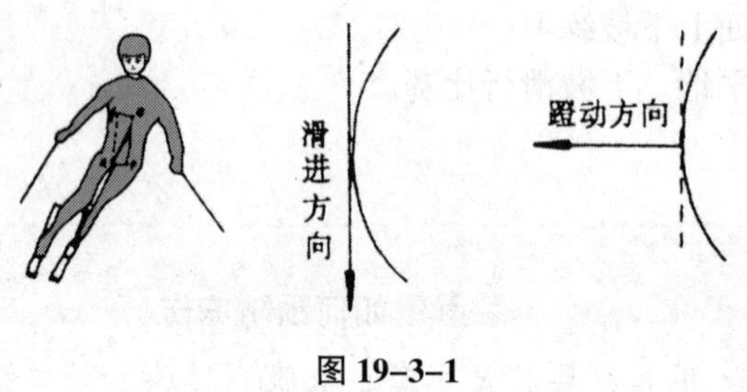

图 19–3–1

（三）蹬冰式滑行

运动员在平地或下坡地段，两腿按速度滑冰方法蹬动与滑进，双手持杖配合腿部动作而摆动，或将两杖挟在腋下而不摆动。（图 19–3–2）

图 19–3–2

动作方法：一条腿蹬动后，身体重心必须全部移放到滑行腿的板上，使之延长自由滑行距离，上体放松并前倾，以减少空气阻力。

前进速度与膝关节弯曲程度及蹬动力大小成正比；膝部过屈浪费体力，以 100° ~110° 为宜。

蹬动方向应与雪板纵轴垂直，出板角度应尽量缩小。

（四）交替蹬撑滑行

运动员在蹬冰或滑行的基础上，把摆动向前的雪杖及时地插落在滑行脚的前外侧，并与滑行脚同时蹬撑。这种滑行方法同传统技术的二步交替滑行，上下肢交替配合进行蹬撑滑进。（图 19–3–3）

图 19–3–3

动作方法：腿部动作要领与蹬冰式滑行相同。撑杖与蹬动同时开始。

（五）同时蹬撑滑行

运动员每蹬撑一次，两杖都进行一次同时推撑的滑行方法。

动作方法：两臂与腿蹬撑动作勿偏向一侧。勿单纯追求频率快，而应在每蹬撑后保持不减速的滑行距离。

（六）二步、四步蹬撑滑行

运动员两腿各进行一、二次蹬动后，在向前滑进时，两杖同时进行一次推撑。（图 19–3–4）

动作方法：向前摆杖时，上体直起，两臂弯曲两手摆至头上高度后，再向下落杖。撑杖时上体随之下压，两手应通过膝部高度，向后推撑。

图 19–3–4

（七）单蹬同撑滑行

运动员在弯道滑行或线路需要时，用一侧腿连续蹬动同时，两杖同撑的滑行方法。（图 19–3–5）

图 19–3–5

动作方法：蹬撑后身体重心一定要落在滑行板上。两杖用力要保持平均。

学练方法：

(1) 教师讲解、示范动作方法。
(2) 学生在平地练习各项技术。
(3) 学生在平坡上练习二步、四步蹬撑滑行。
(4) 学生有针对性地运用各项技术。
(5) 教师统一纠正错误动作。
(6) 上坡、平地、下坡灵活运用各技术练习。
(7) 学生把各项技术相结合或分解练习。
(8) 学生进行蹬坡、平地、下坡滑行比赛。

二、越野滑雪的基本战术

在越野滑雪中，战术运用也很重要。所谓战术，主要指在比赛全程中体力的分配及针对不同地形特点应选择不同的滑行技术方法。例如，下坡路程占全程的1/3，在下滑时，如果是在体能好的情况下，可以采用流线型的低姿势滑降，以便减少空气阻力，提高速度争取时间；但在体能不佳、特别疲劳的情况下，或在地形复杂难度大的条件下，姿势就可以高些，使身体减少风的阻力，减低速度，以防跌倒而浪费更多的时间，同时避免产生烦躁的心理及消极情绪。

第四节　越野滑雪规则简介

一、越野滑雪器材

（一）雪　板

现代越野滑雪的雪板，由木材玻璃钢、硬塑料及金属合成。蕊材为木材，表面及滑行面由硬塑料及玻璃钢合成。滑行面的刃部有的由金属制成。规则规定雪板最长不得超过2. 30米，雪板宽度为4. 4～5厘米，厚度最大不超过3厘米。对重量及外形没有限制。

（二）雪　杖

越野滑雪的雪杖，由铝合金或玻璃钢制成，重量轻并坚固不易折。杖的上端有握革及革套，下端为金属制尖端。由尖端往上约6厘米处，有圆形或半圆形及少半圆等形状的圈档，用以防止雪杖过深插入雪中。规则对雪杖的长度不限。

（三）雪鞋及固定器

越野滑雪的雪鞋由皮革特制，应有轻便、柔软、耐寒及防潮等性能。鞋腰高低适当，鞋底前端特殊，必须与雪板固定器配合使用，以便控制雪板。固定器必须安装在雪板前后平衡线稍后部位，以保持在抬脚时雪板紧密附着鞋底。

（四）太阳镜

在冬季晴朗的天气条件下，特别是在郊外原野，大气中尘埃少，显得格外阳光灿烂，再加上白色雪地的反射，运动员的眼睛要遭受阳光中紫外线的强烈照射，时间长会引起眼部结膜发炎而导致视力障碍——即雪盲症的发生。特别是高原地区，紫外线照射的强度更大，如在1800米的高度，则强度可增加3倍。因此，必须戴太阳镜，以保护眼睛，防止发生雪盲症。

二、越野滑雪竞赛通则

（一）抽签的规定

(1) 运动员出发顺序原则上按项目分组抽签排定。

⑵ 抽签顺序为：第二组，第一组，第三组，第四组。

⑶ 抽签方式为：赛前各项一次抽签和该项比赛的前一天晚上抽签。抽签后，运动员的分组和出发顺序不得改动。

（二）犯规与处罚

凡运动员违反下列规定按犯规处理，取消竞赛资格。

⑴ 不符合运动员资格的规定。

⑵ 不符合年龄的规定。

⑶ 没按规定路线滑行，没有经过所有的检查站，没有正确通过线路标志。

⑷ 借助外力滑行，接受规则允许以外的帮助，或接受方式不符合规则要求。

⑸ 在超越和让路过程中，违反规定，没有让路或有妨碍行为。

⑹ 滑行中，双脚都不穿雪板而通过 3 米以上一段线路。

⑺ 违反更换雪板的规定。

⑻ 擅自改变标记、没有标记或标记不符合规定，没有佩带号码布滑行。

⑼ 违反使用滑行技术的规定。

⑽ 违反竞赛纪律，严重不服从裁判判决。

（三）接力比赛的规定

1. 场　地

⑴ 接力区：接力区应选在起终点附近，要求平坦、宽阔。接力区长 30 米，要有明显的标志并用栅栏围好。接力区前、后 100 米的线路要求平直，要有明显标志。

⑵ 接力出发线：以起点线中心雪道 100 米处为圆心，100 米为半径，画出与起点线相切的弧线即为接力出发线。起滑点间隔为 2 米。

⑶ 起点雪道：起点至第二个 100 米间，至少应有三条雪道。起点至第三个 100 米间，至少应有两条雪道。线路一千米内不得有急转弯。

⑷ 终点雪道：距终点线 100 米范围内至少要设两条没有转弯的平直雪道。这个区域的长短，技术代表有权作决定。

⑸ 接力队员的号码颜色：各区运动员的号码用不同颜色加以区别。

⑹ 雪板标记：各区雪板标记的颜色，要与各区运动员的标志颜色一致。

2. 接力竞赛规则

⑴ 出发的站位：①第一号运动员站在出发线与起点线相切点的位置上。其余运动员应站在切点的两侧，间隔为均等 2 米的出发线上。②如果所有参加队不能同时站立在同一起点线时，大会可决定采用两列或多列同时出发的方法。上一年竞赛成绩优秀者为第一列，成绩最差者为末列。

⑵ 发令：①发令员要站在运动员背后，在都能听清口令的位置进行发令。②发令员在赛前一分钟，把所有参赛运动员组织在出发线排好，出发前 30 秒钟时，要给予提示。出发时喊：“预备”——“出发”的动令或鸣枪。③运动员抢滑时，站在前 100 米处的助理发令员按照发令员的指令，截止抢滑运动员的滑行，令其重新出发，成绩仍按原规定出发时间计算。

⑶ 交接：交接要在接力区内完成。交者的手触及接者身体的任何部位，即认为交接完毕。如果违反此规定，要在接力区内重新交接。允许交者接近接力区时呼叫接者，经接力区裁判员同意，接者方可进入接力区。例如，几个队几乎同时接近接力区时，各队要在裁判员指定的道次上

进行交接。

(4) 运动员在起滑100米范围内或抵终点线前100米范围内允许不让路。

(5) 禁止在起滑后100米内使用蹬冰式滑行技术。在接力区内和接近接力区100米内也不允许使用蹬冰式滑行技术（变换滑雪道时例外）。

3. 成绩的计算

(1) 每区运动员的成绩是以运动员抵达接力区的前沿线计算，最末区的运动员以抵达终点线为准。

(2) 各队的成绩是从第一个运动员出发到最末一个运动员抵达终点线所滑行的全部时间计算，各队最末运动员抵达终点的顺序，就是名次排列的顺序。

4. 取消竞赛资格

(1) 滑行的里程与规定不符。

(2) 没有在接力区内完成交接动作。

(3) 交接动作没按规定进行。

(4) 在接力区100米外不让路，有明显阻挡行为。

(5) 不按裁判员指定的道位交接。

(6) 在限定区域内使用违反规定的技术。

越野滑雪比赛项目

正式的越野滑雪比赛项目有：男子2.5公里、3公里、5公里、8公里、10公里、15公里、30公里、50公里；女子1公里、2.5公里、3公里、5公里、8公里、10公里、15公里、20公里；男女接力赛；团体赛。

【思考题】

1. 简述越野滑雪运动的锻炼价值。
2. 越野滑雪传统技术的平地滑行技术有哪些？
3. 越野滑雪传统技术的蹬坡技术有哪些？
4. 越野滑雪自由技术有哪些？分别在什么情况下采用？
5. 越野滑雪需要哪些服装、器具？

【参考文献】

1. 邹奇，于芬. 越野滑雪教育[M]. 吉林：吉林大学出版社，2013.
2. 白雪，试论如何开展我国越野滑雪训练[J]. 文体用品与科技，2014（2）.

第二十章　体育舞蹈

* 了解体育舞蹈的形成、发展、分类和健身特点
* 掌握体育舞蹈的内容、技能和训练方法
* 普及体育舞蹈的竞赛规则和组织形式，促进体育舞蹈运动开展

第一节　体育舞蹈概述

一、起　源

现代国际体育舞蹈起源于欧洲和拉丁美洲。11 世纪，欧洲一些国家将一些民间舞的动作规范整编进入宫廷，成为“宫廷舞”。法国大革命后，“宫廷舞”随之进入平民社会，发展成为比较自然活泼的社会上人人可跳的舞会舞蹈，如波尔卡、马祖尔卡等。1786 年，在法国巴黎开办了专为举办社交舞会的第一家舞厅，推动了社交舞的快速流行。到 19 世纪末，以上舞蹈逐渐被华尔兹取代，华尔兹成为主要舞会舞蹈，同时又出现了深受欧美群众喜爱的探戈。20 世纪初，北美和南美的一些社交舞爱好者根据“哀歌”创编了布鲁斯舞。1913 年，滑稽舞蹈演员哈利·福克斯创编出福克斯舞，也称狐步舞。从此，社交舞有了华尔兹、布鲁斯、快华尔兹、狐步舞和探戈五种舞蹈形式。

二、发　展

现代国际体育舞蹈的发展经历了原始舞蹈—民间舞—宫廷舞—社交舞—舞厅舞—国标舞等六个主要发展阶段。为了使社交舞有统一的规范，20 世纪 20 年代初，英国皇家舞蹈协会对当时的社交舞进行了科学的整理，对各种舞蹈的舞姿、舞步、跳法加以系统化和规范化，共审定了七种公认的合乎标准的舞蹈：布鲁斯、慢华尔兹、慢狐步、快华尔兹、快步舞、伦巴、探戈，即老国际标准交谊舞。20 世纪 60 年代后，在西方出现了自由奔放、情绪热烈、节奏欢快的吉特巴和迪斯科。现代交谊舞在拉丁美洲又产生了丰富多彩的拉丁舞，如恰恰恰、牛仔舞、桑巴、伦巴、斗牛舞。1960 年，拉丁舞正式成为世锦赛的比赛项目。随着英国皇家协会教师对教材的不断修改和更新，出现了当今风靡全球的体育舞蹈。

1992 年，体育舞蹈被列为奥运会表演项目。在 2010 年广州亚运会上体育舞蹈首次成为亚运会正式比赛项目。

中国引进体育舞蹈是在 1986 年，经中国舞蹈家协会协助，从日本和中国香港、中国台湾引进师资、教材，并建立了国标舞学科。中国体育舞蹈联合会加入国际体育舞蹈联合会后，已于 2002 年 11 月在上海正式举办了亚洲体育舞蹈锦标赛。2003 年 6 月 28 日至 29 日在中国无锡举办了亚太体育舞蹈锦标赛。2004 年 11 月 6 日至 7 日在中国上海举办了世界青年标准舞锦标赛等，可见体育舞蹈在中国已蓬勃开展起来。

三、分　类

现代体育舞蹈根据其风格特点和发源地分两大类十个舞种。

摩登舞起源于欧洲，具有端庄、含蓄、稳重、典雅的风格和绅士风度，舞步流畅，轻柔洒脱，舞姿优美，起伏有序，音乐节奏清晰，舞蹈富于技巧性，是老少皆宜的舞系。它包括华尔兹、探戈、 狐步舞 、快步舞和维也纳华尔兹五个舞种。

拉丁舞起源于非洲和拉丁美洲，是在西班牙舞蹈的基础上，吸收了其他外来乐舞，特别是由非洲黑人乐舞的特征而形成的，动作豪放粗犷，速度多变，手势和脚步内容丰富，充满激情，音乐节奏鲜明强烈，具有热情、奔放、浪漫的风格特点，尤为中青年人所喜爱。它包括伦巴、恰恰恰、牛仔舞、桑巴和斗牛舞五个舞种。

四、健身价值

体育舞蹈赋予现代人的娱乐、休闲功能，能给人带来欢乐、舒畅和美的享受。体育舞蹈具有种类多、安全性好、易学、场地不受限制等优点。可以说，体育舞蹈不同于其他体育运动项目，它是融艺术、音乐、舞蹈、体操为一体，集健身、健心、娱乐于一身的体育活动。它可以使人在愉悦轻松的气氛中强身健体、调节情绪、陶冶情操，是一项既具有很高的竞技欣赏价值又能使身体得到全面的运动体验、增强体质的体育活动。

国标舞的礼仪

舞曲响起后，男士应主动走到女士面前邀请对方跳舞。女士可以拒绝，但要有礼貌地婉言谢绝；当女士主动邀请男士跳舞时，男士即使不会跳舞，也不可以拒绝女士。男士或女士邀请有舞伴的女士或男士跳舞时，首先要得对方舞伴的同意，然后才能邀请对方。在共舞时，应当保持优美的舞姿，遵循跳舞场合的礼节。共舞结束时以有礼节的形体动作向舞伴表示谢谢和再见。根据音乐结束时的旋律，男士左手举高引带女士向左旋转一圈或两圈，以示感谢。

舞程线是沿舞程向方向行进的路线。在跳舞时，为了防止碰撞，有序进行，必须有规定的行进路线。因此，舞者必须向逆时针方向进行。

第二节　体育舞蹈基础班技术及学练方法

本节选择了摩登舞中的华尔兹、狐步舞和拉丁舞中的恰恰、牛仔舞四种舞蹈，是针对青年学生的舞蹈基础、兴趣爱好、实际应用、未来提高等方面考虑而编写的，比较适合学生在社交、联欢的时候使用，而且通过这节内容的学习，会很快让学生对体育舞蹈感兴趣，进入求学兴奋状态，为下一节学习有一定技术难度的体育舞蹈打下基础。

一、华尔兹

华尔兹来自德文（Walden），原为“旋转”之意，又译为“圆舞”。它是一种三步舞，通常称“慢三步”。它起源于维也纳，是由奥地利古老的“兰德勒”舞发展而成，属旋转型舞步。其特点是舞姿华丽高雅、秀美潇洒，舞步起伏流畅，风格华贵典雅、飘逸舒展，比其他舞步更温文尔雅、富有诗情画意，因此华尔兹有“舞中之皇后”的美称。华尔兹舞曲的节奏是 3/4 拍，每分钟 28 ~ 30 小节，每小节有 3 拍。舞步基本上每拍一步，第一拍为重拍，三步起伏循环。下面我们重点介绍一下华尔兹的基本舞步技术。

（一）华尔兹的抱握姿势

1. 闭式舞姿

⑴ 男士握姿。

直立，沉肩，立腰，两脚并拢，松膝；左手与女士右手掌相对互握，虎口向上，前臂与上臂的夹角约 130°，高度置于男士眼左侧方向的延长线上；右手五指并拢，置于女士左肩胛骨下端，右前臂与女士的左前臂轻轻接触；头部自然挺直，目光从女士的右耳方向看出。身体向女士右侧移约半个身位，右髋部与女士右髋部贴靠。（图 20–2–1）

⑵ 女士握姿。

直立，沉肩，立腰，两脚并拢，松膝，上体稍后屈 25°；右手与男士左手相对互握；左手放置于男士右肩三角肌线处；头部略向左倾斜，目光从男士右耳向前看；身体稍向男士右侧移约半个身位。（图 20–2–2）

2. 开式舞姿

在闭式舞姿的基础上，男、女舞伴的上身均向外闪开大半部分，面向前方，目光通过相握的手，但男士右髋部与女士右髋部的动作同闭式舞姿一样，仍轻轻接触（图 20–2–3）。

图 20–2–1

图 20–2–2

图 20–2–3

(二)华尔兹舞的单元步法练习

1. 左脚并换步

(1)男士左脚前进;女士右脚后退。(图 20–2–4)

(2)男士右脚经左脚横步稍前;女士左脚经右脚横步稍后。(图 20–2–5)

(3)男士左脚并于右脚;女士右脚并于左脚。(图 20–2–6)

图 20–2–4

图 20–2–5

图 20–2–6

2. 右转步

右转步有 6 步,节奏为 1、2、3、1、2、3。

(1)男士右脚前进开始右转;女士左脚后退开始右转。(图 20–2–7)

(2)男士左脚经右脚横步 1 ~ 2 转 1/4 周;女士右脚经左脚横步 1 ~ 2 转 3/8 周,身体稍转。(图 20–2–8)

(3)男士右脚并于左脚 2 ~ 3 转 1/8 周;女士左脚并于右脚身体完成稍转。(图 20–2–9)

图 20–2–7

图 20–2–8

图 20–2–9

(4)男士左脚后退 4 ~ 5 转 3/8 周;女士右脚前进继续右转。(图 20–2–10)

(5)男士右脚经左脚横步,身体稍转;女士左脚经右脚横步稍前 4 ~ 5 转 1/4 周。(图 20–2–11)

(6)男士左脚并于右脚;女士右脚并于左脚 5 ~ 6 转 1/8 周。(图 20–2–12)

图 20–2–10

图 20–2–11

图 20–2–12

3. 右脚并换步

(1) 男士右脚前进；女士左脚后退。（图 20–2–13）

(2) 男士左脚经右脚横步稍前；女士右脚经左脚横步稍前。（图 20–2–14）

(3) 男士右脚并于左脚；女士左脚并于右脚。（图 20–2–15）

图 20–2–13

图 20–2–14

图 20–2–15

4. 左转步

左转步有 6 步，节奏为 1、2、3、1、2、3。

(1) 男士左脚前进，开始左转；女士右脚后退，开始左转。（图 20–2–16）

(2) 男士经右脚横步，1 ~ 2 转 1/4 周；女士左脚经右脚横步，1 ~ 2 转 3/8 周，身体稍转。（图 20–2–17）

(3) 男士左脚并于右脚 2 ~ 3 转 1/8 周；女士右脚并于左脚，身体完成转动。（图 20–2–18）

图 20–2–16

图 20–2–17

图 20–2–18

(4) 男士右脚后退 4 ~ 5 转 3/8 周；女士左脚前进，继续左转。（图 20–2–19）

(5) 男士左脚经右脚横步身体稍转；女士右脚经左脚横步，4 ~ 5 转 1/4 周。（图 20–2–20）

(6) 男士右脚并于左脚，身体完成转动；女士左脚并于右脚，5 ~ 6 转 1/8 周。（图 20–2–21）

图 20–2–19

图 20–2–20

图 20–2–21

5. 扫 步

(1) 男士左脚前进，着地时先脚跟后脚掌（跟掌）；女士右脚后退，着地时先脚掌后脚跟（掌跟）。（图 20–2–22）

(2) 男士右脚横步稍前，着地时用脚掌（全掌）；女士左脚斜后退，着地时用脚掌。（图20-2-23）

(3) 男士左脚在右脚后交叉，着地时先脚掌后脚跟，结束时成开式舞姿；女士右脚在左脚后交叉，着地时先脚跟后脚掌，结束时成开式舞姿。（图 20-2-24）

图 20-2-22

图 20-2-23

图 20-2-24

6. 侧行追步

侧行追步有四步，节奏为 1、2、&、3。

由开式舞姿开始：

(1) 男士右脚前进并交叉于反身动作位置，着地时先脚跟后脚掌；女士左脚前进并交叉于反身动作位置，着地时先脚跟后脚掌，开始左转。（图 20-2-25）

(2) 男士左脚横步，着地时用脚掌；女士右脚横步，着地时用脚掌，1 ~ 2 转 1/8 周。（图20-2-26）

(3) 男士左脚并于右脚，着地时用脚掌；女士左脚并于右脚，着地时用脚掌，2 ~ 3 转 1/8 周，身体稍转。（图 20-2-27）

(4) 男士右脚横步稍后，着地时先脚掌后脚跟；女士右脚横步稍后，着地时先脚掌后脚跟。（图 20-2-28）

图 20-2-25

图 20-2-26

图 20-2-27

图 20-2-28

7. 右旋转步

右旋转步有 6 步，节奏为 1、2、3、1、2、3。

(1) 男士右脚前进开始右转；女士左脚后退开始右转。（图 20-2-29）

(2) 男士左脚经右脚横步 1 ~ 2 转 1/4 周；女士右脚经左脚横步 1 ~ 2 转 3/8 周，身体稍转。（图 20-2-30）

(3) 男士右脚并于左脚 2 ~ 3 转 1/8 周；女士左脚并于右脚，身体完成稍转。（图 20-2-31）

图 20-2-29

图 20-2-30

图 20-2-31

(4) 男士左脚后退左脚保持在反身动作位置中（轴转）右转 1/2 周过渡到跟，掌转；女士右脚前进（轴转）右转 1/2 周，跟脚。（图 20-2-32）

(5) 男士右脚前进继续右转跟掌；女士左脚后退，并向左侧继续右转跟掌。（图 20-2-33）

(6) 男士左脚横步稍后 5 ~ 6 转 3/8 周，掌跟；女士右脚经左脚斜进 5 ~ 6 转 3/8 周，掌跟。（图 20-2-34）

图 20-2-32

图 20-2-33

图 20-2-34

8. 迂回步

迂回步有 6 步，节奏为 1、2、3、1、2、3。

(1) 男士右脚前进并交叉于反身动作及侧行位置，着地时先脚跟后脚掌；女士左脚前进并交叉于反身动作及侧行位置开始左转，着地时先脚跟后脚掌。（图 20-2-35）

(2) 男士左脚经右脚横步稍前左转 1/8 周，着地时用脚掌；女士右脚经左脚横步稍前 1 ~ 2 转 3/8 周，着地时用脚掌。（图 20-2-36）

(3) 男士右脚横步，着地时先脚掌后脚跟；女士左脚横步，着地时先脚掌后脚跟。（图 20-2-37）

图 20-2-35

图 20-2-36

图 20-2-37

(4) 男士左脚沿后肩后退左转 1/8 周，着地时先脚掌后脚跟；女士右脚外侧前进 3 ~ 4 转 1/8 周，着地时先脚跟后脚掌。（图 20-2-38）

(5) 男士右脚横步稍后左转 1/2 周，着地时用脚掌；女士左脚横步稍前左转 1/4 周，着地时用

脚掌。（图 20–2–39）

(6) 男士左脚横步成开式舞姿，着地时先脚掌后脚跟；女士右脚经左脚横步成开式舞姿，着地时用脚掌。（图 20–2–40）

图 20–2–38

图 20–2–39

图 20–2–40

9. 踌躇步

(1) 男士左脚前进开始左转，着地时先脚掌后脚跟；女士右脚后退开始左转，着地时先脚掌后脚跟。（图 20–2–41）

(2) 男士右脚横步 1 ~ 2 之间转 1/4 周，着地时用脚掌；女士左脚横步 1 ~ 2 之间转 1/4 周，着地时用脚掌。（图 20–2–42）

(3) 男士左脚并于右脚不置重量 2 ~ 3 之间转 1/8 周（掌跟重心在右脚）；女士右脚并于左脚不置重量 2 ~ 3 之间转 1/8 周（掌跟重心在左脚）。（图 20–2–43）

图 20–2–41

图 20–2–42

图 20–2–43

10. 后退锁步

后退锁步有 4 步，节奏为 1、2、&、3。

(1) 男士在反身动作位置中左脚后退，着地时先脚掌后脚跟；女士在反身动作及外侧舞伴位置中，右脚前进，着地时先脚跟后脚掌。（图 20–2–44）

(2) 男士右脚后退，着地时用脚掌；女士左脚前进稍向左，着地时用脚掌。（图 20–2–45）

(3) 男士左脚交叉于右脚后，着地时用脚掌；女士右脚交叉于左脚后，着地时用脚掌。（图 20–2–46）

(4) 男士右脚后退稍向右，着地时先脚掌后脚跟；女士左脚前进稍向左，着地时先脚掌后脚跟。（图 20–2–47）

图 20-2-44

图 20-2-45

图 20-2-46

图 20-2-47

二、恰恰恰

恰恰恰起源于中美洲的墨西哥、古巴，原是模仿企鹅在生活中的各种姿态而创造出来的舞蹈。舞曲热情奔放，舞步花哨利落、诙谐俏皮，步频较快，是所有拉丁舞中最受欢迎的舞蹈。

基本节奏：第一步占 1 拍，第二步占 1 拍，第三步和第四步各占半拍，第五步占 1 拍，呼数为“2、3、4&1”。

恰恰恰音乐的节奏是 4/4 拍，每小节 4 拍，重音落在第 1 拍。恰恰恰的基本舞步有 5 步，步法节奏为慢、慢、快、快、慢，慢步一拍一步，快步一拍两步。步法与音乐的关系是第一步踏在舞曲每小节的第 2 拍，第 5 步踏在舞曲下一小节的第 1 拍。

（一）恰恰恰的持握姿势

1. 闭式相握姿势

男、女相对站立，相距约 20 厘米，重心可在任意一只脚上。男士的右手放在女士的左肩胛骨上，女士的左臂轻放在男士的右臂上，男士的左臂稍抬起，与眼睛齐平，女士的右手轻放在男士的左手中。（图 20-2-48）

2. 开式相握姿势

男、女相距一臂长、面对面站立，重心可落在任一只脚上。二人相握的手平举于胸骨略下的位置，微微弯曲；另一只手臂自然侧举。（图 20-2-49）

3. 扇形姿势

女士在男士左侧约一臂距离处；女士的身体重心落于左脚，男士的身体重心落于右脚；男士的左手轻握在女士的右手手背上。（图 20-2-50）

图 20-2-48

图 20-2-49

图 20-2-50

（二）恰恰恰的单元舞步练习

1．基本动作

⑴ 男士左脚前进，女士右脚后退。（图 20–2–51）

⑵ 男士重心移回右脚，女士重心移回左脚。（图 20–2–52）

⑶ 男士左脚横步，女士右脚横步。（图 20–2–53）

图 20–2–51

图 20–2–52

图 20–2–53

⑷ 男士右脚向左脚并步，踮脚跟、双膝稍弯。（图 20–2–54）

⑸ 男士左脚横步，直膝；踮脚跟、双膝稍弯；女士左脚向右脚并步，踮脚跟，直膝。（图 20–2–55）

⑹ 男士右脚后退，女士左脚前进。（图 20–2–56）

⑺ 男士左脚原地踏一步，女士右脚原地踏一步。（图 20–2–57）

图 20–2–54

图 20–2–55

图 20–2–56

图 20–2–57

⑻ 男士右脚横步，女士左脚横步。（图 20–2–58）

⑼ 男士左脚向右脚并步，踮脚跟、双膝稍弯；女士右脚向左脚并步，踮脚跟、双膝稍弯。（图 20–2–59）

⑽ 男士右脚横步，直膝；女士左脚横步，直膝。（图 20–2–60）

图 20–2–58

图 20–2–59

图 20–2–60

2. 纽约步

从闭式舞姿开始。

(1) 男士右转 1/4 周，左脚前进，左肩并肩位；女士左转 1/4 周，右脚前进，左肩并肩位。(图 20–2–61)

(2) 男士右脚原地踏一步，后半拍准备左转；女士左脚原地踏一步，后半拍准备右转。(图 20–2–62)

(3) 男士左转 1/4 周，左脚横步；女士右转 1/4 周，右脚横步。(图 20–2–63)

(4) 男士右脚并左脚，女士左脚并右脚。(图 20–2–64)

(5) 男士左脚横步，准备左转；女士右脚横步，准备右转。(图 20–2–65)

图 20–2–61　图 20–2–62　图 20–2–63　图 20–2–64　图 20–2–65

(6) 男士左转 1/4 周，右脚前进，右肩并肩位；女士右转 1/4 周，左脚前进，右肩并肩位。(图 20–2–66)

(7) 男士左脚原地踏一步，后半拍准备右转；女士右脚原地踏一步，后半拍准备左转。(图 20–2–67)

(8) 男士右转 1/4 周，右脚横步；女士左转 1/4 周，左脚横步。(图 20–2–68)

(9) 男士左脚并右脚，女士右脚并左脚。(图 20–2–69)

(10) 男士右脚横步，女士左脚横步。(图 20–2–70)

图 20–2–66　图 20–2–67　图 20–2–68　图 20–2–69　图 20–2–70

3. 臂下右转

臂下右转从纽约步 (5) 结束后开始；共 5 步，节奏为慢、慢、快、快、慢。

(1) 男士右脚后退；女士左脚前进交叉于右脚，脚跟离地。(图 20–2–71)

(2) 男士左脚原地踏一步，左手上举带女士右转；女士双脚掌为轴，右转时，重心先偏向左脚，然后重心在右脚。(图 20–2–72)

(3) 男士右脚横步；女士右转 1 周后与男士相对，左脚横步。(图 20–2–73)

(4) 男士左脚并右脚，女士右脚并左脚。(图 20–2–74)

(5) 男士右脚横步，女士左脚横步。(图 20–2–75)

图 20–2–71

图 20–2–72

图 20–2–73

图 20–2–74

图 20–2–75

4. 手对手

手对手指在做并合步时，舞伴手相拉或手掌相对的姿势。从闭式舞姿开始。

(1) 男士左转 1/4 周，左脚后退，左手向旁打开与女士成右肩并肩位；女士右转 1/4 周，右脚后退，右手向旁打开成右肩并肩位。(图 20–2–76)

(2) 男士右脚原地踏 1 步，在后半拍时准备右转；女士左脚原地踏 1 步，在后半拍时准备左转。(图 20–2–77)

(3) 男士右转 1/4 周，左脚横步，左手与女士右手相拉或指尖向上，掌心相贴；女士左转 1/4 周，右脚横步，右手与男士左手相拉或指尖向上，掌心相贴。(图 20–2–78)

(4) 男士右脚并左脚，女士左脚并右脚。(图 20–2–79)

(5) 男士左脚小横步，女士右脚小横步。(图 20–2–80)

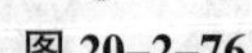
图 20–2–76

图 20–2–77

图 20–2–78

图 20–2–79

图 20–2–80

(6) 男士右转 1/4 周，右脚后退，左手与女士相拉，右手向旁打开成左肩并肩位；女士左转 1/4 周，左脚后退，右手与男士相拉，左手向旁打开成左肩并肩位。(图 20–2–81)

(7) 男士左脚原地踏 1 步，后半拍准备左转；女士右脚原地踏 1 步，后半拍准备右转。(图 20–2–82)

(8) 男士左转 1/4 周，右脚横步，双手与女士相拉；女士右转 1/4 周，左脚横步，双手与男士双手相握。(图 20–2–83)

(9) 男士左脚并右脚，女士右脚并左脚。(图 20–2–84)

(10) 男士右脚横步，然后再重复左脚后退；女士左脚横步，然后再重复右脚后退。(图 20–2–85)

图 20–2–81 图 20–2–82 图 20–2–83 图 20–2–84 图 20–2–85

5. 原地左转

原地左转从手对手（10）结束后开始；共 5 步，步法节奏为慢、慢、快、快、慢。

（1）男士左脚后退，右手上举，引带女士左转；女士右脚前交叉于左脚，左转 1/4 周（图 20–2–86）

（2）男士右脚原地踏 1 步；女士以右脚为轴左转 1/2 周，然后重心移至左脚。（图 20–2–87）

（3）男士左脚横步稍前；女士右脚横步，左转 1/4 周与男士相对。（图 20–2–88）

（4）男士右脚向左脚并步，踮脚跟、双膝稍弯；女士左脚向右脚并步，踮脚跟、双膝稍弯。（图 20–2–89）

（5）男士左脚横步，直膝；女士右脚横步，直膝。（图 20–2–90）

图 20–2–86 图 20–2–87 图 20–2–88 图 20–2–89 图 20–2–90

6. 开式扭胯转

（1）男士左脚前进，女士右脚后退。（图 20–2–91）

（2）男士重心移回右脚，女士重心移回左脚。（图 20–2–92）

（3）男士左脚后退，女士右脚前进。（图 20–2–93）

（4）男士右脚向左脚并步，踮脚跟、双膝稍弯；女士左脚前进交叉于右脚后，踮脚跟、双膝稍弯。（图 20–2–94）

图 20–2–91 图 20–2–92 图 20–2–93 图 20–2–94

(5) 男士左脚横步，右转 1/8 周，直膝；女士右脚前进，直膝拧胯，右转 1/4 周。(图 20-2-95)

(6) 男士右脚后退，带女士转身；女士左脚前进，左转 1/8 周。(图 20-2-96)

(7) 男士左脚原地踏 1 步，左转 1/8 周；女士右脚横步稍后，继续左转 1/4 周。(图 20-2-97)

图 20-2-95

图 20-2-96

图 20-2-97

(8) 男士右脚横步；女士左转 1/4 周，左脚后退。(图 20-2-98)

(9) 男士左脚并右脚；女士右脚向后退，于左脚前交叉。(图 20-2-99)

(10) 男士右脚横步稍前，打开成扇形步；女士左脚横步稍前，打开成扇形。(图 20-2-100)

图 20-2-98

图 20-2-99

图 20-2-100

7. 曲棍步

曲棍步从扇形舞姿开始。

(1) 男士左脚前进；女士右脚向左脚并步，右脚掌、脚跟用力踏下，拧胯，左脚跟抬起，重心在右脚。(图 20-2-101)

(2) 男士右脚原地踏 1 步，女士左脚前进。(图 20-2-102)

(3) 男士左脚横步，女士右脚前进。(图 20-2-103)

(4) 男士右脚并左脚，左臂上抬；女士左脚掌踏在右脚后。(图 20-2-104)

图 20-2-101　　图 20-2-102

图 20-2-103　　图 20-2-104

(5) 男士左脚横步，女士右脚前进。(图 20-2-105)

(6) 男士右脚后退，略向右转；女士左脚前进。(图 20-2-106)

(7) 男士左脚原地踏步，并向右转，与前一步共转 1/8 周，左手带女士在后半拍向左转；女

士右脚前进，后半拍左转 1/2 周。（图 20–2–107）

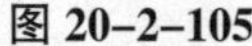
图 20–2–105

图 20–2–106

图 20–2–107

(8) 男士右脚前进；女士左脚横步稍后，继续左转，共转 5/8 周。（图 20–2–108）

(9) 男士左脚掌并在右脚跟后，女士右脚后退交叉于左脚前。（图 20–2–109）

(10) 男士右脚前进，直膝；女士左脚后退，直膝。（图 20–2–110）

图 20–2–108

图 20–2–109

图 20–2–110

8. 阿莱曼娜

阿莱曼娜是在扇形步的基础上开始，女士在男士臂下右转 1 圈的动作。

(1) 男士左脚前进；女士右脚向左脚并步，右脚掌跟用力踏下拧胯，左脚跟抬起，重心在右脚。（图 20–2–111）

(2) 男士右脚原地踏 1 步，女士左脚前进。（图 20–2–112）

(3) 男士左脚横步，女士右脚前进。（图 20–2–113）

(4) 男士右脚并左脚；女士左脚掌踏在右脚后，膝稍弯。（图 20–2–114）

图 20–2–111

图 20–2–112

图 20–2–113

图 20–2–114

(5) 男士左脚横步；女士右脚向男士两脚间前进，准备右转。（图 20–2–115）

(6) 男士右脚后退右转 1/8 周；女士右脚拧胯，带动左脚前进，右转 1/4 周。（图 20–2–116）

(7) 男士左脚原地重心；女士左脚重心，拧胯，带动右脚前进，继续右转。（图 20–2–117）

(8) 男士右脚小步向前；女士左脚前进，继续右转，直到男士右侧。（图 20–2–118）

(9) 男士左脚小步向右脚后并步，脚尖外开；女士右脚踏在左脚后。（图 20–2–119）

（10）男士右脚小步向前进；女士左脚稍前进，向右转 1/8 周，与男士成闭式舞姿。（图 20-2-120）

图 20-2-115　图 20-2-116　图 20-2-117

图 20-2-118　图 20-2-119　图 20-2-120

三、牛仔舞

牛仔舞起源于美国，是由一种叫吉特巴的舞蹈发展而来。牛仔舞剔除了吉特巴中所有的难度动作，增加了一些技巧，是一种节奏快、耗体力的舞。它的音乐欢快，舞态风趣，步法活泼轻盈，得到了越来越多人的认可。

节拍：4/4 拍。

速度：每分钟 40～46 小节。

基本节奏：慢、慢、快、快、慢（S、S、Q、Q、S）快步占半拍，慢步占 1 拍。

（一）牛仔舞的持握姿势

1. 闭式相握姿势

男、女相对站立，相距约 20 厘米，重心可在任意一只脚上。男士的右手放在女士的左肩胛骨上，女士的左臂轻放在男士的右臂上，男士的左臂稍抬起，与眼睛齐平，女士的右手轻放在男士的左手中。（图 20-2-121）

2. 开式相握姿势

男、女相距一臂长、面对面站立，重心可落在任一只脚上。两人相握的手平举于胸骨略下的位置，微微弯曲；另一只手臂自然侧举。（图 20-2-122）

3. 扇形姿势

女士在男士左侧约一臂距离处；女士的身体重心落于左脚，男士的身体重心落于右脚；男士的左手轻握在女士的右手手背上。（图 20-2-123）

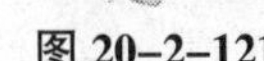

图 20–2–121

图 20–2–122

图 20–2–123

(二) 牛仔舞单元舞步练习

1．倒步摇摆

并退摇摆是牛仔舞最基本的舞步，许多舞步都在此基础上发展变化而来。并退摇摆有 8 步；步法节奏为 1、2、3、&、4、3、&、4。舞步从闭式舞姿开始。

(1) 男士左脚倒步后退，左转 1/8 周；女士右脚倒步后退，右转 1/8 周。（图 20–2–124）

(2) 男士右脚原地踏 1 步，女士左脚原地踏 1 步。（图 20–2–125）

(3) 男士左脚横步，右转 1/8 周；女士右脚横步，左转 1/8 周。（图 20–2–126）

(4) 男士右脚向左脚半并步（即不并拢），女士左脚向右脚半并步（即不并拢）。（图 20–2–127）

(5) 男士左脚横步，女士右脚横步。（图 20–2–128）

(6) 男士右脚横步，女士左脚横步。（图 20–2–129）

(7) 男士左脚向右脚半并步，女士右脚向左脚半并步。（图 20–2–130）

(8) 男士右脚横步，女士左脚横步。（图 20–2–131）

图 20–2–124

图 20–2–125

图 20–2–126

图 20–2–127

图 20–2–128

图 20–2–129

图 20–2–130

图 20–2–131

2．右向左换位

所谓右向左换位，即女士在男士左臂下右转身，从男士的右边换到男士的左边的动作。右向左换位有 8 步；步法节奏为 1、2、3、&、4、3、&、4。舞步从闭式舞姿开始。

(1) 男士左脚倒步后退，左转 1/8 周；女士右脚倒步后退，右转 1/8 周。（图 20–2–132）

(2) 男士右脚原地踏 1 步，女士左脚原地踏 1 步。（图 20–2–133）

(3) 男士左脚横步，右转 1/8 周；女士右脚横步，左转 1/8 周。（图 20–2–134）

(4) 男士右脚向左脚半并步（即不并拢）；女士左脚向右脚半并步（即不并拢）（图 20–2–135）

(5) 男士左脚斜前进，左臂上抬引带女士转身；女士右脚横步，准备向右做臂下转。（图 20–2–136）

(6) 男士右脚横步；女士左脚横步，快速右转 1/2 周。（图 20–2–137）

(7) 男士左脚向右半并步；女士右脚向左脚半并步，继续右转 1/4 周。（图 20–2–138）

(8) 男士右脚向右小横步；女士左脚横步稍前，右转完毕时到男士的左侧。（图 20–2–139）

图 20–2–132　图 20–2–133　图 20–2–134　图 20–2–135

图 20–2–136　图 20–2–137　图 20–2–138　图 20–2–139

3. 左向右换位

左向右换位有 8 步，步法节奏为 1、2、3、&、4、3、&、4。舞步从开式舞姿开始。

(1) 男士左脚后退，女士右脚后退。（图 20–2–140）

(2) 男士右脚原地踏 1 步，女士左脚原地踏 1 步。（图 20–2–141）

(3) 男士左脚掌横踏，左手抬起，准备引带女士转身；女士右脚前进，准备左转。（图 20–2–142）

(4) 男士右脚向左脚半并步，引带女士左转；女士左脚向右脚半并步，准备左转。（图 20–2–143）

(5) 男士左脚横步；女士以右脚为轴，后半拍时快速向左转 3/4 周，与男士相对。（图 20–2–144）

(6) 男士右脚前进，女士左脚后退。（图 20–2–145）

(7) 男士左脚向右脚半并步，女士右脚向左脚半并步。（图 20–2–146）

(8) 男士右脚前进，女士左脚后退。（图 20–2–147）

图 20-2-140　图 20-2-141　图 20-2-142　图 20-2-143

图 20-2-144　图 20-2-145　图 20-2-146　图 20-2-147

4．连步摇摆

连步是指从开式舞姿到闭式舞姿的连接步；在连步后面接做一个横的并合步，就是连步摇摆。从开式舞姿开始，舞步有 8 步，步法的节奏为 1、2、3、&、4、3、&、4。

(1) 男士左脚后退，女士右脚后退。（图 20-2-148）

(2) 男士右脚原地踏 1 步，女士左脚原地踏 1 步。（图 20-2-149）

(3) 男士左脚前进，女士右脚前进。（图 20-2-150）

(4) 男士右脚向左脚半并步，女士左脚向右脚半并步。（图 20-2-151）

(5) 男士左脚前进；女士右脚前进，都成闭式。（图 20-2-152）

(6) 男士右脚横步，女士左脚横步。（图 20-2-153）

(7) 男士左脚向右脚半并步，女士右脚向左脚半并步。（图 20-2-154）

(8) 男士右脚横步，女士左脚横步。（图 20-2-155）

图 20-2-148

图 20-2-149

图 20-2-150

图 20-2-151

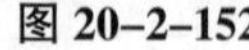
图 20–2–152

图 20–2–153

图 20–2–154

图 20–2–155

5. 背后换手

背后换手的动作是在开式舞姿的基础上，男士右手拉女士右手，然后男士向左转 1/2 周，女士向右转 1/2 周；同时男士在自己背后换手，恢复用左手拉女士右手。从开式舞姿开始，舞步有 8 步；步法的节奏为 1、2、3、&、4、3、&、4。

(1) 男士左脚后退，女士右脚后退。（图 20–2–156）

(2) 男士右脚原地踏步，重心前移；女士左脚原地踏步，重心前移。（图 20–2–157）

(3) 男士左脚前进，向左转 1/8 周，右手抬起握女士右手掌外缘；女士右脚前进，向右转 1/8 周。（图 20–2–158）

(4) 男士右脚并左脚后；女士左脚半并右脚，向右转 1/8 周。（图 20–2–159）

(5) 男士左脚小步前进，将右手放到背后；女士右脚小步后退。（图 20–2–160）

(6) 男士右脚右横步，左转 1/8 周，左手拉女士右手；女士左脚横步。（图 20–2–161）

(7) 男士左脚并右脚，向左转 1/8 周；女士右脚并左脚，向右转 1/8 周。（图 20–2–162）

(8) 男士右脚右横步，转向女士；女士左脚后退，转向男士。（图 20–2–163）

图 20–2–156　图 20–2–157　图 20–2–158　图 20–2–159

图 20–2–160　图 20–2–161　图 20–2–162　图 20–2–163

6. 侧行走步

侧行走 8 步，步法的节奏为慢、慢、慢、慢、快、快、快、快。

(1) 男士左脚倒步后退，向左转 1/8 周；女士右脚倒步后退，向右转 1/8 周。（图 20–2–164）

⑵ 男士右脚原地踏 1 步；女士左脚原地踏 1 步，两人成侧行位。（图 20–2–165）

⑶ 男士左脚横步；女士右脚横步，两人成闭式姿势。（图 20–2–166）

⑷ 男士右脚并左脚；女士以右脚为轴向右拧转 1/4 周，带动左脚前移。（图 20–2–167）

⑸ 男士左脚横步；女士以左脚为轴向左拧转 1/4 周，带动右脚前移。两人成闭式姿势。（图 20–2–168）

⑹ 男士右脚并左脚；女士以右脚为轴向右拧转 1/4 周，带动左脚前移。（图 20–2–169）

⑺ 男士左脚横步；女士以左脚为轴向左拧转 1/4 周，带动右脚前移。两人成闭式姿势。（图 20–2–170）

⑻ 男士右脚并左脚；女士以右脚为轴向右拧转 1/4 周，带动左脚前移。（图 20–2–171）

图 20–2–164　**图 20–2–165**　**图 20–2–166**　**图 20–2–167**

图 20–2–168　**图 20–2–169**　**图 20–2–170**　**图 20–2–171**

7. 美式疾转

美式疾转主要动作是男士推动女士在第五步的后半拍做一次向右的快速旋转 1 周。舞步有 8 步，步法的节奏为 1、2、3、&、4、3、&、4。从开式舞姿开始。

⑴ 男士左脚后退，女士右脚后退。（图 20–2–172）

⑵ 男士右脚原地踏 1 步，女士左脚原地踏 1 步。（图 20–2–173）

⑶ 男士左脚进一小步，女士右脚前进。（图 20–2–174）

⑷ 男士右脚向左脚半并步，女士左脚向右脚后退一小步。（图 20–2–175）

⑸ 男士左脚前进，右手腕推女士手，使其在后半拍时旋转；女士右脚前进，以脚掌为轴，在后半拍时快速向右转 1/2 周。（图 20–2–176）

⑹ 男士右脚小横步；女士左脚横步，继续向右转 1/2 周。（图 20–2–177）

⑺ 男士左脚向右脚半并步，女士右脚向左脚半并步。（图 20–2–178）

⑻ 男士右脚横步，女士左脚横步。（图 20–2–179）

图 20–2–172　图 20–2–173　图 20–2–174　图 20–2–175

图 20–2–176　图 20–2–177　图 20–2–178　图 20–2–179

8. 连步绕转

连步绕转由两个动作组成，连步是由开式到闭式的连接步，绕转是在闭式舞姿基础上的原地旋转、相互绕转。舞步有 10 步，步法的节奏为 1、2、3、&、4、1、2、3、&、4。从开式舞姿开始。

(1) 男士左脚后退，女士右脚后退。(图 20–2–180)

(2) 男士右脚原地踏 1 步，女士左脚原地踏 1 步。(图 20–2–181)

(3) 男士左脚进一小步，女士右脚进一小步。(图 20–2–182)

(4) 男士右脚向左脚半并步，女士左脚向旁小横步。(图 20–2–183)

(5) 男士左脚斜前进；女士右脚向男士双脚间前进，两人合成闭式舞姿。(图 20–2–184)

(6) 男士右脚掌交叉踏于左脚后，女士左脚向男士右侧前进。(图 20–2–185)

(7) 男士左脚横步，女士右脚向男士双脚间前进。(图 20–2–186)

(8) 男士右脚小横步，女士左脚横步。(图 20–2–187)

(9) 男士左脚向右脚半并步，女士右脚向左脚半并步。(图 20–2–188)

(10) 男士右脚横步，女士左脚横步。(图 20–2–189)

图 20–2–180

图 20–2–181

图 20–2–182

图 20–2–183

图 20–2–184

图 20-2-185

图 20-2-186

图 20-2-187

图 20-2-188

图 20-2-189

小约翰·施特劳斯

小约翰·施特劳斯（Johann Straus），奥地利著名的作曲家、指挥家、小提琴家，出生在维也纳一个音乐世家，与父亲同名，被世人誉为“圆舞曲之王”。约翰·施特劳斯是一位多产的作曲家，其作品包括圆舞曲 168 首，波尔卡舞曲 117 首，卡得累尔舞曲 73 首，进行曲 43 首及轻歌剧 16 部。《蓝色多瑙河》《维也纳森林的故事》《南国玫瑰圆舞曲》《春之声圆舞曲》《皇帝圆舞曲》等著名圆舞曲至今仍广为流传。

第三节　体育舞蹈提高班技术及学练方法

在学生达到基础班考核标准合格的前提下，本节重点介绍体育舞蹈中摩登舞的快步舞、探戈舞、维也纳华尔兹和拉丁舞的伦巴、桑巴、斗牛舞。目的在于进一步引导学生学习有一定技巧、一定难度、一定风格和一定美感的体育舞蹈。

一、快步舞

狐步舞流传后，逐渐分为慢、快两种，快狐步舞演变成为快步舞。快步舞的风格特点是轻快活泼、灵活多变、动作敏捷、活跃动人、技巧性高、节奏性强、活动量大，给人一种愉快、轻盈、优雅、甜美的感觉。

节拍：4/4 拍。

速度：每分钟 50 小节。

基本节奏：第 1 拍为重拍，舞步分快步和慢步。快步为 1 拍；慢步为 2 拍。基本节奏是慢、慢、快、快、慢（S、S、Q、Q、S）

（一）快步舞的抱握姿势

1. 闭式舞姿

(1) 男士握姿。

直立，沉肩，立腰，两脚并拢，松膝；左手与女士右手掌相对互握，虎口向上，前臂与上臂的夹角约 130°，高度置于男士眼左侧方向的延长线上；右手五指并拢，置于女士左肩胛骨下端，右前臂与女士的左前臂轻轻接触；头部自然挺直，目光从女士的右耳方向看出。身体向女士右侧移约半个身位，右髋部与女士右髋部贴靠。（图 20–3–1）

(2) 女士握姿。

直立，沉肩，立腰，两脚并拢，松膝，上体稍后屈 25 度；右手与男士左手相对互握；左手放置于男士右肩三角肌线处；头部略向左倾斜，目光从男士右耳向前看；身体稍向男士右侧移约半个身位。（图 20–3–2）

2. 开式舞姿

在闭式舞姿的基础上，男、女舞伴的上身均向外闪开大半部分，面向前方，目光通过相握的手，但男士右髋部与女士右髋部的动作同闭式舞姿一样，仍轻轻接触。（图 20–3–3）

图 20–3–1

图 20–3–2

图 20–3–3

(二) 快步舞的单元步法

1. 向右直角转步

向右直角转步有 4 步，节奏为 S、Q、Q、S。

从闭式开始。

(1) 男士右脚前进，开始右转，跟掌；女士左脚后退，开始右转，掌跟。（图 20–3–4）

(2) 男士左脚横步，1～2 转 1/8 周，全掌；女士右脚横步，1～2 转 1/4 周，全掌。（图 20–3–5）

(3) 男士右脚并于左脚，2～3 转 1/8 周，全掌；女士左脚并于右脚，身体稍转，全掌。（图 20–3–6）

(4) 男士左脚横步稍后，不转，掌；女士右脚斜进，不转，掌跟。（图 20–3–7）

图 20–3–4

图 20–3–5

图 20–3–6

图 20–3–7

2. 直行追步

直行追步有 4 步，节奏为 S、Q、Q、S。

(1) 男士右脚后退，开始左转，掌跟；女士左脚前进，开始左转，跟掌。（图 20–3–8）

(2) 男士左脚横步，1～2 转 1/4 周，身体稍转，掌；女士右脚横步，1～2 转 1/8 周，身体稍

转，掌。（图 20–3–9）

(3) 男士右脚并于左脚，掌；女士左脚并右脚，掌。（图 20–3–10）

(4) 男士左脚横步稍前，掌跟；女士右脚横步稍后，掌跟。（图 20–3–11）

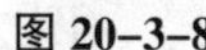

图 20–3–8

图 20–3–9

图 20–3–10

图 20–3–11

3. 前进锁步

前进锁步有 4 步，节奏为 S、Q、Q、S。

(1) 男士在反身动作及外侧舞伴位置中，右脚前进，跟掌；女士在反身动作位置中左脚后退，掌跟。（图 20–3–12）

(2) 男士左脚前进稍向左，掌；女士右脚后退，掌。（图 20–3–13）

(3) 男士右脚交叉于左脚后，掌；女士左脚交叉于右脚后，掌。（图 20–3–14）

(4) 男士左脚前进稍向左，掌跟；女士右脚后退稍向右，掌跟。（图 20–3–15）

图 20–3–12

图 20–3–13

图 20–3–14

图 20–3–15

4. 右转踌躇步

右转踌躇步有 6 步，节奏为 S、Q、Q、S、S、S。

(1) 男士右脚前进，开始右转，跟掌；女士左脚后退，开始右转，掌跟。（图 20–3–16）

(2) 男士左脚横步，1 ~ 2 转 1/4 周，掌；女士右脚横步，1 ~ 2 转 3/8 周，身体稍转，掌。（图 20–3–17）

(3) 男士右脚并于左脚，2 ~ 3 转 1/8 周，掌；女士左脚并于右脚，身体完成转动，掌跟。（图 20–3–18）

(4) 男士左脚后退，继续右转，掌跟；女士右脚前进，继续右转，跟掌。（图 20–3–19）

(5) 男士右脚横步（拉脚跟），4 ~ 5 转 3/8 周，脚内缘全脚；女士左脚横步，4 ~ 5 转 3/8 周，掌跟。（图 20–3–20）

(6) 男士左脚并右脚，不置重量，不转，左脚掌内缘；女士右脚并左脚，不置重量，不转，脚内侧。（图 20–3–21）

图 20–3–16　图 20–3–17　图 20–3–18　图 20–3–19　图 20–3–20　图 20–3–21

5. 追步左转

追步左转有 3 步，节奏为 S、Q、Q。

(1) 男士左脚前进，开始左转，跟掌；女士右脚后退，开始左转，掌跟。（图 20–3–22）

(2) 男士右脚横步，1 ~ 2 转 1/8 周，全掌；女士左脚横步，1 ~ 2 转 1/4 周，身体稍转，全掌。(图 20–3–23)

(3) 男士左脚并右脚，2 ~ 3 转 1/8 周，身体稍转，全掌；女士左脚并右脚，身体稍转，全掌。(图 20–3–24)

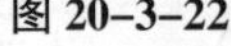

图 20–3–22　图 20–3–23　图 20–3–24

6. 右旋转

右旋转有 6 步，节奏为 S、Q、Q、S、S、S。右旋转包括右转和右旋转，右转步为 1/4 转，右旋转为 3/4 转。

(1) 男士右脚前进，开始右转，跟掌；女士左脚后退，开始右转，掌跟。（图 20–3–25）

(2) 男士左脚横移，1 ~ 2 步右转 1/8 周，掌；女士右脚横移，1 ~ 2 步右转 1/8 周，掌。（图 20–3–26）

(3) 男士右脚并步，右转 1/8 周，掌跟；女士左脚并步，右转 1/8 周，掌跟。（图 20–3–27）

(4) 男士左脚后退，身体右转 1/2 周，掌；女士右脚前进，身体右转 1/2 周，掌。（图 20–3–28）

(5) 男士右脚前进，右转 1/8 周，跟掌；女士左脚后退，右转 1/8 周，掌跟。（图 20–3–29）

(6) 男士左脚横移后退，右转 1/8 周，掌；女士右脚并步前进，右转 1/8 周，掌。（图 20–3–30）

图 20-3-25

图 20-3-26

图 20-3-27

图 20-3-28

图 20-3-29

图 20-3-30

7. 后退锁步

后退锁步有 4 步，节奏为 S、Q、Q、S。

(1) 男士在反身动作位置中，左脚后退，掌跟；女士在反身动作及外侧舞伴位置中，右脚前进，跟掌。（图 20-3-31）

(2) 男士右脚后退，掌；女士左脚前进稍向左，掌。（图 20-3-32）

(3) 男士左脚交叉于右脚后，掌；女士右脚交叉于左脚后，掌。（图 20-3-33）

(4) 男士右脚后退稍向右，掌跟；女士左脚前进稍向左，掌跟。（图 20-3-34）

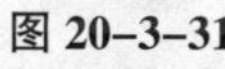
图 20-3-31

图 20-3-32

图 20-3-33

图 20-3-34

8. 跑步结束

跑步结束有 3 步，节奏可以用 S、Q、Q，也可以用 Q、Q、S。跑步结束右转角度可以是 1/4 周，也可以是 3/8 周。

(1) 男士左脚后退，开始右转，掌；女士右脚前进，开始右转，跟掌。（图 20-3-35）

(2) 男士右脚横移，右转 1/8 周，掌；女士左脚横移，右转 1/8 周，掌。（图 20-3-36）

(3) 男士左脚前进，右转 1/8 周，掌跟；女士右脚后退，右转 1/8 周，掌跟。（图 20-3-37）

图 20-3-35

图 20-3-36

图 20-3-37

9. V-6 步

V-6 步有 7 步，节奏为 S、Q、Q、S、S、Q、Q。

(1) 男士左脚后退，掌跟；女士右脚前进，跟掌。（图 20–3–38）

(2) 男士右脚后退右肩引导，掌；女士左脚前进左肩引导，掌。（图 20–3–39）

(3) 男士左脚交叉于右脚前，掌；女士右脚交叉于左脚前，掌。（图 20–3–40）

(4) 男士右脚后退，掌跟；女士左脚前进准备向外侧，掌跟。（图 20–3–41）

(5) 男士在反身动作位置中左脚后退，掌跟；女士在反身动作及外侧舞伴位置中右脚前进，跟掌。（图 20–3–42）

(6) 男士右脚后退，开始向左转，掌；女士左脚前进，开始向左转，掌。（图 20–3–43）

(7) 男士左脚横步稍前，6 ~ 7 转 1/4 周，身体稍转，掌跟；女士右脚横步稍后，掌跟。（图 20–3–44）

图 20–3–38　图 20–3–39　图 20–3–40　图 20–3–41

图 20–3–42　图 20–3–43　图 20–3–44

二、探戈舞

探戈舞由阿根廷的民间舞隆加演变而成。19 世纪中叶传入法国，20 世纪初风行欧洲、美洲。探戈舞的风格特点是庄严、豪放、刚劲、平稳、顿促、高雅、洒脱。

节拍：2/4 拍。

速度：每分钟 33 ~ 34 小节。

基本节奏：第 1 拍为重拍。舞步有快步和慢步，快步占半拍，用 Q 表示；慢步占 1 拍，用 S 表示。基本节奏是 S、S、Q、Q、S。

（一）探戈舞舞姿

1. 探戈舞闭式舞姿

(1) 男士握姿。

挺胸立腰、松膝微屈，身体重心下沉，左脚前右脚后错开约半个脚掌，双脚不并合，离开约 10 厘米；身体稍向女士右侧偏移约 1/2 身位，髋部至膝关节相贴，眼视方向与华尔兹同；左手的握持与华尔兹基本相同，但肘部稍上抬，前臂与上臂之间的角度约 90°；右手置于女士左肩胛骨

下部，稍过身体中线。（图 20–3–45）

⑵ 女士握姿。

上体后屈约 25°，目视方向与华尔兹同；左手置于男士右腋窝后外侧；其他与男士握姿同。（图 20–3–46）

2. 探戈舞开式舞姿

探戈舞开式舞姿是由闭式舞姿变化而成。其主要变化是男士上身向左、女士向右，稍打开，头同向，目光通过相握的手上方看出。男士右、女士左为支撑腿，男士左、女士右膝微屈置于身侧，脚趾内缘着地，男士左膝内侧轻贴在女士右膝外侧。（图 20–3–47）

图 20–3–45

图 20–3–46

图 20–3–47

（二）探戈舞的单元步法

1. 二常步

二常步有 2 步，节奏为 S、S。

⑴ 男士左脚前进，跟掌；女士右脚后退，掌跟。（图 20–3–48）

⑵ 男士右脚前进，右肩引导，跟掌，左转 1/8 周；女士左脚后退肩引导，掌跟，左转 1/8 周。

2. 左足摇步

左足摇步有 3 步，节奏为 Q、Q、S。

⑴ 男士重心转移左脚，掌跟；女士重心转移右脚，跟掌。（图 20–3–49）

⑵ 男士重心转移右脚，跟掌；女士重心转移左脚，掌跟。（图 20–3–50）

⑶ 男士左脚后退，掌跟；女士右脚前进，跟掌。（图 20–3–51）

图 20–3–48

图 20–3–49

图 20–3–50

图 20–3–51

3. 并脚结束

并脚结束有 3 步，节奏为 Q、Q、S。

⑴ 男士右脚后退，掌跟；女士左脚前进，跟掌。（图 20–3–52）

⑵ 男士左脚横步稍前，脚内侧过渡到全脚，左转 1/4 周；女士右脚横步稍后，脚内侧，左转 1/4 周。（图 20–3–53）

⑶ 男士右脚并于左脚，跟掌；女士左脚并于右脚，全脚。（图 20–3–54）

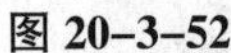
图 20–3–52

图 20–3–53

图 20–3–54

4. 右摇转步

右摇转步有 3 步，节奏为 Q、Q、S。

⑴ 男士右脚前进，右肩引导，跟掌；女士左脚后退，右肩引导，掌跟。（图 20–3–55）

⑵ 男士左脚向侧并稍后，掌跟；女士右脚前进，稍向右侧，跟掌。（图 20–3–56）

⑶ 男士重心回立右脚，右肩引导，左脚后退，稍向右侧，左肩引导，掌跟，跟掌，1 ~ 3 之间右转 1/4 周；女士 1 ~ 3 之间右转 1/4 周。（图 20–3–57）

图 20–3–55

图 20–3–56

图 20–3–57

5. 行进旁步

行进旁步有 3 步，节奏为 Q、Q、S。

⑴ 男士左脚前进，跟掌；女士右脚后退，掌跟。（图 20–3–58）

⑵ 男士右脚横步，右肩引导，跟掌；女士左脚后退，右肩引导，掌跟。（图 20–3–59）

⑶ 男士左脚前进，跟掌；女士右脚后退，掌跟。（图 20–3–60）

图 20–3–58

图 20–3–59

图 20–3–60

6. 开式左转步

开式左转步有 6 步，节奏为 Q、Q、S、Q、Q、S。

(1) 男士左脚前进，跟掌转，左转 1/8 周；女士右脚后退，掌转，左转 1/8 周。(图 20–3–61)

(2) 男士右脚横步，掌跟，左转 1/8 周；女士左脚横步稍前，掌跟，左转 1/8 周。(图 20–3–62)

(3) 男士左脚后退，掌跟，左转 1/8 周；女士右脚外侧前进，跟掌，左转 1/8 周。(图 20–3–63)

(4) 男士右脚后退，掌跟，左转 1/8 周；女士左脚前进，跟掌，左转 1/8 周。(图 20–3–64)

(5) 男士左脚横步稍前，脚内侧，左转 1/8 周；女士右脚横步稍后，脚内侧，左转 1/8 周。(图 20–3–65)

(6) 男士右脚并于左脚，全脚，左转 1/8 周；女士左脚并于右脚，全脚，左转 1/8 周。(图 20–3–66)

图 20–3–61　图 20–3–62　图 20–3–63　图 20–3–64　图 20–3–65　图 20–3–66

7. 四快步

四快步有 4 步，节奏为 Q、Q、Q、Q。

(1) 男士左脚前进，跟掌；女士右脚后退，掌跟。(图 20–3–67)

(2) 男士右脚横步稍后，掌跟，1 ~ 2 左转 1/8 周；女士左脚横步稍前，全脚，1 ~ 2 左转 1/8 周。(图 20–3–68)

(3) 男士左脚后退，掌跟；女士右脚外侧前进，跟掌。(图 20–3–69)

(4) 男士右脚后退并于左脚，全脚，3 ~ 4 右转 1/8 周；女士左脚前进并于右脚，重心在左脚，全脚，3 ~ 4 之间右转 1/8 周。(图 20–3–70)

图 20–3–67

图 20–3–68

图 20–3–69

图 20–3–70

8. 前进并合步

前进并合步有 4 步，节奏为 S、Q、Q、S。

(1) 男士左脚横步侧行，跟掌；女士右脚在侧行位置下横步，跟掌。(图 20–3–71)

(2) 男士右脚在侧行位置及反身位置交叉前进，跟掌；女士左脚在侧行位置及反身位置下交

叉前进，跟掌，2～3之间左转 1/4 周。（图 20–3–72）

(3) 男士左脚横步稍前，脚内缘；女士右脚横步稍后，脚内侧。（图 20–3–73）

(4) 男士右脚并于后脚稍后，全脚；女士左脚并于右脚稍前，全脚。（图 20–3–74）

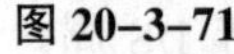
图 20–3–71

图 20–3–72

图 20–3–73

图 20–3–74

9. 侧行右转

侧行右转有 4 步，节奏为 S、Q、Q、S。

(1) 男士左脚横步侧行，跟掌；女士右脚在侧行位置下横步，跟掌。（图 20–3–75）

(2) 男士右脚在侧行位置及反身位置交叉前进，跟掌；女士左脚在侧行位置及反身位置下交叉前进，跟掌。（图 20–3–76）

(3) 男士左脚横步稍前，掌跟，右转 3/8 周；女士右脚前进，跟掌，右转 1/8 周。（图 20–3–77）

(4) 男士右脚前进，跟掌，右转 1/4 周；女士左脚横步，掌跟，右转 1/4 周。（图 20–3–78）

图 20–3–75

图 20–3–76

图 20–3–77

图 20–3–78

10. 后退截步

后退截步有 3 步，节奏为 Q、Q、S。

(1) 男士右脚沿左肩方向后退，掌跟；女士左脚在反身位置下前进，跟掌。（图 20–3–79）

(2) 男士左脚横步稍前，脚内侧过渡到全脚，左转 1/4 周；女士右脚横步稍后，脚内侧，左转 1/4 周。（图 20–3–80）

(3) 男士右脚并于左脚，跟掌；女士左脚并于右脚，全脚。（图 20–3–81）

图 20–3–79

图 20–3–80

图 20–3–81

老约翰·施特劳斯

老约翰·施特劳斯1804年3月14日出生在维也纳。一生写过150多首圆舞曲，几十首波尔卡和进行曲。最大功绩是他奠定了维也纳圆舞曲的基础，被人们称之为“圆舞曲之父”。老约翰·施特劳斯虽然写上了上百首圆舞曲，数十首波尔卡舞曲和进行曲，但是在他的作品里，影响最大、流行最广莫过于《拉德斯基进行曲》了。这支曲子是老约翰·施特劳斯于1848年写成的，编为作品228号。

三、伦巴舞

伦巴舞与西班牙和非洲的舞蹈有密切关系。16世纪，非洲舞蹈传人拉丁美洲。因此，古巴就成为伦巴舞的发源地。伦巴舞的特点是音乐上缠绵深情，舞步上婀娜多姿，风格上柔美抒情，使舞蹈充满了浪漫情调，令人陶醉。

节拍：4/4拍。

速度：每分钟27～30小节。

基本节奏：快、快、慢。第一步占1拍，第二步占1拍，第三步占2拍。其运步方法与众不同。要“先出胯，后出步”，呼数为“2、3、4、1”。胯部摆动三次。

（一）伦巴舞的持握姿势

1. 闭式相握姿势

男、女相对站立，相距约20厘米，重心可在任意一只脚上。男士的右手放在女士的左肩胛骨上，女士的左臂轻放在男士的右臂上，男士的左臂稍抬起，与眼睛齐平，女士的右手轻放在男士的左手中。（图20–3–82）

2. 开式相握姿势

男、女相距一臂长、面对面站立，重心可落在任一只脚上。两人相握的手平举于胸骨略下的位置，微微弯曲；另一只手臂自然侧举。（图20–3–83）

3. 扇形姿势

在伦巴舞和恰恰恰舞中，扇形姿势用得较多。女士在男士左侧约一臂距离处；女士的身体重心落于左脚，男士的身体重心落于右脚；男士的左手轻握在女士的右手手背上。（图20–3–84）

图20–3–82

图20–3–83

图20–3–84

(二) 伦巴舞的单元舞步练习

1. 基本动作

基本动作就是指伦巴舞最基本的舞步，很多步子都是在此基础上发展起来的，初学者务必熟练地掌握它，并能与音乐合拍。舞步从闭式舞姿开始，男士重心在右脚，女士重心在左脚；共6步，步法节奏为快、快、慢、快、快、慢。

(1) 男士左脚前进，胯向左后摆转；女士右脚后退，胯向右后摆转。（图20-3-85）

(2) 男士重心后移至右脚，胯向右后摆转；女士重心前移至左脚，胯向左后摆转。（图20-3-86）

(3) 男士左脚横步稍后，胯经前向左后摆转；女士右脚横步稍前，胯经前向右后摆转。（图20-3-87）

(4) 男士右脚后退，胯向右后摆转；女士左脚前进，胯向左后摆转。（图20-3-88）

(5) 男士重心前移至左脚，胯向左后摆转；女士重心后移至右脚，胯向右后摆转。（图20-3-89）

(6) 男士右脚横步稍前，胯经前向右后摆转；女士左脚横步稍后，胯经前向左后摆转。（图20-3-90）

图20-3-85 **图20-3-86** **图20-3-87** **图20-3-88** **图20-3-89** **图20-3-90**

2. 纽约步

纽约步从闭式舞姿开始；共6步，步法节奏为快、快、慢、快、快、慢。

(1) 男士右转1/4周，左脚前进，左肩并肩位；女士左转1/4周，右脚前进，左肩并肩位。（图20-3-91）

(2) 男士重心后移至右脚，胯向右后摆转；女士重心后移至左脚，胯向左后摆转。（图20-3-92）

(3) 男士左脚横步，左转1/4周；女士右脚横步，右转1/4周。（图20-3-93）

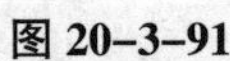

图20-3-91 **图20-3-92** **图20-3-93**

(4) 男士左转1/4周，右脚前进，右肩并肩位；女士右转1/4周，左脚前进，右肩并肩位（图23-3-94）

(5) 男士重心后移至左脚，胯向左后摆转；女士重心后移至右脚，胯向右后摆转。（图

20–3–95）

⑹ 男士右脚横步，右转 1/4 周；女士左脚横步，左转 1/4 周。（图 20–3–96）

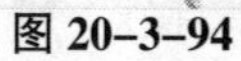
图 20–3–94

图 20–3–95

图 20–3–96

3. 臂下右转

臂下右转从纽约步（3）结束后开始；共 3 步，步法节奏为快、快、慢。

⑴ 男士右脚后退，胯向右后摆转，左手上举带女士右转；女士左脚交叉于右脚前，右转 1/4 周。（图 20–3–97）

⑵ 男士重心前移至左脚，胯向左后摆转；女士以左脚为轴右转 1/2，后重心移至右脚，胯向右后摆转。（图 20–3–98）

⑶ 男士右脚横步稍前，胯经前向右后摆转；女士左脚横步稍前，右转 1/4 周与男士相对，胯经前向左后摆转。（图 20–3–99）

图 20–3–97

图 20–3–98

图 20–3–99

4. 手对手

手对手从闭式舞姿开始；共 6 步，步法节奏为快、快、慢、快、快、慢。

⑴ 男士左转 1/4 周，左脚后退，左手向旁打开与女士成右肩并肩位；女士右转 1/4 周，右脚后退，右手向旁打开成右肩并肩位。（图 20–3–100）

⑵ 男士重心移至右脚，胯向右后摆转；女士重心移至左脚，胯向左后摆转。（图 20–3–101）

⑶ 男士右转 1/4 周，左脚横步，胯向左后摆转，左手与女士右手相；女士左转 1/4 周，右脚横步，胯向右后摆转，右手与男士左手相拉。（图 20–3–102）

⑷ 男士右转 1/4 周，右脚后退，左手与女士相拉，右手向旁打开成左肩并肩位；女士左转 1/4 周，左脚后退，右手与男士相拉，左手向旁打开成左肩并肩位。（图 20–3–103）

⑸ 男士重心移至左脚，胯向左后摆转；女士重心移至右脚，胯向右后摆转。（图 20–3–104）

⑹ 男士左转 1/4 周，右脚横步，双手与女士相拉；女士右转 1/4 周，左脚横步，双手与男士相拉。（图 20–3–105）

图 20-3-100

图 20-3-101

图 20-3-102

图 20-3-103

图 20-3-104

图 20-3-105

5. 原地左转

原地左转从手对手（6）结束后开始；共 3 步，步法节奏为快、快、慢。

（1）男士左脚后退，右手上举带女士左转；女士右脚交差于左脚前，左转 1/4 周。（图 20-3-106）

（2）男士重心前移至右脚；女士以右脚为轴左转 1/2 周，重心移至左脚，胯向左后摆转。（图 20-3-107）

（3）男士左脚横步稍前，胯经前向左后摆转；女士右脚横步稍前，左转 1/4 周与男士相对，胯经前向右后摆转。（图 20-3-108）

图 20-3-106

图 20-3-107

图 20-3-108

6. 开式扭胯

开式扭胯从开式舞姿开始；共 6 步，步法节奏为快、快、慢、快、快、慢。

（1）男士左脚前进，女士右脚后退。（图 20-3-109）

（2）男士重心后移至右脚，女士左脚前进。（图 20-3-110）

（3）男士左脚向右脚并步，重心移至左脚，左手用小臂及手腕带女士扭胯转；女士右脚前进靠近男士，女士以右脚掌为轴，向右用力扭胯右转 1/4 周。（图 20-3-111）

（4）男士右脚后退，女士左脚前进。（图 20-3-112）

（5）男士重心前移至左脚；女士右脚横步，左转。（图 20-3-113）

（6）男士右脚横步打开；女士左脚后退，本小节共转 5/8 周。（图 20-3-114）

图 20-3-109

图 20-3-110

图 20-3-111

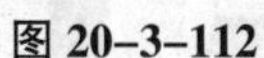

图 20-3-112　　图 20-3-113　　图 20-3-114

7. 曲棍步

曲棍步从扇形步舞姿开始；共6步，步法节奏为快、快、慢、快、快、慢。

(1) 男士左脚前进；女士右脚收并左脚，拧胯，重心移至右脚。（图 20-3-115）

(2) 男士原地重心后移至右脚；女士左脚前进。（图 20-3-116）

(3) 男士左脚并右脚；女士右脚前进，靠近男士左侧。（图 20-3-117）

(4) 男士右脚后退，稍向右转 1/8 周；女士左脚向左斜前进，准备左转。（图 20-3-118）

(5) 男士重心前移至左脚；女士右脚横步稍前，左转 5/8 周，转后与男士面相对。（图 20-3-119）

(6) 男士右脚前进；女士左脚后退。（图 20-3-120）

图 20-3-115　　图 20-3-116　　图 20-3-117

图 20-3-118　　图 20-3-119　　图 20-3-120

8. 阿里曼娜

阿里曼娜从扇形步舞姿开始；共6步，步法节奏为快、快、慢、快、快、慢。

(1) 男士左脚前进；女士右脚掌向左脚并步，脚跟踏下、拧胯，重心移至右脚。（图 20-3-121）

(2) 男士重心后移至右脚；女士左脚前进。（图 20-3-122）

(3) 男士左脚并右脚；女士右脚前进靠近男士，不要超过男士左脚，同时略向右转。（图

20-3-123）

(4) 男士右脚后退；女士以右脚为轴，向男士左臂下右转 1/4 周，左脚前进。（图 20-3-124）

(5) 男士重心移至左脚；女士左脚为轴，继续右转 1/4 周，右脚向前进。（图 20-3-125）

(6) 男士右脚并左脚；女士左脚前进，右转 1/4 周，成闭式。（图 20-3-126）

图 20-3-121　图 20-3-122　图 20-3-123

图 20-3-124　图 20-3-125　图 20-3-126

知识窗

体育舞蹈与交际舞的区别

体育舞蹈以其极强的表演性和竞技性引起诸多舞蹈爱好者及专业舞蹈工作者的关注和实践；交谊舞则以更广泛群众基础，成为日常工作生活中人们常用的交谊手段。

区别一：国标舞重在舞者之间的配合，步子比较严谨；交谊舞相对忽视舞者之间的配合。

区别二：国标舞的步子符合动力学原理，最合理地控制住自己和舞伴；交谊舞则简化了国标的步子，易学易跳。

区别三：国标舞的表现力重在基本功，充满了美感和表现力，而交谊舞的表现力主要表现在外在的花样，使舞者充分得到满足和享受。

总而言之，体育舞蹈与普通交谊舞是互相融合，互相促进的。他们共同来源于生活，且进一步创造更好的人类生活。

第四节 体育舞蹈规则简介

一、体育舞蹈竞赛特点

由于体育舞蹈是从文艺活动转变而来的项目，因此在竞赛中既表现有文艺的痕迹，又具有体育的特点。

（一）竞赛内容

包括摩登舞系列和拉丁舞系列，每个系列包括五个舞种。

（二）竞赛种类

包括锦标赛、公开赛、邀请赛、友谊赛和表演赛。

（三）选手的年龄和等级

专业级和业余级。

（四）比赛和表演结合

体育舞蹈比赛的中间或结尾经常穿插国内外优秀选手的表演项目。这样既使比赛更加丰富多彩、气氛热烈，也使裁判员、选手和记分组工作人员得以休息和准备下一轮的工作或比赛。

（五）评分特点

体育舞蹈比赛评议时，每个评委要在 1.5 ~ 2.5 分钟的时间内从 6 ~ 20 对选手中确定人选或名次顺序。

二、体育舞蹈竞赛的一般规定

（一）比赛程序

必须经过初赛（淘汰赛）、复赛（选拔赛）、半决赛（资格赛）、决赛（名次赛），每一轮比赛一般的从参赛选手中筛选出不少于 1/2 的选手参加下一轮的比赛。

（二）比赛的舞种

每对选手都必须进行 5 个舞种的比赛，在决赛之前进行 4 个舞种。摩登舞是华尔兹、探戈、狐步舞、快步舞和维也纳华尔兹；拉丁舞是伦巴、恰恰、桑巴、牛仔和斗牛舞。

（三）场地和音乐

体育舞蹈比赛场地为 23 米 × 15 米，地板要不反光、防滑、平整，场地四周划有界线。选手按逆时针方向运动，交换舞程线时应过中心线。决赛时音乐，每曲时长 2 分 30 秒，其他赛时音乐，每曲时长不少于 1 分 30 秒。维也纳华尔兹和牛仔舞则最少 1 分钟。每种音乐均具备其舞蹈特点，例如拉丁美洲舞就不宜使用迪斯科音乐。

三、裁判组的组成及其工作

裁判组通常设裁判长 1 名、裁判员若干名。上场裁判必须是单数，全国性、国际大赛设裁判员 7～11 名。裁判员姓名在裁判评分上用英文字母 A、B、C、D……代表。

四、评　判

（一）评判要素

1. 基本技术

足部动作、姿态、平衡稳定、移动。

2. 音乐表现力

节奏、风格的理解和体现。

3. 舞蹈风格

细微区别各种不同舞种之间的风格和韵味的差别，个人风格的展现。

4. 动作编排

动作流畅新颖，运用自如；体现各舞种的基本风韵，并有一定的技术难度；动作与音乐密切配合，发挥音乐效果；编排有章法，能充分利用场地。

5. 临场表现

赛场上的应变能力、良好的竞技状态，专注、自信，能自我控制临场发挥的水平。

6. 赛场效果

赛场效果即指舞者的风度、气质、仪表及出入场的总体形象。

以上六要素中，前 3 项主要就选手的技术水平而言，后 3 项就选手的艺术魅力而论。在第一、二次预赛中裁判员着重于对前 3 条要素的评判；在半决赛时则着重于对后 3 条要素的评判；在决赛中则应全面地评判选手各项要素的表现情况。

（二）服　装

(1) 竞赛服装规定：摩登舞，男选手穿燕尾服，女选手着不过脚踝的长裙；拉丁舞服装应有拉美风格，男、女选手服装必须相协调，男选手穿下身紧身裤或“萝卜”裤、上身穿宽松式长袖衣，女子穿露背、露腿的短裙。男、女舞鞋应与服装颜色一致。摩登舞男选手一般穿黑色舞鞋，女选手穿 5～8 厘米高的高跟船鞋，且鞋面可加亮饰。男选手的拉丁舞鞋同摩登舞鞋，女选手穿高跟有襻凉鞋，鞋亦可加亮饰。

(2) 男选手可留分头，头发前不遮耳、后不过领，不能留长发、长须；女选手可留短发或长发盘髻，可加头饰，不可披长发。服装的样式、色彩随时代的发展不断变化。

(3) 专业选手背号为黑底白字，业余选手背号为白底黑字。

（三）对选手的规定

(1) 不允许在同类舞场中交换舞伴。

⑵ 准时入场，否则按弃权论处；

⑶ 编组后不能改变组别。

⑷ 摩登舞比赛必须男、女交手跳舞；拉丁舞比赛不允许出现托举上肩、跪腿等动作。

【思考题】

1. 体育舞蹈的健身价值是什么？
2. 体育舞蹈有哪些舞种？各自有怎样的特点？
3. 简述华尔兹的基本舞步。
4. 恰恰恰舞的音乐节拍是怎样的？
5. 体育舞蹈的评判要素有哪些？
6. 体育舞蹈对参赛运动员的服装都有哪些要求？

【参考文献】

1. 姜桂萍. 体育舞蹈[M]. 北京：高等教育出版社，2008.
2. 国家体育总局职业技鉴定指导中心组. 体育舞蹈[M]. 北京：高等教育出版社，2012.
3. 颜飞卫. 大学健美操、体育舞蹈、排舞教程[M]. 北京：北京师范大学出版社，2012.
4. 张利平，张汕. 体育舞蹈[M]. 陕西：西安电子科技大学出版社，2015.
5. 王华，关磊，王永刚.体育舞蹈[M]. 北京：北京师范大学出版社，2015.
6. 黄艳，郭玉洁，秦黎霞. 形体与体育舞蹈[M]. 北京：清华大学出版社，2015.
7. 朱萍. 体育舞蹈[M]. 浙江：浙江大学出版社，2016.

第二十一章 瑜 伽

* 了解瑜伽的起源、发展及健身价值
* 了解瑜伽注意事项
* 学习并掌握瑜伽体式的功法和功效

第一节 瑜伽概述

一、起源与发展

瑜伽起源于印度，距今有5000多年的历史。

瑜伽发展到今天，已经成为一项在全世界广泛传播的锻炼方法。它对心理的减压及对生理的保健等作用备受推崇。同时不断演变出了各种不同派别，以及一些瑜伽管理科学。在现代，也产生了一些具有广泛影响力的瑜伽人物，如艾扬格、斯瓦米·兰德福、张蕙兰、韩俊等。

二、健身价值

(1) 修身养性，调节身心。人们长期练习瑜伽能够宁神静心，陶冶情操，充满自信，热爱生活。

(2) 提升意识，发挥潜能。瑜伽练习能调节人的情绪，当人心情平静下来的时候，注意力会变得更加集中，提高洞察力。

(3) 消除疲劳，缓解压力。人们通过练习瑜伽，可以消除疲劳，缓解身心压力。

(4) 改善健康，延年益寿。瑜伽的呼吸法，以及瑜伽的扭、挤、伸、拉的姿势，能使身体的经络气血畅通，提高脏腑机能水平，使细胞延迟衰老，使人面色红润，还能促进血液循环，修复受损组织，使身体得到充分的营养。

(5) 舒展身体，减脂塑形。瑜伽呼吸法配合各种体位法，能够按摩身体内部器官，可促进血液循环，伸展僵硬的肌肉，使关节灵活，改善人的体质，达到瘦身塑形的效果。

第二节 瑜伽习练指南

练习瑜伽的提示与注意

(1) 以赤足在不滑脚的平面部瑜伽垫上练习为佳。

(2) 穿着轻松舒适，以棉麻质地的服装为佳，尽量不佩戴饰品。

(3) 练习地点最理想的是空气流通场所，安静、宽敞。

(4) 练习瑜伽结束后 30 分钟内不要沐浴，因为瑜伽练习会使身体感觉变得极其敏锐，任何冷、热水刺激，都会伤害身体，消耗身体内储存的能量。

(5) 练习瑜伽前 2 小时内不宜进食。但可以在练习前 1 小时左右，进食少量的流质食物或饮料，如牛奶、酸奶、蜂蜜、果汁等。练习时，可以少量饮水，以帮助排出体内毒素。瑜伽练习结束 1 小时后进食最好。练习瑜伽后饭量减少，排气、排便增加属于正常现象。

(6) 月经期间避免倒立或强烈挤压拉伸腹部动作。

(7) 练习瑜伽时，要尽自己的所能，但不要超过自己的极限，不与他人攀比，听从身体感觉，循序渐进练习。

瑜伽饮食

瑜伽中把食物分为三类：悦性食物（Satvik），惰性食物（Tamasik），变性食物（Rajasik）。

悦性食物（Satvik）：能让我们的身体保持在健康的状态，增强力量、活力、增强对疾病的防御能力；这类食物也会让我们身心健康、性情平和。它包括所有新鲜、干净的水果和蔬菜、新鲜色拉、牛奶、凝乳、鲜黄油、干果、蜂蜜、稻米和豆类食品等。

惰性食物（Tamasik）：会破坏我们身体和精神的平衡，破坏血液的酸碱度；容易发胖，经常食用会让人性情忧郁，脾气暴躁。惰性食物主要的特征是不干净、不新鲜、发臭、腐败、干缩、刺激性强的食物、烟、酒、咖啡、所有烤炸煎食物和所有高脂高热量食品。

变性食物（Rajasic）：指所有食物经过精加工或用各种刺激性强的调味品烹制的食品；悦性食物的浓缩品，如融化的黄油、糖和甜食。

第三节　瑜伽基础班体式及学练方法

一、瑜伽坐姿

（一）简易坐

简易坐是初学者最理想和最适宜的瑜伽坐姿。（图 21–3–1）

1. 功　法

坐在地上，两腿向前伸直。弯起右小腿，把右脚放在左大腿之下。弯起左小腿，把左脚放在右大腿之下。把两手放在两膝之上。头、颈和躯干都应保持在一条直线上。

2. 功　效

加强两髋、两膝、两踝，补养和加强神经系统，减轻风湿和关节炎。

（二）雷电坐

1. 功　法

两膝跪地，两个小腿胫骨和两脚脚背平放地面。两膝靠拢，两个大脚趾互相交叉，使两脚跟外指。伸直背部，将臀部放落在两脚北侧，在两个分离的脚跟之间。（图 21–3–2）

2. 功　效

雷电坐是患有坐骨神经痛，骶骨感染或类似病患的坐姿，它有助于促进消化系统功能，防止疝气发作。

学练方法：

教师讲解示范瑜伽坐姿，强调动作重点，学生模仿练习。

图 21–3–1

图 21–3–2

二、瑜伽呼吸

（一）胸式呼吸

功法：以自己最舒服的姿势坐好，腰背挺直，脊柱向上伸直。把两手放在胸两侧的肋骨上，以帮助自己感受呼吸时胸部隆起和收缩。

吸气时，气体从鼻腔直接吸入胸部区域，腹部保持平坦，肋骨带动肋间肌慢慢向外并向上扩张，同时腹部向内、向脊柱方向回收。

呼气时，气体从胸腔区域直接呼出体外，肋骨带动肋间肌慢慢向下并向内回收。呼气越深时，收紧腹直肌，将肺底部残留的废气全部排出体外。

（二）腹式呼吸

功法：仰卧，把手轻轻放在肚脐上。吸气时，把空气直接吸入腹部，你吸气越深，腹部升起越高，呼气时，腹部向内朝脊柱方回收。

学练方法：

⑴ 教师讲解示范动作，强调动作重点，学生模仿练习。

⑵ 教师口令指挥，循环辅导学生练习。

三、体　式

（一）山　式

1. 功　法

至善坐坐姿，十指相交，伸展高出头部，低头，下巴靠近胸骨，将掌心翻转向上，两臂尽量向高处伸展，深长而平稳地呼吸，背部伸直，保持姿势。（图 21–3–3）

2. 功　效

有助于神经安宁，扩张发展胸部，缓解双肩僵硬强直和风湿痛。

（二）战士一式

1. 功　法

由基本站立姿势开始，双手合十，高举过头，尽量向上伸展。

吸气，分开双腿，呼气，将右脚和上体向右转 90°，左脚脚尖内扣。弯屈右膝，大腿与地面平行，小腿与地面、大腿成垂直角度，将左腿向后延伸，膝关节挺直。头向上方仰起。（图 21–3–4）

2. 功　效

这个姿势补养和加强双踝、双膝、双髋和双肩。减少髋部区域的脂肪，加强下肢肌肉耐力，增强人的平衡感和注意力。扩展胸膛、增进呼吸，从而对肺部有益。

图 21–3–3

图 21–3–4

（三）船　式

1. 功　法

仰卧，两腿伸直，两臂平放体侧，掌心向下。吸气，同时将头部、上身躯干、两腿和两臂同时抬离地面。屏息，保持姿势。呼气，将双腿和躯干放回地面。（图 21-3-5）

2. 功　效

强健腹部肌肉和脏器，改善消化功能，强健背部和大腿肌肉。

（四）战士二式

1. 功　法

由直立姿势开始。

吸气，两脚开立，两臂侧平举，掌心向下，同时左脚外展 90°，右脚尖向前。呼气向左侧转头眼睛看左手。左腿屈膝，左大腿与地面平行，小腿与地面垂直，膝关节不能超过脚尖，右腿向侧延伸，髋、肩关节向前摆正。（图 21-3-6）

2. 功　效

减少髋部、臀部和大腿部的脂肪，减少手臂脂肪，美化手臂线条，发展腿部和腰背力量，预防静脉曲张。

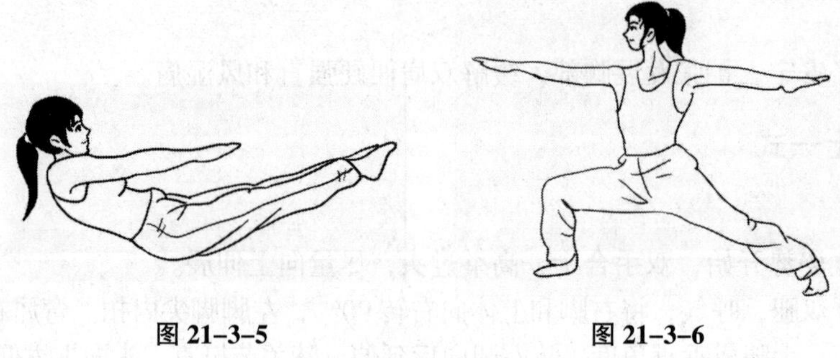

图 21-3-5　　　　图 21-3-6

（五）猫　式

1. 功　法

跪在脚跟上，伸直背部。抬起臀部，两手放在地上，形成一种“四脚”姿势。吸气，抬头，收缩背部肌肉。保持此姿势 6 秒钟。然后呼气，垂下头，拱起脊柱，保持此姿势 6 秒钟。两臂伸直，垂直于地面。把凹背和拱背两种姿势各做 12 次。（图 21-3-7）

2. 功　效

这个姿势使脊柱更加富有弹性，并放松颈部和肩部。补养和增强神经系统，改善血液循环，增进消化作用并有助于消除腹部区域多余的脂肪。

（六）三角伸展式

1. 功　法

身体直立，两腿伸直，两脚宽阔地分开。脚尖应微微向外。两臂向两侧平伸，与地面平行。这就是“基本三角式”。呼气，慢慢向右侧弯腰，在弯腰过程中要保持两臂与躯干成 90° 尽量向侧边弯曲，然后保持这个姿势，数 1 ~ 10，舒适地呼吸。吸气，慢慢还原到基本三角式。然后在

左边做同样的步骤。（图 21-3-8）

2. 功 效

梳理腰部和手臂线条，减轻腰背部疼痛。

图 21-3-7

图 21-3-8

（七）蝗虫式

1. 功 法

开始时俯卧地上，两臂向后伸直。呼气，同时抬起你的头、胸膛、双腿，升离地面。有规律地呼吸，并尽量长久地保持这个姿势。逐步将你的胸膛、双臂和头部，最后连双脚也放回地面上。全身放松约数秒钟。重做这个姿势两次。（图 21-3-9）

2. 功 效

滋养脊柱神经，增强腰背部的肌肉和韧带，缓解腰骶部疼痛。

（八）树 式

1. 功 法

直立，两脚并拢，两手掌心向内，两臂靠近左右大腿的外侧。然后，把你的右脚跟提起到腹股沟和大腿上半部区域，右脚尖向下，把右脚放稳在左大腿上。一边用左腿平衡全身站着，一边双掌合十。两臂伸直，高举过头。深深吸气，保持这个姿势 30 ~ 60 秒钟。然后，将合十的双掌收至胸部便分开。伸直右腿，恢复“基本站立式”。（图 21-3-10）

2. 功 效

补养和加强腿部、背部和胸部的肌肉。它增强两踝，改善人体态的稳定和平衡，增强注意力。

图 21-3-9

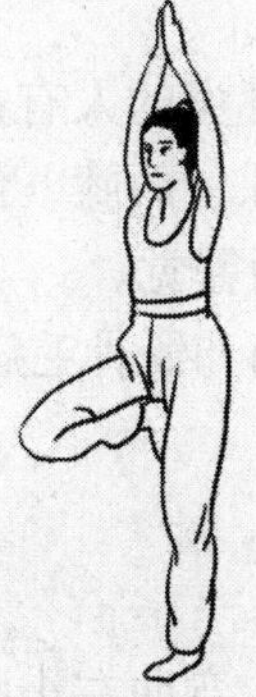

图 21-3-10

（九）仰卧放松功

1. 功　法

背贴地仰卧。两臂放在身体两侧，掌心向上。让两脚自然地放落地上。不要试图有意将两脚指向某方向，或使两脚靠拢。闭上双眼，放松全身。平静而自然地呼吸。（图 21–3–11）

2. 功　效

消除神经紧张，全身恢复能量，平和心态，可治疗神经衰弱和失眠症。

学练方法：

(1) 教师讲解示范动作，强调动作重点，学生模仿练习。

(2) 教师口令指挥，循环辅导学生练习。

(3) 统一纠正错误动作，学生分组体会动作。

(4) 在音乐的伴奏下学生集体练习动作。

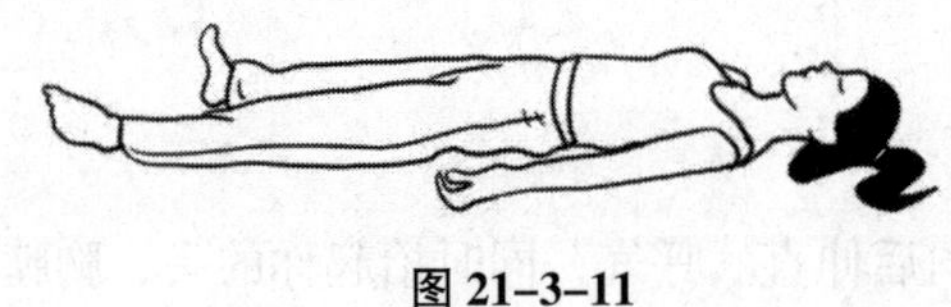

图 21–3–11

第四节　瑜伽提高班体式及学练方法

一、瑜伽坐姿

（一）半莲花坐

1. 功　法

坐下，两腿向前伸直。弯起右小腿并让右脚脚底板顶紧你的左大腿内侧。弯起左小腿并把左脚放在你的右大腿上面。头、颈和躯干保持在一条直线上。（图 21–4–1）

2. 功　效

半莲花坐对患哮喘和支气管炎的人有益处，使神经系统充满活力，强壮脊柱和腹部脏器。半莲花坐兴奋消化系统，放松两踝、两膝，使大腿结实，使两髋、两腿变柔软。有助于使人的身体稳定而安宁，心态平和、活跃而警觉。

警告：凡是患有坐骨神经痛和骶骨毛病的人不宜做这个练习。

（二）至善坐

1. 功　法

坐在地上，两腿向前伸展。弯曲左小腿，用两手捉住左脚。把左脚跟紧紧抵住会阴部位，左脚脚底板紧靠右大腿。弯曲右小腿，把右脚放在左脚踝之上。把右脚跟靠近耻骨。脚板底或几只脚趾则放在左腿的大腿与小腿之间。背、颈和头都要保持挺直。闭上双眼，开始内视，眼光内视时设想双目凝视鼻尖处。（图 21–4–2）

2. 功 效

镇定安详，并且对脊柱下半段和腹部器官有补养增强的作用。

警告：凡是患有坐骨神经痛和骶骨毛病的人不宜做这个练习。

学练方法：

教师讲解示范瑜伽坐姿，强调动作重点，学生模仿练习。

图 21–4–1

图 21–4–2

二、瑜伽呼吸

功法：完全的呼吸是把胸式呼吸和附识呼吸结合起来完成的。这是一种自然的呼吸方法，轻轻吸气，首先吸向腹部区域。在这个区域鼓起的时候，开始充满你胸部区域下半部分。然后，又充满你胸部的上半部分。慢慢呼气，首先放松胸部，然后放松腹部。用收缩腹部肌肉的方法结束呼气。这可以确保从肺部呼出了最大量的空气。

学练方法：

教师讲解示范动作，并通过语言引导学生模仿练习。

三、体 式

（一）弓 式

1. 功 法

俯卧，两臂靠体侧平放，掌心向上。腿、脚并拢。屈膝，将两小腿尽量收回臀部。两手向后伸抓住两脚或两脚踝。深吸气后，尽量翘起躯干，背部成凹拱形，头部尽量向后抬。保持姿势，正常呼吸。（图 21–4–3）

2. 功 效

强健背部肌肉群，预防胆、肾结石的形成。

（二）骆驼式

1. 功　法

跪在地上，两大腿与双脚略分开，脚趾向后方指。

吸气，两手放于髋部，轻轻将脊柱向后弯曲，伸展大腿肌肉。

呼气，将双手掌放在脚底上。保持两大腿垂直于地面，头后仰。

保持 30 秒后，将两手放回髋部，慢慢恢复准备姿势。（图 21–4–4）

2. 功　效

伸展和强壮脊柱，对于纠正驼背和两肩下垂的不良体态有极佳效果。

图 21–4–3

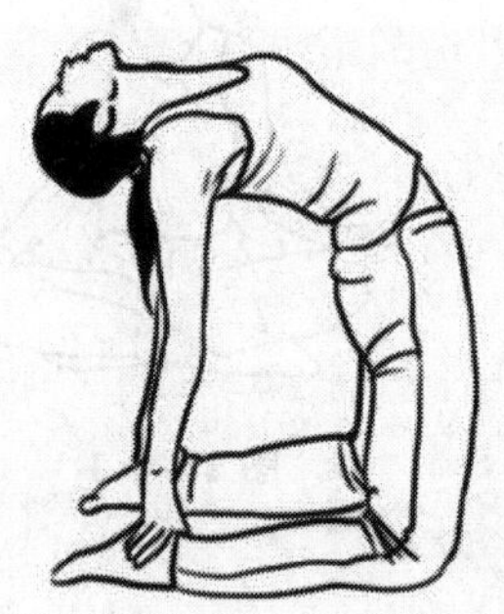

图 21–4–4

（三）犁　式

1. 功　法

平直仰卧，两腿伸直，两手应平靠体侧，掌心向下。

吸气，收缩腹部肌肉使两腿离开地面举起，升到躯干上方。当两腿上升至躯干成垂直角度之后，呼气，并继续将两腿向后摆至脚趾碰触地面。保持这个姿势 10 ~ 15 秒钟，缓慢而有规律地呼吸。

恢复常态的方法是将两手滑动着收回躯体两侧，然后，一节脊椎接一节脊椎地“展开”你卷曲的身躯，直到你的臀部再次贴在地面上。（图 21–4–5）

2. 功　效

伸展肩部和脊柱，缓解压力和疲劳，对背痛、头痛、脱发和失眠有辅助治疗的功效。

（四）鱼　式

1. 功　法

仰卧，弯曲右腿，把右脚放在左大腿之上。呼气，利用两肘支撑力，抬高颈部和胸部，背部拱起。把头顶放落在地面上。用双手抓住右脚。尽量拱起背部。深呼吸，保持此姿势 1 ~ 2 分钟。慢慢还原到起始姿势。在另一边做同样的练习。（图 21–4–6）

2. 功　效

伸展背部，扩展胸部，呼吸更加完全。由于颈部得到了伸展，对甲状腺也有益处。骨盆关节变得更有弹性。这个姿势还能缓解肿胀发炎和流血的痔疮。

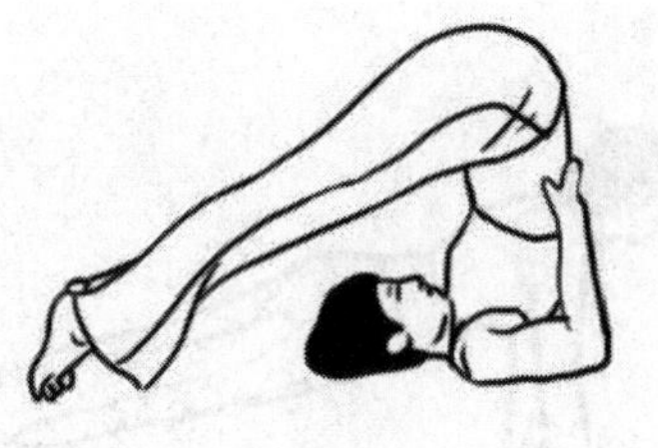

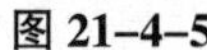

图 21–4–5

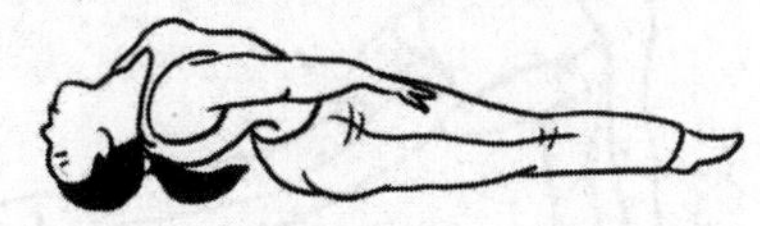

图 21–4–6

(五) 拜日式

1. 功 法

(1) 致意式：身体直立，双手合十于胸前，四指并拢，拇指相扣抵住胸口。（图 21–4–7）

(2) 山式：吸气，指尖向上延伸，穿掌与头顶分掌，双臂夹耳，掌心相对。（图 21–4–8）

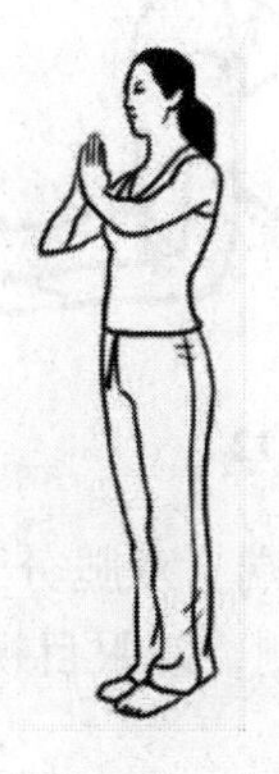

图 21–4–7

图 21–4–8

(3) 朝拜式：呼气，拉伸脊背向下，双手落于双脚外侧，手掌撑地，指尖与脚尖在一条直线上，颈部放松。（图 21–4–9）

图 21–4–9

(4) 星月武士：吸气，左脚向后撤一大步，脚尖蹬地，膝关节着垫，髋关节下压，右腿膝关节不可超过右脚脚尖，右小腿垂直地面，上体躯干挺直，抬头。（图 21–4–10）

(5) 平板式：屏息 8 秒，右脚向后撤一大步并左脚，两臂伸直，双手撑地，稍抬头，双眼目视斜前方 45°，脊柱伸直，使身体成一条直线。（图 21–4–11）

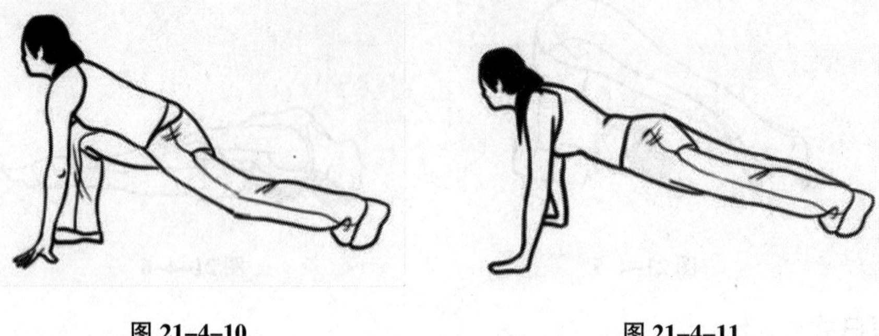

图 21–4–10　　图 21–4–11

（6）蛇击式：呼气，双腿屈膝，重心后移，屈肘展肘，将前臂落于地面，重心前移，胸部、下颚依次着垫。（图 21–4–12）

图 21–4–12

（7）眼镜蛇式：吸气，重心继续前移，移到最顶端，双腿分开，脚背着垫，手掌撑地，将上体依次向上推离地面，髋关节着垫，双臂屈肘夹肋两侧，双眼目视前方，沉肩，展胸，立腰立背，收腹夹臀。（图 21–4–13）

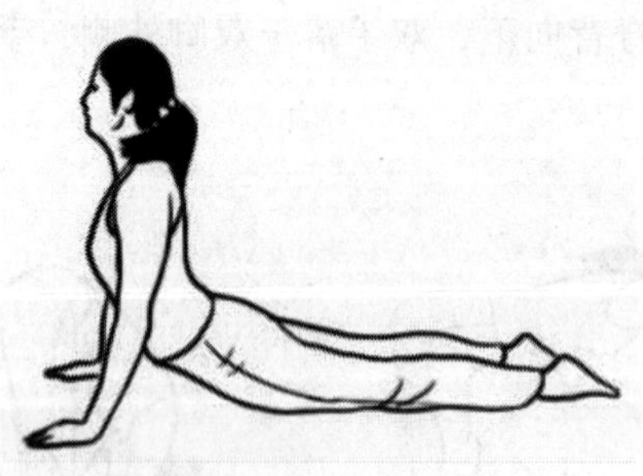

图 21–4–13

（8）下犬式：呼气，弯曲双膝，臀部抬起，脚尖并拢同时蹬地，伸直双腿，重心后移，脚跟着地，背部伸直，向下拉肩，收腹夹臀。在此保持 4 次均匀呼吸。（图 21–4–14）

（9）星月武士：吸气，抬头，左脚向前迈回两手之间，还原成星月武士。（图 21–4–15）

图 21-4-14

图 21-4-15

(10) 朝拜式：呼气，右脚向前与左脚并拢，还原成朝拜式。(图 21-4-16)

(11) 山式：吸气，抬头，双臂带动躯干经前向上伸展成山式。(图 21-4-17)

图 21-4-16　　图 21-4-17

(12) 致意式：呼气，双手合十落回于胸前成致意式。(图 21-4-18)

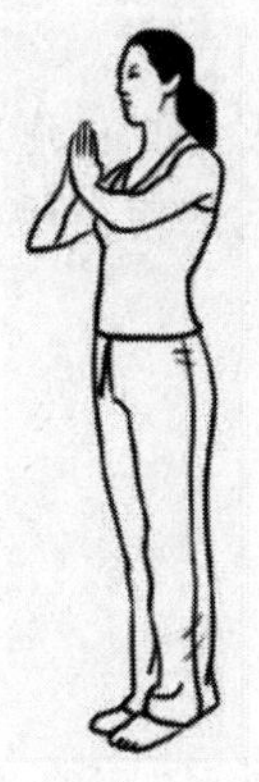

图 21-4-18

2. 功 效

有效地调节人体各系统功能，使精力充沛，使练习者全身得以伸展，是一种调节全身的热身运动。

学练方法：

(1) 教师讲解示范动作，强调动作重点，学生模仿练习。

(2) 教师口令指挥，循环辅导学生练习。
(3) 统一纠正错误动作，学生分组体会动作。
(4) 在音乐的伴奏下学生集体练习动作。

知识窗

热瑜伽

热瑜伽，也叫高温瑜伽或热力瑜伽。就是在38～40℃的高温环境中做瑜伽。它由26种伸展动作组成，属于柔韧性运动，能改善脊椎柔软度，通过一些扭转弯曲伸展的静态动作，直接刺激神经和肌肉系统，可以减轻体重。2004年开始风靡中国。

出汗可以带走体表的毒素，净化神经系统。传统的哈他瑜伽和阿斯汤嘎瑜伽以体位姿势使练习者出大量的汗，从而达到排出体内垃圾的目的。热瑜伽的高温环境代替了大量辛苦的练习，普通人进去之后，即使不做任何练习也会出汗。因此，国内尝试这种瑜伽体系的人也越来越多。

【思考题】

1. 瑜伽冥想姿势有哪些？
2. 瑜伽的呼吸法有哪些？
3. 瑜伽的基本体式有哪些？

【参考文献】

1. 吉塔·S·艾扬格. 艾扬格女性瑜伽[M]. 海口：海南出版社，2014.
2. 艾扬格. 艾扬格. 调息之光[M]. 海口：海南出版社，2015.

第二十二章 导引养生

* 导引养生功法的起源、发展及健身价值
* 学习并掌握导引养生功法的技能和训练方法
* 导引养生功法交流展示评判通则

第一节 导引养生概述

一、起 源

我国古代的“导引”，历史悠久，源远流长，是中华民族医学、保健学等的重要组成部分，是我国劳动人民同大自然和自身疾病做斗争的产物，是祖国文化遗产中的瑰宝。

早在我国原始社会就有了导引的萌芽。据《吕氏春秋·古乐》记载：“昔陶唐氏之始，阴多滞伏而湛积，水道壅塞，不行其原，民气郁阏而滞著，筋骨瑟缩不达，故作舞以宣导之。”这种舞大概是导引动功中的一种形式。同书《尽数篇》还记载：“流水不腐，户枢不蠹，动也。形气亦然，形不动则精不流，精不流则气郁。”由此可以看出，在尧时代的氏族公社末期，已有了导引的雏形。

“导引”一词，最早见于《庄子·刻意》：“吹响呼吸，吐故纳新；熊经鸟申，为寿而已矣。此导引之士，养形之人，彭祖寿考者之所好也。”

知识窗

导引养生功法意念口诀：夜阑人静万虑抛，意守丹田封七窍。呼吸徐缓搭鹊桥，身轻如燕飞云霄。

二、发　展

《黄帝内经》明确地把导引作为与按摩、灸、熨、针和药等并列的一种医疗方法。《周易》的问世，对中国医学、中华导引的发展起到了非常深远的作用，不仅成了中医的必修课，而且还成了养生大家所推崇备至的经典。

到了春秋战国时期，诸子百家各有其说、百花齐放、百家争鸣，使中华导引学的理论水平得到了升华。“坐忘”“养生”“吐纳”“全形”等大量实践活动，将中华导引推向了历史的第一个高峰。

先秦时期，导引已具备一定理论和技术，其分支有呼吸和肢体配合的动功和以呼吸为主的静功等。

汉末，魏伯阳著有《周易参同契》。他继承了《周易》的优良传统，以《周易》原理为指导，以练功实践为基础，总结了练功规律。

两晋南北朝时期的导引，注重人体内部积极因素，强调动静结合，并提倡不必拘于形式，要重实效。这是导引在汉代应用于预防疾病和健身基础上的进一步发展，给后人留下了珍贵的资料。

隋唐时期的导引，在一定意义上促进了导引的快速发展，并增强了导引养生的科学性。

到了宋代，《八段锦》体系已基本形成。

中华人民共和国成立以后，在党和政府的重视和关怀下，导引养成得到继续发展。

三、健身价值

导引养生功是在继承中国传统养生学的基础上，以中医的整体观念、脏腑经络、气血理论及现代医学的有关理论为指导，广泛吸收生理学、解剖学、心理学、教育学、哲学、美学、仿生学及传统武术文化等有关部分创编而成。其关键技术是辨证施治，创新点是对症练功，多年来的临床应用和社会实践，使无数的老、中、青年人增强了体质，不仅给患者本人带来了欢乐，给其家庭带来了幸福，同时给国家减少了大量医疗费用开支，给社会带来了安定，促进了精神文明建设。

导引养生功对促进人们身心健康、延年益寿有一定的积极作用。

第二节　八段锦

八段锦由八节动作组成，因简便易学，深受人们喜爱，被比喻成“锦”（精美的丝织品），故名八段锦。八段锦是中国古代导引术中的一个重要组成部分，是一套针对相应脏腑或病症而设计的练功功法。

一、功法特点

八段锦的运动强度和动作的编排次序符合运动学和生理学规律，属于有氧运动，安全可靠。整套功法增加了预备式和收势，使套路更加完整规范。功法动作特点主要体现在以下几个方面。

（一）柔和缓慢，圆活连贯

柔和，是指习练时动作不僵不拘，轻松自如，舒展大方。缓慢，是指习练时身体重心平稳，虚实分明，轻飘徐缓。本功法以腰脊为轴带动四肢运动，上下相随，节节贯穿，同时动作路线带有弧形，不起棱角，不直来直往，符合人体各关节自然弯曲的状态。习练时，有虚实变化和姿势的转换衔接，无停顿断续之处。既像行云流水连绵不断，又如春蚕吐丝相连无间，使人神清气爽，体态安详，从而取得疏通经络、畅通气血、强身健体的效果。

（二）松紧结合，动静相兼

松，是指习练时肌肉、关节以及中枢神经系统、内脏器官的放松。在意识的主动支配下，逐步达到呼吸柔和、心静体松，同时松而不懈，保持正确的姿态，并将这种放松程度不断加深。紧，是指习练中适当用力，且缓慢进行。主要体现在前一动作的结束与下一动作的开始之前。八段锦中的“双手托天理三焦”的上托、“左右弯弓似射雕”的马步拉弓、“调理脾胃须单举”的上举、“五劳七伤往后瞧”地转头旋臂、“摇头摆尾去心火”的马步、“两手攀足固肾腰”的旋臂卷指与攀足动作、“攒拳怒目增气力”的冲拳与抓握、“背后七颠百病消”的脚趾抓地与提肛等，都体现了这一点。紧在动作中只在一瞬间，而放松须贯穿动作的始终。松紧配合的适度，有助于平衡阴阳、疏通经络、分解黏滞、滑利关节、活血化瘀、强筋壮骨、增强体质。

本功法中的动与静主要是指身体动作的外在表现。动就是在意念的引导下，动作轻灵活泼、节节贯穿、舒适自然。静，是指在动作的节分处做到沉稳，特别是在前面所讲八个动作的缓慢用力之处，在外观上看略有停顿之感，但内劲没有停，肌肉继续用力，保持牵引抻拉。适当的用力和延长作用时间，能够使相应的部位受到一定的强度刺激，有助于提高锻炼效果。

（三）神与形合，气寓其中

神，是指人体的精神状态和正常的意识活动，及在意识支配下的形体表现。神与形是相互联系、互相促进的整体。本功法每式动作以及动作之间充满了对称与和谐，体现出内实精神、外示安逸，虚实相生、刚柔相济，做到了意动形随、神形兼备。气寓其中，是指通过精神的修养和形体的锻炼，促进真气在体内的运行，以达到强身健体的功效。习练本功法时，呼吸应顺畅，不可强吸硬呼。

二、动作说明

（一）预备式

动作一：两脚并步站立；两臂自然垂于体侧；身体中正，目视前方。

动作二：随着松腰沉髋，身体重心移至右腿，左脚向左侧平开半步，脚尖朝前，约与肩同宽；目视前方。

动作三：两臂内旋，两掌分别向两侧摆起，约与髋同高，掌心向后；目视前方。

动作四：上动不停，两腿膝关节稍屈；同时两臂外旋，向前合抱于腹前呈圆弧形，与脐同高，掌心向内，两掌指间距约10厘米，动作略停；目视前方。

【动作方法】头向上顶，下颏微收，舌抵上腭，双唇轻闭；沉肩坠肘，腋下虚掩；胸部宽舒，腹部松沉；收髋敛臀，上体中正。呼吸徐缓，气沉下丹田，调息6～9次。

（二）第一式 两手托天理三焦

动作一：接上式。两臂外旋微下落，两掌五指分开在腹前交叉，掌心向上；目视前方。

动作二：上动不停，两腿徐缓挺膝伸直；同时两掌上托至胸前，随之两臂内旋向上托起，掌心向上；抬头，目视两掌。

动作三：上动不停，两臂继续上托，肘关节伸直；同时下颏内收，动作略停；目视前方。

动作四：身体重心缓缓下降，两腿膝关节微屈；同时十指慢慢分开，两臂分别向身体两侧下落，两掌捧于腹前，掌心向上；目视前方。

本式托举、下落为一遍，共做6遍。

【动作方法】两掌上托要舒胸展体，略有停顿，保持抻拉。两掌下落，松腰沉髋，沉肩坠肘，松腕舒指，上体中正。

（三）第二式 左右开弓似射雕

动作一：接上式。身体重心右移，左脚向左侧平开一步站立，两腿膝关节自然伸直；同时两肘弯曲，两掌向上交叉于胸前，左掌在外，两掌心向内；目视两掌。

动作二：上动不停，两腿徐缓屈膝半蹲成马步；同时右掌屈指成“爪”向右拉至肩前，左掌成八字掌，左臂内旋，向左侧推出，与肩同高，坐腕，掌心向左，犹如拉弓射箭之势；动作略停；目视左掌方向。

动作三：身体重心右移；同时右手五指伸开成掌，向上、向右画弧，与肩同高，指尖朝上，掌心斜向前，左手指伸开成掌，掌心斜向前；目视右掌。

动作四：上动不停，重心继续右移，左脚回收成并步站立；同时两掌分别由两侧下落，捧于腹前，指尖相对，掌心向上；目视前方。

动作五、六、七、八：同动作一、二、三、四，唯左右相反。

本式一左一右为一遍，共做3遍。第三遍最后一动时，身体重心继续左移，右脚回收成开步站立，与肩同宽，膝关节微屈；同时两掌分别由两侧下落，捧于腹前，指尖相对，掌心向上；目视前方。

【动作方法】侧拉之手五指要并拢屈紧，肩臂放平；八字掌侧撑需沉肩坠肘，屈腕，竖指，掌心涵空；年老或体弱者可自行调整马步的高度。

（四）第三式 调理脾胃须单举

动作一：接上式。两腿徐缓挺膝伸直；同时左掌上托，左臂外旋上穿经面前，随之臂内旋上举至头左上方，肘关节微屈，力达掌根，掌心向上，掌指向右；同时右掌微上托，随之臂内旋下按至右髋旁约一拳距离，肘关节微屈，力达掌根，掌心向下，掌指向前，动作略停；目视前方。

动作二：松腰沉髋，身体重心缓缓下降，两腿膝关节微屈；同时左臂屈肘外旋，左掌经面前下落于腹前，掌心向上；右臂外旋，右掌向上捧于腹前，两掌指尖相对，相距约10厘米，掌心向上；目视前方。

动作三、四：同动作一、二，唯左右相反。

本式一左一右为一遍，共做3遍。第三遍最后一动时，两腿膝关节微屈；同时右臂屈肘，右掌下按于右髋旁，掌心向下，掌指向前；目视前方。

【动作方法】力在掌根，上撑下按，舒胸展体，拔长腰脊。

（五）第四式　五劳七伤往后瞧

动作一：接上式。两腿徐缓挺膝伸直；同时两臂伸直，掌心向后，指尖向下，目视前方。然后上动不停，两臂充分外旋，掌心向外；头向左后转，动作略停；目视左斜后方。

动作二：松腰沉髋，身体重心缓缓下降，两腿膝关节微屈；同时两臂内旋按于髋旁，掌心向下，指尖向前；目视前方。

动作三：同动作一，唯左右相反。

动作四：同动作二。

本式一左一右为一遍，共做 3 遍。第三遍最后一动时，两腿膝关节微屈；同时两掌捧于腹前，指尖相对，掌心向上；目视前方。

【动作方法】头向上顶，肩向下沉；转头不转体，旋臂，两肩后张。

（六）第五式　摇头摆尾去心火

动作一：接上式。身体重心左移，右脚向右平开步站立，两腿膝关节自然伸直；两掌上托与胸同高时，两臂内旋，两掌继续上托至头上方，肘关节微屈，掌心向上，指尖相对，目视前方。

动作二：上动不停，两腿徐缓屈膝半蹲成马步；同时两臂向两侧下落，两掌扶于膝关节上方，肘关节微屈，小指侧向前；目视前方。

动作三：身体重心向上稍升起，而后右移；上体先向右侧倾，随之俯身；目视右脚。

动作四：上动不停，身体重心左移；同时上体由右向前、向左旋转；目视右脚。

动作五：身体重心右移成马步；同时头向后摇，上体立起，随之下颏微收；目视前下方。

动作六、七、八：同动作三、四、五，唯左右相反。

本式一左一右为一遍，共做 3 遍。做完 3 遍后，身体重心左移，右脚回收成开步站立；同时两掌向外经两侧上举，掌心相对；目视前方。随后松腰沉髋，身体重心缓缓下降。两腿膝关节微屈；同时屈肘，两掌经面前下按至腹前，掌心向下，指尖相对；目视前方。

【动作方法】马步下蹲要收髋敛臀上体中正；摇转时，脖颈与尾闾对拉伸长好似两个轴在相对运转，速度应柔和缓慢，动作圆活连贯；年老或体弱者要注意动作幅度，不可强求。

（七）第六式　两手攀足固肾腰

动作一：接上式。两腿挺膝伸直站立；同时两掌指尖向前，两臂向前、向上举起，肘关节伸直，掌心向前；目视前方。

动作二：两臂外旋至掌心相对，屈肘，两掌下按于胸前，掌心向下，指尖相对；目视前方。

动作三：上动不停，两臂外旋，两掌心向上，随之两掌掌指顺腋下后插；目视前方。

动作四：两掌心向内沿脊柱两侧向下摩运至臀部；随之上体前俯，两掌继续沿腿后向下摩运，经脚两侧置于脚面；抬头，动作略停；目视前方。

本式一上一下为一遍，共做 6 遍。做完 6 遍后，上体立起；同时两臂向前、向上举起，肘关节伸直，掌心向前；目视前下方。随后松腰沉髋，身体重心缓缓下降，两腿膝关节微屈；同时两掌向前下按至腹前，掌心向下，指尖向前；目视前下方。

【动作方法】反穿摩运要适当用力，至足背时松腰沉肩，两膝挺直，向上起身时手臂主动上举，带动上体立起；年老或体弱者可根据身体状况自行调整动作幅度，不可强求。

（八）第七式　攒拳怒目增气力

接上式。身体重心右移，左脚向左平开步；两腿徐缓屈膝半蹲成马步；同时两掌握固，抱于腰侧；目视前方。

动作一：左拳内带刚劲缓慢向前冲出，与肩同高，拳眼朝上；瞪目，视左拳冲出方向。

动作二：左臂内旋，左拳变掌，虎口朝下；目视左掌。左臂外旋，肘关节微屈；同时左掌向左缠绕，变掌心向上后握固；目视左掌。

动作三：屈肘，回收左拳至腰侧，拳眼朝上；目视前方。

动作四、五、六：同动作一、二、三，唯左右相反。

本式一左一右为一遍，共做 3 遍。做完 3 遍后，身体重心右移，左脚向右收半步，约与肩同宽；两手由拳变掌，自然垂于体侧。重复一至八动作 2 遍。

【动作方法】马步的高低可根据自己的腿部力量灵活掌握；冲拳时要怒目瞪眼，注视冲出之拳，同时脚趾抓地，拧腰顺肩，力达拳面；拳回收时要旋腕，五指用力抓握。

（九）第八式　背后七颠百病消

动作一：接上式。两脚跟提起；头上顶，动作略停；目视前方。

动作二：两脚跟下落，轻震地面；目视前下方。

本式一起一落为一遍，共做 7 遍。

【动作方法】上提时要脚趾抓地，脚跟尽力抬起，两腿并拢，百会穴上顶，略有停顿，要掌握好平衡；脚跟下落时，咬牙，轻震地面，动作不要过急；沉肩舒臂，周身放松。

（十）收　势

动作一：接上式。两臂内旋，向两侧摆起，与髋同高，掌心向后；目视前方。

动作二：两臂屈肘，两掌相叠于下丹田（男性左手在内，女性右手在内）；目视前方。

动作三：两臂自然垂于体侧，两掌轻贴于腿外侧，周身中正；目视前方。

【动作方法】体态安详，周身放松，呼吸自然，气沉丹田。

八段锦各式定势图示如下。（图 22-2-1）

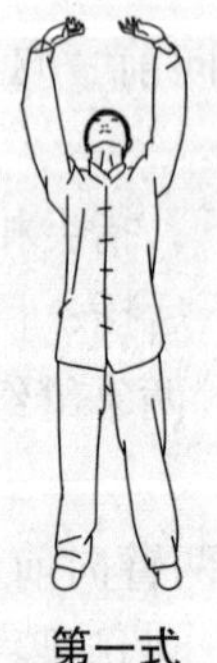

第一式

第二式

第三式

第四式

第五式

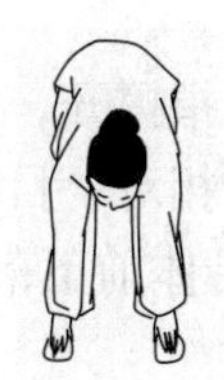
第六式图 22–2–1

第七式

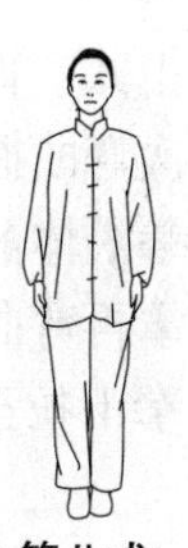
第八式

第三节　五禽戏

五禽戏是中国汉代名医华佗根据古代导引术，模仿虎、鹿、熊、猿和鸟五种动物的形体特点，而创造的一种具有强身保健作用的锻炼方法。坚持做五禽戏，可使血流通畅、精神抖擞，而且可保持行动敏捷、体态均匀。

一、练习说明

练五禽戏分三个步骤，第一是肢体动作模仿五禽形象；第二是心意会悟而效其良能，就是深刻体会五禽之动作姿势和这些动作的优良功能；第三是存神（意）养气，在入静后，思想集中于守气，先练气，然后用“意”想已学会的每一禽兽的姿势动作，肢体便随之自发地运动起来。本法要求习练时宜尽力而为，以出汗为度。

二、动作说明

（一）预备势：起势调息

动作一：两脚并拢，自然伸直，两手自然垂于体侧；胸腹放松，头项正直，下颏微收，舌抵上腭；目视前方。

动作二：左脚向左平开一步，约与肩同宽，两膝微屈，松静站立；调息数次，意守丹田。

动作三：肘微屈，两臂在体前向上、向前平托，与胸同高。

动作四：两肘下垂外展，两掌向内翻转，并缓慢下按于腹前；目视前方。

重复三、四动做 3 遍后，两手自然垂于体侧。

【动作方法】① 两臂上提下按，意在两掌劳宫穴，动作柔和、均匀、连贯。② 动作也可配合呼吸，两臂上提时吸气，下按时呼气。

（二）第一戏　虎戏

“虎戏”要体现虎的威猛。神发于目，虎视眈眈；威生于爪，伸缩有力；神威并重，气势凌人。动作变化要做到刚中有柔、柔中生刚、外刚内柔、刚柔相济，具有动如雷霆无阻挡，静如泰山不可摇的气势。

1. 第一式　虎举

动作一：接上式。两手掌心向下，十指撑开，再弯曲成虎爪状；随后两手外旋，由小指先弯曲，其余四指依次弯曲握拳，拳心相对；目视两掌。

动作二：两拳沿体前缓慢上提，至肩前时，十指撑开，举至头上方；目视两掌。

动作三：两掌再弯曲成虎爪状外旋握拳，拳心相对；目视两拳。

动作四：两拳下拉至肩前时，变掌下按；后沿体前下落至腹前，十指撑开，掌心向下；目视两掌。

重复一至四动作 3 遍后，两手自然垂于体侧；目视前方。

【动作方法】十指撑开，弯曲成“虎爪”，外旋握拳，三个环节均要贯注劲力；两掌向上如托举重物，提胸收腹，充分拔长机体；两掌下落如拉双环，含胸松腹，气沉丹田；眼随手动；动作可配合呼吸，两掌上举时吸气，下落时呼气。

2. 第二式　虎扑

动作一：接上式。两手握空拳，沿身体两侧上提至肩前上方。

动作二：两手向上、向前画弧，十指弯曲成“虎爪”，掌心向下；同时上体前俯，挺胸塌腰；目视前方。

动作三：两腿屈膝下蹲，收腹含胸；同时两手向下画弧至两膝侧，掌心向下；目视前下方。随后，两腿伸膝，送髋，挺腹，后仰；同时，两掌握空拳沿体侧向上提至胸侧；目视前上方。

动作四：左腿屈膝提起，两手上举，左脚向前迈出一步，脚跟着地，右腿屈膝下蹲，成左虚步；同时上体前倾，两拳变“虎爪”向前、向下扑至膝前两侧，掌心向下；目视前下方。随后上体抬起，左脚收回，开步站立，两手自然下落于体侧；目视前方。

动作五至八：同动作一至四，唯左右相反。

重复一至八动作 1 遍后，两掌向身体侧前方举起，与胸同高，掌心向上；目视前方。两臂屈肘，两掌内合下按，自然垂于体侧；目视前方。

【动作方法】上体前俯，两手尽力向前伸，而臀部向后引，充分伸展脊柱；屈膝下蹲，收腹含胸要与伸膝、送髋、挺腹、后仰动作过程连贯，使脊柱形成由折叠到展开的蠕动，两掌下按上提要与之配合协调；虚步下扑时，速度可加快，先柔后刚，配合快速深呼气，气由丹田发出，以气催力，力达指尖，表现出虎的威猛；中老年习练者或体弱者，可根据情况适当减小动作幅度。

（三）第二戏　鹿戏

鹿喜挺身眺望，好角抵，运转尾闾，善奔走，通任、督两脉。习练“鹿戏”时，动作要轻盈舒展；神态要安闲雅静，意想自己置身于群鹿中，在山坡、草原上自由快乐地活动。

1. 第三式　鹿抵

动作一：接上式。两腿微屈，身体重心移至右腿，左脚经右脚内侧向左前方迈步，脚跟着地；同时，身体稍右转，两掌握空拳向右侧摆起，拳心向下，高与肩平；目随手动，视右拳。

动作二：身体重心前移，左腿屈膝，脚尖外展踏实，右腿伸直蹬实；同时，身体左转，两掌成“鹿角”向上、向左、向后画弧，掌心向外，指尖朝后，左臂弯曲外展平伸，肘抵靠左腰侧，右臂举至头前，向左后方伸抵；目视右脚跟。随后身体右转，左脚收回，开步站立；同时两手向上、向右、向下画弧，两掌握空拳下落于体前；目视前下方。

动作三、四：同动作一、二，唯左右相反。

动作五至八：同动作一至四。

重复一至八动作 1 遍。

【动作方法】（1）腰部侧屈拧转，侧屈的一侧腰部要压紧，另一侧腰部则借助上举手臂后伸，得到充分牵拉。（2）后脚脚跟要蹬实，固定下肢位置，加大腰腹部的拧转幅度，运转尾闾。（3）动作可配合呼吸，两掌画弧摆动时吸气，向后伸抵时呼气。

2. 第四式　鹿奔

动作一：接上式。左脚向前跨一步，屈膝，成左弓步，右腿伸直；同时，两手握空拳，向上、向前画弧至体前，高与肩平，与肩同宽，拳心向下；目视前方。

动作二：身体重心后移，左膝伸直，全脚掌着地，右腿屈膝，低头，弓背，收腹；同时，两臂内旋，两掌前伸，掌背相对，拳变“鹿角”。

动作三：身体重心前移，上体抬起，右腿伸直，左腿屈膝，成左弓步；松肩沉肘，两臂外旋，“鹿角”变空拳，高与肩平，拳心向下；目视前方。

动作四：左脚收回，开步直立；两拳变掌回落于体侧；目视前方。

动作五至八：同动作一至四，唯左右相反。

重复一至八动作1遍后，两掌向身体侧前方举起，与胸同高，掌心向上；目视前方。屈肘，两掌内合下按，自然垂于体侧；目视前方。

【动作方法】提腿前跨要有弧度，落步轻灵，体现鹿的安舒神态；身体后坐时，两臂前伸，胸部内含，背部形成“横弓”状；头前伸，背后拱，腹收缩，臀内敛，形成“竖弓”状，使腰背部得到充分伸展和拔长；动作可配合呼吸。身体后坐时，配合吸气，重心前移时，配合呼气。

（四）第三戏　熊戏

“熊戏”要表现出熊憨厚沉稳、松静自然的神态。运势外阴内阳，外动内静，外刚内动，以意领气，气沉丹田；行步外观笨重拖塌，其实笨中生灵，蕴含内劲，沉稳之中显灵敏。

1. 第五式　熊运

动作一：接上式。两掌握空拳成“熊掌”，拳眼相对，垂于下腹部；目视两拳。

动作二：以腰腹为轴，上体作顺时针摇晃；同时，两拳随之沿右肋部、上腹部、左肋部、下腹部画圆；目随上体摇晃环视。

动作三、四：同动作一、二。

动作五至八：同动作一至四，上体作逆时针摇晃，两拳随之画圆，唯方向相反。

做最后一动后，两拳变掌下落，自然垂于体侧；目视前方。

【动作方法】两掌画圆应随腰腹部的摇晃而被动牵动，要协调自然；两掌画圆时外导，腰腹摇晃为内引，意念内气在腹部丹田运行；动作可配合呼吸，身体上提时吸气，身体前俯时呼气。

2. 第六式　熊晃

动作一：接上式。身体重心右移，左髋上提，牵动左脚离地，再微屈左膝；两掌握空拳成“熊掌”；目视左前方。

动作二：身体重心前移，左脚向左前方迈步落地，全脚掌踏实，脚尖朝前，右腿伸直；身体右转，左臂内旋前靠，左拳摆至左膝前上方，拳心朝右，右拳摆至体后，拳心朝后；目视左前方。

动作三：身体左转，重心后坐，右腿屈膝，左腿伸直；拧腰晃肩，带动两臂前后弧形摆动，右拳摆至左膝前上方，拳心朝右，左拳摆至体后，拳心朝后；目视左前方。

动作四：身体右转，重心前移，左腿屈膝，右腿伸直；同时，左臂内旋前靠，左拳摆至左膝前上方，拳心朝左，右拳摆至体后，拳心朝后；目视左前方。

动作五至八：同动作一至四，唯左右相反。

重复一至八动作1遍后，左脚上步，开步站立；同时两手自然垂于体侧。两掌向身体侧前方举起，高与胸同，掌心向上；目视前方。屈肘，两掌内合下按，自然垂于体侧；目视前方。

【动作方法】用腰侧肌群收缩来牵动大腿上提，按提髋、起腿、屈膝的先后顺序提腿；两脚前移，横向间距稍宽于肩，随身体重心前移，全脚掌踏实，使震动感传至髋关节处，体现熊步的沉稳厚实。

（五）第四戏　猿　戏

猿生性好动，机智灵敏，善于纵跳，折枝攀树，躲躲闪闪，永不疲倦。习练“猿戏”时，外练肢体的轻灵敏捷，欲动则如疾风闪电，迅敏机警；内练其精神的宁静，欲静则似静月凌空，万籁无声。从而达到“外动内静”“动静结合”的境界。

1. 第七式　猿　提

动作一：接上式。两掌在体前，手指伸直分开，再屈腕撮拢捏紧成“猿勾”。

动作二：两掌上提至胸，两肩上耸，收腹提肛；同时脚跟提起，头向左转；目随头动，视身体左侧。

动作三：两肩下沉，头转正，松腹落肛，脚跟着地，“猿勾”变掌，掌心向下；目视前方。

动作四：两掌沿体前下按落于体侧；目视前方。

动作五至八：同动作一至四，唯头向右转。

重复一至八动作1遍。

【动作方法】掌指撮拢变勾，速度稍快；按耸肩、收腹、提肛、脚跟离地、转头的顺序，上提重心。耸肩、缩胸、屈肘、提腕要充分；动作可配合提肛呼吸。两掌上提吸气时，稍用意提起会阴部；下按呼气时，放下会阴部。

2. 第八式　猿　摘

动作一：接上式。左脚向左后方退步，脚尖点地，右腿屈膝，重心落于右腿；同时，左臂屈肘，左掌成“猿勾”收至左腰侧，右掌向右斜前下方约45° 处自然摆起，掌心向下。

动作二：身体重心后移，左脚踏实，屈膝下蹲，右脚收至左脚内侧，脚尖点地，成右丁步；同时，右掌向下经腹前向左上方画弧至头左侧，掌心对太阳穴；目先随右掌动，再转头注视右前上方。

动作三：右掌内旋，掌心向下，沿体侧下按至左髋侧；目视右掌。右脚向右前方迈出一大步，左腿蹬伸，身体重心前移，右腿伸直，左脚脚尖点地；同时，右掌经体前向右上方画弧，举至右上侧变“猿勾”，稍高于肩，左掌向前、向上伸举，屈腕撮勾，成采摘式；目视左掌。

动作四：身体重心后移，左掌由“猿勾”变为“握固”，右手变掌自然回落于体前，虎口朝前。随后左腿屈膝下蹲，右脚收至左脚内侧，脚尖点地，成右丁步；同时，左臂屈肘收至左耳旁，掌指分开，掌心向上，成托桃状，右掌经体前向左画弧至左肘下捧托；目视左掌。

动作五至八：同动作一至四，唯左右相反。

重复一至八动作1遍后，左脚向左横开一步，两腿直立；同时两手自然垂于体侧。两掌向身体侧前方举起，与胸同高，掌心向上；目视前方。屈肘，两掌内合下按，自然垂于体侧；目视前方。

【动作方法】眼要随上肢动作变化左顾右盼，表现出猿猴眼神的灵敏；屈膝下蹲时，全身呈收缩状，蹬腿迈步，向上采摘，肢体要充分展开。采摘时变“猿勾”，手指撮拢快而敏捷；变握固后，成托桃状时，掌指要及时分开；动作以神似为主，重在体会其意境，不可太夸张。

（六）第五戏　鸟戏

鸟戏取形于鹤。鹤是轻盈安详的鸟类，人们对其进行描述时往往寓意其健康长寿。习练时，要表现出鹤的昂然挺拔、悠然自得的神韵。仿效鹤翅飞翔，抑扬开合。两臂上提，伸颈运腰，真气上引；两臂下合，含胸松腹，气沉丹田。活跃周身经络，灵活四肢关节。

1. 第九式　鸟伸

动作一：接上式。两掌在腹前相叠。

动作二：两掌向上举至头前上方，掌心向下，指尖向前；身体微前倾，提肩，缩项，挺胸，塌腰；目视前下方。

动作三：两腿微屈下蹲，同时两掌相叠下按至腹前；目视两掌。

动作四：身体重心右移，右腿蹬直，左腿伸直向后抬起；同时，两掌左右分开，掌成“鸟翅”向体侧后方摆起，掌心向上；抬头，伸颈，挺胸，塌腰；目视前方。

动作五：左脚回落成左右开立步，两腿微屈半蹲；同时，两掌下落经体侧叠于腹前；目视两掌。

动作六：两腿伸直；同时两掌上举至头前上方，掌心向下，指尖向前；身体微前倾，提肩，缩项，挺胸，塌腰；目视前下方。

动作七、八：同动作三至四，唯左右相反。

重复一至八动作 1 遍后，左脚下落，两脚开步站立，两手自然垂于体侧；目视前方。

【动作方法】两掌在体前相叠，上下位置可任选，以舒适自然为宜；注意动作的松紧变化。掌上举时，颈、肩、臀部紧缩；下落时，两腿微屈，颈、肩、臀部松沉；两臂后摆时，身体向上拔伸，并形成向后反弓状。

2. 第十式　鸟飞

接上式。两腿微屈，两掌成“鸟翅”合于腹前，掌心相对；目视前下方。

动作一：右腿伸直独立，左腿屈膝提起，小腿自然下垂，脚尖朝下；同时，两掌成展翅状在体侧平举向上，稍高于肩，掌心向下；目视前方。

动作二：左脚下落在右脚旁，脚尖着地，两腿微屈；同时，两掌合于腹前，掌心相对；目视前下方。

动作三：右腿伸直独立，左腿屈膝提起，小腿自然下垂，脚尖朝下；同时，两掌经体侧，向上举至头顶上方，掌背相对，指尖向上；目视前方。

动作四：左脚下落在右脚旁，全脚掌着地，两腿微屈；同时，两掌合于腹前，掌心相对；目视前下方。

动作五至八：同动作一至四，唯左右相反。

重复一至八动作 1 遍后，两掌向身体侧前方举起，与胸同高，掌心向上；目视前方。屈肘，两掌内合下按，两手自然垂于体侧；目视前方。

【动作方法】两臂侧举，动作舒展，幅度要大，尽量展开胸部两侧；两臂下落内合，尽量挤压胸部两侧；手脚变化配合协调，同起同落；动作可配合呼吸，两掌上提时吸气，下落时呼气。

（七）收势

动作一：两掌经体侧上举至头顶上方，掌心向下。

动作二：两掌指尖相对，沿体前缓慢下按至腹前；目视前方。

重复一、二动作2遍。

动作三：两手缓慢在体前画平弧，掌心相对，高与脐平；目视前方。

动作四：两手在腹前合拢，虎口交叉，叠掌；眼微闭静养，调匀呼吸，意守丹田。

动作五：数分钟后，两眼慢慢睁开，两手合掌，在胸前搓擦至热。

动作六：掌贴面部上、下擦摩，浴面3～5遍。

动作七：两掌向后沿头顶、耳后、胸前下落，自然垂于体侧；目视前方。

动作八：左脚提起向右脚并拢，前脚掌先着地，随之全脚踏实，恢复成预备势；目视前方。

【动作方法】两掌由上向下按时，身体各部位要随之放松，直达脚底涌泉穴；两掌腹前画平弧动作，衔接要自然、圆活，有向前收拢物体之势，意将气息合抱引入丹田。

五禽戏各式定势图示如下。（图22-3-1）

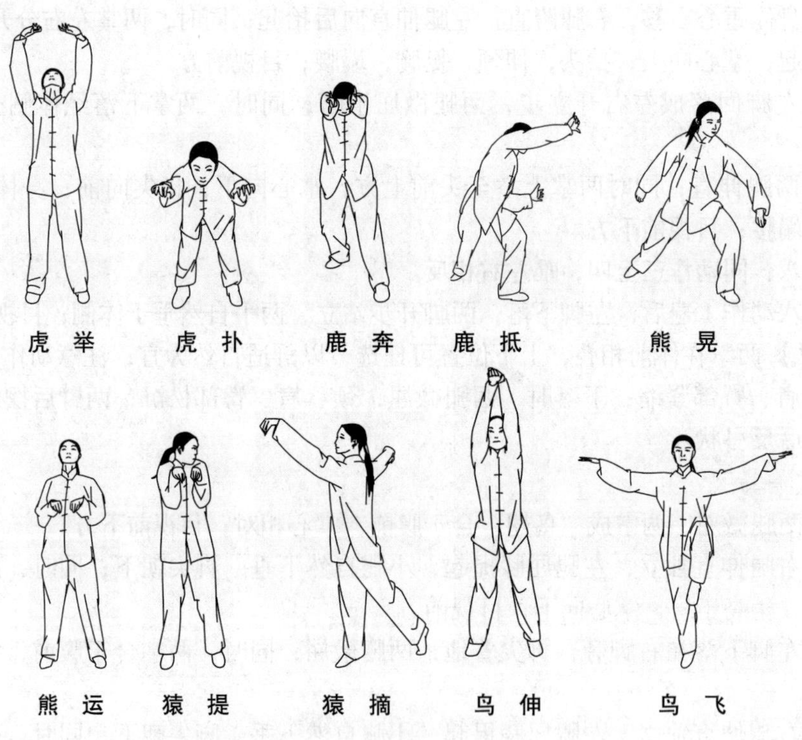

图22-3-1

第四节　易筋经

易筋经继承了传统易筋经十二式的精要，融科学性与普及性于一体，其格调古朴，蕴含新意。各式动作是连贯的有机整体，动作注重伸筋拔骨，舒展连绵，刚柔相济；呼吸要求自然，动息相融；并以形导气，意随形走；易学易练，健身效果明显。易筋经以不同架势、意守部位和调息次数等变化适应不同年龄层次及不同健康状况人群的需要。

一、功法特点

（一）动作舒展，伸筋拔骨

本功法中的每一势动作，不论是上肢、下肢还是躯干，都要求有较充分的屈伸、外展内收和扭转身体等运动，从而使人体的骨骼及大小关节在传统定势动作的基础上，尽可能地呈现多方位和广角度的活动。其目的就是要通过“拔骨”的运动达到“伸筋”，牵拉人体各部位的大小肌群和筋膜，以及大小关节处的肌腱、韧带和关节囊等结缔组织，促进活动部位软组织的血液循环，改善软组织的营养代谢过程，提高肌肉、肌腱和韧带等软组织的柔韧性、灵活性及骨骼、关节和肌肉等组织的活动功能，达到强身健体的目的。

（二）柔和匀称，协调美观

本功法在传统易筋经十二式动作的基础上进行了改编，增加了动作之间的连接，每式动作变化过程清晰、柔和。整套功法的运动方向为前后、左右、上下；肢体运动的路线为简单的直线和弧线；肢体运动的幅度是以关节为轴的自然活动角度所呈现的身体活动范围；整套功法的动作速度是匀速缓慢的移动身体或身体局部。动作力量上，要求肌肉相对放松，用力圆柔而轻盈，不使蛮力，不僵硬，刚柔相济。

本功法动作要求上下肢与躯干之间、肢体与肢体之间的左右上下以及肢体左右的对称与非对称，都应协调运动，彼此相随，密切配合。因此，易筋经呈现出动作舒展、连贯、柔畅、协调和动静相兼等，给人以美的享受。

（三）注重脊柱的旋转屈伸

脊柱是人体的支柱，又称脊梁，由椎骨、韧带和脊髓等组成，具有支持体重、运动、保护脊髓及其神经根的作用。神经系统是由位于颅腔和椎管理的脑和脊髓以及周围神经组成。神经系统控制和协调各个器官系统的活动，使人体成为一个有机整体以适应内外环境的变化。因此，脊柱旋转屈伸的运动有利于对脊髓和神经根的刺激，以增强其控制和调节功能。本功法的主要运动形式是以腰为轴的脊柱旋转屈伸运动，如“九鬼拔马刀式”中的脊柱左右旋转屈伸动作，“掉尾式”中脊柱前屈并在反伸状态下做侧屈、侧伸的动作。因此，本功法是通过脊柱的旋转屈伸运动以带动四肢、内脏的运动，在动静自然、形神合一中完成动作，达到健身、防病、延年和益智等目的。

二、练习要领

（一）精神放松，形意合一

习练本功法要求精神放松，意识平静，不做任何附加引导。通常不意守身体某个点或部位，而是要求意随形体动作的运动而变化，即在习练中，以调身为主，通过动作变化导引气的运行，做到意随形走、意气相随，起到健体养生的作用。同时，在某些动作中，需要适当地配合意识活动，如“韦驮献杵第三式”中双手上托时，要求用意念关注两掌；“摘星换斗式”中要求目视上掌，意存腰间命门处；“青龙探爪”时，要求意存掌心。而另一些动作虽然不要求配合意存，但却要求配合形象的意识思维活动，如“三盘落地式”中下按、上托时，两掌犹如拿重物；“出爪亮翅式”中伸肩、撑掌时，两掌有排山之感；“倒拽九牛尾式”中拽拉时，两膀如拽牛尾；“打躬式”中脊椎屈伸时，应体会上体如“勾”一样的卷曲伸展运动。这些都要求意随形走，用意要轻，似有似无，切忌刻意执着于意识。

（二）呼吸自然，贯穿始终

习练本功法时，要求呼吸自然、柔和、流畅，不喘不滞，以利于身心放松、心平气和及身体的协调运动。相反，若不采用自然呼吸，而执着于呼吸的深长绵绵、细柔缓缓，则会在导引动作的匹配过程中产生“风”“喘”“气”三相，即呼吸中有声（风相），无声而鼻中涩滞（喘相），不声不滞而鼻翼扇动（气相）。这样，习练者不但不受益，反而会导致心烦意乱，动作难以松缓协调，影响健身效果。因此，习练本功法时，要以自然呼吸为主，动作与呼吸始终保持柔和协调的关系。

此外，在功法的某些环节中也要主动配合动作进行自然呼或自然吸，如“韦驮献杵第三式”中双掌上托时自然吸气；“倒拽九牛尾式”中收臂拽拉时自然呼气；“九鬼拔马刀式”中展臂扩胸时自然吸气，松肩收臂时自然呼气，含胸合臂时自然呼气，起身开臂时自然吸气；“出爪亮翅式”中两掌前推时自然呼气，等等。因为人体胸廓会随着这些动作的变化而扩张或缩小，吸气时胸廓会扩张，呼气时胸廓会缩小。因此，习练本功法时，应配合动作，随胸廓的扩张或缩小而自然吸气或呼气。

（三）刚柔相济、虚实相兼

本功法动作有刚有柔（且刚与柔是在不断相互转化的），有张有弛，有沉有轻，是阴阳对立统一的辩证关系，如“倒拽九牛尾式”中，双臂内收旋转逐渐拽拉至止点是刚，为实；身体以腰转动带动两臂伸展至下次手臂拽拉前是柔，为虚。又如“出爪亮翅式”中，双掌立于胸前呈扩胸展肩时，肌肉收缩的张力增大为刚，是实；当松肩伸臂时，两臂肌肉等张收缩，上肢是放松的，为柔；两臂伸至顶端，外撑有重如排山之感时，肌肉张力再次增大为刚，是实。这些动作均要求习练者在用力之后适当放松，松柔之后尚需适当有刚。这样，动作就不会出现机械、僵硬或疲软无力的松弛状况。

（四）循序渐进，个别动作配合发音

习练本功法时，不同年龄、不同体质、不同健康状况、不同身体条件的练习者，可以根据自己的实际情况灵活地选择各式动作的活动幅度或姿势，如“三盘落地式”中屈膝下蹲的幅度、“卧虎

扑食式”中十指是否着地的选择等。习练时还应遵循由易到难、由浅到深、循序渐进的原则。

另外，本功法在练习某些特定动作的过程中要求呼气时发音（但不需出声），如“三盘落地式”中的身体下蹲、两掌下按时，要求配合动作口吐“嗨”音，目的是为了下蹲时气能下沉至丹田，而不因下蹲造成下肢紧张，引起气上逆至头部，同时口吐“嗨”音，气沉丹田，可以起到强肾、壮丹田的作用。因此，在该式动作中要求配合吐音、呼气，并注意口型，吐“嗨”音时口微张，音从喉发出，上唇着力压于龈交穴，下唇松，不着力于承浆穴。这是本法中“调息”的特别之处。

易筋经各式定势图示如下。（图 22-4-1）

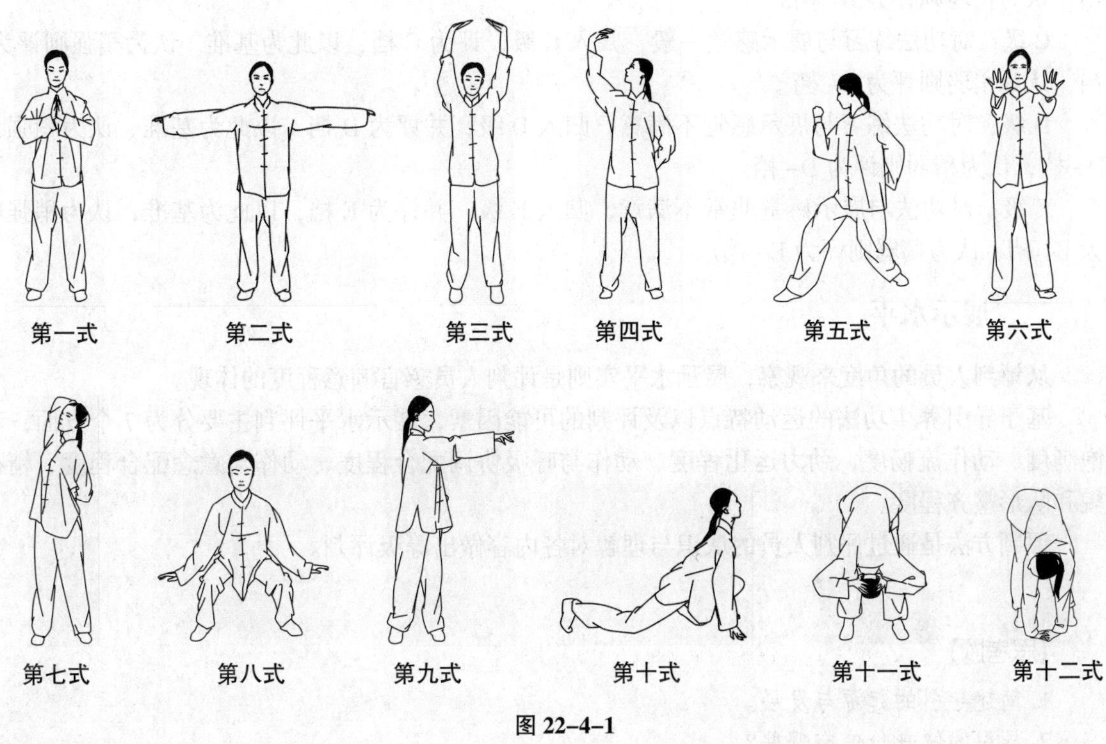

图 22-4-1

知识窗

导引养生功的养生观：以静养神静则少费；以动养形动勿过极；形神共养着重养神。

第五节　导引养生功法交流展示评判通则

导引养生功法交流展示评判通则是交流展示的指导性文件，对功法的交流展示有直接的导向作用。评判工作虽然不着重体现竞技色彩，但毕竟是一种带有比较性质的展示活动。在评判中，以粗线条评判为主，采用定性评估与定量处理相结合的评判方法。

一、定性评估

定性评估是根据规则、评判人员对功法的理解与对参加展示交流的代表队给予总体性的等级判断。

A 级：对功法练习与展示感觉非常满意，归入 A 级，并评为 A 档，以此为基准，认为更加完美则评为 A+ 档，认为稍弱被评为 A– 档。

B 级：对功法练习与展示感觉满意，归入 B 级，并评为 B 档，以此为基准认为稍强评为 B+ 档，认为稍弱则评为 B– 档。

C 级：对功法练习与展示感觉一般，归入 C 级，评为 C 档，以此为基准，认为稍强则评为 C+ 档，认为稍弱则评为 C– 档。

D 级：对功法练习与展示感觉不满意，归入 D 级，并评为 D 档，以此为基准，认为稍强评为 D+ 档，认为稍弱则评为 D– 档。

E 级：对功法与展示感觉非常不满意，归入 E 级，并评为 E 档，以此为基准，认为稍强则评为 E+ 档，认为稍弱则评为 E– 档。

二、展示水平

从评判人员的角度来观察，展示水平实则是评判人员感官满意程度的体现。

基于导引养生功法的运动特点以及评判的可能因素，展示水平评判主要分为 7 个方面：动作饱满度、动作流畅度、劲力运化程度、动作与呼吸协调配合程度、动作与意念配合程度、精神面貌和队形整齐程度。

评判方法是通过评判人员的认识与理解对各内容做出等级评判。

【思考题】

1. 简述导引的起源与发展。
2. 导引的健身价值有哪些？
3. 八段锦的功法特点是什么？
4. 易筋经的功法特点是什么？
5. 导引养生功法交流展示的评判通则？

【参考文献】

1. 吴志超.导引养生史论稿[M].北京：北京体育大学出版社，2013.

第二十三章 攀 岩

学习重点

* 攀岩运动基本技术
* 攀岩运动的安全保护
* 攀岩运动的体能训练
* 攀岩运动的竞赛规则

第一节 攀岩运动概述

一、起 源

攀岩运动是指利用人类原始的攀爬本能，不借助任何攀登工具，但可以有绳索等保护设备，凭借勇往直前的精神、精湛的攀登技术，攀登利用一些岩石构成的峭壁、裂缝、大圆石和岩石上的突起等天然或人工制造的抓手攀登岩壁的运动。攀岩运动起源于19世纪的欧洲，兴起于20世纪50年代末60年代初。攀岩技术是登山运动的基本功，攀岩运动作为登山运动派生出来的新兴项目，相比登山运动更具冒险性、挑战性，于20世纪50年代起源于苏联，是一项军事训练项目。1974年被列入世界比赛项目。1988年6月，国际竞技攀登比赛在美国举行。1989年，首届世界杯攀岩比赛分阶段在法国、英国、西班牙、意大利、保加利亚和苏联举行。世界杯攀岩比赛每年举行一次。2016年，国际奥委会宣布接纳竞技攀岩为2020年东京奥运会正式比赛项目。

二、发 展

（一）国外攀岩运动的发展

攀岩运动于20世纪50年代兴起于欧洲。

在苏联的开端：1947年，苏联首先成立了攀岩委员会。1948年，苏联在国内举办了首届攀岩锦标赛，这也是世界上第一次攀岩比赛。从那以后攀岩运动开始在欧洲盛行。

在欧洲的全面兴起：20 世纪六七十年代，欧洲举行了多次民间比赛。1976 年，苏联举办了首届国际攀岩比赛。1974 年，在苏联克里米亚半岛举行了首届国际攀岩邀请赛；1980 年，法国开始举办各种形式的攀岩比赛。1985 年、1986 年，意大利举办的国际比赛，因有许多国家的攀岩高手参加而获得了巨大成功。

运动攀登的出现：1987 年，在欧洲举行的一次攀岩比赛中主办者革命性地把比赛场地移到人工岩场上；至此，一种更富竞技性的攀岩形式——运动攀登出现了。

（二）我国攀岩运动的发展

1987 年，中国登山协会派出 8 名教练和队员去日本长野系统学习攀岩，回国后，于当年 10 月在北京怀柔大水裕水库自然岩壁举办了第 1 届全国攀岩比赛。1990 年，在怀柔国家登山队训练基地的人工场地上举办了第一次攀岩比赛。1993 年，攀岩比赛被国家体委（现为国家体育总局）列入正式比赛项目，此后每年都举行一次全国锦标赛。1993 年 9 月，第 1 届全国攀岩锦标赛在长春举行我国攀岩运动员也屡创佳绩。2015 年，钟齐鑫获得速度攀岩世界杯的年终总冠军，成为世界上第一个速度攀岩大满贯得主。2018 年，宋懿龄获雅加达亚运会攀岩女子速度接力铜牌。2019 年，宋懿龄获国际攀联世界杯攀岩赛莫斯科站女子速度赛冠军。到目前为止，全国攀岩锦标赛已经举办了 20 多届。

三、健身价值

增强体质是学校体育的本质功能之一。攀岩运动对大学生的身体素质要求很高，并且很全面，利用岩壁上的人工岩点，做连续的引体向上、移动，有时还会做一些惊险的运动，这对于学生的上下肢、手脚以及腰腹肌力量有一定的要求。特别是在攀岩运动中，一些很少运动的小肌群、小关节也能得到充分的锻炼，对身体的各部分素质发展都具有很好的效果。身体上得到健康的同时，心理上的要求也很高。只有强健的体魄以及娴熟的技术还不足以完成一次完整的攀岩，还要有良好的心理素质。良好的心理素质对一次成功的攀岩具有决定性意义。

攀岩的种类

1. 难度攀岩

难度攀岩是以攀岩路线的难度来区分选手成绩优劣的攀岩比赛。难度攀岩的比赛结果是以在规定时间里选手到达的岩壁高度来判定的。在比赛中，队员下方系绳保护，带绳向上攀登并按照比赛规定，有次序地挂上中间保护挂索。

2. 速度攀岩

如同田径比赛里的百米比赛充满韵律感和跃动感，按照指定的路线，以时间区分优劣。

第二节　攀岩基础班技战术及学练方法

一、基本技术

（一）攀岩基本方法

1. 身体姿势

攀登岩石峭壁时身体要自然放松，以3个支点稳定身体重心，而重心要随攀登动作的转换移动，这是攀岩能否稳定、平衡、省力的关键。要想身体放松就要根据岩壁陡缓程度，使身体和岩壁保持一定距离，靠得太近，会影响观察攀岩路线和选择支点。但在攀登人工岩壁时要贴得很近。在自然岩壁攀登时，上、下肢要协调舒展，盘眼要有节奏，上拉、下登要同时用力，身体重心一定要落在脚上，保持面向岩壁、三点固定支撑、直立于岩壁上的攀登姿势。

2. 手臂的动作

手在攀登中是抓住支点、维持身体平衡的关键，手臂力量的大小直接影响攀登的质量和效果。因此，一个优秀的攀岩运动员必须有足够的指力、腕力和臂力。对初学者来说，在不善于充分利用下肢力量的情况下，手臂的动作就显得更为重要。手臂如何用力，在人工岩壁攀登和自然岩壁攀登时情况不同，前者要求第一指关节用力抠紧支点的同时，手腕要紧张，手掌要贴在岩壁上，小臂也要随手掌紧贴岩壁而下垂，在引体时，手指（握点）有下压抬臂动作，其动作规律是重心活动轨迹变化不大，节奏更为明显。但攀登自然岩壁时其动作就变化很大，要根据支点不同采用各种用力方法，如抓、握、挂、抠、扒、捏、拉、推压和撑等。

3. 脚的动作

一名优秀攀岩运动员的攀登技术发挥得好坏，关键是两腿的力量是否能充分利用。只靠手臂力量攀登不可能持久。脚的动作要领是，两腿外旋，大脚趾内侧贴近岩面，两腿微屈，以脚踩支点维持身体重心，在自然岩壁支点大小不一和方向不同的情况下，要灵活运用。但要切记，膝部不要接触岩石面，否则会影响到脚的支撑和身体平衡，甚至会造成滑脱而使膝部受伤。另外，在用脚踩支点时，切忌用力过猛，并要掌握用力的方向。

4. 手脚配合

凡优秀攀岩运动员，上、下肢力量是协调运用的。对初学者或技术还不熟练的运动员来说，上肢力量显得更为重要，攀登时往往是通过上肢引体，下肢蹬压抬腿而实现移动身体的。如果上肢力量差，攀登时就容易疲劳，表现为手臂无力，酸疼麻木，逐渐失去抓握能力。失去抓握能力后，即使有好的下肢力量，也难以继续维持身体平衡。所以学习攀岩，首先要练好上肢力量，上肢又要以手指和手腕、手臂力量为主，再配合以脚腕、脚趾以及腿部的力量，使身体重心随着用力方向的不同而协调地移动，手脚动作的配合也就自如了。

（二）攀岩基本技巧

抓，用手抓住岩石的凸起部分。

抠，用手抠住岩石的棱角、缝隙和边缘。

拉，在抓住前上方牢固支点的前提下，小臂贴于岩壁，抠住石缝隙或其他地形，以手臂和小臂使身体向上或向左右移动。

推，利用侧面、下面的岩体或物体、以手臂的力量使身体移动。

胀，将手伸进缝隙里，用手掌或手指屈曲张开，以此抓住岩石的缝隙作为支点，移动身体。

蹬，用前脚掌内侧或脚趾的蹬力把身体支撑起来，减轻上肢的负担。

跨，利用自身的柔韧性，避开难点，以寻求有利的支撑点。

挂，用脚尖或脚跟挂住岩石，维持身体平衡使身体移动。

踏，利用脚前部下踏较大的支点，减轻上肢的负担，移动身体。

自由攀登是所有攀登运动的基础，它的广义定义为：靠一名攀登者自己的努力，在可用的地形上，不用确保绳、螺帽、膨胀锚桩和岩钉等这些为了怕坠落而设的设备，只用手和脚来攀爬。岩壁上的裂隙、岩洞、悬岩……组合成无穷的变化。

二、攀岩保护

攀登者是在保护人通过登山绳给予的保护下进行攀登的。登山绳的一端通过铁锁或直接与攀登者腰间的安全带连接，另一端穿过保护者身上与其腰间安全带相连的铁锁和下降器，中间则穿过一个或多个固定的安全支点上的铁锁。保护者在攀登者上升时不断给绳（或收绳），在攀登者失手时，拉紧绳索制止坠落。发生突然坠落时，冲击力是很大的，直接手握绳索很难拉住，冲击力主要是通过绳索与铁锁及下降器的摩擦力而抵消的。由于在保护支点上有很大的摩擦力，所以体重较轻的人是可以保护体重较重的人的。保护的形式一般按保护支点的相对位置分为以下两种。

（一）上方保护

保护支点在攀登者上方的保护形式。在攀登者上升过程中，保护人不断收绳，使攀登人胸前不留有余绳，但也不要拉得过紧，以免影响攀登者行动，这点在登大仰角时尤应注意。上方保护对攀登者没有特殊要求，发生坠落时冲击力较小，较为安全。进行下方保护时，使用的器材一般有安全带、铁锁和下降器。保护人收绳时，应注意随时要有一只手握住下降器后面的绳索（或把下降器两头的绳索抓在一起），只抓住下降器前面的绳子是难于制止坠落的。

（二）下方保护

保护支点位于攀登人下方的保护方式。没有上方预设的保护点，只是在攀登者上升过程中，不断把保护绳挂入途中安全支点上的铁锁中。这是领先攀登人唯一可行的保护方法，实用性较大，而且是国际比赛中规定的保护方法。但这种保护方法要求攀登者自己挂保护，而且发生坠落时，坠落距离大，冲击力强，因此一般由技术熟练者使用。

学练方法：

(1) 教师讲解示范。

(2) 在岩壁上练习攀岩方法，两人一组互相保护。

(3) 两人一组练习保护。

知识窗

极限运动健身方式——攀岩的益处

攀岩作为极限运动的一种，锻炼健身效果也是非常好的。

(1) 锻炼人的平衡感，当人在岩壁上行走的时候，基本动作的姿势是“三点不动，一点动”，要做到这样靠的是人的平衡感。

(2) 增强人的自信心，当面对比自身高出很多的岩壁，仍坚持克服困难，当完成攀岩登上高处的时候，此时会比别人更自重，更有自信。

(3) 提高人的注意力、集中力，当在攀岩的时候，需要人将注意力集中在脚下的岩块上，注意自己身体的每一个细节，这样有助于培养人对事物的专注力。

(4) 提高人的进取心，攀岩的过程非常艰难，当靠着自身的实力，克服重力，攀登时，总是会面临放弃还是继续坚持的选择，当克服各种困难登顶时，更会刺激人的进取心。

(5) 提高身体能力，攀岩是一项适合锻炼身体的运动，在进行攀岩运动的时候，需要用到手脚力量，要抗拒地心引力，自己承担自身重力，对体能的锻炼有好处。

(6) 提高柔韧性和协调性，攀岩除了需要体力之外，对于身体协调能力和柔软度也是必需的。

第三节　攀岩提高班技战术及学练方法

一、基本技术

(一) 攀岩的攀登技术

1. 手　法

攀登中用手的根本目的是使身体向上运动和贴近岩壁。岩壁上的支点形状很多，常见的也有几十种。攀登者对这些支点的形状要熟悉，知道面对不同支点，手应抓握何处，如何使力。根据支点上突出（凹陷）的位置和方向，有抠、捏、拉、攥、握和推等方法。休息地段要选择没有仰角或仰角较小，且手上有较大支点处，休息时双脚踩稳支点，手臂拉直，上体后仰，但腰部一定要向前顶出，使下身贴近岩壁，把体重压到脚上，以减小手臂负担，做活动手指、抖手动作放松，并擦些镁粉，以免打滑。

2. 脚　法

攀岩要想达到一定水平，必须学会腿脚的运用。腿的负重能力和爆发力都很大，而且耐力强，攀登中要充分利用腿脚力量。换脚是一项基本的技术动作，攀登中经常使用。常见到一些初学的朋友换脚时是前脚使劲一蹬，跃起，后脚准确地落在前脚原在的支点上，看起来十分利落，但实际上是错的，因为这样一方面使手指吃劲较大，另一方面造成身体失衡，更重要的是在脚点较高时，无法用这种方法换脚。正确方法要保证平稳，不增加手上的负担。

3. 重　心

攀登中，应明确地意识到自己重心的位置，灵活地控制重心的移动。移动重心的主要目的是在动作中减轻双负荷，保持身体平衡。一开始学时动作大都十分盲目，不知道体会动作，一心只想移升高度，其实初学者最好不要急于爬高，先做一段时间的平移练习，即水平地从岩壁一侧移到另一侧，体会重心、平衡、手脚的运用等基本技术。在最基本的三点固定，单手换点时，一般把重心向对侧移动，使手在没离开原支点之前就已经没有负荷，可以轻松地出手。横向移动时，要把重心向下沉，使双手吊在支点上而不是费力地抠拉支点。

4. 节　奏

攀岩讲究节奏，讲究动作的快慢和衔接。每个动作做完，身体都有一定的惯性，而且如果上一动作正确到位身体平衡也不成问题，这时可以利用这一惯性直接冲击下一支点，两个动作间不做停顿，这样你经常可以发现原来很困难的一些点，不知不觉间就通过了，否则过分求稳，一动一停，每个动作前都要先移动重心、调节平衡，然后从零开始发力，必然导致体力消耗过大。动作连贯，但不能毛糙，各个细节要到位。

5. 侧　拉

侧拉是一项很重要的技术动作，它能最大限度地节省上肢力量。使一些原本困难的支点可以轻易达到，在过仰角地段时尤其被大量采用。其基本技术要点是身体侧向岩壁，以身体对侧手脚接触岩壁，另一只腿伸直用来调节身体平衡，靠单腿力量把身体顶起，抓握上方支点。由于人的身体条件，膝盖是向前弯的，若面对岩壁，抬腿踩点必然要把身体顶出来，改为身体侧向岩壁就可以很好地解决这一问题，身体更靠墙，把更多体重传到脚上，而且可利用上全身的高度，达到更高的支点。

6. 手脚同点

手脚同点是指当一些手点高度在腰部附近时，把同侧脚也踩到此点，身体向上和向前压，把重心移到脚上，发力蹬起，手伸出抓握下一支点，这期间另一手用来保持平衡，这样的一种技术动作。手脚同点需要的岩壁支点较少，且身体上升幅度大，若支点较高，应打身体稍侧转，面向支点，腰胯贴墙向后坠，腾出空间抬腿，不要面向岩壁直接抬腿。脚踩实后，另一脚和双手发力，把重心前送，压到前脚上，单腿发力顶起身体，同点手放开原支点，从侧面滑上，抓所握下一支点，另一手固定不动调整身体平衡。

学练方法：

(1) 教师讲解示范。

(2) 两人一组练习攀岩技术，注意安全保护。

(二) 攀岩的线路规划及技术要点

1. 线路规划

一面岩壁安装着众多的支点，选择不同支点可以形成多条攀登线路，各人身体条件不同，都有各自不同的最优路线。练习时可以先看别人的攀登路线，根据自己的身体条件选择一条最优路线，并锻炼自己的眼力发现、规划新的线路，在正式比赛时，是不能观看别人路线的，必须自己规划。这就要对自己的身高臂长、抬腿高度、手指力量等有较清楚的了解。在练习当中，一面岩壁，在已经能够登顶后，往往还有不尽的利用价值。可以通过规划不同的线路来增加难度，一般是自觉地限制自己，放弃一些支点，如放弃某几个大点，或故意绕开原线路上的某个关键点，或

只使用岩壁一侧或中间的支点，或从一条线路过渡到另一条线路。

2. 攀岩运动基本要点

(1) 尽量节省手的力量。所有攀爬者应该具备手臂、手指、指尖及腰腹力量。手臂力量相对有限，在攀登过程中，应尽量用腿部力量，来节省手的力量。

(2) 控制好重心。控制重心平衡是攀岩过程中最关键的问题，重心控制得好就省力，反之，就会消耗许多不必要的力量。

(3) 有效休息。在攀登路线中肯定是有些地方简单，有些地方难，要想一口气爬完全程比较困难，所以想爬得高一些，应该学会有效地进行休息。

(4) 主动学调节呼吸。初学者往往忽略这一点。攀爬一条路线是一个连续的过程，从一开始就应该主动去调节呼吸，而不应该等快坚持不住了再去调整。

二、岩面攀登的基本战术

岩面攀登，顾名思义，一般先用手抓住不规则的岩石，脚再踏上原来把手之处。岩面攀登亦利用摩擦力和平衡来攀爬状似平滑的倾斜岩板。就某些方面而言，岩面攀登是最自然的攀岩法，像爬梯子般爬上一连串的把手点和踏足点。

岩面攀登须切记，一个把手点或踏足点的用途很广泛，看似良好的抓握式把手点也可用于下节介绍的各种技巧。要懂得因地制宜，运用得有创意。

(一) 把手点

攀登者可利用把手点保持平衡、引身向上，或提供各种形式的反作用力。五根指头全用上的把手点最稳固。把手点小时，指头之用法并不明显。例如四只指头勾住小的岩石边缘时，大拇指与其余四指方向相反地抵住岩边。把手点狭窄或把于岩石的小凹处，可交叠手指以增加把手点之压力。

最常见的把手点为抓握把手点。大的抓握把手点容许整只手掌包覆把手点，小的抓握把手点只容指尖勾住。手指尽量并拢可提升抓握力。把手点若不是容纳五根指头，其余指头须卷起，善用肌肉 / 肌腱的力量。使用抓握把手点要小心，某些把手法使手指头受力极大，可能导致受伤。

(二) 踏足点

攀登者使用踏足点多踩踏岩石边缘或利用摩擦力两种技巧，两种技巧皆适用的踏足点则取决于个人偏好和鞋具之类型。

使用踩踏岩石边缘法，鞋底边缘平放于踏足点上，用鞋底内侧或外侧踩踏皆可，但以内侧较轻易、安全。理想的接触点视情况而异，一般介于和大脚趾尖和关节肉团之间。足踵应高于足趾，如此较精确，但放低脚跟较轻松。用登山靴或攀岩鞋尖踩踏（挤塞——Toeing In）非常疲倦。多练习之后当能有效利用小的踏足点。

利用摩擦法者，脚尖须朝上，鞋底“黏”在踏足点上。攀岩鞋或柔软的登山靴最适合此技巧。低角度的岩石不需要真正的踏足点，只要鞋底和岩石接触面之摩擦力足够即可。遇陡峭地形则须将足尖“黏”在踏足点上，不规则之岩面即可提供摩擦力和稳固性。

焦虑常使疲倦加剧，疲倦令腿部肌肉痉挛而颤抖，好像踩缝纫机一般。此时最好心情放轻松、更换腿部姿势——移向下一个踏足点、放低脚跟、腿部打直。

踩踏足点时，尽量在踩踏面积上施力。弯屈足踝可增加鞋底和踏足点之接触面积，加大抓握力。身体倾离岩壁可在踏足点产生向内和向下之压力，增加稳定性。

落脚前先决定如何善用踏足点，然后保持该姿势。虽然有时需要落脚以便踏得更稳，但应避免反复试探，以免浪费时间及体力，也容易滑落。踏足点极狭时，切不可随便乱动，任何动作或旋转皆可导致鞋底滑离踏足点。向上踩踏点和移动另一只脚时，保持脚的姿势不动，需要技巧和全神贯注。

大的踏点称为“凹洞踏点”，使用时，脚只需踏进到能保持平衡的程度即可。踏入太多反而迫使位于下方的脚向外移而失去平衡。

膝盖容易受伤，无法提供稳定性，最好避免使用。但资深之攀登者偶尔会用膝盖避免特别高或困难的步阶。不用膝盖主要考虑是避免碎石或尖利的水晶戳伤膝盖而站不起来。若位于悬岩下，无充分空间轻易站起来，膝盖又受伤就得不偿失。

倾斜岩板亦称之为摩擦力攀登，需自由运用摩擦力技巧。平衡和步法技巧是成功的关键。

务必弯曲足踝（脚跟放低），重量放在脚趾肉团上，使鞋底和岩石间之摩擦力最大。身体勿倾向坡面，致使双脚离地。应将重量置于双脚，弯腰使手接触岩面，将臀部向后推。

跨小步以保持平衡。找窄小的边缘、粗糙的岩面或角度改变之处以便落脚。最难爬的斜岩上面，必须用手或脚感觉，才能找到最粗糙的岩面。

斜岩攀登尚可运用其他技巧，偶尔可找到岩面抓握点和裂隙。用手指、拇指、手掌基部向下施压于窄小边缘或不规则的岩石。窄小边缘可用背向后倚式。找可用大字式攀登法之处就有机会休息。

（三）向下推

置手指、掌心、掌侧或掌跟于把手点，向下用力推；非常小的把手点可用大拇指向下推。

下攀时，一个把手点可做抓握把手点，越过此把手点后，再用向下推的点。下推点可单独使用或与其他点并用，如用于反作用力与靠背式攀登法或烟囱式攀登法。一只手伸出去用肘部固定，在向下推的把手点上保持平衡，另一只手攀向下一个把手点。

（四）撑起式攀登法

撑起式攀登法是下推法的专门技巧，当高处没有把手点时，先低下身子，用手向下推，顺势把身体撑上去。

典型的撑起式攀登法将双手平放在与胸同高的岩石边缘，掌心向下，双手手指相对，手臂伸直撑起身体，脚先向上走几步或自踏足点跃起，较易撑起身体。然后将一只脚提到岩阶，再站起来。但不是每一次都能用这种基本的撑起式攀登法，因为岩阶可能太高、太小或太陡。

若岩阶极窄，可用掌跟，手指向下。岩阶若高过头，先把它当成抓握点，身体移上去后再转换成下推点。若岩阶放不下双手，则用单手撑起，另一只手利用任何可用的把手点或靠在岩壁平衡。别忘了留位置容纳脚。

撑起式忌用膝盖，因为如此很难再站起来，尤其上方岩面陡峭或遇有悬岩时。有时撑起中途能伸手到把手点，帮助站起来。

攀岩装备

攀岩主绳：由高强度的尼龙按特殊方法编织而成，延展性很强，可以吸收大部分跌落时所产生的冲击力，减低对攀爬者的伤害。

安全带：有分散冲击力的作用。为了方便起见，与绳子连接，而不用把绳子直接绑在腰上，使之更加舒适、安全。

攀岩鞋：专门为攀岩而设计的“小鞋”，用高摩擦力橡胶包裹着可能用到的脚部的各个部分（脚尖、脚掌内外侧、脚跟）。

保护器：又称确保下降器，是利用器械与绳子产生摩擦力，让绳子因磨擦而减速，以至停止滑动，保障跌落者的安全。

攀岩主锁：是用来连接绳子与保护点，安全带与确保下降器，携带器材等。总之攀岩是离不开主锁的。

镁粉和粉袋：能吸手汗和增加手指摩擦力，粉袋挂于腰后，双手可随时蘸取，取粉的时候还能顺便放松一下。

第四节　攀岩规则简介

一、攀登壁

(1) 所有国际竞赛攀登委员会（ICCC）核准的比赛必须在专为攀登比赛设计的人工攀登壁上举行，其垂直高度至少12米，宽度至少3米，且足以设计长度至少15米的路线。

(2) 攀登壁的所有板面均能作为攀登使用。

(3) 攀登不得使用板面的侧缘或上缘。

(4) 如攀登路线必须在板面上划定边界，以与其他路线分开，此边线应使用连续且能清晰辨识的标示。

(5) 攀登路线的起攀线必须清楚标示。

二、路线观察与练习

(1) 路线观察期间：除非另有规定，难度、难度淘汰、速度及抱石比赛已报到该场之选手在比赛开始前均有观察期间以研究路线。队职员不得陪同选手进入观察区。所有在观察区之选手必须遵守隔离区之规定。

(2) 观察时间由裁判长与国际前攀员磋商后决定，不得超过6分钟。

(3) 选手于观察期间必须在指定之观察区，不得攀上板面或站在任何器材或桌椅之上。选手不得以任何方式与观察区外之人员联络，仅得向裁判长或分组裁判（Category Judge）询问比赛相关问题。

(4) 在观察期间选手得使用望远镜观察路线并以手抄方式绘图或笔记。其他观察或记录器材均不允许。选手得触摸起攀点，但双脚不得离地。选手有责任充分了解所有关于比赛路线的规定与说明。

(5) 选手除了在正式观察期间外不得取得任何路线的信息。

(6) 在观察期间结束时选手应立即返回隔离区，任何不当延迟或违反裁判长或分组裁判指示者，将予“黄牌”警告，任何进一步的延迟将依据规定予以取消资格。

(7) 路线练习：当比赛可事先知晓路线并进行练习时，裁判长在与国际裁判员磋商后，决定时间表、程序及选手练习时间长度。

三、攀登前之准备

(1) 在接到通知离开隔离区进入预备区时，选手除核定的工作人员外不得由任何其他人陪同。

(2) 在抵达预备区时，选手必须穿上攀岩鞋，以规定之绳结系上绳索，并做好攀登的最后准备。

(3) 在选手允许进行路线攀登之前，所有攀登装备和绳结必须经指定之工作人员检查与认可，以符合安全及其他 ICCC 的规定。指定使用的绳结为“8”字结。选手对于其攀登时所穿着之装备与服装负有全部且唯一的责任。使用非认可的装备与绳结、比赛背心未经认可的修改、不符合规定的广告、及违反任何 ICCC 规定之选手均得立即取消其资格。选手离开预备区后，不论在任何情况下均不得回到隔离区。

(4) 选手必须完成离开预备区的准备，并在指示下进入比赛场地。任何不当的延迟或未遵守分组裁判的指示得立即予以“黄牌”，任何进一步的延误将依据规定予以取消资格。

四、技术事件

(1) 技术事件的定义为：绳索紧绷以协助或妨碍选手；岩点断裂或松开；快扣或钩环不当的位置；任何非选手动作造成的不利或不公平的有利于选手的偶发事件。

(2) 确保员必须随时保持绳索的适当松弛。任何绳索紧绷将视为对选手的外力帮助或妨碍，分组裁判应宣告技术事件。

(3) 技术事件应以下列方式处理：

① 当技术事件由分组裁判提出时：如选手愿意且仍然处于正当位置，可选择继续攀登或技术事件。当选手选择继续攀登，之后不得再以与该技术事件相关之理由申诉。如选手因技术事件而处于非正当位置，分组裁判应立即决定是否宣告技术事件并停止选手攀登（并依据技术事件之规定允许选手之后再行攀登）。

② 当技术事件由选手提出时：当选手正在攀登时，必须指出技术事件之性质，并在分组裁判的同意下继续或停止攀登。如选手选择继续攀登，之后不得再以与该技术事件相关之理由申诉。当选手由于技术事件而处于非正当位置时，分组裁判应立即作出决定，且该决定为最后之决定。当选手坠落并宣称技术事件造成该坠落，此时该选手应立即送至特别隔离区并等候该宣称之技术事件的调查结果。总定线员应立即检查该宣称之技术事件并向国际裁判员、分组裁判及裁判长报告。裁判长（在将技术事件与选手之任何不当使用岩点列入考虑后）做出最后决定并不再接受该决定的申诉。

③ 选手在技术事件确认后应在一分隔之隔离区给予恢复时间，并不得与 ICCC 和大会工作人员外之人员接触。选手必须立即决定希望何时开始下一次的攀登。该攀登必须在下一选手之后且在下五选手之前。选手在两次攀登之间最多给予 20 分钟。

④ 在完成合法攀登后，应以选手攀登该路线达到之最佳成绩作为记录。

五、为裁判目的而拍摄之录像带

(1) 当选手在攀登中有犯规嫌疑而分组裁判认为需检视录像带才能确定选手是否犯规时，分组裁判应让选手继续攀登。待选手完成攀登后，分组裁判应立即告知该选手，其成绩须于该场次赛完后重新检视录像带方能确认。

(2) 高度测量：分组裁判对于有疑问之高度测量，可于该场次赛完后，重新检视大会录像带以确认高度。

(3) 为裁判目的的录像：① 分组裁判及裁判长仅得使用大会录像带为裁判之依据。② 只有裁判长、分组裁判、国际裁判员及ICCC代表可检视大会录像带。

攀岩肌力训练的常用方法

◇上臂肌——分为前、后群，前群主要是肱二头肌，后群主要是肱三头肌，前群屈肌一般可用负重弯举、引体向上等方法加以训练；后群伸肌则采用双杠支撑臂屈伸，手倒立臂屈伸等方法。

◇前臂肌——分为前群肌和后群肌，前群肌可用反缠重锤、反握负重腕屈伸等方法；后群肌可采用正缠重锤，正握负重腕屈伸等方法。手肌常用手指悬垂、握力器、指卧撑和手指抓重物等方法。

◇盆带肌——分为前群肌和后群肌，前群肌主要是髂腰肌，可用悬垂举腿，仰卧起坐等方法；后群肌主要是臀大肌，可用后蹬跑，跑斜坡、俯卧背腿等方法。

◇大腿肌——分前、后群肌，前群肌主要是股四头肌，可用负重深蹲、蛙跳、鸭子步走等方法；后群主要是股二头肌，可用负重腿屈伸，后踢腿等方法。

◇背肌——主要是指背阔肌，可用单杠引体向上，爬绳，向后或向体侧拉拉力器等方法；另外，还有竖脊肌，可用提拉杠铃（或壶铃）、负重体前屈等方法。

◇胸肌——主要是指胸大肌，可用双杠臂屈伸、卧推杠铃、俯卧撑等方法。

◇腹肌——主要是指腹直肌、腹内、外斜肌、腹横肌和腰方肌，一般采用脊柱前屈（两侧收缩）、侧屈（一侧帐缩）和旋转身体等方法。

必须指出的是，在每次进行力量训练之后，要特别注意肌肉的放松及拉伸，以防止肌肉僵化，失去弹性。

【思考题】

1. 简述攀岩运动的起源及在我国的发展。
2. 简述攀岩的功能及锻炼价值。
3. 简述攀岩技术。
4. 简述攀岩比赛规则。

【参考文献】

1. 国家体育总局职业技能鉴定指导中心组.攀岩[M]. 北京：高等教育出版社，2012.
2. (法)弗莱德·拉布尔沃.户外攀岩爱好者手册[M]. 北京：人民邮电出版社，2015.

第二十四章　定向运动

* 定向运动的识图与指北针的正确使用
* 越野跑基本技术
* 定向运动路线选择
* 定向运动竞赛规则

第一节　定向运动概述

一、起　源

定向运动是参加者借助地图和指北针选择道路，按照规定顺序独立完成寻找若干个标绘在地图上的地面检查点，并以最短时间跑完全程的运动。“定向”一词最早出现在1886年的瑞典，距今已有上百年的历史。其最初的意思是在地图和指北针的帮助下穿越不为人知的地带。定向运动起源于19世纪末欧洲北部的斯堪的纳维亚半岛。定向运动主要包括徒步定向（定向越野）、滑雪定向、山地车定向、轮椅定向。本章主要以定向越野为主。

二、发　展

最早将定向运动作为一项体育活动进行开展是1918年的瑞典，一位名叫吉兰特的士兵领袖组织了一次用地图和指北针进行的“寻宝游戏”，并以此来训练士兵在山林地辨别方向、选择道路和越野行进的能力，而他当时没有想到，这次游戏竟然成了一项风靡全球的体育运动。到了20世纪30年代，“寻宝游戏”已经传入芬兰、挪威和丹麦等其他国家并得到迅速推广，并在1932年举行了第一次世界定向运动比赛。1961年5月，在丹麦首都哥本哈根成立了国际定向运动联合会

(简称IOF)，确定了正式的比赛项目，制定了一系列的比赛规则和技术规范，并决定从1975年开始每两年举行一次世界性的定向运动比赛。国际定向运动联合会发展到今天，已经拥有成员国70多个。1995年，在IFO（国际定向运动联合会）注册的世界公园定向运动组织（简称PWT）将定向运动从传统的森林引入到公园和校园中来，创造了另一种全新的定向运动概念。1978年，国际定联得到国际奥委会的承认，定向运动被列为奥运会体育项目。1998年在日本举行的冬季奥林匹克体育运动会上，定向运动成为比赛项目。

定向运动于1979年传入我国香港。1983年3月，解放军体育学院（现为军事体育综合训练基地）组织了一次“定向越野试验比赛”，这是我国最早的定向运动比赛。1986年，国家体委（现为国家体育总局）批准成立中国定向运动委员会，并同意其申请加入国际定联，1991年12月，中国定向越野委员会在中国无线电协会下成立。1992年国际定联接纳我国为该会正式会员国(1995年中国定向运动委员会更名为中国定向运动协会)。2002年5月，在四川绵阳举行的第二届全国体育大会上，定向运动首次走入我国综合性运动会，标志着定向运动在中国得到了空前的发展。与此同时，中国定向协会还举办了各种形式的世界大赛，特别是在北京、浙江、上海、云南等地举行的世界公园定向巡回赛对于推动定向运动在我国的发展起到了重要的作用。

三、健身价值

定向运动的价值可以分为健身价值、益智价值、育德价值、娱乐价值、社交价值和经济价值六个方面。

（一）健身价值

定向运动最突出的价值就是健身价值，它可以强身健体，增强体质。

（二）益智价值

定向运动也是一种智力活动，它具有积极的益智价值。

（三）育德价值

所谓育德，也就是培养道德品质。定向运动由于在环境、条件和比赛方法上的特殊性，在培养道德品质方面，更具有其独特的作用。

（四）娱乐价值

定向运动的竞赛性、游戏性、情趣性和神秘性，能给人们带来调节身心的良好效果。

（五）社交价值

体育比赛既是一种对抗，又是一种交流和交往。

（六）经济价值

定向运动的广泛开展，必然带动相关产业和服务业的发展，它所带来的经济效益是不可小视的。

定向运动是一项非常健康的智力与体力并重的智慧型体育运动项目，集群众性、趣味性、知识性、竞争性和国防教育于一体，定向运动不仅可以锻炼身体，培养学生积极上进、坚韧不拔和顽强拼搏的意志品质，还可以使学生在参加比赛的过程中形成健康积极向上的乐观心态，增进学生社会交往，增强学生的社会适应能力，促进高素质人才的培养。

知识窗

国际定向运动联合会主办及正式认可的比赛

(1) 世界定向锦标赛（WOC）：始于1966年，每两年举行一次。

(2) 世界青少年定向锦标赛（WJOC）：始于1990年，每年举行一次。

(3) 世界元老锦标赛（WMOC）：始于1998年，每年举行一次。

(4) 世界杯赛（WC）：始于1983年，每两年举行一次。

(5) 世界公园定向锦标赛联赛，或称世界公园定向巡回赛（PWT）每年举行一次。

第二节　定向运动基础班技战术及学练方法

一、基本技术

(一) 地图比例尺

比例尺是地图上最重要的参数值。要想学会识别、使用定向地图，首先应懂得地图比例尺。

1. 比例尺概念

图上某线段的长度与相应实地水平距离之比，就叫地图比例尺。

$$\text{地图比例尺} = \frac{\text{图上长}}{\text{相应实地水平距离}}$$

如某幅图的图长为1厘米，相应实地的水平距离为150米（15000厘米），则这幅地图是将实地缩小15000倍测制的，1与15000之比就是该图比例尺，叫1：15000或1：1.5万地图。

2. 图上距离量算

(1) 用直尺量读：用刻有“直线比例尺”的指北针量读时，根据在尺上的数值在图上直接读出相应实地的距离；用“厘米尺”量读时在图上先量取所求两点间的长度，在乘以该图比例尺分母，得出相应的水平距离（结果需换算成为米或公里）：实地距离 = 图上长 × 比例尺分母。如在1：1.5万地图上量得某两点之间的距离为4毫米（0.4厘米），则实地水平距离为：4毫米 × 15000 = 60000毫米（60米）。当计算两点之间的弯曲距离时（公路、山路），可将曲线切分成若干短直线，然后分段量算并相加。

(2) 用手量读：就是提前测量好并熟悉自己手指、骨节等的宽度、长度、厚度等，在比赛中替代厘米尺的作用。还有熟悉自己的指甲、头发对判断地图细微距离很是有用。

(3) 估算法：又叫心算法，在比赛中具有实用价值。首先要能够精确地目估距离，包括图上的距离和实地距离，在地图上能够辨别0.5毫米以下的尺寸差异，在实地目估距离误差不超过该距离总长度的1/10。熟知几种常用单位尺寸与相应实地水平距离的对应关系如：在1：10000的地图上，1毫米等于实地距离的10米，2毫米等于实地距离20米等。

（二）地图符号识别

识别越野图的符号对于正确地使用越野图是十分重要的。而识别符号不能靠机械地记忆，需要了解它们的制定原则，了解符号的图形、色彩和表意之间的逻辑联系，这样才能根据符号联想出每一种地面物体的外形、特点。

1. 符号的分类与颜色

地貌，用棕色表示。这类符号还包括小丘、小洼地、土崖、冲沟、陡坡和土垣等表示地面详细形态的专门符号。

岩石与石块，用黑色表示。岩石与石块是地貌的特殊形式，它们既可以为读图与确定点位提供有用的参照物，又可以向运动员表明是危险还是可奔跑通行的情况。为使它们明显地区别于其他地貌符号，这一类符号使用了黑色。

水系与淤泥地 / 沼泽地，用蓝色表示。这类符号包括露天的明水系和水生或沼泽生的植物。

植被，用空白或黄色和绿色普染表示。植被情况的详细区分和全面表示非常重要。植被是按下列基本原则表示的：白色（空白）指一般性起伏地上的树林的密度适度，地面上无阻碍行进的灌木或杂草丛，可以按正常速度奔跑的地区。黄色指空旷的地域。分为空旷地，半空旷地及凌乱的空旷地。绿色指树林中密度较大的地区。按可跑性分为慢跑：使正常跑速降低 20% ~ 50%；难跑：使正常跑速降低 50% ~ 80%；通行困难：使正常跑速降低 80% ~ 100%。上述可跑性的区分均取决于树林的生态，如树种、密度及矮树、草丛、蕨类、荆棘和荨麻等的生长情况。

人工地物，用黑色、灰色表示（灰色表示下面可通行的建筑）。包括各种道路、房屋、栅栏和境界等地图符号。

比赛路线符号，用紫色表示。比赛路线及其通行、障碍、危险和保障等情况一般比赛是用手工绘制在地图上的，高级别、大规模比赛则用套印的方法将这些情况印刷在地图上。

2. 国际定向图例

国际定向图例如图 24–2–1 所示。

地　貌
Land forms

基本等高线 Contour
指标等高线 Index contour
辅助等高线 Form line
冲沟 Erosion gully
小冲沟 / 干沟 Small erosion gully
示坡线 Slope line
土坎 / 土崖 Earth bank
坑洼地 Broken ground
等高线注记 Contour value
土墙 Earth wall
小土墙 / 破土墙 Small earth wall
丘 / 山顶 Knoll
小丘 Small knoll
狭长小丘 Elongated knoll
凹地 Depression
小凹地 Small depression
土坑 Pit
特殊地貌符号 Special land form feature

图 24–2–1

3. 确定站立点

对照地形，就是要通过仔细地观察，使图上和实地的各种地物、地貌一一“对号入座”，即相互对应。通过对照地形，才能在实地找到已选定的最佳行进路线。对照地形一般应先标定地图，然后根据不同的需要采用不同的对照方法。

（1）在站立点尚未确定前：首先应概略地标定地图，然后迅速地观察一下周围，记清最大或最有特征的地物、地貌的大概方位与距离，并从图上找到它们，此时站立点的位置即可概略地确定。

（2）在站立点已经确定之后：同样首先应概略地标定地图，然后从图上查明自己选定的运动路线上近前方两侧的特征物，同时记清他们的大概方位与距离，并将它们在现地辨别出来，然后再前进。如果因为地形太复杂，如山丘重叠、形状相似等，不易进行对照，可以先采用较精确的方法标定地图，然后用带刻度尺的指北针的长边切站立点和特征物，并沿这条直长边向前瞄准，则特征物一定在此方向线上。如此方法还不能解决问题，应变换对照位置，或者登高观察和对照。在这里需要特别强调的是，无论在什么情况下进行现地对照地形，都必须特别注意观察和对照地形的顺序与步骤问题。现地对照地形的顺序一般是：先对照大而明显的地形，后对照一般地形；由近及远，由左至右；由点及线，由线及面；逐段分片，有规律地进行对照。在步骤方面，首要的、也是必不可少的是要保持地图方位与现地方位的一致，然后再根据不同需要进行下面的步骤。

（三）越野跑的基本技术

定向运动的越野跑实际上是一种长距离的间歇式赛跑（在途中常常需要停下来看图或定向）。它同其他长跑项目一样，要求一方面能够尽可能地减少人体能量的消耗，维持一定的跑速，另一方面又能根据比赛的情况，具有加速度的能力。因此，初学者应认真掌握越野跑的基本技能。

在道路上时，技术基本上与中、长跑技术相同，并尽量注意在路面平坦的地方奔跑。

在草地上时，用全脚掌着地，同时留心向前下方看，以免陷入坑洼或碰在石头上。

上坡时，上体应前倾，大腿高抬一些，并用前脚掌着地，小步跑上去。遇到较陡的斜坡，可改用走步的方法或用“之”字形跑法（走法）。必要时可用单手或双手辅助攀登。

下坡时，上体应稍后倾，并以全脚掌或脚跟着地的方法进行，遇到较陡的下坡或坡面很滑的斜坡，可用侧脚掌着地，甚至采用蹲状的并用手在体后牵拉（草、树）、撑（地）方式行进。到达下坡的末端（一般 8 ~ 10 米），便顺坡势疾跑至平地。

从稍高的地方（1.50 米以下）往下跳时，可用跨步跳的动作：踏在高处的腿（支撑腿）必须弯屈，另一腿则向前下方伸出，跳下，两脚着地并以深屈膝来缓和冲击的力量。同时，在落地时，两脚应稍微前后分开，以便继续前跑。从很高的地方往下跳时，应设法降低下跳的高差，根据情况采用坐地双手撑跳下或侧身单手撑跳下的方法。落地时要注意两腿深屈。

在树林中奔跑时，注意不要被树枝、树叶和藤蔓等剐伤，特别要防止被树枝戳伤眼睛。此时一般都用一手或两手随时护住脸部。

遇到小的沟渠、壕坑、矮的灌木丛或倒伏树木时，要增加跑速，大步跨跳而过；在落地的同时，上体稍向前倾，以便保护腰部与便于继续前跑。在通过较宽的（2. 5 ~ 4 米）的沟渠时，需用 15 ~ 25 米的加速跑，采用大跨步跳和跳远的方法越过。应注意做好落地动作，防止后倒。遇到大的倒伏树木、其他矮障碍物，可以用踏过它们的方法越过。遇到较高的障碍物（不超过 2 米），如矮围栏、土垣等，可用正面助跑蹲跳和一手或双手支撑的方法翻越。

通过独木桥等狭窄悬空的障碍物时，应采取使脚面外转成八字的跑法。如果这类障碍物很长，就不应跑，而应平稳地走过。

学练方法：

（1）不同地图比例尺换算。

（2）两人一组熟记定向运动地图符号。

（3）不同地势进行越野跑练习。

折叠地图的要领

(1) 沿地图磁北线方向折叠，用图时无须再确定磁北线方向。

(2) 折叠后的地图绝大部分都能握在手掌内，用手掌拖着地图。

(3) 保证折叠后的地图还有足够的可视区域。

二、基本战术

选择进攻点就是选择检查点附近的某个明显特征物，是参加者借以接近并最后找到检查点的依托，就像战士进攻选择一个地物借以隐身，接近敌人，故叫进攻点。进攻点不是在任何情况下都需要，如检查点位于明显地形点（现状的或点状的）上，利用按图的行进的借线法、借点法等就可以找到该点。进攻点的选择通常是参加者采用概略定向还是精确定向战术的依据，又有可能是二者的结合部（转换处），对两种战术的选择、发挥、转换影响极大。

（一）概略定向

概略定向就是采用拇指辅行法、借点法、借线法、偏向瞄准和水平位移动法等基本的按图行进方法，甚至就是单纯地采用 SILVA 1-2-3 系统直径找点的方法，以最快的速度，少看图，甚至不看图的办法前进。

（二）精确定向

当一个比赛路段中没有较大、较明显的特征物可用，或者检查点位于细碎特征物之上、之中时，就需要采取精确定向的战术。精确定向最重要的是细心，读图要细心、运用指北针瞄准前进方向（SILVA1-2-3 系统）要细心，并且经常离不开步测、目测等方法的辅助。为了保证自己的注意力能够集中，在精确定向时要控制好运动速度，并且特别需要时时明确自己所在的位置。

学练方法：

根据地图、地形实地练习。

第三节　定向运动提高班技战术及学练方法

一、基本技术

（一）指北针

指北针在野外的主要作用有：辨别方向、标定地图、确定站立点与目标点的方向，简易测绘。

1. 定向越野专用指北针

在定向越野专业比赛中，选手们通常使用专业的定向越野指北针。这是一种主体为透明有机玻璃的机板式的指北针，由于它的磁针盒内充满一种起稳定磁针作用的特殊液体，因此很适合在奔跑时使用。

2. 磁方位角的概念

磁方位角是指从某点的磁北方向线起，依顺时针方向到目标方向线间的水平夹角。在指北针的分度盘上，刻有360° 制的角度数值，每小格为2° ，当0° （N）刻划与磁针北端（即此北方向）对正之后，相应的，90° 处为东，180° 为南，270° 为西……基于这个构造特点，我们就可以根据磁方位角的原理在图上或现地量测出站立点至任何一个目标的准确方向。

（二）与现用地图相关的野外知识

1. 野外迷失的解决方法

我们即使掌握了现地使用地图的各种方法，但是在野外遇上天气不良或由于自己的心理、身体状态出现故障时，迷路甚至迷向，找不出站立点位置的问题仍然可能出现。解决野外迷失问题的常见方法有。

(1) 沿路道路行进时，应尽早停止行进，标定地图后选择最适合的方法确定站立点，然后尽量取捷径插到原来的正确路上去，不得已时再返回原路。

(2) 在树林中行进时，根据走过来的大致方向，概略距离，找出最近的发生偏差的那个地方，并以此为基础，确定出站立点的概略位置。

2. 现地对照地形的方法

对照地形属于野外使用地图的一种基本技术，在野外迷失或无法确定站立点的情况下，对照地形的方法就是解决该问题的最有力武器。对照地形，就是通过仔细观察地图上与现场的各种地物、地貌一一“对号入座”、相互对应。在这里特别强调的是，无论在什么情况下进行现地对照地形，都必须特别注意观察和对照地形的顺序与步骤问题。现地对照地形的一般顺序是：先对照大而明显的地形，后对照一般地形；由近及远，由左至右；由点及线，由线及面；逐段分片，有规律地进行对照。在步骤方面，首先，也是必不可少的是要保持地图方位与现地方位的一致——标定地图，然后再根据不同需要进行余下的步骤。

3. 野外辨别方向的简易方法

在自然界，有些动物是具有辨别方向本能的，例如鸽子。有关专家经过测验证明，人类的某些成员也具备这种能力，但是绝大多数都不具备，或者仅仅是潜在地具备。因此，人们要在野外确定方向，主要还是依靠经验和工具。几种简易的方法如下。

(1) 利用地物特征，例如，下述地物可以帮助我们辨别方向：房屋——房屋一般门朝南开，我国北方尤其如此。庙宇——庙宇通常也南向开门。尤其是庙宇群中的主要殿堂。树木——树木通常朝南的一侧枝叶茂盛，色泽鲜艳，树皮光滑，向北的一侧则相反。

(2) 利用太阳与时表判定，在昼夜按以下方法，能较快地辨别出概略的方向：在北半球将时刻表的时针指向太阳，时针与12点形成的角平分线方向，即为南方。在南半球，将时刻表的12点向太阳， 12点与时针形成的角平分线方向，即为北方。

学练方法：

(1) 了解指北针构造，掌握指北针的功能。

(2) 到郊外实地运用指北针进行方位判定。

(3) 到山区用指北针进行实地方位判定。

知识窗

好的定向习惯

1. 出发点

浏览全图，明确基本走向，明确出发点与终点位置。

2. 途中跑

(1) 经常“北对北”给地图定个向。

(2) 随时明确站立点，选择最佳路线。

(3) 熟悉所选路线两侧的主要地形，并牢记于心。

(4) 养成“人在地上走，心在图上移”的习惯。

3. 寻找检查点

(1) 不要盲目打卡，确认点标的代号后再打卡。

(2) 打卡要快，离开要快，避免为他人指示目标。

(3) 到终点后，立即将检查卡交给收卡员，并迅速离开终点区。

二、基本战术

(一) 定向运动路线选择

1. 选择路线的标准

简单地说，最佳行进路线应该是：省体力、省时间、最安全、最便于发挥自己的技能或体能优势。

2. 选择路线的基本问题

当遇到高地、陡坡、围栏之类的障碍时，是翻越还是绕行？

当遇到密林、沼泽、水塘之类的障碍时，是通过还是绕行？

3. 选择路线应遵循的原则

(1) 有路不越野。应尽量选择沿道路行进，这是因为：在道路上容易确定站立点，使运动员更具信心；地面相对光滑、平坦，有利于提高奔跑速度。

(2) 走高不走低。如果不得不越野，应尽量在高处（如山脊、山背）行进，避免在低处（如山谷、凹地）行进。这是因为：地势高，展望好，便于确定站立点和保持行进方向；高处通风、干燥，荆棘、杂草、虫害及其他危险少；人们都习惯在高处行走。因此，在山脊这样的地方，常常会有放牧、砍柴的人踏出的小路，利用它，便于提高运动速度。

学练方法：

实地模拟路线选择练习。

(二) 校园定向比赛的组织

1. 组织比赛的基本因素

(1) 熟练的、经验丰富的工作人员。他们应该能够独立或合作完成以下工作：场地选择；地图测绘；路线设计；赛前、赛后的召集与宣传工作；赛前准确、及时地布置检查点；赛前布置起 / 终点；对新参加人的教学讲解；稳妥、正确地主持起 / 终点的全部程序。

(2) 地形条件。地形单调还是丰富？是否适合定向？在过于单调或不适合定向的地形条件中比赛，既不能体现定向运动的特性，还会引发其他一系列大大小小的问题。

(3) 地图是否符合 IOF 标准？符合的，定向高手会赢；反之，新手会侥幸获胜，甚至让比赛过程的安全、顺利这样的基本要求都没有保障。

2. 比赛路线设计的因素

(1) 比赛路线的总长度、爬高量。这是预计参赛人体力消耗的主要参数。

(2) 检查点数量。点多困难，点少容易；点多则用时长，点少则用时短。

(3) 点的位置选择。初级比赛的检查点运用基本定向技术就能找到；高级比赛的检查点需要运用高级的定向技术才能找到。

(4) 赛员分组。面对形形色色的，在技术、体能和参赛目的等方面差异巨大的参赛人群，分组设计要适应他们的技能、体能情况吗？要考虑他们对参加比赛的期待吗？

(5) 比赛限时（有效时间）。要设法使 80%以上的参赛者能够完成（夺分式除外）。

只有进行过仔细、严格的现地路线勘踏，包括试赛，并掌握了参赛人的各方面情况之后，才有可能准确预计出来。

3. 比赛季节、气候因素

(1) 季节。植被会因季节变化而变化，参赛人的技术、体力、心态也会随之受到影响。在某些地理环境中，还有增大运动伤害的可能性。

(2) 温度。路线的难度（长度、点数）要随着气温的改变而改变。譬如：同一个运动员，在春暖花开的春季可以顺利完成 10 千米的赛程，但在炎热的夏季，他只能勉强完成 8 千米。

(3) 天气。晴天、雨天；刮风、起雾——包括昼间还是夜间，这些天气会对地图、对参加人带来有哪方面的、什么样的影响？需要采取什么样的应对措施？

4. 参赛人员的因素

(1) 参赛人员的定向技能、体能。对初次参加的人的教学、讲解要浅显易懂、简单明确。必须把关键的、直接影响初学者安全与成绩的问题讲解透彻：识图用图是关键；比赛规则要清楚；比赛常识不能漏！并且申明：在野外就有发生意外的可能，自己必须量力和小心！

(2) 参赛人的心态（他们带着什么目的参赛？）基本可以忽视不计，但是商业性、娱乐性的定向活动必须认真对待。

5. 比赛规则（裁判）的因素

(1) 奖励问题。奖励，包括物资的和精神的在内，都不要设立得过高。

(2) 判罚、处理的尺度。虽然规则是铁律，必须严格执行并要一视同仁、贯彻始终。但是也有不得不“严教轻罚”的时候，如在赛事标准不高、组织工作有缺陷、使用不良或落后的设备器材的赛事时。

6. 参赛人员满意的因素

需要我们永远坚持的“二八定律”：比赛结束，要判断是否有 10%的人希望提高定向技能（想成为专业选手？）；是否有 70%的人希望还能再次参加；综合各种情况判断，看看是否有 80%以上的参赛人对您组织的赛事满意？以定向运动这个充满魅力的项目本身的特点来说，如果一次比赛的满意度低于 80%这个比例，那您组织的定向越野比赛是否合格，这就需要组织者认真地总结经验教训了。

学练方法：

(1) 定向设点练习。

(2) 组织比赛练习。

第四节　定向运动规则简介

一、违规与处罚

运动员或教练员违犯规则将受到处罚，包括通报批评、警告、取消比赛资格、取消若干场比赛资格、罚款和没收公平竞赛保证金、停止半年、一年或若干年参加比赛资格及撤销运动员技术等级称号的处分。

1. 下列情况应给予通告批评或警告

(1) 擅自出入隔离区、出发区。

(2) 携带移动电话、对讲机、电脑或其他通信设备进入隔离区。

(3) 携带涉及赛区的旧版地图进入隔离区。

(4) 在起点区或终点区不听从现场工作人员指挥。

(5) 在出发区影响他人比赛。

(6) 整个代表队完成比赛，离开赛场前未到竞赛中心签到。

(7) 携带分图用笔进入赛场。

(8) 第一次出发犯规。

(9) 有违反环保指南的行为。

2. 下列情况中如果运动员获利，取消比赛资格，或者给予警告

(1) 没有将号码布清晰佩戴在胸前和后背的显著位置。

(2) 没有按原样佩戴号码布。

(3) 在比赛中接受他人帮助。

(4) 在比赛中为他人提供帮助。

(5) 在比赛中使用通信工具。

(6) 在离开出发线之前从地图箱取得地图。

(7) 在比赛中使用非组织方提供的地图。

(8) 在比赛中跟跑。

(9) 在比赛中进行语言交流。

3. 下列情况下，取消比赛资格

(1) 没有按规定着装。

(2) 拒绝按组织方的要求携带其他必要的装备。

(3) 没有佩戴号码布。

(4) 号码布与秩序册不一致。

(5) 拿错地图。

(6) 在赛区中或返回终点时号码布、地图和检查卡不全。

(7) 第二次出现犯规。

(8) 被警告后仍接受他人帮助。

(9) 被警告后仍为他人提供帮助。

(10) 被警告后仍使用通信工具。

(11) 被警告后仍带分图用笔进入赛场。

(12) 被警告后仍跟跑。

(13) 被警告后仍进行语言交流。

(14) 同跑。

(15) 使用其他交通工具。

(16) 进入或穿过禁区。

(17) 通过地图上表示为不能通行的地区。

(18) 没有沿着标记路线行进。

(19) 使用禁用的辅助设备。

(20) 乱吹报警口哨。

(21) 在没有得到批准的情况下变更接力赛或团队赛运动员。

(22) 接力赛中不按规定的棒次顺序交接，或变更运动棒次没有向成统裁判长报告。

(23) 整场比赛尚未结束，完成比赛后再次进入赛场。

(24) 通过终点后没有上交地图或没有在成统处录入成绩。

(25) 不认真参加比赛。

(26) 有意妨碍他人比赛。

(27) 其他违反体育道德的行为。

(28) 严重违反环保指南的行为。

4. 下列情况下，取消当场比赛资格及下一场或后续若干场比赛资格

(1) 经最后确认，运动员将参加某项比赛，但后来没有参加比赛（如在上一场比赛结束后 1 小时内运动员或随队官员没有向总裁判长递交放弃后续比赛的申请，即视为已最后确认将参加后续比赛）。

(2) 中途退出比赛，未到成统处报到（读取检查卡信息）。

(3) 中途退出比赛，没有上交地图。

(4) 在场地中交换地图或检查卡。

(5) 替跑和被替跑。

(6) 蓄意破坏、改动、移动、拿走检查点器材。

(7) 其他严重违反体育道德的行为。

5. 下列情况下，取消所有场次比赛资格

(1) 违反参赛规定。

(2) 个人报名信息混乱，前后矛盾。

6. 下列情况下，取消代表队比赛资格

(1) 在当场比赛中有 2 名以上（含 2 名）运动员被取消比赛资格。

(2) 代表队官员或没有参加比赛的运动员擅自进入赛场。

(3) 经警告和通报后，再次在完成比赛，离开终点区前未到竞赛中心签到。

(4) 对将重复使用的比赛场地，在第一次使用时其运动员没有交回该比赛场地地图。

7.下列情况下，对教练员禁赛

(1) 在国际赛事中，有损国家形象。

⑵ 组织运动员提前勘察赛场。

⑶ 一场比赛中有 3 名运动员接受同队队员帮助或帮助同队队员。

定向运动的精髓

运动员借助于地图和指北针在生疏的地域辨明方向，自己正确选择路线并以最快速度到达目的地的能力是定向运动区别于其他体育运动的精髓所在。

【思考题】

1. 简述定向运动的起源与发展。
2. 简述指北针与地图的使用。
3. 简述野外迷失的解决方法。
4. 简述定向运动比赛方案设计的内容。
5. 简述定向运动路线选择标准及应遵循的原则。
6. 简述什么情况要给予运动员警告处罚及判成绩无效处罚。

【参考文献】

1. 周林清.定向与拓展[M].北京：化学工业出版社出版，2012.
2.于慧珠.定向行走 –2[M].大连：辽宁师范大学出版社，2016.

第二十五章　拓展训练

学习重点

* 使学员了解拓展训练的起源、发展及健身价值。
* 基础班能够顺利完成同心鼓、电网、挑战150等项目的练习。
* 提高班能够顺利完成巨人梯（或高空断桥）、毕业墙等项目的练习并在学习过程中、心理受到挑战、思想得到启发，身体得到锻炼。

第一节　拓展训练概述

一、拓展训练的起源

拓展运动、拓展训练，又称外展训练。英文名为 Outward bound。拓展训练起源于二战期间的英国。当时英国的商务船在大西洋里屡遭德国潜艇的袭击，许多缺乏经验的年轻海员葬身海底，针对这种情况，汉思等人创办了阿伯德威海上学校，训练年轻海员在海上的生存能力和船触礁后的生存技巧，使他们的身体和意志都得到锻炼。战争结束后，许多人认为这种训练仍然可以保留。于是拓展训练的独特创意和训练方式逐渐被推广开来，训练对象也由最初的海员扩大到军人、学员、工商业人员等各类群体。训练目标也由单纯的体能、生存训练扩展到心理训练、人格训练、管理训练等。

二、拓展训练的发展

创始于 20 世纪 40 年代的体验学习方式，迅速在世界范围得到传播。1960 年，美国引进 Outbound school，通过学员在高山大海的户外实践，影响态度改变，这对美国教育打了“强心针”，也使越战后人们的消极心理得到修复。在亚洲地区，新加坡最早建立 Outbound School，此后中国

香港、新加坡、日本先后引进了体验式培训方式。20世纪90年代初期，北京等地区引进了这种体验式培训方式。体验式培训适应了时代完善人格、提高素质和回归自然的需要，因此成为素质教育的新时尚。总部设在英国的户外培训学校 Outbound School 已在全球五大洲设立了四十多所分校，受训人员包括学员、家长、教师、企业员工和各级管理人员。

三、拓展训练的健身价值

(1) 综合活动性。拓展训练的所有项目都以体能活动为引导，引发出认知活动、情感活动、意志活动和交往活动，有明确的操作过程，要求学员全身心的投入。

(2) 挑战极限。拓展训练的项目都具有一定的难度，表现在心理考验上，需要学员向自己的能力极限挑战，跨越“极限”。

(3) 集体中的个性。拓展训练实行分组活动，强调集体合作。力图使每一名学员竭尽全力为集体争取荣誉，同时从集体中吸取巨大的力量和信心，在集体中显示个性。

(4) 高峰体验。在克服困难，顺利完成课程要求以后，学员能够体会到发自内心的胜利感和自豪感，获得人生难得的高峰体验。

(5) 自我教育。教员只是在课前把课程的内容、目的、要求及必要的安全注意事项向学员讲清楚，活动中一般不进行讲述，也不参与讨论，充分尊重学员的主体地位和主观能动性。即使在课后的总结中，教员只是点到为止，主要让学员自己来讲。达到自我教育的目的。

拓展训练的含义

从广义上讲，拓展是让人们在高山瀚海或模拟情境中迎接各种各样的挑战，从中学会应对一系列困难的能力，尤其是运用身体的各种技能应对生存危机和心理压力的考验，从而获得全新体验改变内心的认知。从狭义上讲，拓展是将管理与心理游戏融入户外运动元素，按照体验式学习模式进行的一种团队教育活动。

第二节　拓展训练基础班项目

一、雷　阵

雷阵如图 25–2–1 所示。

(一) 概　述

这个项目既可以室内进行也可以室外进行。这是个以团队挑战为主的项目，挑战我们突破定式思维与团队的有序协作的能力

(1) 时间：90分钟

(2) 人数：至少12人，越多越好。

(3) 场地器材：6 米 ×6 米的雷阵图 1 块，每队参赛者一块蒙眼步一块、硬皮夹、笔和教师用图一张。

图 25-2-1

(二) 学习目的

(1) 建立小组成员间的相互信任。
(2) 促进沟通与交流的能力。
(3) 使小组充满活力。
(4) 善于利用工具与资源。

学练方法：

(1) 教师告知学员不回答任何问题。
(2) 所有学员从雷区的入口开始，依次通过雷阵，成功的到达雷区的另一边，活动时间为 40 分钟。
(3) 雷区内只允许有一人进入。
(4) 每走一步只能迈进相邻的格子里，不准跳跃及试探。
(5) 雷区中每走一步未被确认的新格子要听拓展教师的口令，口令有两种“请继续”示意学员继续前进，或“对不起有雷，请按原路返回”学员退出雷区，换另一个人进入。
(6) 全队按时完成为 100 分，每违例扣 1 分，违例现象有四种：重复触雷、未按原路返回、踩线或未进入相邻的格子、进入雷区的人数多于 1 人。

二、同心鼓

同心鼓如图 25-2-1 所示。

(一) 概　述

这是一个以团体挑战为主的团队共同挑战项目，挑战我们团结协作的能力。

(1) 时间：90 分钟。
(2) 人数：不多于 21 人。
(3) 场地：平整开阔地。
(4) 器材：带有绳子的鼓。

图 25-2-2

(二) 学习目的

(1) 全体学员取长补短、团结协作完成共同目标的能力。
(2) 培养学员不怕挫折、不断进取，争创佳绩的意识。
(3) 感受互相鼓励对完成任务的积极作用。
(4) 感受团队成长与团队绩效的提高过程。

学练方法：

(1) 每人牵拉一根鼓上的绳子，用鼓将球颠起。
(2) 颠球时学员必须握住 30 厘米以内的地方，绳头有把手只能握住把手。
(3) 颠球开始后鼓不得落地，球飞离鼓面后，可以安排专人捡球。
(4) 球颠起的高度不低于鼓面 20 厘米，否则此球不计数或从头计数。

三、盲人方阵

盲人方阵如图 25-2-3 所示。

（一）概　述

这是一个以团体挑战为主的项目，活动中每一名学员都可以获得一次非同寻常的经历，它将让我们得到一次全新的反思和认知。

⑴ 时间：90 分钟。

⑵ 人数：20 人左右。

⑶ 场地器材：平整开阔无障碍场地、长绳、眼罩。

图 25-2-3

（二）学习目的

⑴ 培养团队成员的沟通意识，提高沟通技巧和决策能力。

⑵ 了解团队领导者的领导风格对完成任务的影响和重要作用。

⑶ 培养学员做事时的方法和知识的结合与运用能力。

⑷ 使学员理解角色定位及尽职尽责的完成本职工作的重要性。

⑸ 理解“失与得”的辩证关系。

学练方法：

⑴ 由于活动要求所有的人戴上眼罩。

⑵ 40 分钟内在一定区域内寻找一堆绳子，找到后将它围成一个最大的正方形。

⑶ 所以人站在正方形里举手示意教师完成任务。

⑷ 学员要以足够的理由证明正方形的精确度。

⑸ 整个活动中任何人不得摘去眼罩，完成任务后按照教师的要求摘下眼罩。

⑹ 按照不同障碍区的要求引导者采用不同方式来引导队友。

四、挑战 150

挑战 150 如图 25-2-4。

图 25-2-4

(一) 概 述

这是一个带有“魔鬼训练”特征的挑战游戏，大家在一系列组合活动面前，尽显本色逐个完成，并通过努力在150秒内完成，如果可能尽力达到最好成绩。

(1) 时间：150分钟

(2) 人数：至少14人，多组进行

(3) 场地器材：相对较大的场地；杆16根，弹力球2个，直径6~8厘米的圆桶1~2个，“诺亚方舟”，可以供10人一起跳的跳绳一根，20~30厘米的专用U型管8根

(二) 学习目的

(1) 培养团队成员统筹协作能力。

(2) 了解团队学习的成长潜力与成长过程，培养团队快速学习的能力。

(3) 培养学员在压力下坚持不懈的努力和敢于拼搏的精神。

(4) 通过每一个项目学习其中暗含的道理。

学练方法：

(1) 用8根80厘米的杆首位相连组成一个正八边形按顺序从一头扶起，右手按住杆头，左手背在身后，保持距离大家同时向前去按前一个人的杆，连续完成8次回到原位，杆倒或用手抓杆都从头开始。

(2) 8个人同时站在40厘米的“诺亚方舟”上保持8秒钟，人的任何部位接触地面或其他物体即重新开始。

(3) 共需10个人参加跳绳，每人跳10次，任何时候中断都重新开始。

(4) 在8米的距离内，8人每人手持一截20—30厘米的U型管，将弹力球在U型管上连续传递到终点线的圆桶里，整个过程不许用手扶球，球落地后从出发点开始重新传递。

(5) 两人相距3米以上，一人将球抛出，落地弹起后另一人用圆桶接住。

(6) 所有人围成一个圆，击掌8次，每击一次掌说出一个字，第一次说一个字，第二次说前面两个字，以此循环增加。击掌时先用双掌拍左边队友肩背部1次，然后拍右边队友1次，随后体前屈击掌一次，如此循环增加直到完成后全体同学跳起完成。以“1. 1我”“1. 2,1. 2，我们”……依此循环。

五、电 网

电网如图25-2-5所示。

图 25-2-5

(一) 概 述

这是一个典型的穿越型团队合作项目，这个活动中每个人都需要做最大的努力，否则某人的放松将会给别人造成更大的麻烦，甚至会让所有的人前功尽弃。

(1) 时间：90分钟。

(2) 场地器材：室外宽阔的平坦场地，专用电网设施或利用固定立柱（树桩）临时编、挂一张3~4米宽1.6米高的绳网，网内设有用于学员通过的网眼，数量为学员的10%~

120%，在较低处留 2 个相对好通过的网眼。

（二）学习目的

⑴ 培养学员合理计划、有效组织、统一行动、亲密协作的意识。

⑵ 增强学员充分利用资源和对资源的配置能力。

⑶ 认识合理分工与服从组织安排的重要性。

⑷ 培养团队的科学决策方法和严谨细致的工作作风。

⑸ 合理节约时间的意义和作用。

学练方法：

⑴ 按要求所有人在 40 分钟之内，从网洞中穿过，到达电网的另一边。

⑵ 每个网眼只能通过一个人，通过后封闭。

⑶ 任何人、任何物品不可以触网，触网部位所在网眼将封闭，正在通过的人退回重新选择网眼通过。

⑷ 过网唯一通道就是未封闭的网眼，两边学员不可以从网外来回换边。

⑸ 身体的任何部分触网均视为违例，包括头发、衣服。

⑹ 活动过程中出现危险动作或拓展教师叫停时活动停止。

知识窗

拓展训练学习原理之经验学习观

拓展训练是一种通过体验获得经验的学习，通过完整的过程可使参与者得到最佳的效果。

⑴ 经验积累：参与者在活动中学习到建立活动目标，促进自身行动、促进群体导向等各种有利于行为改变的经验。

⑵ 体验中观察：获得经验的最佳方式就是亲身体验，并从观察团队其他成员的行为举止中获得感悟。

⑶ 经验的转化：将观察到的成功经验，转化为自己的经验及行为，从而使自己获得改变。

⑷ 经验的应用：将观察和所学到的成功经验，运用到活动中与生活中，从中得到自我肯定与成就感。

第三节　拓展训练提高班项目

一、巨人梯

巨人梯如图 25-3-1 所示。

图 25–3–1

(一) 概　述

这是一个以 2 人共同挑战和团队配合相结合的项目。项目具有一定的难度和心理冲击力，相对需要消耗较大体力。想要获得新高，就需要相互帮助，既要有甘心为人梯的精神，也要做到吃水不忘挖井人。

(1) 时间：140 分钟。

(2) 人数：人数 10 人以上，最好不要超过 16 人，以 14 人，完成 6 根横木为例。

(3) 场地器材：高 8 米的“天梯”设施一处、保护绳、全身安全带。

(二) 学习目的

(1) 考验个人胆量与技巧，身体的灵活性.

(2) 只有通力协作，相互提携，我们才能够一起达到共同的目标。

(3) 珍惜别人的帮助，懂得感恩是能够继续前进的无形助力。

学练方法：

(1) 穿好保护护具，经拓展教师检查并连接主锁接受对训激励。

(2) 两人一组，向上攀登，两人共同站在第五根横木上手抱第六根横木既宣告任务完成。

(3) 在攀登过程中，可以利用的只能是横木和两人的身体，不允许拉拽胸前的保护绳及两边的钢缆。

(4) 保护者适当收紧保护绳，但是不得提供拉力帮助队友完成任务。

二、高空断桥

高空断桥 如图 25–3–2 所示。

(一) 概　述

它属于高空类心理冲击的项目，整个过程需独立完成。“断桥一小步，人生一大步”浓缩了这个活动的精华。

(1) 时间：120 分钟。

(2) 场地器材：室外组合训练架，高 7—12 米、保护绳、全身安全带、安全帽。

图 25–3–2

(二) 学习目的

(1) 克服恐惧，勇往直前，认识自我，战胜自我。

(2) 自我说服与自我激励，鼓励他人和获取鼓励的重要性。

(3) 面对困难的互助精神，培养团队意识。

★学练方法：

(1) 学习安全带的使用方法，掌握头盔、主锁与

上升器的使用方法。

2. 观看教师在地面演示在桥面上的完整动作并做模拟练习。

3. 穿带好保护装备，在地面上进行试跳，记得自己的起跳腿。

4. 利用上升器爬上距离地面 8 米高空，空中有个断开的桥面，走到桥扳的一端，两臂侧平举，然后大声的问队友："准备好了吗?"当听到"准备好了"的回答之后，自己大声喊"1、2、3"，同时跨步跳到桥扳的另一端，单脚起跳，单脚落地，然后按同样的要求再跳回来。

三、毕业墙

毕业墙如图 25–3–3 所示。

图 25–3–3

（一）概　述

这个项目可以让我们懂得个人目标与团队目标的关系，只有团队获得胜利才是真正的胜利

⑴ 时间：80 分钟。

⑵ 人数：全体成员。

⑶ 场地器材：拓展区（4 米）、秒表、保护垫。

（二）学习目的

⑴ 提高危机时刻的生存技能。

⑵ 培养团队内部及团队之间的凝聚力。

⑶ 认同差异，合理分工，学习最优配置资源。

（三）注意事项

⑴ 有高血压病、心脏病、骨质疏松以及脚伤、腿伤、手伤和臂伤等病症者不参与项目中的攀爬，作为观察员观察整个项目操作过程。

⑵ 请大家将眼镜、手表、手链、发卡、钥匙链、耳饰品、假牙等硬物摘下防止碰伤自己及队友。衣服的各口袋尽可能不装任何物品。

⑶ 在攀爬过程中只有两个部位是最安全的借助点：大腿根腱部和脖颈根部。严禁蹬踏膝关节和肩关节以及背部，严禁在蹬踏时向上跳跃。

⑷ 在整个项目进行中只有我们队员的身体可以借助，其他的任何物品都不得，包括衣服、裤子、腰带、领带和鞋带等等。

⑸ 基座人员的身体要和逃生墙保持一尺距离，未攀爬的队员应在外围作保护，防止攀爬者向后方倾造成伤害。

（四）保护方法

⑴ 外围保护人员动作：两腿前后岔开站立，前腿顶住基座人员的臀部双手扶住基座人员的腰部，防止他们前后晃动扭伤腰椎，如基座人员力气不足时，保护人员可用双臂插到基座人员的双臂下用力上提，以减小对下方的压力。最外圈的保护队员两腿前后交叉站立，向斜上方伸展双臂，右臂拱起作为主支撑，左手握右手作辅撑。

(2) 基座人员动作：基座人员应是体力好身体结实的队员，在站立时与攀爬人员作好沟通，防止攀爬者未做好准备而摔倒。

(3) 上方保护队员动作：应一只手与攀爬相互缠握手腕，另一只手托其腋下上提，不得向后拖拽。若队员俯身向下时，一定要把腹部挂在逃生墙的边缘部分，仰身时，一定要把膝关节挂在边缘部分，二者都要有专人保护。不得在墙体上站立。

(4) 攀爬者动作：攀爬者在队友的肩膀上站立时，双手应向上伸直成 45° 角，十指张开，慢慢地站直身体，膝盖向后绷直。

学练方法：

(1) 全体所有人都要在 40 分钟内爬上这面高墙。

(2) 在爬墙过程中不允许借助任何可以延长肢体的工具如衣服、腰带。

(3) 不得助跑起跳，上爬是不可采用蹬走上墙动作。

(4) 所有学员必须参与保护。

(5) 没有上去的人不能事先从旁边上去，已经上去的人不能再从旁边梯子来帮忙，允许已上去的学员从原路退下。

四、七巧板

七巧板如图 25-3-4 所示。

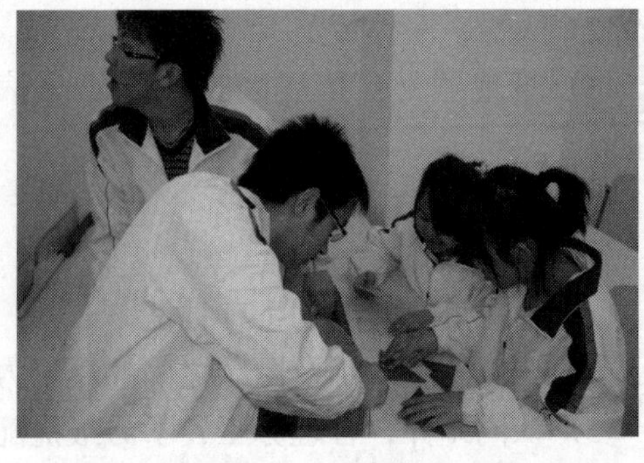

图 25-3-4

(一) 概　述

这是一个利用资源互相整合获得最大绩效的活动，这个活动和身边发生的许多事情极其相似，能给我们带来一些反思和启示。

(1) 时间：90。

(2) 人数：14 ~ 28 人。

(3) 场地器材：平整安静场地、专用七巧板 5 套、图纸 7 套、任务书 7 套。

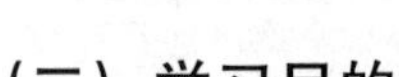

(二) 学习目的

(1) 培养团队成员的沟通意识，提高沟通技巧和沟通能力。

(2) 了解团队领导者的角色定位和领导作用。

(3) 了解团队目标与个体目标之间的关系，并通过实践分析两者之间的关系。

(4) 学习竞争、合作与共赢之间的内在关系和学习价值。

学练方法：

(1) 全班同学分成七个组，按照场地要求坐在固定的地方。

(2) 活动中不得走动，不许离开固定的区域，不许随意抛接七巧板。

(3) 活动中的任务书必须留在自己组中，不能传递。

(4) 按照任务书要求完成规定的任务，每完成一项任务及时通知老师进行检查，确认完成后可以获得相应的分数。

第四节　拓展训练的装备、安全原则及注意事项

拓展训练起源于航海和登山运动，这两项运动都具有挑战性和危险性，因此为珍惜生命、安全保护是必需的。经过近几十年不断的发展，安全装备有了很大的改变，装备更先进舒适。

一、拓展训练使用的装备

装备主要包括安全带、绳索、安全金属主锁和铁锁等。这些装备是从航海和登山运动装备发展而来的，也就是说现在航海和登山运动同样使用这样的装备。

拓展训练中常用的装备是 全身安全带、半身安全带、主锁、钢锁、扁带、绳索、上升器、8字环和安全帽。

在拓展训练中，使用安全保护的项目有抓杠、团队桥、断桥、天梯、一网无前、高空速降、缅甸桥、野外生存等。这就要求我们学好保护技术，熟练的掌握保护技术。

（一）安全带

可分为两种：全身安全带、半身安全带。又分为可调式和不可调式两种。安全带就是保护训练者和联结绳锁的装备，有法国、美国、意大利、西班牙产品和国产等。

（二）绳　索

主要分为两种：静力绳和动力绳。有防水和不防水直径从 0.4 ~ 25 毫米，颜色丰富。登山和拓展常用，直径 0.9 ~ 11 毫米。静力绳是用于上升、下降，探洞、救援、野外作业。动力绳是用于登山、拓展、救援保护。动力绳的特点是具有延展性。绳索的用处是很多的，我们的日常生活也离不开它，绳索主要是用于联结，这就离不开索结，绳结的方法有很多种，我们在拓展训练中常用的。

(1) 单结：这是大家最熟悉而又最原始的绳结方法，一般多用于绳头打结及一些不重要的绳结。

(2) 8 字通过结：简单称 8 字结。是登山及探险活动常用的绳结，主要用于绳头结和两根绳子的连接，保险效果比单结强并且容易解开。

拓展训练的安全原则

拓展训练因其选择的场地、器械的特殊性，活动内容的未知性以及特有的心理挑战等，决定了拓展训练具有一定的风险性，如何获得最大的安全保障，如何让参训学员在身体、心理上获得安全保障，是拓展训练课程更好地发展甚至进入学校教学课程中至关重要的一环。为了消除隐患，降低风险，以下拓展训练的安全原则需要遵守：双重保护原则、器械备份原则、多次复查原则、全程监护原则、自愿参与原则等。

(3) 交织结：用于连接两条粗细相同的绳子，特点是牢固易解、美观。

(4) 单重结：用于连接两根粗细不同的绳子。

(5) 紧密结：用于连接两根比较易滑的绳线。

(6) 活套结：用此结将绳子结在树上（如拉吊床和晾晒绳等），容易解。

(7) 自由结：常用于需要调节长度（如拉帐篷绳等）的结绳。

(8) 杠杆结：常用于结扎绳梯、秋千等，木棍一抽绳结自解。

(9) 活套结：常用于抛套绳以系某物或固体连接点，套住后一拉绳子即会自行收紧，活套结方法很多，这仅是一种比较复杂的。

(10) 扎头结：有些绳子（如麻绳）的绳头常会散头，就用此结结扎。

(11) 便解结：有时候为了回收宝贵的登山绳并为以后使用，在下一段悬崖时，可以打这种便接结，主绳用登山绳，而绳头系上是根解开用的细绳，当全体人员安全地下岩后即可拉解开细绳，其便于接结自动解开，绳子即回收带走。也可以使用此结用于需要快速结绳的地方。

(12) 中间结：在结组登山时常用此结，系在中间队员的身上（铁锁中），两头的力是相等的，故不会太紧也不会太松，并且易解。

(13) 布林结：常用的结绳方法，可以代替安全带在救护人员（往上提升）时使用，将此结套在被救护人的胸间。由于它易结易解，现常用于固定绳结，如在攀岩上方保护时连接保护支点。最好在蝇头再打单结。

(14) 双套结：同上，用于救护人员，但它有两个套，故一个套在胸部，一个套在大腿关节处，对于一些重伤者比较适合。

(15) 消防结：同上，用于救护人员，其两个套互动，主要套在两腿上或两手臂（腋下），注意只能是用于正常的人员上下，而不能用于受伤及神志不清者。

绳子的选择、保管与使用必须非常重观，尤其是登山绳，使用时注意不能在地上拖、脚踩石上丢乱放；避免汽油、香蕉水和酒精等化学物质污染；避免火烤及接触火星；不能用于拖拉汽车等超负荷的非正常用途。

（三）主锁和钢锁

主锁和钢锁的作用是连接绳结与安全带的连接。主锁的主要材料是铝合金制造的，为了登山用重量比较轻，但是耐磨性差，价格比较贵。钢锁的主要材料是合金钢制造的，在登山用比较重，耐磨性好，价格低。我们的主锁和钢锁在高空作业时不小心掉落到地表，可能发生细小的裂缝和损坏，切勿继续再使用，这是登山的法则。

主锁和钢锁的使用方法：主锁和钢锁是用于被保护者、安全带、绳索和培训师的连接。钢锁是用于硬连接，主锁是用于软连接。

（四）扁　带

扁带也叫扁带绳环，是用于个人保护和保护点连接用的扁带绳环。一般根据用途有 0.5 米、1 米、1.5 米长度制作的一个扁带绳环，接口制作精细。

扁带的使用方法是个人保护和进行绳索、主锁的连接。在绳索、保护点安置、主锁的连接系统中，必须使用扁带绳环。

（五）8字环

8字环也叫制动器。是用铝合金制造的，如同“8”字的金属环，是用于绳索和8字环穿进穿出的磨擦降低下降速度的工具。它的种类和样式有十几种之多，大同小异。

8字环的使用方法：是利用绳索穿进穿出8字环产生的磨擦，从而降低下降速度，起到制动作用。

（六）安全帽

安全帽有很多种。拓展、登山大多是用法国产品，价格比较昂贵。进口的一个大约300元左右，国产的30~40元。在登山和拓展训练中，不明来历的装备和不熟悉的装备都严禁使用，如绳索、安全带、扁带和主锁等，决不能用二手装备。

二、拓展训练的安全原则

拓展训练因其选择的场地、器材的特殊性，活动内容的未知性以及特有的心理挑战等，决定了拓展训练具有一定的风险性，如何获得最大的安全保障，如何让参训学员在身体、心理上获得安全保障，是拓展训练课程更好地发展甚至进入学校教学课程中至关重要的一环。

为了消除隐患，降低风险，以下拓展训练的安全原则需要遵守。

（一）双重保护原则

课程设计时所有需要安全保护的训练项目，都必须进行双重保护演练，其中任意一种保护方法均足以保证实施过程中学生的安全。

（二）器械备份原则

需要器械保护之处，都必须安置备份器械。

（三）多次复查原则

所有的安全保护器械合理使用，完成后必须再复查一遍，操作中部分保护要多次检查，消除操作失误的可能性。

（四）全程监护原则

拓展教师对项目进行中可能遇到的安全问题进行全程监护，将任何隐患消除在萌芽中。

除此之外，还有一些原则性要求是必须做到的，比如高空换锁中必须遵循“先挂后摘原则”，项目进行中“相互保护原则”等。

只有在活动过程中，认真讲解、规范操作，将安全问题很好的落到实处，才能使我们享受拓展训练带给我们的快乐与收获。

三、参加拓展训练注意事项

(1) 积极主动参与各项活动，以取得成功为目标。

(2) 愿意尽自己最大的努力接受各种新考验，具有不屈不挠的进取精神。

(3) 维护良好的团队士气，诚意助人，敢于负责。

(4) 悉心体察组员的情感，主动沟通和交流训练感受。

(5) 适合季节的运动衣、运动鞋、运动袜。

(6) 应尽量避免佩带首饰，服饰上有尖锐物品，长发者应用软发带束发。

(7) 严禁喝酒后参加训练，患有心脏病、高血压、哮喘、急性传染病、恐高症等症不适合参加高空和低空项目。

(8) 在无学校教练指导的情况下，不得擅自攀爬训练架、下水游泳或做其他任何危险运动。

(9) 保护自然环境。

拓展的确保技术

确保技术是运用绳索来制止滑落的系统，也是安全攀登的基石。确保技术有如魔术般神奇，但也像魔术一样，必须熟练才能耍的好，同时必须对确保原则有基本的了解。拓展中的高空项目主要是绳索类活动课程，需要类似于登山和攀岩的确保技术作为活动的实施基础。确保技术在拓展课程中一般由同学之间互相保护，这也是他们在团队学习中增加相互信任和提高责任心的最好机会。

【思考题】

1. 试述拓展训练的起源?
2. 试述挑战 150 的学习目的?
3. 试述毕业墙的保护方法?
4. 拓展训练使用的装备?
5. 参与拓展训练后的感悟?

【参考文献】

1. 钱永健. 拓展[M]. 北京：高等教育出版社，2009.5.
2. 钱永健. 拓展训练（修订版）[M]. 北京：企业管理出版社，2011.12.
3. 钱永健. 自助拓展培训[M]. 北京：企业管理出版社，2016.4.

第二十六章　越野行走

学习重点

* 越野行走起源、发展及健身价值
* 越野行走手杖的使用方法
* 熟练掌握越野行走技术
* 了解越野行走竞赛规则

第一节　越野行走概述

一、起　源

越野行走起源于北欧的芬兰。20 世纪 30 年代，滑雪运动员在夏季训练的时候，就开始使用两支滑雪杖进行行走、跑步及登山的锻炼。1997 年，芬兰的艾塞尔公司（Exel）率先对滑雪杖进行了改造，生产出世界上第一副越野行走手杖，随后又与芬兰索姆拉图大众体育和户外活动休闲中心（简称索姆拉图休闲中心）、芬兰体育科学研究所共同创建了一种使用两支手杖行走的运动，并把它命名为“越野行走（Nordic Walking）”。2000 年，国际越野行走协会（lnfernational Nordic Walking Association，简称 lNWA）在芬兰赫尔辛基成立。

二、发　展

2003 年，国家体育总局体育科学研究所率先将越野行走引入中国，开创了越野行走走进中国的历史。2005 年，国家体育总局科学研究所与国际越野行走联合会合作，在中国举办了越野行走教练员培训班，开始了正式的推广工作。

现有近 40 个国家开展了越野行走运动，其中芬兰、德国、奥地利和瑞士更为普及。在芬兰，每周从事越野行走人口达 16%以上。在德国，有 1200 万人喜爱这项运动。今天，越野行走已成为世界上发展最快的大众健身项目之一。

三、分 类

越野行走是运动员双手持杖与双脚协调一致由前向后交替推送，手杖尖头必须接触地面、双脚与地面保持接触、连续向前直立迈进的过程。整个行走过程没有人眼可见腾空的周期性体能类耐力型项目，是人类目前最接近完美的一项有氧运动方式。

越野行走有场地行走、公路行走、山地行走、沙滩行走和雪地行走等五种基本运动方式。主要比赛有场地赛、公路赛和户外穿越赛。

四、健身价值

越野行走是一项较接近完美的运动，比散步有效，比慢跑安全，是健步走的升级版，它的健身效果显著。

越野行走项目能很好地把上肢、下肢肌肉协调锻炼，它有别于走路、散步、健步走的锻炼形式，全身在运动过程中都能得到锻炼，减肥、降三高的效果更为突出。

越野行走拿手杖锻炼更能有效地利用上肢力量，肩、颈、腰同时用力，全身 90%的肌肉都得到锻炼，热量消耗多了，心跳加快，达到了有效的运动强度，和不拿手杖相比，心跳提高了 13%，热量多消耗 20% ~ 40%。

对中老年人来说，骨峰值过去以后，关节磨损严重，而越野行走能够有效地减轻腰椎和膝关节的压力，使得一大批中老年人可以爬山、锻炼；对脊椎、腰椎间盘突出、腰肌劳损等问题的人来说更有效地缓解病痛，并得到逐渐改善；对年轻人来说，它也可以预防疾病，保护关节，尤其是对术后要进行康复的病人更为有效。

为什么越野行走减腰围、瘦身的效果好?

越野行走的技术动作要求两臂前后摆开，使两肩的连线出现一个前摆的角度；要求后腿蹬直，前腿多迈出 5 ~ 10 厘米，这样使髋关节连线也出现一个前摆的角度。因此，每走一步，腰部形成一个较大的扭动，这种扭动对消除体内脂肪，即缩小腰围作用明显。当然，光靠扭动是不行的，只有在达到有效运动强度并保持适度的时间时，才能达到消耗腰部脂肪的作用。

第二节　越野行走基础班技术学习

一、了解越野行走的一般知识

通过视频、图片和教师的示范讲解，学生初步了解了越野行走的一般知识，学习越野行走的基本要求和注意事项，调动学生学习越野行走的积极性和主动性。

二、学习使用手杖的用法

1. 挑选手杖

(1) 选用手杖时可根据身高参考尺度表挑选适合自己的手杖。

(2) 手杖的高度也可选用自身身高的70%。

(3) 选用手杖的高度，应以戴上手柄护手后，手臂自然放在体侧，小臂与地面平行为宜。

(4) 手杖分左手杖和右手杖，切勿混用。两手各持一支手杖，系好护手。

2. 佩戴腕带

三、学习越野行走标准动作

1. 侧面姿势

(1) 重心要稍靠前。

(2) 前摆手高度在肚脐。

(3) 前摆手的上臂也要前摆。

(4) 后摆手要推过腰部。

(5) 肩部放松。

(6) 手臂、手腕向后推杆时用力，回摆时放松，一张一弛。

2. 投影姿势

(1) 手臂一前一后摆动，使肩部有个扭转的角度；后腿蹬直，前腿尽量前跨，使髋部有个扭转的角度。这样，每走一步都可以使腹部产生较大的扭动。

(2) 两手臂要平行地前后摆动（两手臂摆动呈平行线）。

3. 腿部动作

(1) 后腿蹬直，前腿落地前踢直，前脚跟先落地，然后过渡到全脚掌着地。

(2) 与健步走相比，步频稍慢，步幅稍大。

(3) 协调连贯，节奏鲜明、有力。

4. 越野行走标准技术动作

越野行走标准技术动作见表26-2-1。

表26-2-1　越野行走标准技术动作说明

分　类	技术动作
上肢动作	前摆手高度在肚脐。 以肩为轴，上臂要前摆。 后摆手推至腰后，肘关节一刹那推直。 两手平行摆动，自然贴近身体，手杖控制好。 利用腕带推杆（从前摆手手掌压腕带过渡到后摆手虎口推腕带）。 手臂从后往前摆时，上臂带前臂（没有翻腕动作）。
下肢动作	后腿有一刹那蹬直。 前腿足跟先着地，再过渡到全脚掌着地。 在保持连贯的前提下，前腿尽量前迈，有送髋动作。

续 表

分 类	技术动作
整体协调	身体自然直立，重心稍靠前。 抬头，两眼平视前方。 步幅稍大，步频稍慢，节奏鲜明，协调、连贯、有力。 每迈一步，两肩连线和髋部两侧连线形成夹角，使腰部有扭动。 肩部要放松，手杖向后推时发力，从后往前带时放松，张弛有度，敏捷、轻快、有力。

四、代表性的行走教学

1. 平地行走

动作方法：

(1) 带好腕带，手掌下压，虎口夹住握柄，手掌虚握， 以此为轴，手杖可前后摆动。

(2) 手杖约 45° 角斜着向后支撑，向后推压。

(3) 手臂以肩为轴摆动，肘关节基本是直的， 前摆时自然弯曲。 前摆至肚脐，后摆过腰。

2. 山地行走

徒手登山，膝关节的负荷是平地行走的 4～5 倍，软骨磨损加剧，会感到髌骨疼痛。当下台阶时，前腿未落地前，后腿膝关节弯曲 135° ，此时对髌骨损伤最厉害，前腿落地时，也会对双膝关节造成较大冲击，加剧软骨磨损。

使用两支越野手杖登山，可以有效地减轻膝关节的压力。

(1) 上台阶走法（一拉一推上台阶）。

① 手杖在身体前面时，利用手臂下压的反作用力将身体拉上去。

② 手杖在身体后面时，利用腕带将身体推上去。

(2) 下台阶走法。

手杖在身体前面支撑，分担身体重量后再迈腿向下。

(3) 上、下台阶走法。

可两手同时在前也可两手交替在前。

注意问题：

(1) 上台阶手杖失去身体向上时，小臂在身后同手杖要形成直线，虎口压腕带向下推。

(2) 下台阶手杖前面支撑时，小臂在身前同手杖要形成直线，虎口压腕带有利于把身体的重量分担在两只手杖上。

(4) 缓坡行走。

①上坡走法。

重心前移，两手用力，交替推动身体前行，尤其是后面的手，要利用腕带充分发力。

② 下坡走法。

重心后移，两膝微屈，步幅稍小，步频稍快。

(5) 陡坡行走。

① 陡坡上行：身体稍前倾，手杖放在前面更高的地方，利用腕带，拉动身体向上，同时后腿要蹬一下，向前迈步，手杖撑于身体两侧，利用手掌推压腕带，推动身体向上向前行进。

② 陡坡下行：手杖可放在身前，利用手杖的腕带，手掌不要握杆，手指护住手柄，手臂与手

杖成一走线，相当于延长了手杖的长度，不必大幅度弯腰，即可方便地支撑下山，坡度再陡，可将身体侧过来，手杖放在体前，一脚先下，手杖随后，另一脚跟上。

第三节　越野行走提高班理论学习和竞赛组织

一、越野行走技术的构成因素

技术的形成依赖于运动解剖学、运动生理学、运动心理学和运动生物力学等多方面的因素，而这些因素也为合理的运动技术提供了模式和要求。

从运动解剖学的角度看，由于人的骨骼、肌肉的构造和特点，人们从事身体锻炼时所表现的运动形式特征及动作模式受到一定的限制。例如，肩关节与肘关节的结构不同，因此动作的幅度和运动路线也不相同；髋部肌群横断面大，收缩力强，但收缩速度较慢，因此身体锻炼中大部分都要求髋部先发力，这也是形成技术的规律之一。为矫正不良身体状态，改善人体形态和增强每一块肌肉的功能，就必须使身体锻炼的技术符合人的骨骼、肌肉的构造和特点。

从运动生理、运动生物化学方面看，身体锻炼技术必须要符合节能的原则，为达此目的，神经系统的支配能力起着极为重要的作用。

从运动心理学角度看，心理因素是使身体锻炼技术产生波动的重要方面。意志力、自我控制能力、果断、勇敢、刻苦、耐劳、沉着和自信等品质，对于学习技术和在关键时刻表现出合理的技术，起着无法估量的作用。

在实践中人们评价技术时，通常以动作的实效性和经济性作为客观标准；也就是把自身的最大能力使用在最关键的动作环节上，而在预备动作和动作的次要阶段则尽量避免消耗过多的体力。

二、越野行走技术中有关力学的基本概念

为了能确切地认识技术和分析技术，首先要对一些力学的基本概念有一个正确的认识。

1．力

所谓力是指一个物体对另一个物体的作用，它是使物体产生加速度的来源，任何物体在无外力作用的条件下，该物体的运动状态、形状和体积不变，这就是人们常说的牛顿第一定律。

2. 人体内力

在研究人体运动的力学问题时，首先要确定研究对象，在力学中确定的研究对象称力学系统。若将人体看作一个力学系统，则人体内部各部分相互作用的力称为人体内力，如肌肉张力、韧带张力、组织黏滞力、关节约束力等都属于人体内力。其中，肌肉张力是人体内力中的主动力。肌张力施于骨骼，并与外界相互作用以保持人体姿势或控制人体运动。由于人体内力是人体力学系统内各部分之间的相互作用，虽可引起人体力学系统各部分之间的相对运动，但不能引起人体整体运动状态的改变。

3. 人体外力

若将人体确定为研究对象，即人体力学系统，那么外界对人体作用的力称人体外力。引起人体改变运动状态的只能是人体外力。人体各环节的运动，只能是环节以外的力（外力）对环节作用的结果。用人体肌张力（人体内力）来说明直接引起人体位移是不确切的，应该说引起人体运

动状态改变的直接原因是其他物体对人体的作用力（外力）。肌张力对人体力学系统来说只能是内力，如果人体失去其他物体对人体的作用，人既不能走又不能跑，即不能改变人体整体在空间的位置。人体如果缺乏肌张力主动的对外界环境的相互作用，那么人体自体位移也难以实现。

4. 重　力

重力是地球的吸引力，在引力范围之内它始终都在起着作用。它对身体锻炼中的某些项目是不利的，在跳高和撑竿跳高时，就是要看克服重力的情况；但有时也可利用重力，如在加速跑及弯道跑时，身体前倾和内倾就是根据加速度的大小和离心力的大小适宜地利用着重力因素。

5. 摩擦力

摩擦力是阻碍物体运动的力。它也有两重性。人们在跑时为了使后蹬动作更有实效，穿上有着适当长度钉子的跑鞋，就是为了加大脚与地面的摩擦力；另一方面，在投掷项目中人们将投掷器械的表面做得尽量光滑，则是为了减小器械在飞行中与空气的摩擦力。

6. 加速度

单位时间内速度的变化率是加速度。人们在进行身体锻炼时，身体的某一部位或是整个身体的运动都在时刻地变化着。当速度持续增加时，我们称之为正加速度（简称加速度），而速度持续降低时，我们称之为负加速度（俗称减速度）。

7. 动量与冲量

运动着的物体，其质量与速度的乘积是该物体的动量。如果改变物体的动量则需要作用力和作用力的时间，两者的乘积是冲量。因此，冲量 $I=Ft$。因为 $a=(v_2-v_1)/t$，$F=ma$，所以 $I=Ft$ 也可写作 $I=mv_2-mv_1$。一个物体在一定时间内的动量变化等于作用在物体上的外力在相同时间的冲量，这就是动量定理。

8. 轴

任何旋转的物体不论在地面或是在空中，至少要沿一个轴旋转。旋转体各部分运动的方向均与轴垂直。通过身体重心的轴是主轴，它可能是动量矩轴或动作轴，也可以是两者兼而有之。

9. 动量矩轴

动量矩轴是指人体在地面上有支撑点时所做的沿某一轴开始的旋转，腾空后身体继续沿此轴旋转，这个轴就是动量矩轴。而在人体腾空后动量矩轴发生方向性的转变，沿着另一轴开始的运动，则此轴称为动作轴。这是就某一瞬间而言，因此可叫作瞬时转动轴，或叫动作的瞬时转动轴。

为什么越野行走能提高锻炼效率？

人体的骨骼肌有 400 多块，运动时的每一次收缩，都是将肢端的静脉血向心脏方向挤压，被称作“静脉泵”，相当于有 400 多个小“心脏”在加速血液循环。血液循环加快，氧的运输能力就会提高，因而利用氧的能力才能提高。一般的健步走，可动员全身 50%的肌肉参与运动，而越野行走所动员的肌肉可达到 90%，可以有效地提高运动强度，达到有氧代谢的有效心率，提高锻炼效率。

三、越野行走竞赛的组织

（一）大型越野行走竞赛组织机构及各部门主要工作职责

大型越野行走竞赛组织机构及各部门主要工作职责如图 26–3–1 所示。

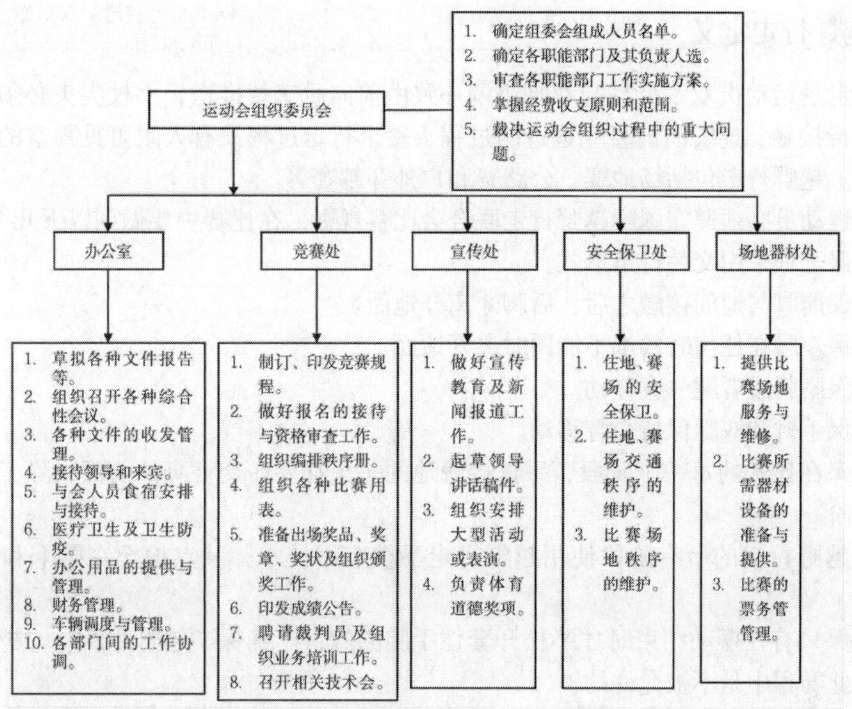

图 26–3–1

（二）越野行走竞赛组织工作的基本程序

越野行走竞赛组织工作的基本程序如图 26–3–2 所示。

图 26–3–2

第四节　越野行走规则简介

一、越野行走定义

越野行走是运动员双手持杖与双脚协调一致由前向后交替推送，手杖尖头必须接触地面、双脚与地面保持接触、连续向前直立迈进的过程，整个行走过程没有人眼可见腾空的周期性体能类耐力型项目。越野行走包括场地赛、公路赛和户外穿越赛等。

每一名运动员必须遵守国际越野行走联合会比赛规则，在比赛中要做到以下几个方面。

(1) 确保全程采用交替行走形式。

(2) 确保前脚与地面接触之后，后脚才离开地面。

(3) 确保双脚在任何时候都不能同时离开地面。

(4) 确保胳膊或者腿一直移动。

(5) 确保手臂和双腿保持交替移动。

(6) 确保在比赛的每一个阶段，手杖接触地的一头都要在交替脚的前面，除了在登上或走下有斜度的台阶。

(7) 在越野行走的所有阶段使用越野行走手杖应用技术，从点地至在躯干和髋部后面推压为止。

(8) 确保只有在摆动结束时才半松开套住手腕的腕带。确保“越野跳跃”“越野跑”和“越野旱冰”在此赛程中是不被允许的。

二、警告和红卡

当行走技术裁判员观察到在比赛的任何阶段运动员的行进方式不符合越野行走定义时，该裁判员须向该运动员出示黄牌以示警告。一名裁判员无权对某一名运动员出示第二次黄卡警告。

如再次发现该名运动员越野行走技术违反越野行走定义时，给该名运动员出示一张红卡，并且及时通报行走技术裁判长。

三、取消比赛资格

当行走技术裁判长收到三张来自不同裁判员的红卡信息后，则在第一时间取消该运动员的比赛资格并及时通知该运动员。

运动员被取消比赛资格后应立即取下其佩戴的号码，离开比赛路线。当运动员被取消比赛资格后未立即离开比赛路线时，根据规则规定将导致对该运动员进一步的纪律处罚。

四、开始比赛

须鸣枪开始比赛。当参赛运动员人数众多时，应在出发前倒数 5 分钟、3 分钟和 1 分钟，由专门的起点裁判员给予举牌提示。发令员发出“各就位”口令，应该确保运动员的脚（或身体的任何部分）没有触及起点线或线前地面，然后发令比赛。

【思考题】

1. 简述越野行走的起源与发展？

2. 越野行走的分类有几种？

3. 简述越野行走健身价值？

4. 大型越野行走竞赛组织机构及各部门主要工作职责是什么？

【参考文献】

梁志雄等，越野行走教程[M]. 北京：北京体育大学出版社，2014.

第二十七章 围 棋

* 围棋起源与发展
* 围棋礼仪
* 围棋基本知识
* 围棋吃子技巧
* 围棋竞赛规则

第一节 围棋概述

一、起 源

围棋起源于中国古代，迄今已有4000多年的历史了。历史上有很多关于围棋的说法，其中，普遍被人们所接受的说法是尧造围棋或舜造围棋。

先秦典籍《世本·作篇》中有："尧造围棋，丹朱善之。"这是最早涉及围棋起源的记载。后来，晋人张华在《博物志》中继承并发扬了"尧造围棋，以教子丹朱。或云：舜以子商均愚，故作围棋以教之。"1964年版的《大英百科全书》就采纳了这种说法，甚至将其确切年代定在公元前2356年。

二、发 展

春秋战国时期，围棋不仅在诸侯士大夫中盛行，而且在下层社会中也广为流行，出现了像弈秋这样的通国之善弈者并授徒。两汉时期，围棋得到了较大的发展，出现了班固所著的《弈旨》，第一次对围棋理论做了全面的论述。

三国至南北朝时期是围棋蓬勃发展时期，出现了棋艺理论专著——敦煌写本《棋经》。

围棋也是在南北朝时期先后传入印度、朝鲜和日本等国家。

唐宋时期是古代围棋发展的重要阶段，出现了隶属翰林院的棋待诏和棋博士。其中，王积薪和刘仲甫是最具代表性的，对其后的棋手及围棋的发展影响深远。国际围棋交流也始于这一时期，出现了具划时代意义的围棋理论著作《棋经十三篇》和《忘忧清乐集》。

元代名著《玄玄棋经》的出现，不仅对明清著名棋手产生了重要影响，自宝历三年（1753年）出了日文版的《玄玄棋经俚谚抄》后，对日本近代围棋的发展也产生了深远影响。这一时期先后出了过百龄、黄龙士、徐星友、范西屏和施襄夏等一大批国手，达到了中国古代围棋的顶峰。

进入20世纪80年代，现代围棋得到了飞速发展，先后出现了东洋证券杯（1998年停办）、中环杯（2009年停办）富士通杯（2011年停办）、BC信用卡杯（2013年停办）、应氏杯、三星杯、LG杯、春兰杯、百灵杯、梦百合杯等一系列世界职业围棋大赛。中国棋手聂卫平、马晓春、俞斌、罗洗河、常昊、古力、孔杰以及新锐棋手柯洁、时越、芈昱廷、唐韦星、柁嘉熹、陈耀烨、范廷钰等先后取得了世界冠军，对中国围棋的发展与普及起到了促进作用。特别是2016年3月9日至15日在韩国首尔进行的韩国围棋九段棋手李世石与人工智能围棋程序“阿尔法围棋”之间的五番棋比赛，掀起了世界围棋普及的高潮。

三、价　值

（一）围棋的艺术价值

评定一种艺术的价值是以这种艺术在人民中间流传的时间有多久和它传播的区域有多广为主要标准的。中国古代游戏技术的种类甚多，如博、塞、弹棋、双陆和樗蒲等，但都早已逐渐消亡，独有围棋流传至今不衰。围棋传到日本也已有1500年之久，日本人到今天还是热爱它。最近半个世纪以来，围棋传到了欧洲、美洲的一部分国家，同样受到这些国家（如德、意、奥、匈和美国等）的人民的热烈欢迎。围棋在人民中间流传的时间如此久，传播的区域又如此广泛，围棋今后还要更久地存在，还要有更广泛的国际化，这就充分地说明了围棋这一中国古老的民族艺术，在世界弈棋文化中的优越性。

围棋常用着法

飞、尖、立、拆、长
跳、扳、断、托、虎
刺、挖、夹、枷、双
镇、并、碰、搭、爬
退、接、点、扑、吃

（二）围棋的教育意义

围棋取胜的必要条件首先在于把握全局性的斗争指导规律。从盘面上说，由边、角至中腹；从战斗过程说，由布局、中盘接触到侵分(收官)，都不是彼此隔离、彼此孤立的，而是互相联系着，互相依赖着和互相制约着的。善弈者必须随时严密地注意对方和我方周围情势的相互关系及其可能的变化来决定其每一战役的计划与行动，必要时还要随时修改战略，甚至于完全改变战略。如果稍有疏忽，则往往由于一着的错误，弄到无法挽救，满盘皆输。故凡是孤立的、片面的或静止地看问

识窗
知

围棋的魅力是无穷的，它不受年龄、性别等因素的限制，谁都可以与其为友。要把围棋当成一种乐趣，而且要有一种锲而不舍的精神。

题，以及常犯麻痹大意、粗枝大叶或鲁莽性急等毛病的人，就永远不会成为围棋的能手。由此可知：围棋确是一种可以联系正确的思想方法和养成良好的工作作风的，具有高度教育意义的艺术。

四、礼 仪

(1) 衣着整洁，坐姿端正，态度谦和，专心思考。

(2) 保持安静，不玩弄棋子，不说笑，不评论，不调侃，不做任何影响对方思考的事情。

(3) 与长者下棋，无论水平高低，都要主动下黑旗，表示对长者的尊重。

(4) 执黑先下的第一手棋，要下在自己的右下角或右上角，把方便留给对方。

(5) 下子要轻，落子无悔，不随意离开，胜不骄，败不馁。

(6) 不以下围棋进行赌博。

第二节 围棋基础班——认识围棋

一、棋 盘

围棋盘是方形略长的形状，横竖各 19 条线，19 × 19 共组成 361 个交叉点。把横线和竖线相交叉的地方称为交叉点。（图 27–2–1）

二、棋 子

围棋的棋子由黑、白两种颜色组成，黑子 181 枚，白子 180 枚，加在一起刚好和棋盘上的交叉数 361 相吻合。（图 27–2–2）

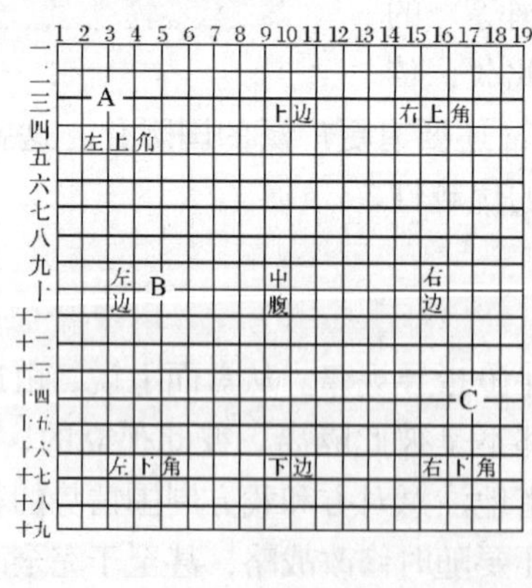

图 27–2–1

图 27–2–2

三、围棋的下法

(1) 对局双方各执一色棋子，黑先白后，交替下子，每次每方只能下一子。

(2) 棋子下在棋盘的交叉点上（已有棋子的交叉点不能下子，禁着点不能下子）。

(3) 棋子下定后，不能再拿起来，也不得向其他点移动。

(4) 轮流下子是双方的权利，但允许任何一方放弃下子权。

四、围棋的基本术语

（一）气

在围棋对局中，棋子在棋盘上是依赖“气”来生存的。“气”是指在棋盘上与棋子紧紧相邻的空交叉点。图 27–2–3 中 a、b、c、d 显示了一个或多个棋子在不同位置上的气。图 27–2–3 中 a 的黑子有两口气；b 的黑子有三口气；c 有四口气；d 的三颗黑子有 8 口气。围棋对局中，黑白双方彼此围攻，“气”数的计算就变得复杂了。被对方包围的棋子怎样算“气”呢？图 27–2–4 中，A 中黑三子周围只有两个与它们紧紧相邻的空交叉点，所以只有两口气。b 中的黑四子周围有六个与它们紧紧相邻的空交叉点，所以它们有六口气。c 中的五个白子，与它们紧紧相邻的交叉点几乎全被黑方占有，只留有一个空位，即一口“气”数。

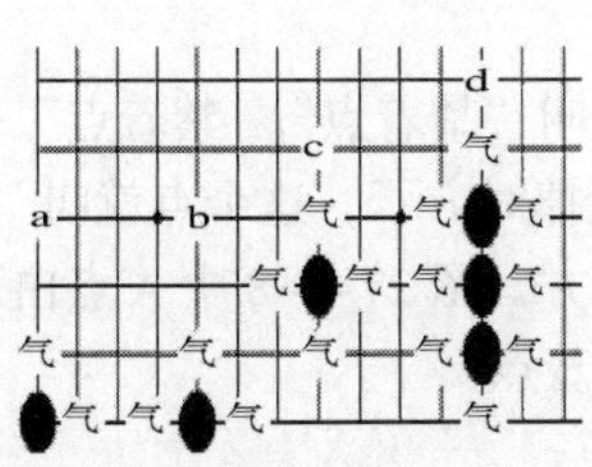

图 27–2–3

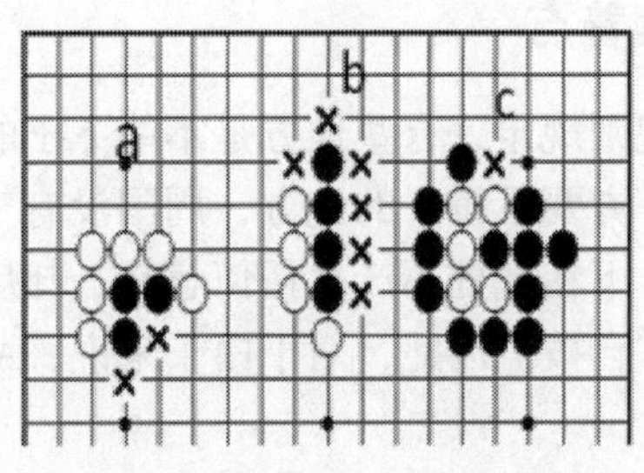

图 27–2–4

（二）提　子

对局一方的棋子把另一方的棋子的所有气都堵住了, 然后就可以把所谓的“死子”拿掉了，这就称之为“吃子”或“提子”。图 27–2–5 中，所有的黑子都处于没有一口气的状态，没有“气”的棋子叫“死子”，是不允许在棋盘上存在的，一旦棋盘上的棋子处于无气状态， 即可提掉。棋子被提后所呈现的棋形如图 27–2–5 中右图②所示。

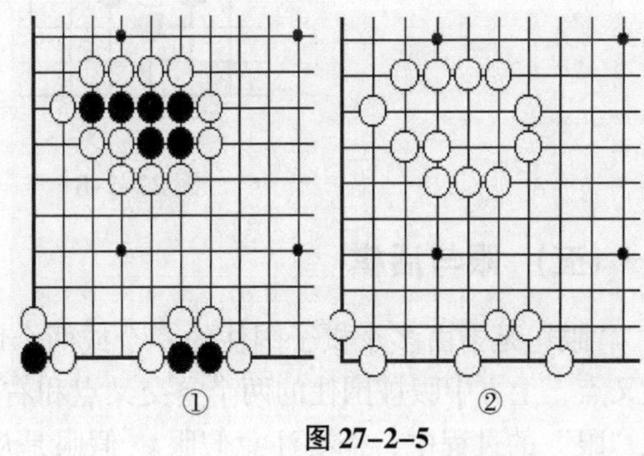

图 27–2–5

（三）打

图 27–2–6 中，我们把象白 1 这样的着子，即下子后把对方一子或若干棋子包围成仅剩一口“气”的状态，（如对方置之不理，再下一着即可将被围的棋子提取），称为“打”，也称为“打吃”。

“打”与“吃”是两个根本不同的概念。图 27–2–6 中的白 1 都是“打”的例子，而图 27–2–7 中的白 1 都是“吃”的例子。“打”使对方棋子仅剩一口气，“吃”使对方棋子气数变为零，并随即提去。

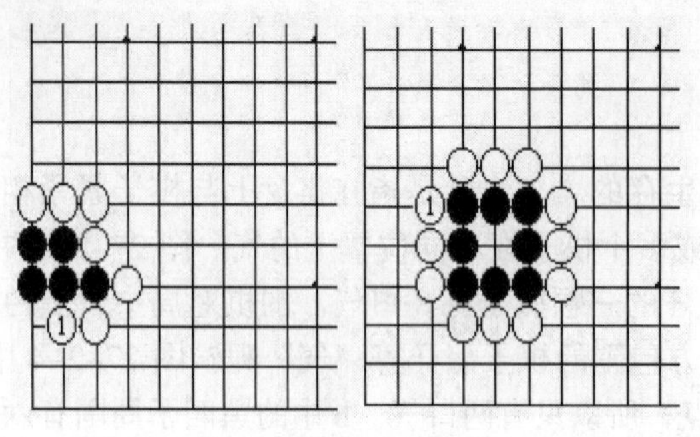

图 27–2–6

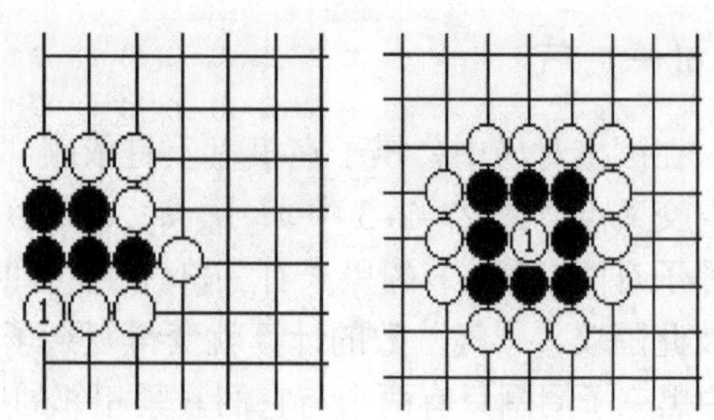

图 27–2–7

（四）禁着点

围棋的规则规定，有些地方是不能下子的，围棋术语叫“禁着点”。禁着点”是针对某一方来说的，当某一方要下棋子的地方，周围没有气，又不能吃掉对方子，这个点就叫“禁着点”。从某种意义上说，下在此处不产生任何意义，却反而吃亏的地方。图 27–2–8 中 A 点白子不能下，下了等于自杀或“自拔。因此，对于白子来说，A 点就是“禁着点”。

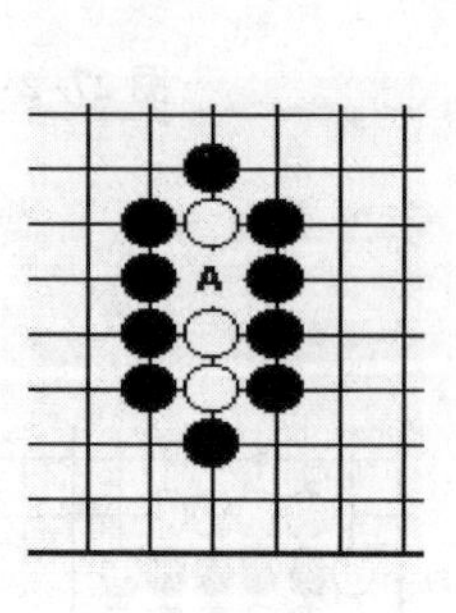

图 27–2–8

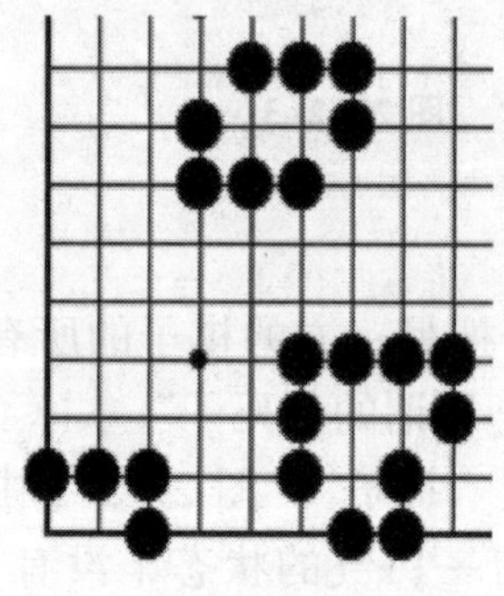

图 27–2–9

（五） 眼与活棋

“眼”是指由多个棋子围住的一个或两个以上的空交叉点。图 27–2–9 角上四子围成的两个空交叉点，上方中腹被围住的两个空交叉点和右下角被围住的三个交叉点都被称为一个“眼”。在认识“眼”的过程中，需要注意假眼。假眼是从表面上看似像“眼”，但不起眼位的作用的眼。图 27–2–10 中 X 即为假眼。当白方将 A 占有时（如右图），X 就不能称为“眼”了。B 就可以放进白棋并吃掉黑棋的棋子，“眼”便消失了。

凡是具有两只或以上完整的“眼”棋子就是活棋。图 27–2–11 中白棋把黑棋包围起来，但是黑棋有两个眼。这两个点都是禁着点，白棋不能进入这两个点，也不能一次下两手，所以白棋不能吃掉黑棋。那么有两个或两个以上真眼的棋形叫作活棋。如果没有两个真眼，无论有多少个假眼也是死棋，最后会被提掉。

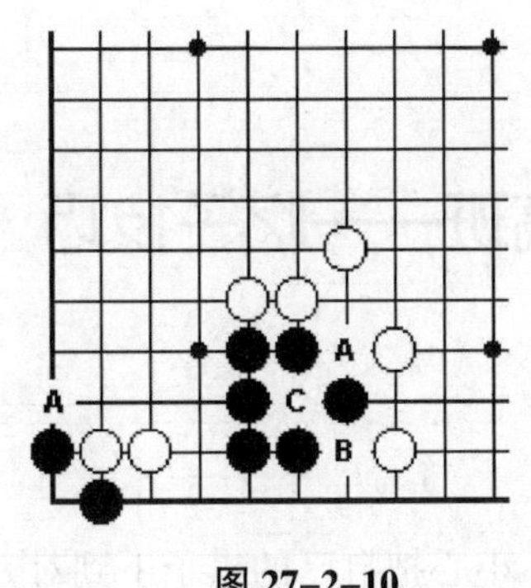

图 27–2–10

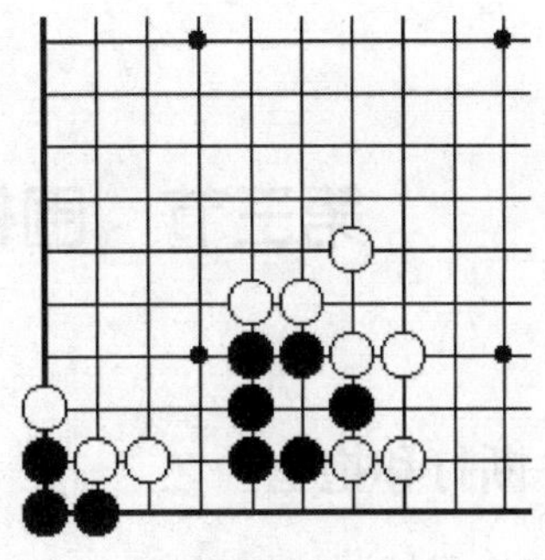
图 27–2–11

我们既然明白了两个“眼”以上的棋是活棋，那么在实际对局中，应该怎样应用呢？图 27–2–12 左图中被黑子围住的中间有三个相连的空交叉点。这是一个大眼。这块棋的现状还不能说成是“活棋”，若想使它变成活棋，必须做成两个眼，或两个以上的眼。黑方必须在三个空交叉点的中间一点放一子使一个大眼变成两个眼，所放一子即黑 1，这样就做成两个眼了。

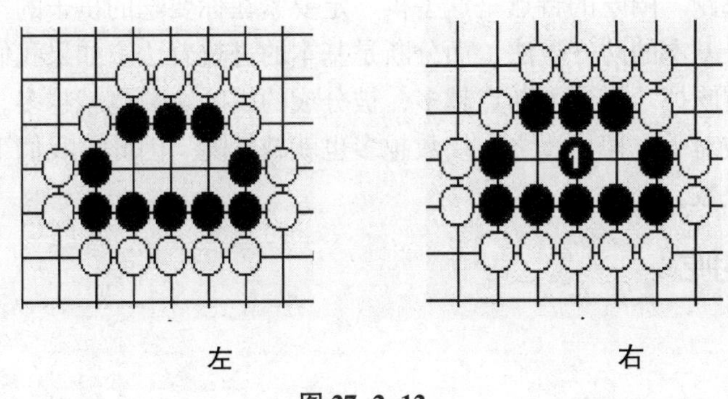

左　　　　右

图 27–2–12

（六）打 劫

打劫是指黑白双方都把对方的棋子围住。图 27–2–13 中如果轮白下，可以在 A 位吃掉一个黑子；如果轮黑下，同样可以吃掉白子。因为如此往复就形成循环无解，所以围棋禁止“同形重复”。根据规则规定“提”一子后，对方在可以回提的情况下不能马上回提，要先在别处下一着，待对方应一手之后再回“提”。

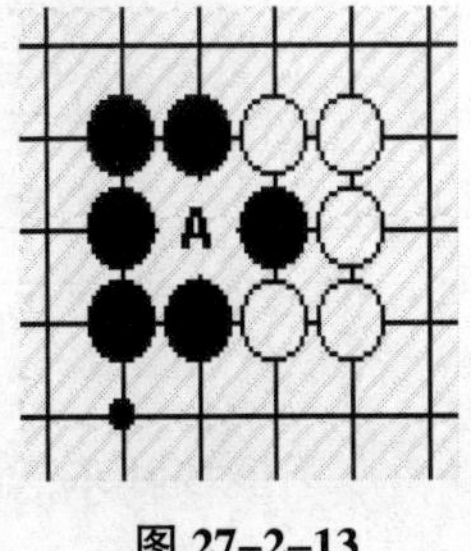

图 27–2–13

第三节　围棋提高班——吃子技巧

一、虎口、断打和抱吃

⑴ 虎口：三个子控制的位叫虎口。如果我们不小心把自已的棋子下到对方虎口里，就会被对方一口吃掉。

⑵ 断打：我们在打对方棋子的同时又把对方的棋子分断的着法叫断打。

⑶ 抱吃：抱住对方棋子的吃子方法叫抱吃。

二、门吃和补断点

⑴ 门吃：以前的教科书上把抱吃和门吃统称为闷吃。门吃就是用一手棋把对方棋子逃跑的路全部堵死，使敌人无法逃跑。闷吃的特点是这手棋一定要紧在你要吃的棋子的气上。

⑵ 补断点：连接是最基本的防守着法，而分断是基本的进攻着法。如果我们自已的棋断点太多，那么就很可能被对方吃掉。棋形上断点越多，被分成的棋的块数也就越多。块少的棋断点补起来容易，也就不容易被对手吃掉。反之，块数越多也就越危险。因此，我们下棋时要尽可能地减少自已的断点和棋的块数。

三、切断作战和双叫吃

（一）切断作战

有句围棋格言叫“棋从断处生”。这句话的意思是说，要想吃掉对方的棋子，首先要把对方切断。把对方切断，对方的棋块数增加，棋子的气减少，也就使对方的棋变弱了。

（二）双叫吃

当我们下一颗之后，同时打吃对方两颗棋子或两部分棋子，我们下的这手棋就叫双吃或双叫吃。

四、征　吃

从两边连续打吃，使对方始终只有一口气，直到最后把对方全部吃掉的吃子方法叫征吃，俗称“扭羊头”。

五、枷　吃

枷，是中国古代的一种刑具。枷吃是围棋里的一种吃子方法。枷吃就像给对方的棋子戴上了

知识窗

不用补棋的活形

直四、曲四、扳六、二路爬八子

需补一手棋的活形

直三、曲三、丁四、断头曲四、刀把五梅花五、葡萄六、断头扳六、角上扳六

大猪嘴、二路爬七子、角上横爬五子

补不活的死形

方四、二路爬六子、角上横爬四子、开口弯三

枷这种刑具一样，使对方无法逃脱。

六、扑和倒扑

（一）扑

我们大家在下棋时，主动地、有目的地把自己的棋子下到对方的虎口里，这样的着法就叫扑。注意，一定是我们自己有意识地下到对方的虎口里，而不是不小心，更不是没有看见。扑这种着法运用十分广泛，无论是吃子、对杀、攻击、死活和官子，都能够用到。

扑和其他吃子方法都能结合在一起来应用，要根据当时的实际情况，认真观察，灵活运用。

（二）倒 扑

主动下到对方虎口里，送给对方吃掉一子，然后又马上回提对方数子（最少是三颗棋子）的吃子方法叫倒扑。两边都能形成倒扑的棋，我们称双倒扑。

七、接不归

造成对方无法连回的吃子方法叫接不归。吃接不归的棋无论在边、角和中腹都能够形成，形状也是多种多样。被对手吃接不归主要是因为棋形上断点太多，气又紧。因此，我们自己下棋时要特别注意自己的断点及棋子的气。

第四节 围棋规则简介

一、赛制与计分

(1) 赛制：小组积分循环，取前 2 名。然后进行交叉比赛。

(2) 小组积分循环：赛 1 盘，胜者积 3 分，和积 1 分，负 / 弃权不积分。小组积分相同看胜负关系。

(3) 交叉比赛：赛 1 盘，胜者晋级。

(4) 比赛开始 5 分钟未到指定地点参赛的视为弃权，判参赛对方胜。

二、比赛规则简介

执行中国围棋规则，计算胜负采用数子法。为了抵消黑方先手的效率，实行现行全国性正式比赛在终局计算胜负时的规定，黑方需贴出三又四分之三子。每局的先后手，由对局前猜先决定。

（一）行 棋

(1) 一方并未表示弃权，另一方连走两步，判连走两步者为负。

(2) 棋子下完后，对手下棋后不得悔棋，悔棋者判负；对手未下棋前又从棋盘上拿起下在别处，判棋子放回原处，警告一次，连续两次被警告者判负。如棋子确系掉落，允许其拣起后任选着点。

(3) 对局中途发现前面下的棋子已有移动，在征得对局者一致意见后，可判移动之子挪回原处，或者判移子有效。在对局者意见不一致时，应立即报请裁判长处理。裁判长可根据移动之子对棋局进程的影响程度，判：移动之子挪回原处；移动之子有效；和棋；重下；如属故意移子，应判移子者为负。

(4) 对局中，因外界不可抗拒的原因导致棋局散乱，应经双方复盘确认后，继续比赛。如双方没有能力复盘，则判和或重下。如对局者确属无意散乱了棋局，可复盘续赛。不能复盘的，则判散乱棋局一方为负。如对局一方故意散乱棋局，判负。

(二) 计　时

鉴于比赛条件，采用准确计时制度有困难，规定每局限时为 1 小时，超过 1 小时，采用 30 秒一手的读秒办法。读秒的方式是 10 秒、20 秒，然后 1、2、3、4、5、6、7、8、9......以准确的语声逐秒报出，最后的报法是“10，超时判负”。

本次比赛中规定：

(1) 一方迟到超过 15 分钟，判其弃权作负。

(2) 双方迟到超过赛场规定时间则判双方弃权作负；进入下轮后，缺对手的直接晋级下 一轮。

(3) 一方或双方迟到均未超过规定时间，继续在限时内完成比赛。

(4) 对局者读秒用时超过时限，一律判负。

(5) 读秒时棋手离席，裁判员应按规定继续读秒计时，超时判负。

(三) 对局的暂停

对局中棋手如急需离席，须在对方思考时提出，并征得裁判员同意，但每局只限一次，时间不超过 5 分钟。

(四) 终　局

双方确认的终局，确认的次序应是，先由轮走方，后是对方以异色棋子一枚放于己方棋盘右下角的线外。凡比赛一方弃权或因各种原因被裁判员判负、判和的对局，也作终局处理。

(五) 赛场纪律

(1) 对局者不得无故弃权和中途退出比赛。

(2) 比赛时，对局者不得有任何妨碍对方思考的行为。

(3) 比赛中，对局者不得和其他人议论对局的棋势，或查阅有关资料。

(4) 比赛中，对局者不得随意在赛场来回走动，观看他人的棋局。

(5) 对局者应注意言行文明，保持衣着整洁。

【思考题】

1. 简述围棋的起源与发展。
2. 围棋的价值有哪些？
3. 简述门吃和补断点。
4. 简述切断作战和双叫吃。

【参考文献】

丁开明. 围棋教程（上、下）[M]. 成都：成都时代出版社，2015.

附录　《国家学生体质健康标准（2014 年修订）》实施办法简介

《国家学生体质健康标准》（以下简称《标准》）是国家学校教育工作的基础性指导文件和教育质量基本标准，是评价学生综合素质、评估学校工作和衡量各地教育发展的重要依据，是《国家体育锻炼标准》在学校的具体实施，适用于全日制普通小学、初中、普通高中、中等职业学校、普通高等学校的学生。

《标准》的修订坚持“健康第一”，落实《国家中长期教育改革和发展规划纲要（2010–2020 年）》、《国务院办公厅转发教育部等部门关于进一步加强学校体育工作若干意见的通知》（国办发〔2012〕53 号）和《教育部关于印发〈学生体质健康监测评价办法〉等三个文件的通知》（教体艺〔2014〕3 号）有关要求，着重提高《标准》应用的信度、效度和区分度，着重强化其教育激励、反馈调整和引导锻炼的功能，着重提高其教育监测和绩效评价的支撑能力。

《标准》从身体形态、身体机能和身体素质等方面综合评定学生的体质健康水平，是促进学生体质健康发展、激励学生积极进行身体锻炼的教育手段，是国家学生发展核心素养体系和学业质量标准的重要组成部分，是学生体质健康的个体评价标准。

《标准》将适用对象中高校部分分为：大学一、二年级为一组，三、四年级为一组。

大学各组别的测试指标均为必测指标。其中，身体形态类中的身高、体重，身体机能类中的肺活量，以及身体素质类中的 50 米跑、坐位体前屈为各年级学生共性指标。

《标准》的学年总分由标准分与附加分之和构成，满分为 120 分。标准分由各单项指标得分与权重乘积之和组成，满分为 100 分。附加分根据实测成绩确定，即对成绩超过 100 分的加分指标进行加分，满分为 20 分；大学的加分指标为男生引体向上和 1000 米跑，女生 1 分钟仰卧起坐和 800 米跑，各指标加分幅度均为 10 分。

根据学生学年总分评定等级：90.0 分及以上为优秀，80.0 ~ 89.9 分为良好，60.0 ~ 79.9 分为及格，59.9 分及以下为不及格。

每个学生每学年评定一次，记入《〈国家学生体质健康标准〉登记卡》。特殊学制的学校，在填写登记卡时可以按规定和需求相应地增减栏目。学生毕业时的成绩和等级，按毕业当年学年总分的 50%与其他学年总分平均得分的 50%之和进行评定。

学生测试成绩评定达到良好及以上者，方可参加评优与评奖；成绩达到优秀者，方可获体育奖学分。测试成绩评定不及格者，在本学年度准予补测一次，补测仍不及格，则学年成绩评定为不及格。普通高中、中等职业学校和普通高等学校学生毕业时，《标准》测试的成绩达不到 50 分者按结业或肄业处理。

学生因病或残疾可向学校提交暂缓或免予执行《标准》的申请，经医疗单位证明，体育教学部门核准，可暂缓或免予执行《标准》，并填写《免予执行 < 国家学生体质健康标准 > 申请表》，存入学生档案。确实丧失运动能力、被免予执行《标准》的残疾学生，仍可参加评优与评奖，毕业时《标准》成绩需注明免测。

各学校每学年开展覆盖本校各年级学生的《标准》测试工作，《标准》测试数据经当地教育行政部门按要求审核后，通过“中国学生体质健康网”上传至“国家学生体质健康标准数据管理系统”。测试和数据上传时间由教育行政部门确定。

本标准由教育部负责解释。

附录 《国家学生体质健康标准（2014年修订）》实施办法简介